法律学の森

国際人権法

芹田健太郎
著

はしがき

国際人権法の体系書の執筆は十数年前に勧められ、また書いておきたいとも思っていた。しかし、あれこれの著作を眺め、自分なりの全体像を描き、具体的に目次を作り始めてみると、いくつも調べなければならないことが判明し、思うように執筆は進まなかった。最初は、これまでのいくつかの成果を纏めて体系的に残しておきたいという思いが強かったが、それだけでは先へ進めなかった。

先ず、国際文書が言及する「人間の尊厳」に引っかかった。いずれの文書も当然のようにここから出発する。しかし、考えてみると、なぜ、人は尊いのか。人はどこから来たのか。どこへ行くのか。こうした疑問について立ち止まって深く考えることをしなかったツケがいわば一気に噴き出してきたのである。定年を機に少しの余裕ができたのを幸いに若いころの青い議論まで振り返り、少しばかり他分野のものを渉猟した。おぼろげながら輪郭を摑めたので、とりあえず総論部分を『国際人権法Ⅰ』として世に問うたのは、東日本大震災に見舞われた二〇一一年春であった。

総論部分を上梓後今日まで細々と書きためてきた。先の書で「人は人から生まれる」と記したが、改めて、「人は男と女からなり、人は女から生まれる」と書いた。「具体的な人」の権利に注目し、見極めるためである。

この間に国際人権法の議論は、内外ともに、実定的な議論がどんどん深まっていった。これまでの私の蓄えでは追いつかないほど日本の若い研究者の議論も活発になった。日本からの研究者・弁護士たちが国際人権条約機関で活躍するようになった。隔世の感がある。こちらをフォローするのも並大抵ではない。何よりも、人は自分が理解したようにしか表現できないことを痛感している

国際人権保障といえども、実定的には、各国内で、先ず立法によって、行政によって、次に司法によって実現される。イギリス人はイギリスの国際人権法を説き、フランス人はフランスの国際人権法を、ドイツ人はドイツの国際人権法を書く。私は日本の国際人権法を書きたかった。とくに第二部人権、なかでも、人権条約上の人権の記述の折には、日本の問題状況への十分な目配りに努めた。

人権保障の基礎は、究極的には、人間の開放性と連帯にある。このことを表すため、第三部人権の国際的履行確保措置に続けて、第四部で市民運動について触れることによって本書を締めくくった。

なお、二〇一一年三月一〇日、先の書の総論部分上梓のためのはしがきを書き上げた翌日、東日本大震災が発生した。次の一文を急ぎ書き加えた。

東日本大震災の惨状には言葉もない。しかし、その後の世界の人たちから日本の人たちに次々と差し伸べられる数々の支援に人類が一つであること、世界が変わったこと、変わり得ることを実感している。阪神淡路大震災を契機に、インド洋大津波、四川大地震、ハイチ大地震など、私たちひとりひ

とりが繋がっていることを形にしてきた。人類には新しい文化が生まれる。嬉しいことに希望が持てる。

この思いは、内戦や夥しい難民を前にしても変わることも揺るぐこともない。

二〇一八年五月一日

神戸にて　　芹田　健太郎

全体目次　国際人権法

細目次

第一部　総　論

第三部　国際的履行確保措置

国際人権法

序　論

第一章　人権法の基本原則

第一節　人権法の基礎

第一款　人間の尊厳の承認

人間はすばらしい。ひとりひとりの人が輝いている。人はみな生命にあふれている。そのひとりひとりの人が自己の生を全うすることができるような仕組みを人類は整えてきた。基本になるのは、人が生まれながらにもつ人権の保障である。

人権保障の理念は民主主義の法と法理論の要である。人権の歴史をひもとき、国際社会における人権保障の現状を見て明らかなことは、今日では、基本的人権を真っ向から否定するものはないことであり、人権とその前提としての人間の尊厳は、至るところで認められている。

人間の尊厳の承認とは、ただ「人間」であるというだけで、無条件に、例外なく、事物や動物にはみられない人間としての価値を認めるということである。

ホロコーストを生み出したナチズムや全体主義との闘いが終わろうとしていた一九四五年六月二六日に採択された国連憲章は前文で「人間の尊厳と価値 the dignity and worth of the human person」をうたいあげ、これは一九四八年一二月一〇日の世界人権宣言前文にそのまま取り入れられ、(一)さらに一九六五年の人種差別撤廃条約、一九七九年の女性差別撤廃条約、一九八九年の子ども(児童)の権利条約の各前文に取り入れられてきた。世界人権宣言四五周年にウィーンで開催された世界人権会議は、当然のこととして、先ず前文で、「すべての人権は、人間に固有の尊厳と価値に由来すること」を確認している。

米州では、一九四八年米州人権宣言を採択した第九回米州諸国国際会議決議XXXは、冒頭で「米州諸国民は個人の尊厳(the dignity of the individual)を認めてきた」と宣言し、一九六九年の米州人権条約は前文第二項で、「人の不可欠の権利(the essencial rights of man)は、人がある国家の国民であることから派生するものではなく、人間人格の属性(attributes of the human personality)にもとづいていること、ならびに、したがって米州諸国の国内法に規定する保護を補強しまたは補充する条約の形式での国際的保護を正当化することを承認する」と謳《うた》っている。

欧州では、一九五一年の欧州人権条約が世界人権宣言に言及し、同条約が世界人権宣言に実効性をもたせるために結ばれたことを明らかにし、また、一九七五年八月一日の全欧安保・協力会議の最終議定書(ヘルシンキ宣言)第一部一(a)参加国間の関係を律する原則の宣言第七(思想、良心、宗教または信条の自由を含む人権および基本的人権の尊重）の第二文で次のように言う。

「参加国は、市民的、政治的、経済的、社会的、文化的その他の権利および自由の実効的行使を促進し、かつ奨励する、なぜならこれらの権利はすべて人間人格に固有の尊厳から派生し、人間の自由かつ十全な発展に不可欠なものであるからである。」

アフリカ諸国は一九八一年に採択し八六年に発効したアフリカ人権憲章[二]において次のように規定している。

第四条　人間存在（Human beings）は不可侵である。

第五条　すべての個人は人間存在に固有な尊厳の尊重を受け、その法的地位の承認を受ける権利を有する。あらゆる形態の人の搾取および貶《おとし》め、殊に奴隷、奴隷取引、拷問、残虐な、非人道的なまたは品位を傷つける刑罰および取扱いは禁止しなければならない。

以上のように、国際文書[三]は、人間について、human person（人間人格）（ときに human personality）や human being（人間存在）や individual（個人）という異なった表現をする。仔細に論じると、「分割できない」が原意の、原始論的な個につながる individual のほか、神（divine person）と person を共有する human person や人間以外の「存在」とつながる human being とでは、ニュアンスも強調点も若干異なるが、法的には同じ意味をもつと理解できる[四]。

ところで、各国憲法も第二大戦後の一九四六年のフランス憲法がフランス人権宣言に言及し「人間」の権利を謳い、また、四九年のドイツ連邦基本法は明文規定によって「人間の尊厳（die Würde des Menschen）は不可侵である。これを尊重し、かつ、保護することは、すべての国家権力の義務である」（第一条）とした。日本国憲法も、表現のニュアンスの違いこそあれ、第一三条に「すべての国民は、個人として尊重される」と規定し、この理念を宣言している。(五)

（一）Y.U.N. 1948–49, 535.

（二）(1987) 21 ILM 59.

（三）各条約等の英文は以下の通り。

米州人権条約 Recognizing that the essential rights of man are not derived from one's being a national of a certain state, but are based upon attributes of the human personality and that they therefore justify international protection in the form of a convention reinforcing or complementing the protection provided by the domestic law of the American states;

ヘルシンキ宣言 They will promote and encourage the effective exercise of civil, political, economic, social, cultural,and other rights and freedoms all of which derive from the inherent dignity of the human person and are essential for his free and full development.

アフリカ人権憲章 Art. 5　Every individual shall have the right to respect of the dignity inherent in a human being and to the recognition of his legal status. All forms of exploitation and degradation of man particularly slavery, slave trade, torture, cruel, inhuman or degrading punishment and treatment shall be prohibited.

（四）法的な意味での「人」（person）は、周知のように、自然人のほか、法人格を認められた人の集団（社団）や財産（財団）等の法人（legal or juridical person）の双方を含む。この点では、市民的及び政治的権利に関する国際規約（自由権規約）第二条（国家の義務）一項の審議の折に、人権委員会草案がall individuals（すべての個人）に対して権利を尊重し保障するとしていたのに対して、日本は法律用語としてはpersonが適当であるとして、修正（A/C・3/L・1166）を提案したが、personは自然人のみならず、法人も含まれ、このpersonの語の使用は適当でない等の反対があり、日本はこの修正を撤回した経緯があったことを指摘しておこう（外務省『国際人権規約成立の経緯』三〇頁参照）。米州人権条約は、第一条二項においてpersonを使用しているが、同条約の適用上「人」を人間存在（human being）に限定している。

なお、「人」について、古代ローマ人はpersonaを劇で用いる仮面の意で用いていたことから発し、「法的人格者」として古代から中世と歴史的に概観して説いた恒藤恭『法的人格者の理論』（弘文堂、一九三六および世界思想社、一九四九）参照。

恒藤恭はpersonを「人格者」と訳すが、「人間」と訳すホセ・ヨンパルトは、「人間の尊厳」と「個人の尊重」とが全く異なることを、その著『日本国憲法哲学』（成文堂、一九九五）の中で、言語学的、思想的沿革から簡潔に主張している（同書一一九―一三〇頁）。恒藤恭もホセ・ヨンパルトも触れているが、キリスト教的なperson理解について、山田晶『アウグスティヌス講話』（新地書房、一九八六）とくに「ペルソナとペルソナ性」参照。

（五）法学協会『註解日本国憲法〈上巻〉』（有斐閣、一九五三）は、個人として尊重されるというのを「個人それ自身に価値を認め、個人価値を一切の国家社会生活の基本とする趣意で、いわゆる個人主義的国家観の表明」とし、ドイツ連邦基本法第一条が人間の尊厳を前国家的な自然の賦与した権利と観念し、国家によって与えられたものではなく、一切の国家権力がこれを尊重する義務のあることを宣言する点で、「本条と思想的根底を等しくする」という（同三三七−三四〇頁）。また、宮沢俊義著＝芦部信喜補訂『全訂日本国憲法』（日本評論社、一九七八）も同趣旨であるとする（同一九七頁）。

人間の尊厳というのは、人間が事物または動物とは異なり、精神、良心、自由意思等をもつという事実を根拠とするものであり、その価値の根拠は人間の存在の始めからあったものである。しかし、それにもかかわらず、歴史的に人間の尊厳は現代に至って改めて発見されたと言える。それは、とくに人類が第二大戦を経験したことであって、ナチス時代のユダヤ人虐殺のほか、優生思想に基づき、奇形児、治癒の見込みのない病人、役に立たない老人等、無数の人間が無視され、虐殺されたことを契機として、人間を人間らしく取り扱わなければならないという考え方が第二大戦後にとくに強くなったのである。

また、最近の傾向として、一九九三年のウィーン世界人権会議では、とくに「性差に基づく暴力、並びにあらゆる形態のセクシュアル・ハラスメント及び搾取は、文化的偏見及び国際的売買に起因するものを含めて、人間の尊厳及び価値に反する」こと（宣言一八）、そして、「極度の貧困と社会的排斥が人間の尊厳を侵すものであること（同二五）が指摘されている。

そこで、今日では、法価値体系の中心に人間の価値、すなわち人間人格の尊厳と自由を置くかどうかこそが重要なことである。そして、この人間は、強い者、優れた者だけではなく、弱い者、劣った者、さらには、幼児、胎児のすべてを意味する。（一）

（一）日本国憲法第一三条の成立史を周到に追って、第一三条の個人の尊重とドイツ基本法の人間の尊厳が、通説のように、同趣旨であると説く青柳幸一『個人の尊重と人間の尊厳』（尚学社、一九九六、三六頁）によれば、ドイツ基本法一条一項が「年齢や知的成熟さに係りなくすべての人間の尊厳を保障している」と解するのがドイツの判例通説である。「胎児も、子どもも、非人間的な犯罪者、精神病者も、人間の尊厳の享有主体である」と。

人間は、素質と環境によってのみ決定されるのではなく、その自由意思によっても形成される。つまり、人間は自分を自由に作り上げる可能性をもつ存在なのであり、人間の尊さは、その人格の輝きにある。この人間の人格価値が法理念の中心にあることは、民主主義の前提でもある。こうして、人間の尊厳は他の基本的人権思想上の出発点となる。人間の尊厳は人権の究極的理念である。

日本の場合、日本国憲法第一三条の個人の尊重はその明文規定である。したがって、個人の尊重（一）は、人権の指導理念として、日本国憲法の人権体系の頂点に立つものであり、他の人権規定は個人の尊重という原理の具体化として位置づけられる。（二）

（一）　ホセ・ヨンパルトの言うように（同『人間の尊厳と国家の権力』（成文堂、一九九〇））、人間の尊厳と個人の尊重とは異なるとしても、問題は、「人間である個人の尊重」であって、個人意思の尊重は絶対ではない。個人の意思だからと言って、臓器売買を含め、人間を商品とすることは、奴隷貿易の歴史を持ち出すまでもなく、子ども（児童）の権利条約や子ども（児童）の売買春等禁止議定書にみるように、人間の尊厳に反し、許されない。なお、民法研究四号・樋口陽一・広中俊雄（これを基に加筆したものが樋口陽一『憲法という作為』（岩波書店、二〇〇九）第三章第二節）を参照。

（二）　現に日本国憲法の規定する人権が人権のすべてではなく、人間の尊厳を直視することから、新たに実定法化される人権が生まれる可能性がある。これまで、日本でプライバシーの保護や環境権に関して、個人の尊重を謳《うた》い、生命・自由・幸福追求権を定める第一三条がしばしば援用されてきているのはその例といってよいであろう。なお、中村睦男「「新しい人権」と憲法一三条の幸福追求権」（杉原泰雄先生古稀記念論文集刊行会編『二一世紀の立憲主義』（勁草書房、二〇〇〇）所収）参照。

それでは、なぜ人は尊いのであろうか。歴史をひもとくまでもなく、人間は、世界の至る所で繰り返し、殺戮《さつりく》等の数々の悪行《あくぎょう》を重ねてきている。それにもかかわらず、つまり、人がどんなに悪魔性を持っているにせよ、人は尊い、とされるのはなぜなのか。この問いに対して、誰もが納得するように答えるのは難しい。ポール・ゴーギャン（Paul Gauguin）の絵を前にして、「われわれはどこから来たのか、われわれは何者か　われわれはどこへ行くのか」（D'ou venons-nous? Que sommes-nous? Ou allons-nous?）、という問いに対して答えられないのと同様である。しかし、いくつかの試みはできる。（一）

（二）『法の人間学的考察』（岩波書店、二〇〇三）において問題を包括的に論じる小林直樹は、人間の尊厳の根拠付けとして、従来の三つの見解を検討し、それぞれを不十分と捉える。

第一に、神が人間にその尊貴な位置を与えた、とする見解（神の「似姿」論あるいは神の像Imago Dei）は、「歴史の現実にもまたその科学的認識にもそぐわない、空想的信念でしかありえない」と退け、第二に、生命そのものが尊貴《そんき》である、とする見解は、結局、全生命の平等論に行き着き、人間を尊いとする理由を失わせてしまう、第三に、人間はその精神によって他の生物の上にある、とする見解が最後に残る根拠となるが、これにも精神能力を欠く者の場合等、難点があることを指摘する（同三六-四一頁）。

小林直樹は、そこで、私たちがかけがえのない唯一の個性的存在であること、精神的存在であること、文化等創造能力を持つこと、をその根拠に挙げるが、人間のもつ悪魔性を考え、正と負の弁証法的動態のなかで捉えることによって、人間の尊厳性が基本的人権の根拠となる、と説いている（四一-四四頁）。もっとも、弁証法的動態のなかで捉えられるのは、人間の成長そのものであって、人間のみがそうした過程として捉えられることに人間の尊さがあるのではないであろうか。人間観、生命観を深めるには総合的なアプローチは不可欠であり、小林直樹は実証主義的研究方法のいわばとりこになり、科学本来の領域からはみ出すことを極度に嫌悪《けんお》しているように見える。

なお、法実証主義については、とくにナチスの残虐行為に関連して、次のような批判がある。ときとして言われるように、ナチス時代の残虐行為のすべてが法実証主義の招いた結果であるとは思われないが、しかし、法実証主義はこのような専制的支配権力に対抗するための理論的基盤を与えることができないのは事実である。その事実を体験したラートブルフは、一九四五年に法実証主義を放棄して、次のように述べている。「したがって、あらゆる法命題よりも強力で、それに違反すれば法律が効力を失うような法原則が存在する。これらの原則は自然法あるいは理性法と呼ばれている（Man nennt diese Grundsätze das Naturrecht oder das Vernunftrecht）」（ホセ・ヨンパルト・金澤文雄著『法哲学』（慶應通信、一九七一）一四九頁）。なお、ラートブルフ「五分間の法哲学」（著作集第四巻『実定法と自然法』所収）の村上訳は、「あらゆる法的規制よりも強力で、それに反する法律が通用力を欠くような法の諸原則が存在する。これらの諸原則は自然法または理性法と呼ばれる」（著作集第四巻二二七頁）。なお、田中耕太郎の還暦に捧げられた『自然法と世界法』（有斐閣、一九五四）の中で、尾高朝雄は「世界人権宣言と自然法」の冒頭で、自然法思想による法実証主義の克服に触れている。

これとの関連で、フランクル『夜と霧』（霜山徳爾訳（解説付）、初版一九六一、新版一九七一、新装第一二刷一九九〇、池田香代子訳、新版二〇〇二、みすず書房）が自己の強制収容所の生活経験を基に恐ろしいほど見事に人間の偉大さと悲惨さを描いており、人間の尊さに思い至る。強制収容所にはユダヤ人のみならず、ジプシー（ロマ）、同性愛者、社会主義者など様々な人が入れられていた。とりあえず、霜山徳爾訳の解説が状況を知るに役立つ。また、一九三三年の「遺伝病子孫防止法」、同三五年の「国民血統保護法」「婚姻保護法」を経て、四一年には、「民族と国家に益のない人間」という国家による判定による精神病者の安死術の施行という形で、その状況の片隅で、精神病者の抹殺が実施されていた事実を北杜夫『夜と霧の隅で』（新潮社、一九六〇）が題材にしていたことも指摘しておこう。

人は男と女からなり、人は女から生まれる。人は人以外のものを生まない。人から生まれるものが人であり、そうでないものは人ではない。現生人 Homo sapiens は、現在では、数万年前にアフリカから世界各地に拡散していったとするアフリカ単一起源説が主流である。百数十億年前に宇宙が誕生し、四六億年前に誕生した地球に六ないし七億年経たところではじめて生命が誕生し人類の誕生が準備された。生命の誕生から四〇億年近くも経て、数万年前に人間は誕生したといわれる。地球誕生から今日までを一年に例えると、人間の誕生はやっと一二月三一日も後三〇分で終わろうとする頃に誕生したことになる。「私」はその生命につながっており、最初のその人につながって「いま、ここに」在る。ひとりの男とひとりの女の出会いの何代にもわたる積み重ねとして、いま、ここに、在る。世界六七億のひとりひとりが、そのようにして、在る。まさに奇跡としか言いようがない。人のみならず、すべての生命が、その意味では、等しく、尊い。

　人は、古来、何か人を超越したもの、人智を越えたもの、を畏れてきた。その「人を超越したもの」への畏敬と、自分の中にあるそれへの共鳴が、人はすべて「人を超越した何か」を共有していることを直観させてきた。それがすべての人が尊い、崇めるべきもの、とすることの基礎にあると言うべきではないであろうか。

　人はすべて「人を超越した何か」を共有している。その何かを、ユダヤ教、キリスト教、イスラームが共通の流れとする旧約聖書創世記一・二六によれば、人は神に似せて創られた、といい、キリスト教はこれを「Imago Dei（神の像あるいは神の似姿）」思想として発展させてきた（一）。キリスト教は、人が皆「神の像」を有する、といい、大乗仏教では涅槃経に「一切衆生《いっさいしゅじょう》、悉有仏性《しつうぶっしょう》」とあり、生きとし生けるものがことごとく仏性を有している、つまり、大乗仏教は、人が皆「ほとけ」をもつ、と説いている。[二] 人が貴いのは、すべての人、一人ひとりが「人を超越する何か」を「共有」しているからなのではないであろうか。だから、人は生まれながらにして尊厳をもっているといわれるのである。

(一) 稲垣良典「「神の像」再考」『人間の尊厳と現代法理論――ホセ・ヨンパルト教授古稀祝賀』(成文堂、二〇〇〇) 所収参照。稲垣は、「神の像」によって人間を万物の霊長と捉えたり、自然界の支配的地位を説明するのは誤解であり、「すべての人間は知的本性のゆえに、神を認識し、愛することへの自然本性的な適性を有し、その意味で「神の像」として創造されている」。人間が「神の像」として創造されたということは、「たんに所与としてではなく、むしろより主要的に人間がその生を通じて実現すべき課題として」捉えられている、と言う(同六五頁)。

(二) 塩津 徹「大乗仏教と人権」(『大乗仏教の挑戦』(東洋哲学研究所、二〇〇六) 所収) 参照。塩津は、「仏性論は平等論であ」り(同四六頁)、「仏性論では一人一人が仏性を内在させた存在である」(同四八頁)という。仏性論について、とりあえず、田上太秀『仏性とはなにか――涅槃経を解き明かす』(大蔵出版、二〇〇三) 参照。なお、人間の尊厳について、同じく仏教の立場からではあるが、仏性論からではなく、「空」と「縁起」思想から説くものに、木村文輝『生死(しょうじ)の仏教学――「人間の尊厳」とその応用』(法蔵館、二〇〇七)、とくに第二章「「人間の尊厳」の仏教的解釈――空と縁起の立場から」、がある。

しかし、それだけでは、人はどこから来て、人は何者か、人はどこへ行くのか、に答えられない。こうした疑問を持ち、これに答えようとするのは人間のみの特権である。しかも、それを人から人へと伝えることもできる。これも人間のみが行いうることである。自己を知る力、自覚する力が人間にはある。こうしたことを、パスカルは「人間はひとくきの葦にすぎない。自然のなかで最も弱いものである。だが、それは考える葦である」(一)と表現した。

さて、宇宙的広がりから人間を見てみるとどうなるのであろうか。先に、ひとりひとりの今の私の存在が百数十億年前の宇宙の誕生につながっていることに触れたが、高名な古生物学者・神学者であり、フランス学士院会員であったテイヤール・ド・シャルダンは、人間現象の真に宇宙的な広さを把握するために生命をつきぬけ、地球自体の最初の胚子状態まで人間の現象を追わねばならないとして論じている。生命は必然的に生命の準備段階を前提としているからである。テイヤール・ド・シャルダンの主著『現象としての人間』(二)によれば、宇宙が誕生し、混沌とした宇宙のなかで四十数億年前に偶然に生まれたと思われる地球からさらに数億年を経て生命が出現し、数億年をかけて生命が膨張する。生命の出現は連続の不連続として規定され、思考力の誕生も同様であるが(三)、宇宙の進化は、物質から生命へ、そして、思考力（精神圏）を生み出す発展として捉えられる。つまり、地球の発生は生物の発生に移り、結局、生物の発生は精神機能の発生にほかならないといえる(四)。精神機能がわれわれを人間にまで導いてきた(五)。そして、進化は、意識の上昇であり、未来において何らかの最高意識の頂点に達しなければならない。精神圏は、一点に集中している全体であり、その一点をシャルダンはオメガ点（Point d'Oméga、終局の点）と言い、人格化する宇宙はこの点に向かって収斂していく過程にあり、人間を人格としてその中で頂点に位置づけている。つまり、人はそこへ向かっている存在である。

(一) パスカル『パンセ』三四七、前田陽一訳(中央公論社、一九七八)世界の名著29。

(二) シャルダン『現象としての人間』(みすず書房、一九六四、Le Phénomène humain, 1955)参照。

(三) どんなときに嬰児が知性に達し、思考力をもつようになるか、連続する一連の状態が、同一の個人のなかで、受精した卵子から成人となるに至るまで、相次いで起きること、したがって、系統の発生において各段階、各状態が他の状態を表すものであるときには、不連続の問題を回避できないことが分かるのである(同書一九二―一九三頁)。

(四) 同書二〇五頁。

(五) 二〇世紀初頭からの医学のめざましい進歩、とくに脳外科学の発展から明らかになってきたことは、人間が脳に障害を受けた場合、障害部位が最も新しい大脳表面の新皮質にあれば、人間がいわば人間らしく生きるために最も必要な創造行為などの重要な機能が失われ、さらに大脳深部の縁辺皮質にあれば、種々の情動や本能など動物的な機能が失われる。そして、脳幹部に障害が起きると、最小限生命を維持するだけの機能、すなわち外界に対する自動的な調節機能や種々の反射機能など生きるための基本的な機能、植物機能が失われ、生命維持は不可能となる(竹内一夫『不帰の途――脳死をめぐって』(信山社、二〇一〇)とくに四二―四三頁参照)。継続的に意識障害が残り、植物機能が保たれている人は植物状態(vegetative state)にある、という(同五一頁以下参照)。生命を失えば、人は無生物に戻る。ひとりの人間の中に、進化プロセスとは逆方向ではあるが、見事に宇宙の進化の段階が見て取れるのである。なお、旧約聖書創世記は、いみじくも、神が人を「土のちり」から創り(創世記二―七)、人がいつの日か「ちりに帰る」(同三―一九)存在であることを象徴的に示していることを指摘しておこう。

第二款　人間の生命権の至高性

人間の生命の尊重は人間の尊厳から生じる。人は生命を奪われるとすべての人権を失う。したがって、生命に対する権利は何よりも重く、基礎的なものである。生命権（right to life）は生存権とも言われ、たとえいかなる緊急時にあっても尊重されなければならない（第一部　総論　第六章　絶対的人権参照）。

国際人権規約をはじめ各種の国際文書は、人が生命に対する権利を有することを宣言している。周知の通り、世界人権宣言は、第三条で「すべての人は、生命、自由および身体の安全についての権利を有する」とのみ規定するが、これを受けた市民的及び政治的権利に関する国際規約（自由権規約）は第六条一項で「すべての人間は、生命に対する固有の権利を有する。この権利は、法律によって保護される。何人も、恣意的にその生命を奪われない。」と定める。そして、この規定を受けて作られた一九八九年の死刑廃止議定書（死刑廃止を目指す自由権規約の第二選択議定書）は、その前文で、「死刑廃止のあらゆる措置が生命に対する権利の享有における進歩と考えられるべきであることを確信し」死刑の廃止を定めた。同じく一九八九年に採択された子ども（児童）の権利に関する条約（一九九〇年九月二日発効、日本につき一九九四年五月二二日発効）第六条一項は「締約国は、すべての子ども（児童）が生命に対する固有の権利を有することを認める」。

自由権規約第二八条によって設立された自由権規約委員会（Human Rights Committee）は、自由権規約第六条一項の定める生命権は、「人間存在の至高の権利（the supreme right of the human being）」（一般的意見第六、一項）であって、「すべての人権の基礎である」（一般的意見第一四、一項）と評価している。（一一）

（一一）一般的意見の法的性格については、本書第三部第三章（四九三頁以下）参照。なお、とりあえず、坂元茂樹「条約実施機関の解釈権能」『国際立法の最前線』（有信堂、二〇〇九）所収）参照。

地域的な人権条約では、欧州人権条約第二条一項が「何人の生命に対する権利も法によって保護される。何人も故意にその生命を奪われることはない」と定め（一九五〇年の条約では、死刑の場合を除くとされていたが、一九八三年の第六議定書によって死刑が廃止され、全加盟国につき効力を発生したので、該当部分を特に記さなかった）、米州人権条約（一九六九年採択、一九七八年発効）第四条一項は「あらゆる人は自己の生命を尊重させる権利を有する。この権利は法律によって、かつ一般的には受胎の時から、保護されなければならない。何人も恣意的にその生命を奪われることはない。」と規定する。もっとも、米州の場合は、世界人権宣言に先立つこと半年前に出された米州人権宣言（人の権利及び義務に関する米州宣言）第一条において世界人権宣言と全く同じ文言で生命権を謳っており、これは米州人権委員会が設立された一九五九年以来すべての米州諸国に対して法的拘束力を持っている。また、一九八一年のアフリカ人権憲章（一九八六年発効）第四条一項は「人間存在は不可侵である。すべての人間存在は自己の生命の尊重および身体の完全性に対する権利を有する。何人も恣意的にこの権利を奪われない。」と規定する。

これらの国際文書はいずれも人の生命に対する権利を保護すべき人権リストの冒頭に置くことによって生命権をとくに他の人権に優位するものと考えていることを示していると言えよう（二）。

人間の生命は、生命という観点からすると、動物や植物にも見られるものであり、無生物には見られない価値を持っており、その限りで動植物の生命もそれ自体価値あるものとして尊重されるべきであり、法的にも保護される。しかし、無生物が地球上の生物の誕生を準備し、生物としては、先ず植物、次に動物、最後に人間が誕生したことからも明らかなように、生命の価値は順に高くなる。また人間は草木や花を愛で、動物を可愛がるが、同時に、人間は食物連鎖の頂点に立ち、動植物の生命を摂取して自己の生命を維持するのであり、人間の生命は人間に固有の価値をもつものとして評価されることになる。その意味で、人間の生命は人間の尊厳と切り離すことはできない。したがって、ひとりひとりの人間の生命は同じ価値を持ち、それぞれの人間の生命の価値を功利主義的に判断することは許されない。もっとも、ひとりひとりの生命は同じ価値を持つとはいえ、人間が社会生活を営んでいることにかかわり、一定の制約が生まれる。そのことを欧州人権条約は生命権を定めた第二条二項で次のように定める。

生命の剝奪は、それが次の目的のために絶対に必要な、力の行使の結果であるときは、本条に違反して行われたものとみなされない。

a　不法な暴力から人を守るため
b　合法的な逮捕を行い、または合法的に拘禁した者の逃亡を防ぐため
c　暴動または反乱を合法的に鎮圧するため

これらの制約規定は国際人権規約の自由権規約第六条には盛られていないが、自由権規約委員会の事例からは類似した判断が示されている(二)。

また、胎児の生命権の保障との関係で、欧州人権条約では、妊娠中絶の国内法をもつ国に関して一〇週までの胎児については母体保護のための中絶を条約違反ではないと判断しており、米州の場合「一般的には受胎の時から」生命権は保護される、と規定するが、「一般的には」を挿入することにより、妊娠中絶の国内法をもつ加盟国との間に妥協がはかられた(三)。この点は、自己決定権を重視する「個人の尊重」派と、あくまで「人間の尊厳」を重視する人たちで見解が分かれるところであるが、胎児はすべての可能性をもつ存在であることを考え、妊娠中絶は胎児が母体から独立して生育できない時期における母体の生命保護に限るべきであって、経済的理由はとるべきではない。ましてや人間の選別につながる生殖医療などはまさに人間の尊厳を否定するものである(四)。

生命権の射程として、自由権委員会は、国連憲章によって武力行使が禁止されていることから、国家が恣意的な人命の損失の原因となる戦争、ジェノサイド行為その他の大量暴力行為を防止する至高の義務（保護義務）をもっていると考えている（前掲一般的意見第六、二項）。これは、仏教徒にとって殺

生が最大の罪悪であり、戦争がその最たるものであることから、釈尊の「不殺生戒」を守り、破壊の文化・殺人の文化から創造の文化・いのちを尊ぶ文化への転換を迫るのに通じるものである。その他国家による生命権の侵害排除や国家の生命権保護義務など生命権の内容については、第二部人権第一章第一節第二款（本書二四七頁以下）で論じる。

（一）日本国憲法における生命権の位置づけについては、人権類型論再検討を行い、生命権を人権のなかで最重要視すべきであると主張する山内敏弘「基本的人権としての生命権の再構成」（『二一世紀の立憲主義』（杉原泰雄先生古稀記念論文集刊行会編、勁草書房、二〇〇〇）所収）および青柳幸一「憲法学における生命に対する権利」（『国際人権』一七号、同『憲法における人間の尊厳』（尚学社、二〇〇九）所収）参照。

（二）コロンビア、スリナム、ウルグアイ、ザンビア、ザイールを対象とする個人通報における警察官等の行為に関連した判断。Manfred Nowak, U.N.Covenant on Civil and Political Rights - CCPRCommentary, 2nd Edition N.P.Engel, Publisher, 2005, pp.129ff および Jacob Th. Möller and Alfred de Zayas, United Nations Human Rights Committee Case Law 1977–2008 N.P.Engel, Publisher, 2009, pp.147ff. 参照。なお、スリナムを相手とした個人通報（Kanta Baboeram-Adhin et al. v.Suriname）については、宮崎繁樹編集・翻訳代表『国際人権規約先例集―規約人権委員会決定集第2集』（東信堂、一九九五）一五六頁以下に紹介がある。

（三）欧米の事例について、芹田健太郎「地域的人権機関の役割と課題」（芹田ほか編『講座国際人権法1　国際人権法と憲法』（信山社、二〇〇六）所収）参照。

（四）法律家からの問題提起として、たとえば金澤文雄「生命の尊重と自己決定権」、秋葉悦子「出生前の人の尊厳と生きる権利」、Hans-Ludwig Schreiber「生命倫理に関する欧州人権協定と法の基礎」（いずれも前掲『人間の尊厳と現代法理論』所収）参照。胚の保護について主としてドイツの議論を追っているアネッテ・ミヒャエル、ロター・ミヒャエル「胚保護と人間の尊厳――ドイツ・ヨーロッパの基本権と学際的研究」『神戸法学』五九巻四号二六七–二九二頁参照。

なお、生命倫理に関して、とくに竹内章郎『いのちの平等論』（岩波書店、二〇〇五）および島薗進『いのちの始まりの生命倫理』（春秋社、二〇〇六）参照。

第三款　人間の開放性と連帯

人間は、既に述べたように、ひとりひとりが尊い。世界人権宣言起草者のルネ・カッサンが大きな影響を受けたといわれるフランスの哲学者ジャック・マリタンは、一九四七年の『人権と自然法』(Les droits de l'homme et la loi naturelle) の中で、人間が一塊の物質ではなく、また動物に等しいのでもなく、それ自体一つのミクロコスモス（小宇宙）をなすのであり、人格の絶対的価値の認識と尊厳の尊重もそこに由来する、と言う。そして、このような「人格 (la personne) は一つの全体 (un tout) であるが、閉鎖的でなく開放的 (ouvert) 全体である。それはライプニッツのモナードのように、戸も窓もない、小さな神でもなければ、見ず聞かず語らざる偶像でもない。それはその本性上社会生活およびcommunion（一つのもの union を共にする、意—筆者）への傾向をもっているのである」と言う。(一) こうしたことは、すでにギリシャ以来言われてきたことであり、そのことをアリストテレスは「人間は本質的に社会的動物である」と述べた（「政治学」一二五三a、岩波文庫、一九六一）（ギリシャ語 politikon は polis 都市国家に由来するので、政治的動物とも訳される。中央公論社、世界の名著8では、田中美知太郎は「国家をもつ（ポリス的）動物」と訳す）。つまり、人間の特徴として「社会性」が重視されてきたのである。アウグスチヌスやトマス・アクイナスは「人間は理性的動物（animal rationale）である」と解し、肉体も精神もある存在として動物と天使の間にある存在と考えていた（二）。

ジャック・マリタンを紹介する田中耕太郎によれば（三）、マリタンのいう社会生活および communion への傾向は「人間性の需要と貧困さ——このために各人はその物質的、知的および道徳的生活のために他人を必要とする——に起因するのみでなく、また人格の存在自体に刻印せられた根本的寛大性（génorosité）、精神に固有な、そうして他の人格との関係に入り込むことを要求するところの、知性と愛の交通への開放にも起因するのである」。結論的に、田中耕太郎は次のように言う。「人格は孤独であり得ぬこと、社会は人間性に由来すること、人間はアリストテレスのいったごとく、政治的動物であることに帰着するのである。これに反し他の動物は閉鎖的である。」「人格の開放性はその範囲において非限定的である。動物がたとい群居する場合においてもその交通の範囲が自己の属する群に限局せられていて、一般的に他の同類のものに対し敵対的関係に立つのに反して、人間は自己の交通の対象たる同類の者の範囲を無制限に拡張することができる。従ってこの範囲は空間的には国境を超越して全世界に推定され得るのである。現実の問題としてどの程度に世界人類相互間に人格的交渉が成立し得るかの問題は、物質的・精神的・文化的諸利益の共通性と、交通通信の発達の程度如何にかかっている。そうしてこの程度が急激に増大しつつある現在の状態において、従来すでに存在していた世界社会的諸形態がさらにその範囲と深度を増大し、また新たな世界社会を創造することは必死である。」

確かに、人間の社会は、他の哺乳類や蟻や蜜蜂のそれとは異なり、今や地球大に広がっている。国家社会はかつて無いほど強大な権力を有しており、企業社会も巨大化している。こうして人間の持つ社会性から、必然的に社会の中における個々人の位置づけがなされ、個々の人間の有用価値が計られることになる。しかし、個人の有用価値によってのみ人間が計られるものではない。有用価値は人間の存在価値を上回ることはできないし、そうあってはならない。このことを保障しているのも、人間のもつ社会性であり、人間同士の人格的関係、人格的つながりにもとづく連帯である。人は一人では生きられない。人は、人と共に生き、人のために生きる。

（一）Jacques Maritain, Les droits de l'homme et la loi naturelle, 1947, Paul Hartmann Editeur, Paris, p.11, J. マリタン・大塚市助訳『人権と自然法』（エンデルレ書店、一九四八）参照。

（二）トマス・アクイナスの思想の特徴について現代的意識で概観するものとして、とりあえず、沢田和夫『トマス・アクイナス研究』（南窓社、一九六九）参照。

（三）田中耕太郎『続世界法の理論（上）』（有斐閣、一九七二）一〇六―一〇七頁。なお、田中耕太郎「ジャック・マリタンの政治哲学」恒藤博士還暦記念『法理学及国際法論集』（有斐閣、一九四九）はジャック・マリタンの『人権と自然法』を紹介するとともに、自由の哲学や個人主義と全体主義の超克、全一的ヒューマニズム（humanisme integral）を説いている。

第二節　全法秩序における人権の貫徹

全法秩序における人権の貫徹が語られるようになったのはそれほど古いことではない。

従来、人権とくに憲法で保障する国家からの自由としての自由権的基本権は、国家対市民という垂直的関係において作用し、市民対市民という水平的関係においては憲法規定は原則として適用されてこなかった。

ところが、現代資本主義社会に、巨大な組織をもつ利益集団が出現し、これが大きな権力を行使するようになり、市民の社会・経済・政治的生活に直接かつ決定的な影響を及ぼすようになった。これらの組織体は「すでに私的現象ではなくなった」[1]のであり、こうした社会権力による人権侵害の危険性が高まると、これを単なる私的現象として放置できなくなった。そこで、現代社会では、憲法は単に制度としての国家の枠組みであるというにとどまらず、国民の政治・経済・社会的生活の全分野にわたる生活秩序、客観的価値秩序であり、したがって、憲法の定める法原則は社会生活のあらゆる分野において全面的に尊重され実現されなければならず、基本権は社会生活の基本的な秩序原則として公法・私法の「両者を覆う屋根のような」憲法原則であるという考え方が生まれた[2]。つまり、垂直的かつ水平的効果（vertical-horizontal effect）をもつものと考えられるようになってきたのである。

この考え方を実現する方法は、憲法規定を私人間関係に直接適用する（直接適用説または直接効力説）か、私法の一般規定を媒介として間接的に適用する（間接適用説または間接効力説）か、である。

国によってアプローチは異なるが、直接適用説には、これが私的自治の破壊に至る虞があるということのほかに、自由権の観念を変質させるのではないか、という批判がある。ドイツにおける私人間効力のリーディング・ケースとして知られる一九五八年一月一五日の旧西ドイツの連邦憲法裁判所リュート判決（Lüth-Urteil）は、「疑いもなく、基本権は、第一次的には個人の自由の領域を公権力の侵害から保護するために規定されたものである。それは国家に対する防御権である。この点は、基本権の精神史的発展からも、基本権が各国憲法に取り入れられた歴史的な経過からも、明らかである」といい、また同じく間接適用説を採ったとされる一九七三年一二月一二日の三菱樹脂事件最高裁大法廷判決（民集二七巻一一号一五三六頁）も次のように述べている。

「憲法の右各規定（注、一四条と一九条のこと）は、同法第三章のその他の自由権的基本権の保障規定と同じく、国または公共団体の統治行動に対して個人の基本的な自由と平等を保障する目的に出たものであって、もっぱら国または公共団体と個人との関係を規律するものであり、私人相互の関係を直接規律することを予定するものではない。このことは、基本的人権なる観念の成立および発展の沿革に徴し、かつ、憲法における基本権の形式、内容にかんがみても明らかである。」

そして、後に、最高裁判所は日産自動車事件判決（最三小昭五六（一九八一）・三・二四民集三五巻二号三〇〇頁）で女子若年定年制を性別による差別として平等条項の間接適用を明確に認めた。

間接適用説を採れば、これらの判決が明らかにするように、国家からの自由としての伝統的な自由の観念ないし意義、つまり西欧型憲法の一つの中核的な原理とも言うべき国家権力に対抗する自由（liberty against government）の思想—これはすぐれて現代的なものでもある—を稀薄にする結果をもたらしたり、自由権観念を変質させ、不明瞭にする虞なく、人権を私法関係にも適用することができる。しかし、人権の第三者効力（third party effect, Drittwirkung）の主張に対しては種々の問題が指摘されてきたし、また、社会の複雑化に対応するかのように、国家の保護義務が論じられるようになってきた。（三）

いずれにしろ、憲法の保障する基本権は、いまや、公法関係にとどまらず、私人間関係にも適用され、全法秩序において人権が貫徹されるようになってきた。

（一）Friedman, 57 Col. L. Rev., 155, 165, 176.

（二）芦部信喜「人権保障規定の私人間における効力」および阿部照哉「私人間における基本権の効力」（『公法研究』第二六巻（一九六四）所収）ならびに芦部信喜「私人間における基本的人権の保障」（『基本的人権』第一巻所収）（芦部論文はいずれも同『現代人権論—違憲判断の基準』（有斐閣、一九七四）に再録されている）参照。

（三）棟居快行「第三者効力論の新展開」および小山剛「国家の基本権保護義務」『講座国際人権法1　国際人権法と憲法』（信山社、二〇〇六）所収参照。

さて、人権条約はどのように対応しているのであろうか。人権条約とは、国家間で文書の形式により締結され、国際法によって規律される国際的な合意で、人権保障を内容とするものである。もっとも、人権条約は、伝統的な多数国間条約が締約国の相互的な利益のために権利・義務の互換を実現するために結ばれるのと異なり、他の国家との関係ではなく、自国の国家管轄下にあるすべての個人に対して、共同の福祉のために、種々の義務を引き受けるものである。

人権の国際的保障は、周知のように、第二大戦の大規模な、悲惨な人権侵害を契機として生まれた。つまり、人権の国際的保障の必要は、人権の国内的、憲法的保障だけでは十分ではなかったという第二大戦の経験にもとづいている。したがって、人権の国際的保障の特色は、第二大戦前に見られたトルコ等中近東・東欧諸国の少数民族の保護とか、人道的性格の植民地原住民保護（奴隷貿易の禁止等）や難民の保護や人道的労働条件の設定とか、在外自国民の保護にあるのではなく、伝統的な外国人・内国人という分類の上に立って論じれば、国内の自国民の人権の保護を国際的に負う、という点にある。言い換えれば、人権保障の担保を一国の国内法制とその価値・思想の担い手である国民の監視とに委ねるに任せることをせず、これを積極的に国際連帯のもとに置いたのである（序論第二章人権保障の歴史参照）。

人権条約においては、そこで、国家は、国家対国家の関係における人権保障の約束の履行のほか、国際機関による履行状況の監視を受け、条約の締約国である各国家の内部においては、国家対市民の関係における人権保障と市民対市民つまり私人間関係における人権の適用とを抱え込んでいる。従って、自国管轄下の市民に実現を約束した人権の不遵守は、国家内部ではその法秩序にもとづいて人権侵害の犠牲者から国家責任を問われ、国家間ではその国際責任を他の国家に問われる。また、場合によっては、人権侵害の犠牲者によって国際機関に訴えられその責任を問われることになる。

ところで、一般国際法上の国家の義務は別として、条約において国家が引き受けた義務については、各条約の解釈によるしかない。しかし、国際人権保障の考え方は、世界人権宣言前文で述べられているように、「社会のすべての個人および機関（every individual and every organ of society）が……権利と自由の尊重を努めて促進させる」ようにすること、また「その普遍的かつ実効的な承認と遵守を……確保する」ようにする目的で同宣言が布告されたことからも分かるように、人権をすべての秩序の基準とすることである。人権諸条約は、国際人権規約等に見られるように、こうしたことを国家の義務としては、「尊重する」（respect）、「保護する」（protect）、「充足する」（fulfil）あるいは「保障する」（secure）、「確保する」（ensure）などと表現する。国家は、尊重義務、保護義務、充足義務、保障義務、確保義務を負っていることになる。そしてこれらの義務はそれぞれの権利に対応している。たとえば、人種差別撤廃条約では、締約国は、すべての者が「輸送機関、ホテル、飲食店、喫茶店、劇場、公園等一般大衆の使用を目的とするあらゆる場所又はサービスを利用する権利」を享有するに当たり人種差別を禁止し、法の前の平等を「保障」している（同五条）。また、女性差別撤廃条約では、政治的、経済的、社会的、文化的、市民的その他のいかなる分野においても女性差別を禁止し、「男女の平等の原則の実際的な実現を法律その他の適当な手段により確保すること」が約束されている

（同二条(a)、詳細は、第一部 総論 第五章 国家の義務参照）。

これらの人権を私人間関係において直接適用するのか、間接適用するのかは、それぞれの国法体系によるが、いずれにしても、国際人権条約はその保障する人権がすべての秩序において貫徹されることを求めている。したがって、法律家はそのための法の技術を磨かねばならない。

第三節　全人類の人権

人が誕生したのは五万年前とも、一〇万年前とも言われることについてはすでに触れた。生命の誕生が四〇億年も前であることからすれば、ついこの間のことである。しかも国家らしきものが登場してからはまだ数千年しか経ていない。この五～六千年の間、人類は多くの征服と文化の盛衰を経験してきた。そして、現在の一体的ともいえる国際社会はこの五百年にわたるヨーロッパの世界支配の結果であると言っても過言ではない。今から一五〇年前には世界の七割以上の人々は植民地支配の下にあった。一八世紀末から一九世紀初頭にかけてアメリカ合衆国を始め中南米諸国が独立し、いわば第一次の非植民地化の波が世界を覆った後、本格的な非植民地化は第二大戦後に現れた(一)。

一九六〇年一二月一四日、国際連合は「いかなる形式及び表現を問わず、植民地主義を急速かつ無条件に終結せしめる必要があることを厳粛に表明し」、まず、「外国による人民の征服、支配及び搾取は、基本的人権を否認し、国際連合憲章に違反し、世界の平和及び協力の促進に障害となっている」

と宣言し、「すべての人民が自決の権利を有する」こと、そして、「政治的、経済的、社会的又は教育的準備が不十分なことをもって、独立を遅延する口実としてはならない」こと等を宣言した（植民地独立付与宣言、国連総会決議 1514（XV））。

この宣言は、植民地の解放＝人間の解放であることを明言し、すべての人民が政治的地位を自由に決定し、その経済的、社会的および文化的発展を自由に追求する自決権こそ人権享有の前提であることを明確にしたものであった。ここに、一九一九年の国際連盟規約の「人民発達の程度」（同二二条）以来の、国際連合憲章にも残る「人民の進歩の段階」（同七三条）といった欧米「文明」基準の撤廃が明示された。一九六〇年代には実に四十数国が独立を達成したのである。世界は今人類史上初めて植民地のない時代となり、軍事力による異民族支配から自由になった。

しかし、二〇世紀を支配したイデオロギー対立は東西冷戦という形で新興独立国をも巻き込み、真の人間の解放の問題を論じることを許さなかった。九〇年代に入っての冷戦の終焉によって初めて無条件に「すべての者のためにすべての人権に」光を当てる希望が生まれた。一九九三年の世界人権会議の採択したウィーン宣言はそのことを示している。次のように宣言する。

「世界人権会議は、国際連合憲章、その他の人権文書及び国際法に従って、すべての者のためにすべての人権及び基本的自由の普遍的な尊重及び遵守並びに保護を促進する義務を履行するという、すべての国家の厳粛な誓約を再確認する。これらの権利及び自由の普遍的性格は、疑うことができない。

この枠組みの中で、人権の分野における国際協力の強化は、国際連合の目的を完全に実現するために不可欠である。

人権及び基本的自由は、すべての人間の生まれながらの権利であり、それらの保護及び助長は諸政府の第一次的責任である。」

（一）詳細は、芹田健太郎『普遍的国際社会の成立と国際法』（有斐閣、一九九六）参照。

第二章　人権保障の歴史

第一節　人権保障の光と闇

基本的人権保障の理念は現代法および法理論の要である。今日われわれが基本的人権と呼んでいるものの原型がまとまった形で現れたのは、一二一五年のイギリスのマグナ・カルタ（Magna Carta）であった。この文書は、成立の由来からすれば、本質的には封建制度の温存のためのものであるが、イギリスでの絶対王朝との抗争の中でクック（コウク、Edward Coke, 一五五二―一六三四）によって近代的な解釈が加えられ、一七世紀以来「イギリス人の自由の守護神」と崇められている。一八世紀にはアメリカ独立宣言、フランス人権宣言が発せられ、一九世紀には各国に近代憲法が創られた。現在の人権宣言はその蓄積の上にある。(一)その意味で、人権はヨーロッパ産である。しかし、ヨーロッパ人が人権を享有し始めていたその同じ時期、ヨーロッパ人たちは奴隷貿易と植民地獲得競争を通じて世界の他の地域に支配を及ぼし始めていた。明るい人権保障の影に大きく広がった暗闇があったのである。二〇〇一年の南アフリカ・ダーバン会議でも噴出した植民地支配や奴隷貿易の問題につながる歴史を振り返ることが必要である。

（一）人権宣言については、とくに宮沢俊義『憲法Ⅱ』（有斐閣、一九五九）参照。

第一款　光としての各国人権宣言

諸国の権利宣言または人権宣言は、何より歴史的所産である。したがって、その内容も歴史的に十分理解されなくてはならない。ゲオルク・イェリネック（G. Jellinek）が言ったように、個々の基本権は、人間および国家の一般理論の論理的産物のような顔をしているが、それらは、その具体的な法の規定の仕方において、まず、歴史的に理解しなければならない。一般に知られているように、それらは何よりもまず従来行われていた制限の否定である。従来検閲があったために出版の自由が宣言されたのであり、良心強制が支配したから信仰の自由が宣言されたのである。この意味で、基本権を捉える正しい方法は、自由権から社会権への展開として動態的に把握することであろう。このような基本権の二つのカテゴリーの対立は、それへの歴史的な要求の違いから起こっているのであって、一般的に言えば、自由権から社会権への発展ということができる。この場合、自由権と社会権とは、権利の形式的な法構造の相違からではなく、むしろ目的と結びついた実質的な法構造の違いという面から理解されることになる。つまり、自由権は、平等な個人の存在を前提として、その自由な活動を保障することを目的とするのに対し、社会権は、個人と個人との間には社会的な地位の強さに実質的な違いがあることを前提として、強い個人の自由権に対して一定の制限を加えるとともに、弱い個人に対しては、単純な自由の保障にとどまらず、かえってその生存を保障するために、国家が一定の保護を与えようとするものである。

一八世紀に成立したアメリカの権利章典やフランス人権宣言といった古典的な人権宣言は、信教の自由、言論・出版の自由、集会・結社の自由等の自由権に財産権の保障等を含めていた。これは、一八世紀の産業革命によってイギリスを始めヨーロッパの先進国やアメリカなどが次々と機械制大工業の時代に入り、労働生産性が飛躍的に向上し、商品経済が自由競争の時代に入ると、こうした新しい社会を担った新興ブルジョワジーにとって自由と財産こそが最大の要求物となったと考えられるからである。

人が生まれながらに土地に結びつけられていた封建社会から解放され、自由に物を所有し、自由に契約を結び、自由に経済活動を営むことのできる経済社会に入り込んだところに、今日の資本主義社会の出発点があったのであり、経済の自由こそ近代国家の基礎そのものであるといわなければならない。しかし、資本主義の高度化が富の偏在、労働者の貧困、失業などの社会問題を生みだし、資本主義社会の諸矛盾が激化した。そこで、近代社会の基礎となっている所有権の絶対性と契約の自由に制限を加え、国家が積極的に国民生活を規制し、国民の生存に対して配慮することが要請されるに至った。こうして、従来の夜警国家的、自由主義国家観は修正され、現代の福祉国家ないし社会国家が芽生えたのである。要するに、経済的自由の保障の相対化である。これとともに社会権が登場した。もっとも、社会権的基本権の本格的展開は第一大戦後のことである。

これらのことすべてが欧米および近代化した日本でのことであった。世界の他の地域は植民地支配下にあったのである。

第二款　闇としての奴隷貿易・植民地支配

一体的とも言える今日の国際社会は、ヨーロッパによる世界支配の結果生まれたものであることは疑いない。歴史の転換点は一四五三年のコンスタンチノープル陥落であり、一四九二年のいわゆる新大陸の発見である。コロンブスの第一回航海から続いた発見者の時代は、一五一〇年前後から、征服者の時代に移った。メキシコ、ニカラグア、グアテマラ、ユカタン、ペルーの各征服というように、次第に規模と範囲が広がった。それとともに、新大陸になだれ込んだ多くの征服者たちは、原住のインディオを理由もなく殺したり、その財や土地を取り上げるなど、残虐の限りを尽くした。こうした非情ぶりは、ラス・カサスの『インディアスの破壊についての簡潔な報告』（一五四二年に国王に提出された報告書を母体にし、一五五二年に公刊）（染田秀藤訳、岩波文庫、一九七六年）に見ることができ、この書はインディオの悲惨な状況を訴え、インディアスの状況改善の必要を説き、征服の即時中止を求めたものであった。コロンブスがエスパニョーラ島と名付け、後にフランス領サント・ドミンゴとなった島の西半分はハイチであり、一八〇四年に世界史上最初の黒人共和国として独立したが、その黒人たちは原住のインディオがほぼ全滅したため労働力としてアフリカから連れてこられた者の子孫

である。一九六二年に最初のトリニダード＝トバゴ首相となったE・ウィリアムズの言うように、（二）イ
ンディオから強奪された土地はヨーロッパ人の植民地となり、アフリカから運ばれてきた黒人奴隷によって耕されることになったのである。

奴隷が取り引きされた歴史は奴隷制とともにきわめて古い。しかし、全く新しい展開が新大陸の発見・征服・植民によって始まった。これが一五世紀から一九世紀までの四〇〇年もの間続くアフリカ黒人奴隷貿易である。この間アフリカからアメリカに運び込まれたアフリカ黒人の数はあまりにも膨大であって正確な数字は分からない。六、〇〇〇万人とも七、〇〇〇万人とも言われるアフリカ人がアフリカからはぎとられたと推定されている。

奴隷には人格が認められていなかったので、一五五一年のポルトガルのリスボンの人口統計では「勘定するのに何人とはいわ」ず、「頭（カベサ）とか匹（ピエサ）といった」。法的にも、奴隷は奴隷市場を通して売買される商品であり、個人の財産であった。一般的に、米国のどの州でも奴隷は動産と規定された。そして奴隷を牛馬同様に増殖させて市場に売り出す商売は、ほとんどの奴隷州で公認されていた。

奴隷貿易はまず一五世紀にポルトガルによって始められ、一六世紀にかけてポルトガルの独占が続いた。黒人奴隷貿易は重商主義列強の最大の関心事の一つとなり、ヨーロッパのあらゆる王権の政治的取引の対象とされ、各国大使の主要任務として各国間の同盟や条約締結の主目的となった。一七世紀から一八世紀にかけ奴隷貿易はしだいに大会社の手に掌握されていくが、ヨーロッパの各王家は、

スペイン歴代のフェリペ王、フランスのルイ一四世、イギリスのアン女王、ポルトガルのペドロ二世の時代に奴隷貿易会社の助成に務め、自ら出資者の一員となっている。また、イギリスのリヴァプールは旧世界最大の奴隷貿易港であり、多数の奴隷商が同市当局の最高の地位を占めるなど、奴隷貿易商はイギリスの高位顕職を占めていた。一七九五年のリヴァプールはイギリスの奴隷貿易総額の八分の五、ヨーロッパ全体の奴隷貿易額の七分の三を扱っていたのである。

一七七六年のアメリカ独立宣言を起草したジェファソンは、周知のように、英国王の悪行の一つにアフリカ人を奴隷としたことを挙げていたが、この頃アメリカでは黒人奴隷による生産が不経済であるという声が出ており、また、一八〇〇年頃には、明らかに、奴隷は一世紀前のように高い利潤を生む商品ではなくなっていた。イギリスはアメリカ独立の後、英帝国の重心をカリブ海からインド洋へ、つまり西印度諸島からインドへと移し、アメリカ一三植民地を失ったことにより帝国内の奴隷数が著しく減少し奴隷貿易の廃止が容易になっており、一八〇七年に「正義および人道ならびに健全な政策と相容れない」として奴隷貿易を廃止した。この後イギリスは奴隷貿易廃止論の先鋒に立った。各国と条約を結び、密貿易を取り締まり、海洋における実効性を確保するため臨検の権利等を各国と約束した。今日でも国連海洋法条約第九九条に奴隷運送の禁止が置かれている所以である。

こうしてラテンアメリカ植民地が独立し一八八八年のブラジルを最後に奴隷制も廃止され、人間が「商品」となることはなくなった(一一)。しかし、アフリカは、今度は、植民地として注目され、一九世紀末からヨーロッパ列強の激烈なアフリカ分割の対象となったのである。

奴隷貿易の時代は同時にヨーロッパが世界に植民地を拡大していった時期でもあった。新大陸の発見、喜望峰をまわる新航路の開拓など、ポルトガルやスペインを先頭にヨーロッパの船が大西洋、太平洋、インド洋を縦横に航海するようになり、この一七世紀中葉頃までの大航海時代にヨーロッパ人のアジアへの植民も始まった。オランダやイギリスやフランスの東印度会社が進出し、南アジアから東南アジアの国々を次々と植民地支配の下に置いていった。日本が開国した一九世紀中葉は、ヨーロッパ諸国による市場獲得競争が極東に集中した時代であったが、ヨーロッパ諸国の関心は広大な中国に向けられており、アヘン戦争後、中国は次々と欧米諸国に不平等条約を押しつけられていったのである。(三)

実に、欧米諸国民が人権を享有していた時代、他の地域の人々は植民地支配の暗黒の中にとどまっていた。一八六五年には、主権国家の国民の世界人口に占める割合は一五％にすぎなかった。誤解を恐れずに言えば、世界の一五％の人々のみが人権を享有していたのである。

(一)　E・ウィリアムズ著、中山毅訳『資本主義と奴隷制』(理論社、一九六八)参照。
(二)　インディオ問題および奴隷貿易については、芹田健太郎「国際法における人間」『岩波講座基本法学　第一巻』(岩波書店、一九八三)所収参照。
(三)　世界の植民地化過程および独立への歩みについては、芹田健太郎『普遍的国際社会の成立と国際法』(有斐閣、一九九六)参照。

第二節　国際人権保障の先駆けとしての少数者保護

国家間の約束にもとづく人権保護の最初の形態は少数者保護である。少数者というのは、人種、言語、宗教などで、国民のうちの少数を占める人々のことであり、歴史的に先ず現れたのは、宗教上の少数者の保護のために結ばれた条約である。これは、一国内において支配的な宗派とは異なる宗派に属する少数者、すなわち宗教的少数者が迫害を受けることのないようにするために、少数者と同一の宗派の国家と、その国家との間につくられた「信仰の自由」を保障するための条約である。とくに一五一七年にはじまるルターによる宗教改革によってカトリックとプロテスタントに分裂したヨーロッパの国際関係を調整するために、すでに一七世紀初め頃から、若干の国家間で、こうした条約が結ばれていた。なかでも特に重要なものは、三〇年戦争後の一六四八年に結ばれたウエストファリア条約であって、ドイツにおけるプロテスタント信徒の礼拝が自由であること、および、プロテスタントとカトリックとが平等であることを宣言している。

露土戦争の終了後、東方問題の処理に関する一八七八年のベルリン会議においてバルカンの新国家に対して執られた処置は、第一大戦前に人権の国際的保護に関してとられたものの中では最も注目される。列強諸国は、この会議で採択されたベルリン条約(一)において、ブルガリア、モンテネグロ、セルビア、ルーマニア、トルコに対して、信教の自由の保障を約束させた。また、この条約においては、トルコを除く諸国の独立または自治の承認の条件として、宗教や信条の相違によって、市民的・政治的権利が拒否されてはならないこと、またそれを理由として公職その他の職業に就くことを禁止されてはならないこと、すべての国民とすべての外国人に対して礼拝の自由の権利を保障することを規定した。

人種上の少数者保護の問題は、一八一五年のウィーン会議において、ポーランド問題が論じられたときに、はじめて取り上げられた。その後も、たとえば、一八五六年のパリ条約は、トルコ国内における信教の自由の保障とともに、宗教、言語、人種上の差別によってトルコ国民の一部を劣等な地位におくことの禁止を宣言している。

こうした人権に関する国際規定が、第一大戦後に多数の国家の間に締結された少数者保護条約の先駆をなすものである。少数者保護の制度は、第一大戦を契機として普及し、整備された。第一大戦後、民族自決の原則（principle of nationalitities）に従って、多くの新しい国家が誕生した。しかし、それでも取り残された少数者の保護のために、多くの国家に特別の義務が課された。ポーランド、チェコスロバキア、ユーゴスラビア、ギリシャ、オーストリア、ハンガリー、トルコとの間に結ばれた条約において、主たる同盟および連合国は、人種、言語、宗教上の少数者の正当かつ平等な取扱いの保障を規定した。これらの個別的な条約の規定内容はほとんど同じであって、法の前の平等や、人種、言語、宗教の差別なく、すべての国民に市民的、政治的権利を平等に保障し、とくに宗教や教育上の結社をつくり、また自国語で初等教育を行うことなどを保障しようとしたものであった。こうした条約のほかに、エストニア、ラトビア、リトアニア、イラク、アルバニアの国々は、国際連盟への加入の時に、連盟理事会における宣言で、少数者保護の義務を負った。こうして、少数者の保護が国際的な義務とされ、国際連盟の保障の下に置かれたのである。これによって、連盟理事会の同意がなければ、修正も不可能とされ、これらの条約違反の訴えに対して、理事会は、措置をとる権限が与えられた。また、条約当事国間または当該国家と連盟理事会との意見の相違は、国際紛争とされ、常設国際司法裁判所に付託されることになっており、しかも、少数者のグループから提出される請願を処理する特別手続も定められた。

しかし、注目すべきは、こうした少数者保護義務を課された国家の多くは新しく独立した国であって、これらの国家にとって国家建設つまり国家統一を堅固にすることこそが急務であり、少数者保護が結果として国家内国家を生み出すことをおそれ、国家統一と矛盾するおそれのある少数者保護に冷淡であったことである。こうして、両大戦間の少数者保護は予期した効果を上げることができないままに終わった。むしろ、少数者は明確に国家内に閉じこめられてしまった、と言うべきであろう(二)。なお、第二大戦後の平和条約は、第一大戦後の平和条約と異なり、少数者保護の規定は多くない。

(一) 東方問題処理のベルリン条約について、芹田健太郎『普遍的国際社会の成立と国際法』(有斐閣、一九九六) 一一八頁以下参照。

(二) 芹田健太郎「国際関係における個人の権利と「人民」の権利」前掲『地球社会の人権論』所収参照。

第三節　国際人権保障の登場

人権の問題を単なる国内問題から国際法の当然に関心をもつべき問題、つまり国際関心事項にまで高めることに決定的に貢献したのは第二大戦である。

第二大戦において連合国は戦争目的に民主主義の擁護、人権の尊重を掲げた。一九四一年年一月六日のアメリカ大統領ルーズベルトの有名な「四つの自由」（信仰の自由、言論の自由、欠乏からの自由、恐怖からの自由）の宣言、同年八月一四日のルーズベルト米大統領とチャーチル英首相が出した大西洋憲章、さらに翌年一月一日の「生命、自由、独立および宗教の自由を防衛し、自国および他の国々において人権と正義を保持するために完全な勝利が不可欠である」と宣言した連合国宣言などがこのことを示している。これらは、ナチス・ドイツの暴虐や中国軍民二〇万人を虐殺したといわれる南京事件(一)などの人権侵害に対する闘争宣言であった。

(一) 南京事件というのは、一九三七年一二月、当時の中国の国民政府の首都南京を攻略・占領し、その際多数の中国人の非戦闘員や捕虜を殺害し、日本軍による虐殺が三〇万人に上るという説、事件はなかったという説、少なくとも四千人から数万人の死者が数えられるという各説が日本にはあり、中国側と大きな見解の相違があった。二〇一〇年一月三一日に発表された日中歴史共同研究報告書では、日本側は「日本軍による捕虜、敗残兵、便衣兵、及び一部の市民に対して集団的、個別的な惨殺事件が発生し、強姦、略奪や放火も頻発した。日本軍による虐殺者数は、極東国際軍事裁判における判決では二〇万人以上（松井司令官に対する判決では一〇万人以上）一九四七年の南京戦犯裁判軍事法廷では三〇万人以上とされ、中国の見解は後者の判決に依拠している。一方、日本側の研究では二〇万人を上限として、四万人、二万人など様々な推計がなされている」とした（『近現代史』第二部　第二章　日中戦争――日本軍の侵略と中国の抗戦七頁。外務省ホームページ参照）

その惨劇の様子について、たとえば、笠原十九司『南京難民区の百日――虐殺を見た外国人』（岩波現代文庫、二〇〇五）、とくに犠牲者数について、あとがき、補論および現代文庫版あとがき参照。なお、南京陥落直後に南京に入り約一ヵ月滞在して書かれた石川達三『生きてゐる兵隊』（河出書房、一九四五）参照。この著作は発禁処分となり、著者は起訴された。

日本における裁判例として、南京事件の否定派の中で、生き証人とされる女性を「偽証人」と著した著者および出版社（松村俊夫『〝南京虐殺〟への大疑問』（展転社、一九九八））を相手取り名誉毀損と謝罪広告掲載を求めて訴えた事件で、東京地方裁判所は名誉毀損を認め、原告李秀英さんに一五〇万円の支払いを命じた。双方はこれを不服として控訴。東京高等裁判所はこれを棄却した（東京高裁判決平成一五（二〇〇三）年四月一〇日。この判決文はＴＫＣ法律情報データベースによった。最高裁は平成一七年一月二〇日上告を棄却した。この事実は「中国人戦争被害者の要求を支える会」によった。）。なお、同様の夏淑琴事件（東京地裁判決平成一九（二〇〇七）年一一月二日）参照。

連合国はすでに大戦進行中に戦後の平和維持機構の構想を練りその主要目的の一つとして人権保障を掲げていた。そして、大戦末期一九四五年四月から六月までサンフランシスコで開いた国際機構に関する連合国会議（United Nations Conference on International Organization）で、「われら連合国の人民は、われらの一生のうちに二度まで言語に絶する悲哀を人類に与えた戦争の惨害から将来の世代を救い、基本的人権と人間の尊厳および価値と男女および大小各国の同権とに関する信念をあらためて確認し」という言葉ではじまる国際連合憲章を採択した。国際連合憲章は、前記前文二項のほか、一条三項、一三条一項b、五五条c、五六条、六二条二項、六八条、七六条c、の計八ヵ所において、人権保障に言及している。

第二大戦後の平和条約は、たとえば一九四七年二月一〇日の対伊平和条約（国際連合条約集第四九巻49UNTS3）では、「イタリアはその管轄に属するすべての者に対し、人種、性、言語または宗教の区別なく、表現の自由、出版の自由、宗教の自由、政治上の意見の自由および集会の自由を含む人権および基本的自由の享有を確保するために必要なあらゆる措置をとる」（一五条）ことを約束し、また、イタリアは、「人民からその民主的諸権利を奪うことを目的とする政治的、軍事的または準軍事的団体の復活を許さない」（一七条）と定めている。一九五一年九月八日の対日平和条約では、日本は「あらゆる場合に国際連合憲章の原則を遵守し、世界人権宣言の目的を実現するために努力し」、「国際連合憲章第五五条……に定め」る人種、性、言語または宗教による差別のないすべての者のための人権および基本的自由の普遍的な尊重および遵守を促進することを約束している（前文二項）。

第二大戦後に特徴的なことは、第一大戦後の少数者保護問題が主としてバルカン半島問題にとどまり、戦勝国内部の問題にまで広がりをもつものとしては捉えられなかったのと異なり、人権問題が、敗戦国のみならず、戦勝国をも含むすべての国の課題として、諸国の共通の関心事とされたことである。

それでは戦勝国は何をしたのか。一九四八年三月から五月にかけて、米州二一国が参加して開催された第九回米州諸国国際会議は、人の権利および義務についての米州人権宣言を採択した。これは最初の国際的な権利宣言である。また同年一二月一〇日、連合国五一国を原加盟国とする国際連合の総会は、世界人権宣言を採択した。この両文書は、ほぼ同時に起草されたので、双方に共通の内容と文体が見られる。さらに、西欧諸国は、世界人権宣言を基に、戦後ドイツをヨーロッパ社会に復帰させるための条件の呈示ともなったヨーロッパ人権条約に一九五〇年一一月四日に調印した。

こうした一連の文書によって、人権の国際的保障が国際社会に一般的な共通の課題として定着した。人権保障が国内問題であると同時に国際問題となったのである。

その後、数多くの人権条約（主要人権諸条約について、芹田健太郎編集代表『コンパクト学習条約集』（信山社、二〇一〇、同第二版、二〇一四）所収）が締結され、二一世紀に入った現在では、このように国家間に結ばれた人権諸条約の網は、世界を覆う人類社会の権利章典となった。人権諸条約は、しかし、人類社会の権利章典となったとはいえ、その実現には国家の力を借りざるを得ず、国際機関には、いまだ、人権を国家を超えて直接に実現させる力はない。以下に国際人権保障の歩みを概観する。

第四節　国際人権保障史概略

人権の国際的保障を進めるにあたっての人々の関心や動機、あるいは、人権保障をめぐる争点は、しかしながら、第二大戦から今日まで、いくつかの変遷を経てきている。大きく時代を分ければ、第一は、戦中・戦後から一九五〇年代の時期、第二は、植民地独立付与宣言が国連総会で採択された一九六〇年からの一〇年、第三は、第二次国連開発の一〇年が宣言され、「国際開発戦略」が採択された一九七〇年からの一〇年、第四は、環境問題が人々の関心に鋭く問いかけた一〇年、そして、第五は、冷戦が終結し、世界人権会議が開かれた一九九三年から今日まで、である(一)。

第一の時期には、ナチズム、ファシズムといった全体主義の人権抑圧への反発から戦後のいわば熱狂的な熱気のなかで人権の国際的保障が取り上げられた。ところが、一九六〇年代、人々の関心は全体主義に対する闘争という意識から反植民地主義・反人種主義へと向けられ、これとの関連で人々は人権を論じ始める。つまりナチズム、ファシズムが国際的人権保障の必要性を自覚させ、植民地解放闘争やアパルトヘイト政策が人権伸張の要求への刺激を作り出したのである。しかし、一九七〇年代に入ると、途上国なかでも最貧国（国際連合の用語では、当初 the least developed among the developing countries：後発的開発途上国または後発発展途上国と呼んだが、最近では the least developed countries が用いられることが多い。the poorest of the poor などと言われる）問題によって異なる様相がみられ、八〇年代になると、人間環境の悪化がさらに進み、環境と開発の両立が緊急の課題となり、冷戦の終結した九〇年代には、政治色抜きの人権問題が正面に据えられて論じられることになった。

（一）畏友松井芳郎は、国際連合の五〇年にわたる人権活動を、西側先進国、社会主義国、途上国という三者の理念と葛藤という観点から、「自由権の時期」（一九四五—一九五九年）、「自決権の時期」（一九六〇—一九七三年）、「社会権／新しい人権の時期」（一九七四—一九八九年）、「『人権・民主主義・市場経済』の時期」（一九九〇年以降）の四時期に区分して、論じている（『国際人権』七号三三—三八頁参照）。

第一款　全体主義に対する闘争
——平和と人権の不可分性および自由権の再確認

戦中から戦後にかけての各種の国際文書が人権尊重を平和の基礎と認識していることは、すでにみたように明らかである。一九四八年一二月九日、国際連合総会は、全会一致で、集団殺害罪の防止および処罰に関する条約を採択し、翌一〇日、世界人権宣言を採択した。

この時期には、ほかに、難民条約や婦人参政権条約、奴隷制、奴隷貿易および奴隷制類似の制度・慣行の廃止に関する補充条約等が採択され、国際労働機関（ＩＬＯ）も、一九五六年五月一〇日、ＩＬＯの目的と加盟国の政策の基調をなすべき原則に関するフィラデルフィア宣言を採択し、結社の自由・団結権保護の八九号条約、団結権・団体交渉権の九八号条約、同一労働・同一報酬の一〇〇号条約、強制労働廃止の一〇五号条約、職業・雇用における差別禁止の一一一号条約という人権条約を採択した。これら条約の内容は第二大戦前から人々の関心にあったものである。

この時期に国際社会が最も力を注いだのは、集団殺害の防止および処罰に関する条約いわゆるジェノサイド防止条約であり、何よりも世界人権宣言と国際人権規約から構成される国際人権章典（International Bill of Human Rights）の完成であり、その推進者はエレノア・ルーズベルトやルネ・カッサンなど欧米諸国の名のある人々であった。

世界人権宣言の宣言する人権は、自由権、参政権および社会権の三種に大別できる。国際人権規約の条文のうち最初に取り組まれ、条文化されたのは、世界人権宣言の宣言する自由権と参政権である。世界人権宣言草案を、起草のために利用した一九五〇年のヨーロッパ人権条約は、自由権のみを対象とし、実体規定の実に三分の二を人身の自由に関する規定に割いている。国際人権規約に経済的、社会的および文化的権利に関する条文を含ませるように決定したのは、一九五〇年の第五総会であった。このように、当初は、人身の自由や表現の自由などの自由権に大きな重心があった。このことは、明確に第二大戦中の人権侵害の再発防止をねらったものであり、人権抑圧の上に立った侵略による平和の破壊を避けるためであると言えよう。

国際人権規約は採択こそ一九六六年であるが、最終草案は一九五四年の春には完成していた。このとき国際連合加盟国は、第二大戦の連合国である五一の原加盟国に、大戦中の中立国と新独立国の九新加入国を加え、六〇ヵ国であった。後に挿入された天然の富と資源の自由な享受・利用に関する規定や、外国人の経済的権利に対する途上国による差別的取り扱いの許容に関する規定の追加等の修正はあるが、基本構造に変化はない。基本的な政策決定は、一九五〇年、五一年の国際連合総会においてなされたのである。国際人権規約草案は、協定するに至った理由の第一に、「国際連合憲章において宣明された原則によれば、人類社会のすべての構成員の固有の尊厳と平等で譲ることのできない権利とを承認することが世界における自由、正義および平和の基礎であることを考慮」（前文一項）したことを掲げている。（一）

（一）芹田健太郎編訳『国際人権規約草案注解』（有信堂、一九八一）参照。

第二款　植民地解放・反人種差別闘争——集団の権利の登場

六〇年代に入ると人々の関心は、全体主義に対する闘争から反植民地主義、反人種主義へと向かう。ナチズム、ファシズムが国際人権保障の必要性を自覚させ、植民地解放闘争や反アパルトヘイト闘争が人権の伸張、保障の要求を一層強めたのである。ここでの推進者はアジア・アフリカの植民地人民である。まず植民地からの独立が問題となった。

一九六〇年一二月一四日、国際連合総会は植民地独立付与宣言を採択し、「いかなる形式及び表現を問わず、植民地主義を急速、かつ無条件に終結せしむる必要があることを厳粛に表明し、この目的のために」、次のように宣言した。

「一、外国による人民の征服、支配及び搾取は、基本的人権を否認し、国連憲章に違反し、世界平和と協力の促進の障碍《しょうがい》となっている。

二、すべての人民は自決の権利をもち、この権利によって、その政治的地位を自由に決定し、その経済的、社会的及び文化的地位を自由に追求する。」

そして何よりも特筆すべきは、同宣言が「政治的、経済的、社会的または教育的準備の不十分なことをもって、独立を遅延させる口実としてはならない」と明言したことである。ここにヨーロッパに代表される国際社会は、「文明」とか「進歩」とかいう基準によって民族を差別する制度を放擲したのである（一）。

さて、こうしたことの政治的背景はどうであったのか。周知のように、一九五三年、五四年と相次いで、朝鮮戦争、インドシナ戦争に停戦が実現し、歴史上初めて新興独立国を中心に五五年四月にアジア・アフリカの二九ヵ国を集めたA・A会議がインドネシアのバンドンで開催された（日本も参加）。この年の秋、米ソの対立から五〇年以降全く実現しなかった国際連合への新規加入が、一六ヵ国の一括加入という形で実現し、以後新独立国は、独立とほぼ時を同じくして国際連合に加入するようになる。翌五六年から五八年にかけて六ヵ国が植民地から独立した。これに対し、六〇年には一挙に一八ヵ国が独立し、その秋国際連合に加入した一七ヵ国を加えて植民地独立付与宣言は採択されたのである。一九六〇年代には合計四四ヵ国の新独立国が誕生した（二）。

一九六一年九月、二五ヵ国の参加の下に第一回非同盟諸国会議が開かれ、平和、反帝、反植民地闘争を訴える宣言を採択した。同年秋、国際連合総会は六〇年代を「国連開発の一〇年」に指定した。これは途上国の政治的地位の向上とは裏腹に経済的諸条件は悪化し、途上国人口の増加や先進国の協力の消極性のため、南北格差は拡大する傾向を示していたので、貿易問題について、天然資源に対する恒久主権(permanent sovereingty 永久的主権とも訳される)を決議した第一七総会の決定に従って、一九六四年に国連貿易開発会議(UNCTAD)が招集された。そして、この会議を機に途上国七七ヵ国グループ(G・七七)が誕生したのである。

ところで、人権保障そのものの分野では一九六三年一一月二〇日に国際連合総会は、あらゆる形態の人種差別撤廃に関する国連宣言を採択し、続いて六五年一二月二一日にあらゆる形態の人種差別撤廃に関する国際条約を採択した(九六年一月日本につき効力発生)。そして翌六六年一二月一六日国際人権規約、すなわち経済的、社会的および文化的権利に関する国際規約(社会権規約)、市民的および政治的権利に関する国際規約(自由権規約)ならびに自由権規約についての選択議定書が採択された。

国際人権規約が完全に発効するのは約一〇年後の一九七六年三月二三日のことであり、当時の自由権規約の当事国は、西側が北欧四国と西ドイツ(現ドイツ)、東側が白ロシア(現ベラルーシ)、ウクライナを含む一〇国、その他にラテンアメリカの七国、アラブの六国、アフリカの五国、アジアの二国であった。国際人権規約の発効は、このように、草案起草過程とは異なり、むしろ途上国の肩入れによるものであった。国際連合事務総長は、一九六七年の第二二総会に提出した年次報告において、

「両規約に定められており、世界人権宣言に含まれていない、最も重要な権利は、民族自決の権利であり、自己の天然の富と資源を自由に処分する権利を含むいずれかの規約第一条に法典化された関連諸権利である」ことを指摘した（A/6701, p.81）。

途上国が重視するのは、この民族自決権規定であり、天然の富と資源に対する権利の優先に関する条文の国際人権規約草案への追加修正も、そうした背景によってなされたものである。国際人権規約は、民族自決権規定を個人の権利である個々の自由権、社会権の規定に先立って置くことにより、民族の権利の十分な保障のないところに個人の権利の保障なし、とする考えを濃厚に示すものとなった。世界人権宣言が個人本位的構成をとっているのに対し、国際人権規約は、いわば団体本位的構成をとっていると言えよう[三]。

自決権の本質は自由権であり、自決権によって植民地的桎梏《しっこく》から解放され、自由を得ることの中に個人の自由も見いだされる。自決権は人権なのである。自決権が人権であるというのは、自決権が個人の人権を保障するという意味においてである[四]。

六〇年代には、さらに、六七年一一月七日に女性に対する差別撤廃に関する宣言が採択された。また、世界人権宣言採択二〇周年に開催された国際人権会議（イラン、テヘラン）の採択した多くの決議にみられるように[五]、差別を強く断罪し、アパルトヘイト政策を非難する等、反人種主義が強く前面に打ち出されたことは特筆されるべきである。こうして、この時期には、従来の個人の権利保障が、個人をいわば不当に社会的現実から抽象化して行われているのに対し、そうした抽象的人間ではなく、ある一定のカテゴリーに属する具体的人間に注目し、「集団」に着目した権利保障が登場したことが、次の時期につながるものとして、われわれの注意を引く点である。

(一) 芹田健太郎「国際法における人間」『岩波講座基本法学 第一巻』(岩波書店、一九八三)所収参照。

(二) 芹田健太郎『普遍的国際法の成立と国際社会』(有斐閣、一九九六)参照。なお、国際連合への新規加盟の年月日について、第二大戦の枢軸国および中立国、植民地からの独立国、社会主義連邦の解体による新国家に分類して示すものとして、芹田健太郎編集代表『コンパクト学習条約集』(信山社、二〇一〇、第二版、二〇一四)参照。

(三) 芹田健太郎「国際人権規約の意義と概要」『法律時報』五一巻八号(一九七九)(同『永住者の権利』(信山社、一九九一)所収)参照。

(四) もっとも、植民地が一旦独立すれば、そこにおける人権問題は、近代諸国家が宣言した人権すなわち自由権、社会権、参政権の保障の問題となり、自決権は役割を終えて舞台から去ってしまうもののように思えるが、この点ついては芹田健太郎「国家主権と人権」(前掲『地球社会の人権論』所収)参照。なお、自由権規約委員会は、カナダのアルバータ州のルビコン・レーク族がカナダによる自決権違反を訴えた事件の一九九〇年三月二六日決定(No.167/1984, Bernard Ominayak, Chief of the Lubicon Lake Band v. Canada, Report of the Human Rights Committee Volume II, GAOR, 45 th. Session Supplement No. 40 (A/45/40), Annex IX, A)で、自由権規約第六条から第二七条の個人の権利が侵害されたことを請求できる手続を選択議定書は定めているのであって、ルビコン・レーク族が第一条の「人民」であるか否かは委員会の扱う問題ではないとし(para.32.1)、ルビコン・レーク族の生活様式と文化の侵害を認め第二七条違反を認定した(para.33)(同条違反については Appendix I に安藤仁介委員の個別意見が付されている)。

なお、同事件については オミナヤク事件として桐山孝信の紹介（田畑・竹本・松井編集代表『判例国際法』（東信堂、二〇〇〇）二六一頁以下）がある。

（五）芹田健太郎「国連における人権問題の取り扱い」『国際問題』六八年一〇月号（前掲『地球社会の人権論』所収）参照。

第三款　貧困に対する闘い

――社会権・自由権の相互依存性の承認と発展の権利

一九七〇年代に新しく独立を達成した国は二四国を数え、その過半は人口二五万人以下の小国であった。途上国が植民地解放と経済発展を関連させ、単に政治的独立のみならず、主権獲得後の経済的独立をも目指すのは、一九六〇年代であり、その端的な表明は、一九六二年の「天然の富と資源に対する恒久主権」決議であった。途上国（developing countries：発展途上国または開発途上国）という言葉自体、従来の後進国（backward countries）、次いで低開発国（underdeveloped countries）にかえて、「南」の諸国が用いるようになったもので、六四年の第一回国連貿易開発会議（UNCTAD）以来、国際連合において定着した。しかし、六〇年代の「国連開発の一〇年」はその控え目な目標の達成にも失敗し、七〇年秋、国際連合は「第二次国連開発の一〇年」を採択し、開発目標と具体的措置を内容とする国連開発戦略を決議した。この開発戦略は、一九六六年に経済社会理事会の設立した開発計画委員会が立案したものであり、その前文で「開発（development：発展）は平和と正義への不可欠の道である」（六項）と宣言し、「より公正かつ合理的な世界経済社会秩序の創造」（一二項）を指摘した。後に七四年四月の国連資源特別総会は、新国際経済秩序樹立に関する宣言と行動計画を採択し、同年秋の第二九総会は、国家の経済的権利義務憲章を採択するに至った。ここには途上国の成長を目標とする新しい理念がみられる。

途上国は、等しく経済的後進性という共通の基盤をもち、UNCTADでは一つのグループを構成して行動するとはいえ、種々の発展段階がある。とくにひときわ立ち後れている国々が存在し、こうした国には特別の取扱いが要求される。一般には、一九七四年のオイルショックの折り、禁輸措置や石油価格暴騰とそれに伴う不況の影響を最も深刻に受けた国々（Most Seriously Affected Countries: MSAC）との関連で論じられるようになったが、国際連合は、すでに国際開発戦略のなかで最貧国問題を取り上げ、一九七一年には、開発計画委員会がリストアップした“hard-core LDDC”（中核最貧国）二五国を総会決議で承認した（第二六回総会決議二七六八 A/RES/2768（XXVI））。その基準は、一人当たり国内総生産（GDP）年一〇〇ドル以下、工業生産が国内生産の一〇%以下、一五歳以上の識字率二〇%以下、であった。その後基準も検討され数ヵ国が追加されて今日に至っている。特別措置の適用を受ける中核最貧国はアジア・アフリカに集中し、その大部分が六〇年代、七〇年代の独立国である。

こうした事実を背景に、国際連合総会は一九七四年の決議、七五年の決議によって事務総長に対して、人権と基本的自由の実効的享有を高めるための新しいアプローチと手段、について報告を求めた。七七年にこれを審議した総会は、考慮すべき第一に、すべての人権と基本的自由が不可分であり相互依存的であること、第二に、社会権の享有のない自由権の完全な実現が不可能であること、人権の実施における永続的進歩の達成が健全かつ実効的な経済社会発展の国内的・国際的政策に依存していること、を挙げた（第三二回総会決議一三〇 A/RES/32/130）。この総会決議の要請により新しいアプローチと方法の全面的分析を行った国連人権委員会は、一九七九年三月二日の決議で「発展の権利は人権である」ことと、「発展のための機会の平等は国民内の個人の特権であるばかりでなく国民の特権でもある」ことを認め、同年秋の第三四回総会も、このことを強調した（第三四回総会決議四六 A/RES/34/46）。ここに「発展の権利」という新しい人権概念が登場した。この「発展の権利」については、宣言の採択までに十分な法的議論が尽くされていないこともあり、内容の具体性に欠けることや、誰が権利をもつのか、誰が義務を負うのか等に明確性を欠く等の批判が強い。田畑茂二郎は、いわば日本国憲法の幸福追求権のようなものとして認めるが、スュードルのように完全に否定する学者もいる（一）。政治的な主張として現在でも世界の人権状況を見事に示しているものとして捉えておく必要がある。個人の権利である自由権、社会権の保障がゆきわたるには、個人の住む社会全体の底上げが必要なのである。そこに発展権論の意味がある（二）。

（一）田畑茂二郎『国際化時代の人権問題』（岩波書店、一九八八）、F・スュードル著・建石真公子訳

『ヨーロッパ人権条約』(有信堂、一九九七) 一一九‐一二〇頁参照。
(二) 伊東すみ子『女性・人権・NGO』(尚学社、一九八九) 参照。

第四款　環境保護の闘い
——持続的発展と人間開発

一九八〇年代には八国が独立した。ジンバブエを除くと、人口三〇万人以下で、ほとんどが太平洋・カリブ海の島嶼国であった。こうして、ほぼすべての植民地が独立を達成し、世界に植民地がなくなり、政治的にはすべてが平等になった。「外国による人民の征服、支配及び搾取は、基本的人権を否認」すると宣言した一九六〇年の植民地独立付与宣言の意図は政治的には実現した。植民地支配下にあっては植民地人民に属する個人の人権の十分な享有はないから「先ず独立を」という主張は、六〇年代、七〇年代に約八〇ヵ国の独立が達成されたことにより、実現された。しかし、とくに独立ラッシュが起きた六〇年代には、急激な経済成長が続き、先進諸国を中心に世界に公害が蔓延し始めていた。七二年六月にストックホルムで人間環境会議が開かれ、先進国にとっての「公害 (pollution)」、途上国にとっての「貧困 (poverty)」という二つのPが「人間環境」問題として論じられた。

先進諸国は、米国が一九七〇年七月に環境保護庁 (EPA) を設置し清浄な水と空気と土地に対する国民の要望に応えようとし、日本が六七年に公害基本法を制定し七一年には環境庁 (現環境省) を設置したように、六〇年代、七〇年代と環境関連の施策を進めたが、開発も引き続き進められ、環境破壊は一層進んだ。

ストックホルム会議後に第二七回国連総会決議二九九七によって設置された国連環境計画（UNEP）は、ストックホルム会議一〇周年を記念して、一九八二年五月本部のあるナイロビで理事会の特別会期を開催した。理事会は「一九八二年における環境・回顧と展望」決議を採択した。理事会は、一〇年間の問題として、大気、海洋、水、岩石圏などから、人口と人間居住、健康、エネルギー、産業その他の経済発展、平和・安全・環境まで幅広く問題を取り上げ、人間環境問題を指摘した。さらに、「武器と環境」決議では、過去一〇年間の武力衝突が大きな環境破壊と人口移動を余儀なくさせたことを指摘し、兵器競争の停止を各国に求めてもいる。ナイロビ宣言は、ストックホルム宣言を再確認し、貧困と浪費が環境の過度の使用を生み、環境の脅威となっていることから、この解決を訴える。また、われわれはこの地球を将来の世代に対し、尊厳をもつ人生を保障するかたちで引き渡す歴史的責任を負っており、世代を越えた、いわゆる世代間責任を負っているのである。

しかし、現実には、激しい経済開発の前に八〇年代に入り地球的規模で環境破壊が進展していった。フロンガスによるオゾン層破壊の問題について八五年にオゾン層保護のウィーン条約、八七年同モントリオール議定書が結ばれたが、二酸化炭素規制については一致はない。その他熱帯林の乱伐からの保護や酸性雨対策としてのSOxやNOxの規制も遅れている。これらのことから、環境と開発の両立をねらって、国際連合は「持続的発展（sustainable development）」を提唱するに至った。九二年にリオデジャネイロで開催された開発と環境サミットのテーマである。また、ＯＤＡ（途上国開発援助）の供与に関しても環境アセスメントを重視し、人間尊重をその意味で貫くことが重要視されるのである。八〇年代末に来て重要なことは、一九世紀以来の「進歩はよいことだ」といういわば進歩信仰の形を変えただけと思われる経済「開発」信仰に囚われてきた世界が、ここにきて「人間開発」（Human Development）の意味を問い直し始めたことである（UNDP, Human Development Report 一九九〇、一九九一参照）。反植民地主義や反人種主義という形の民族の時代の終わりは、真の人間中心の時代の始まりを告げるものである。

第五款　すべての人のすべての人権

一九八九年一二月の米ソ首脳のマルタ会談による冷戦終結宣言から世界は大きく変わり始めた。とくに社会主義連邦諸国が解体したのが九〇年代の特徴である（一）。この時期には、冷戦構造の下に閉じこめられていた諸問題が噴出し始める。飢餓、貧困から難民、避難民まですべての人権問題が世界的連帯の上に解決されるのを待っていた。民族対立など内紛も多発した。

一九九〇年一二月一八日、国連総会は、世界人権宣言採択四五周年に当たる一九九三年の六月に、ウィーンで世界人権会議を開催することを決定した。人権分野における進歩の評価および障害克服方法の明確化、社会権・自由権と発展との関係の検討、人権基準の実施・改善手段の検討、国連人権機構の実効性の評価および実効性を高めるための具体的勧告、がその目的であった。そして、九三年のウィーン会議に先立って、アフリカ地域（チュニス）、中南米地域（サンホセ）、アジア地域の三地域会合が開催された。なかでも同年三月末から四月にかけてバンコクで開かれたアジア地域会合ではアジア的人権が強く主張され、人権の普遍性への挑戦がなされた。とくに採択されたバンコク宣言は、国家および地域の特殊性と、さまざまな歴史的、文化的、宗教的背景の重要性に留意して人権の考慮を行うべきであるとし、いわば相対的な人権観を示し、人権保障の普遍性を否定し、人権が国際関心事項であることに異議を唱えた。

ウィーン世界人権会議は、一七一ヵ国の国家代表、国際機関、約一五〇〇のＮＧＯ代表が参加して、九三年六月一四日から二五日にかけて開かれた。人権の普遍性、自由権と社会権の関係、発展の権利、人権保障の実効性の確保などが争点であった。

会議は「ウィーン宣言と行動計画」を採択して終わった。同宣言は先ず「すべての人のためにすべての人権および基本的自由の普遍的な尊重および遵守ならびに保護を促進する義務を履行する国家の厳粛な誓約を再確認」し、また「これらの権利および自由の普遍的性格は疑うことができない」（一項）ことを謳い、さらに「すべての人権は普遍的であり、不可分かつ相互依存的であって、相互連関している」（五項）こと、「民主主義、発展および人権と基本的自由の尊重は相互依存的であり、相互に強め合うものである」（八項）こと、発展の権利を再確認し、これが「普遍的かつ不可譲の権利である」（一〇項）ことなどを宣言した。このほか、最貧国への支援、極端な貧困の除去、環境保全などのほかに、あらゆる差別の撤廃、女性の人権、少数者の権利、先住民の権利、子どもの権利、障害者の権利、難民・避難民の保護、弱者の権利、最貧困者の人権、武力紛争時の人権保護が取り上げられ、大規模かつ体系的な人権侵害に警告を発し、最後にＮＧＯの役割を高く評価し、メディアの関与を奨励した。

国際連合の人権活動の強化の手段として一九六〇年代から欧米諸国が推進してきた人権高等弁務官の設置については、冷戦下ではソ連・東欧諸国や一部途上国が強く反対してきたが、ウィーン会議はこれを同年秋の国連総会での優先課題として勧告し、総会は一二月二〇日コンセンサスで国連人権高等弁務官の創設決議を採択した。翌九四年二月当時の駐国連エクアドル大使のアヤラ・ラッソ（Jose Ayala Lasso）が初代の人権高等弁務官の任に就いた。ジュネーヴには人権高等弁務官事務所（ＯＨＣＨＲ）が置かれている。

さて、この時期には他に二つの重要な国際会議があった。一つは九五年に北京で開催された第四回世界女性会議であり、他は二〇〇一年に南アフリカのダーバンで開かれた国連反人種主義・人種差別撤廃世界会議である。

世界女性会議は、一九七五年の国際婦人年に第一回会議が行われ、第三回までの会議はどちらかと言えば会議の焦点は冷戦下のイデオロギー対立から人権よりも政治的な争点に向いがちであった。しかし、北京会議では人権に大きな関心が集まった。しかも、九三年の世界人権会議で「女性と女児の人権は、普遍的人権の不可譲かつ不可分の一部である」（ウィーン宣言一八項）とされ、九四年のカイロ人口開発会議で「リプロダクティブ・ライツ／ヘルス（reproductive rights/health、性と生殖に関する権利／健康）がとくに論議を集めたこともあり、北京会議では、まず、性と生殖に関する権利の問題が論じられ、次いで、人権の普遍性と宗教・慣習等との関係、女性に対する暴力、発展の権利が議論された。女性の人権をめぐる議論が始まったのである（二）。

ダーバン会議は、正式には「人種主義、人種差別、外国人排斥及び関連不寛容に反対する世界会議」として、二〇〇一年八月三一日から九月八日まで開かれ、宣言および行動計画を採択して終了した。差別禁止基準は国際法の原則として定立されてきたが、現実には人種主義や人種差別や外国人排斥や関連不寛容は相変わらず存在するので、より決然と、より人道的に、またより効率的に問題を取り上げるため新しい方法を求める必要から開かれ、人種差別のない公正公平な社会を創造するため何ができるかを問うた。

採択された宣言および行動計画は、宣言と行動計画に別れ、宣言だけでも、前文の他、「総論」（一―一二項）、「人種主義、人種差別、外国人排斥および関連不寛容の源泉、原因、形態、現代的形態」（一三―三〇項）、「人種主義、人種差別、外国人排斥および関連不寛容の被害者」（三一―七五項）、「国家的、地域的および国際的レベルでの人種主義、人種差別、外国人排斥および関連不寛容の根絶を目指した予防、教育および保護の措置」（七六―九七項）、「国家的、地域的および国際的レベルでの実効的救済、回復、是正、補償その他の措置」（九八―一〇六項）、「人種主義、人種差別、外国人排斥および関連不寛容との闘いにおける国際協力および国連その他の国際メカニズムの機能強化を含めた完全かつ実効的な

平等を達成するための戦略」（一〇七―一一二項）と広範なものである。（三）

特に注目されるのは、すべての人民と個人が多様性に富んだ一つの人間家族（one human family）を構成していることが確認され、すべての人民と個人が人類の共同の遺産を形創る文明および文化の進歩に貢献していること、さらに、寛容、多元主義および多様性の尊重が一層の包摂的社会（inclusive societies 共生社会）を生み出すことができると宣言されていることである。そして、宗教、精神性および信仰が多数の女性、男性の人生の中で中心的役割を占めていること、またこれらが人間の固有の尊厳と価値の促進に、ならびに、人種主義、人種差別、外国人排斥および関連不寛容の根絶に、寄与できることも認められている。

この会議では特に人種主義や人種差別の犠牲者としてアフリカ系の人たち（people of African descent）が注目され、奴隷貿易等が断罪された。その他植民地主義も断罪され、シオニズムも強く批判された。そのため米国や西欧諸国が反発する場面も見られた。

なお、日本に関係するものとして、アイヌ民族が先住民であるかは別として、宣言・行動計画第四三項は「先住民」（indigenous peoples）が精神的、肉体的および文化的存在の基礎として土地との間にもっている特別な関係を承認しており、可能な限り、国内法上有している土地および資源に関する所有権を保有できるよう保障するよう促していることに留意しておこう。（四）

ダーバン会議のレビュー会議が二〇〇九年四月二〇日から二四日にかけてジュネーヴで開催された。

（一）芹田健太郎「社会主義連邦諸国の解体と国家承認」『神戸法学雑誌』四四巻二号（前掲『普遍的国際社会の成立と国際法』所収参照）。
（二）有馬真喜子「女性と人権：北京会議を中心に」『国際人権』七号参照。
（三）World Conference Against Racism, Racial Discrimination, Xenophobia and Related Intorerance Declaration and rogramme of Action, Published by the United Nations Department of Public Information, New York, 2002.
（四）この点では二風谷ダム事件・札幌地判平成九（一九九七）年三月二七日判時一五九八号三三頁参照。

第五節　国際人権保障の新たな取り組み

第一款　不処罰との闘い
――国際刑事法の急激な展開

冷戦が終わってみると、それまであまり知られていなかった事実が明らかになった。それは、二〇世紀が国家間の戦争による被害や死者数よりも、内戦による民間人の被害や政府による人権弾圧の死者の数の方が圧倒的に多い世紀であったということである。とくに特定の人種、宗教等に属する人たちに対する残虐行為や大量殺害、強制移動、拷問、強姦などが頻繁に見られた。こうした人権侵害は、政府自身が行ったもののほか、政府が軍や警察による侵害を黙認し、あるいは不処罰によって事実上黙認し、また、事実上政府とつながる私兵による侵害の支援を行っていたり、あるいは、政府による治安維持能力がなかったり、司法機関が十分機能していなかったりして、人権侵害が野放しになっていたのである(一)。

こうしたことが冷戦終了後に露見し、国際社会は大きな衝撃を受けた。そして、これらに責任のある者が処罰を免れていること（不処罰 impunity）に強い憤りを感じ、人権侵害の加害者である個人を確実に処罰することによって、人権を保障しようとする動きが一九九〇年代に急速に広がった。一九九一年の旧ユーゴスラビアでの戦闘の激化にともなって、翌九二年に国連総会は、国連国際法委員会に対して、優先事項として、国際刑事裁判所規程草案の作成を要請した。九三年には国連安全保障理事会は、米国のイニシャチブの下、決議八二七によって旧ユーゴ国際刑事裁判所を設置した。そして、一九九四年のルワンダの内戦の悲劇を前に、国際連合では国際刑事裁判所設置の気運が高まり、ルワンダ国際刑事裁判所を、同年一一月に安全保障理事会決議九五五によって設置し、一九九八年には国際刑事裁判所設立条約がローマにおいて採択されたのである。二〇〇二年にこの条約が効力を発生し、常設的な国際刑事裁判所がハーグに設立された。

そもそも大量殺害に対して加害者である個人が責任を問われるようになったのは、戦争時における残虐行為や大量殺害の責任を問う形で始まった。第二大戦後、敗戦国である枢軸国（連合国である米、英、仏、中、ソ等の諸国と戦火を交えた日、独、伊等の諸国のこと）の戦争責任者を戦争犯罪人として戦勝国

が裁く国際軍事裁判がその端緒となったのである。(二)
第二大戦後に設けられたニュルンベルグおよび極東軍事裁判所で問われたのは、通例の戦争犯罪のほか、「平和に対する罪」「人道に対する罪」であった。これらの裁判に対しては今なお批判はあるが、現在ではむしろこれらの裁判が明らかにした原則がその後の国際法の発展に大きな寄与をしている点が注目される。冷戦期こそ原則の発展についてさしたる進展は見られなかったものの、とくに、「人道に対する罪」の明確化に寄与したと言える。

旧ユーゴ国際刑事裁判所規程は「一九九一年以後に旧ユーゴスラヴィア領域で犯された国際人道法の重大な違反に責任を有する者を訴追するための国際裁判所規程」と題され、次の者を訴追する。第一に一九四九年のジュネーヴ諸条約に対する重大な違反行為、すなわち関連するジュネーヴ条約に基づいて保護される者や財産に対して、殺人、拷問・非人道的待遇、軍事上の必要によって正当化されない不法かつ恣意的な財産の広範な破壊や徴発、文民を人質にする等の行為を行い、または行うことを命じた者（二条）、第二に、戦争の法規慣例に対する違反（三条）、第三に、集団殺害を行った者（四条）、第四に人道に対する罪、すなわち、国際戦か内戦かを問わず、武力紛争において、文民に対して直接に行われる殺人、殲滅《せんめつ》、奴隷化、追放、拘禁、拷問、強姦、政治・人種・政治的理由による迫害、その他の非人道的行為に責任を有する者（五条）、である。

これらの犯罪の計画、準備または実行について、計画し、扇動し、命令し、実行し、または幇助《ほうじょ》し、もしくは教唆した者は、個人としてその犯罪に責任を負い、被告人の公の地位（国の元首または政府の長であるか責任を有する公務員であるかを問わない）により、当該被告人の刑事上の責任を免除され、また、刑罰を軽減されない（七条）。なお、管轄権の競合の場合には、国際裁判所が国内裁判所に優位する（九条）。

ルワンダ国際刑事裁判所もほぼ同様な規定を置いている。そして、これらのことは一九九八年七月にローマで採択された国際刑事裁判所規程に収斂し、確立したのである。(三)

さて、これらの者の刑事責任を問うにあたっての大きな関門は、これらの者が国の機関として行為した場合を別として、当該「人または人の集団」の行為が国に帰属することを立証しなければならないことである。同様のことは、伝統的には、国家の国際責任を問う際に私人である個人の行為を当該国家に帰属させることができるか、という帰属の問題として論じられた。(四)

一九八六年国際司法裁判所はニカラグア事件でニカラグアの反政府団体コントラの行為がこれを支援したアメリカに帰属するかという問いに対して、「実効的支配」(effective control) という基準を立てて審査した。(五) 国連国際法委員会はその国家責任条文第二部に帰属に関する規定を置き、国家機関の行為が国家に帰属するのは当然として、「人または人の集団」の行為で、事実上国の指示にもとづき、または、「国により指揮または統制された行為」の場合には、国際法上当該国の行為とみなされる（同八条）として、国際司法裁判所と同様の基準を置いている。

これに対し、タジッチ事件上訴裁判部は、ニカラグア基準の「実効的支配」が必ずしも説得的ではないと考え、国家責任の論理と国際判例とを検討し、私人行為によって国家が責任を有するか否かに関する国際法の原則は厳格な統一的な基準にもとづくのではなく、各種の判例の検討から、常に同一の支配の程度が要求されているのではないと考え、軍事的、準軍事的団体の場合には国際司法裁判所の設定した「実効的支配」の観念から離れて、国家による特別命令の発出や個別作戦行動の指揮を含まない「全般的支配」(overall control) 基準を採用した(六)。

国際司法裁判所と旧ユーゴ国際刑事裁判所とのこの相違は、上訴裁判部が米・メキシコ一般請求権委員会等のほか、イギリスやオランダでの戦犯裁判に見られるナチスの強制収容所における虐殺等の事件等も検討していることからも理解されるように、個人の不処罰を許さないということに裏付けられた、国家の利益を先ず第一に考えるのではなく、個人犠牲者の保護という視点からの判断からであるように思われる(七)。

こうした国際司法裁判所と旧ユーゴ国際刑事裁判所との判断の相違は、たとえば、ヨーロッパ人権裁判所ロイジドウ事件 (Loizidou v. Turkey)(八) で、トルコが有責とされるには、トルコに支持されて独立宣言を行った「北キプロストルコ共和国」(TRNC) 当局の特定の「政策および活動」に対してトルコ当局が「詳細な」支配を行使したか否かに関する確認の必要はなく、地方当局がトルコの「実効的全般的支配」(effective overall control) 下にあったことを示すだけで十分とされたことに見られるように、個人の権利 (本件ではロイジドウ夫人の財産権ではあるが) の保護を優先するという裁判所の姿勢の相違にあると言えるであろう。こうした判断の相違を指して、多数の裁判機関の設立に伴う「国際法の断片化」(九) と捉え、これを危惧するのは性急であり、国際司法裁判所の一般的判断と各国際刑事裁判所等の具体的判断が補完し合い、不処罰を許さない方向での国際責任追及の法理の発展により個人の権利保護が厚くなっていくものと捉えるべきであろう。

（一）吉川元『民族自決の果てに――マイノリティをめぐる国際安全保障』（有信堂、二〇〇九）参照。
（二）藤田久一『戦争犯罪とは何か』（岩波新書、一九九五）参照。
（三）とりあえず簡単な紹介として、芹田・薬師寺・坂元『ブリッジブック国際人権法』（信山社、二〇〇八）「国際刑事裁判を考える」参照。なお、旧ユーゴ国際刑事裁判所につき、大西央子「旧ユーゴスラヴィア国際刑事裁判所の事項的管轄権」『神戸大学・国際協力論集』六巻二号（一九九八）参照。本格的なものとして、同裁判官を務めた多谷千香子『戦争犯罪と法』（岩波書店、二〇〇六）があり、ほかに、現在国際刑事裁判所裁判官を務める尾崎久仁子『国際人権・刑事法概論』（信山社、二〇〇四）がある。また、刑事法学者の包括的研究として、森下忠『国際刑事裁判所の研究』（成文堂、二〇〇九）参照。
（四）田畑茂二郎『国際法新講下』（有信堂、一九九一）参照。
（五）ICJ Reports 1986, para. 115.
（六）Case No.IT-94-1-A, Judgement of 15 July 1999, paras.115–145. タジッチ事件の概要および判決要旨について、樋口一彦「旧ユーゴスラビア国際刑事裁判所タジッチ事件」『琉大法学』六五号一七三–一九四頁参照。なお、簡単紹介として、松田竹男「タジッチ事件」『判例国際法（第2版）』（東信堂、二〇〇六）所収参照。
（七）同旨、ILA Rio de Janeiro Conference International Human Rights Law and Practicice, Final Report on the Inpact of International Human Rights Law on General International Law, pp.13–14.
（八）ロイジドウ事件判決についてのタジッチ事件上訴裁判部判決の評価部分は同判決第一二八項であ

る。ロイジドゥ事件の簡単な紹介として、やや観点が異なるが、小畑郁「ロイジドゥ事件」『判例国際法（第2版）』（東信堂、二〇〇六）所収参照。なお、タジッチ事件判決も述べるように、ロイジドゥ事件では、北キプロストルコ共和国という国家的実体に対するトルコという主権国家の全般的支配が問題とされているのであって、個人と国家との関係ではないが、論理的には、人または人の集団という個人に対する場合と同様であるので、本書で取り上げた。

（九）いわゆる国際法の断片化（fragmentation）については、ILC, Conclusion of the work of the Study Group on Fragmentation of International Law, ILC Report（2006）General Assembly Official Records 61st sess. Suple.No.10（A/61/10）pp.407–423 参照。

第二款　人権実施の新たな取り組み
――人権理事会の設立

第二大戦後に始まった人権の国際的保障の推進役は国際連合であった。すでに触れたように、国際連合は、国際の平和と安全の維持とともに、「人権および基本的自由を尊重するように助長奨励することについて国際協力を達成すること」を目的に掲げた（国連憲章一条）。そして、総会は一般的権限を有しているが、経済的、社会的分野における活動を経済社会理事会に委ね、「人権の伸張に関する委員会」の設置を予定した（同六八条）。こうして設置された人権委員会（Commission on Human

Rights）が国際人権文書の起草、人権の啓蒙等の中心的役割を担ってきた。世界人権宣言も国際人権規約も同委員会が起草し、経済社会理事会を通じ、総会が採択した。

人権委員会は、しかし、人権委員会に届けられる各種の人権侵害についての訴えにどのように対処するかについては、設立直後の一九四六年の第一会期に議論し、何らの行動をとる権限もないことを決定した。そして、経済社会理事会も一九四七年に決議七五（V）によってこれを承認した。これ以降人権委員会は一九六七年まで人権侵害に直接携わることはなかった。

人権委員会が人権侵害を取り上げるようになったのは、経済社会理事会によって一九六七年に決議一二三五（XLII）、その後一九七〇年に同決議一五〇三（XLVIII）が採択され、これが一二三五手続、一五〇三手続と呼ばれるようになってからである。（二）

国家代表からなる人権委員会は、決議一二三五（XLII）によって「人権および基本的自由の侵害」という議題を毎年審議することとなり、人権委員会とその下にある「差別防止・少数者保護小委員会」（一九九九年に人権促進・保護小委員会と改称。人権小委員会という。個人資格の二六人の委員からなる）が、アパルトヘイトのような人権および基本的自由の重大な侵害と、人種差別に関する情報を検討し、「一貫した形態の人権侵害」（consistent pattern of gross...violations of human rights and fundamental freedom）と「人種差別」を示す「事態」（situations）について研究し、経済社会理事会に報告と勧告をするようになった。

また、人権委員会は決議一五〇三（XLVIII）によって個人通報の中から大規模な人権侵害の事態を抽出して調査勧告することになった。この手続は非公開で行われた（一二）。

人権委員会は七〇年代から八〇年代にかけて強制失踪などのテーマ別に特別報告者や作業部会をもうけて研究を進め、また人権小委員会も特別報告者による人権研究とともに現代奴隷制など各種作業部会を設けて人権問題の検討を行った。冷戦崩壊後もこうした傾向は強まり、さらにウィーン宣言と行動計画を受けた行動もとるようになった。

人権委員会や人権小委員会が活動を活発に広げるに従って、他方では人権委員会委員が国家代表であることも相俟って政治的色彩を強く帯びることもあり、小委員会委員は個人資格であることから、批判的に見る人たちからは、発展の権利の促進や社会的弱者保護に傾きすぎ急進的と受け取られ、国家と対立する場面も見られるようになった。人権委員会での公平性、客観性、実効性が問われたのである。

人権高等弁務官が、前述のように、一九九三年の世界人権会議のウィーン宣言・行動計画に基づき創設されていたが、国連改革を主要課題のひとつとしたアナン国連事務総長は、そのイニシャチブにより二〇〇三年一一月設置した「ハイレベル」委員会（緒方貞子元難民高等弁務官を含む）が翌年一二月に提出した報告書（第五九回総会文書 A/59/565 Our Shared Responsibility）の中で、人権委員会の「人権理事会」への格上げ（同二九一項）等の提言を行ったのを受けて、二〇〇五年の改革に関する報告書（第五九回総会文書 A/59/2005 In Larger Freedom）の中で、国連のあらゆる活動に人権の視点を活かす、いわゆる人権の主流化を謳った。二〇〇五年九月に開催された首脳会議は、最終日の一六日に

「二〇〇五年世界サミット成果文書」（第六〇回総会決議第一号A/RES/60/1）を採択し、「人権理事会」の創設に合意した（同一五七項）。こうして、二〇〇六年三月の国連総会決議六〇・二五一によって人権理事会が設立された。これによって人権委員会はその役割を終えた。(三)

　人権理事会は、前述の決議によると、国連総会の補助機関であり、総会で選出される四七国から構成される（地理的配分は、アジアおよびアフリカ各一三、ラテンアメリカ八、東欧六、西欧その他七）。人権委員会の場合と異なり、西欧その他の比重が減り、アジア、アフリカの国々が過半数を占める。理事国の資格はすべての加盟国に開かれているが、選出にあたり考慮すべきこととして、「候補国の人権の伸張および保護への貢献ならびにそれに関する自発的誓約および約束」が掲げられている。また、「人権の重大かつ組織的侵害を行った」理事国に対しては、総会の決定により理事国としての権利の停止をできる。理事国は「人権の伸張および保護について最高水準を維持し理事会と十分に協力する」義務があり、その任期中に「普遍的定期審査」（Universal Periodic Review　UPR）受けることとされている。日本は二〇〇六年の第一回選挙で理事国に選出され、普遍的定期審査も受けた（米国は理事国に立候補せず、外からの協力を表明した）。理事会の作業は、すべての人権の伸張と保護を強化するため「普遍性、公平性、客観性および非選別性の原則、建設的国際対話ならびに協力」によって行い、作業方法は「透明、公正かつ公平」を旨とすることとされている。なお、人権理事会の普遍的定期審査については、第一部　総論　第五章　国家の義務　第二節　国際連合加盟国の義務（本書一九九頁以下）で論じる。

（一）田畑茂二郎『国際化時代の人権問題』（岩波書店、一九八八）二四六―二五一頁および芹田・薬師寺・坂元『ブリッジブック国際人権法』（信山社、二〇〇八）一二一―一二三頁（坂元執筆）参照。

（二）一五〇三手続の詳細については、田畑・前掲二六五頁以下参照。

（三）人権理事会設立決議は、芹田編集代表『コンパクト学習条約集』参照。なお、二〇〇六年に発足した人権理事会に関連して、発足の経緯と現状、旧人権小委員会との関連、新制度の中核である普遍的定期審査（UPR）等の問題点、およびNGOからの観点について、木村徹也、林陽子、安藤仁介、上村英明の各論文（国際人権第一八号一〇三―一一八頁）参照。なおまた、批判的に読み解くものとして戸塚悦朗『国連人権理事会――その創造と展開』（日本評論社、二〇〇九）参照。

第一部　総　論

第一章　国際人権法の射程

国際人権あるいは国際人権法とは何か。序論第一章で人権法の基本原則に触れ、第二章で人権保障の歴史を概略した。なかでも国際人権保障の歴史について詳述した。そこで確認できたことは、国際人権保障が第二世界大戦を契機に始まったことであった。

国際人権法を語る上で、国際連合憲章と世界人権宣言を欠くことはできない。しかし、国際連合憲章は「人権および基本的自由」という常套的表現を用いるのみで、具体的には世界人権宣言を待って初めてその内容が明らかにされた。世界人権宣言は、人権の内容として、いわゆる自由権と社会権と参政権を語っているが、「国際人権」という言葉はない。世界人権宣言の起草時に了解されていた「国際人権」という表現は、出入国に関する権利を表すものであり、日本でも、六〇年代末においては、「国際人権」の語は出入国関連の権利として認識されていた(一)。

今日では、しかし、八〇年代以降、国際人権という言葉は、英語の international humann rights とともに、直接的に、国際的な人権保障の対象となっている人権を指すものと考えられている(二)。

このように、国際人権法の体系は、六〇年代中葉以降国際人権規約を始め次々と重要な人権保障のための条約が採択され、さらに国際連合の諸機関や人権条約の定める諸人権機関の活発な活動や欧州や米州における国際人権保障制度のめざましい発展を目の前にして、これらの人権条約等に具現化された人権保障を体系的に捉えようとする学問的営為によって創り上げられてきた。しかし、国際人権保障の周辺とでも言うべき難民保護・労働立法・人道法との関係、世界の平和の維持や貧困の撲滅との関係、さらに国際法学や憲法学における一般理論の中における位置づけ等は、現在でも解決されるべき課題として残っている。本章ではこれらに焦点を合わせて論じることにする（憲法との関係は、第一部　総論　第三章で詳論する）。

（一）芹田健太郎『地球社会の人権論』（信山社、二〇〇三）とくに第一章および第二章参照。

（二）たとえば、人口に膾炙しているものとして、Thomas Buergental, International Human Rights, West, 1988 (2nd ed., 1955) を挙げることができる。同書は、第一章　歴史、第二章　国連システム、第三章　欧州、第四章　米州、第五章　アフリカ、第六章　人道法、第七章　米国、第八章　人権ＮＧＯを扱っている。

① 国連が中心となって作成した人権関係諸条約一覧

（二〇一八年三月二九日現在、芹田作成）

	名称	採択年月日	発効年月日	当事国数	日本が締結している条約（締結年月日）
1	経済的、社会的及び文化的権利に関する国際規約	一九六六・一二・一六	一九七六・一・三	一六七	●（一九七九・六・二一）
2	経済的、社会的及び文化的権利に関する国際規約の選択議定書	二〇〇三・一二・一〇	二〇一三・五・五	二三	
3	市民的及び政治的権利に関する国際規約	一九六六・一二・一六	一九七六・三・二三	一七〇	●（一九七九・六・二一）
4	市民的及び政治的権利に関する国際規約の選択議定書	一九六六・一二・一六	一九七六・三・二三	一一六	
5	市民的及び政治的権利に関する国際規約の第二選択議定書（死刑廃止）	一九八九・一二・一五	一九九一・七・一一	八五	
6	あらゆる形態の人種差別の撤廃に関する国際条約	一九六五・一二・二一	一九六九・一・四	一七九	●（一九九五・一二・一五）

7	アパルトヘイト犯罪の禁止及び処罰に関する国際条約	一九七三・一一・三〇	一九七六・七・一八	一〇九	
8	スポーツ分野における反アパルトヘイト国際条約	一九八五・一二・一〇	一九八八・四・三	六二	
9	女性に対するあらゆる形態の差別の撤廃に関する条約	一九七九・一二・一八	一九八一・九・三	一八九	●（一九八五・六・二五）
10	女性に対するあらゆる形態の差別の撤廃に関する条約の選択議定書	一九九九・一〇・六	二〇〇〇・一二・二二	一〇九	
11	集団殺害罪の防止及び処罰に関する条約	一九四八・一二・九	一九五一・一・一二	一四九	
12	戦争犯罪及び人道に対する罪に対する時効不適用に関する条約	一九六八・一一・二六	一九七〇・一一・一一	五五	
13	奴隷条約	一九二六・九・二五	一九二七・三・九	―	
(1)	一九二六年の奴隷条約を改正する議定書	一九五三・一二・七	一九五三・一二・七	六一	
	一九二六年の奴隷条約を改正する議定書に	一九五三・一二・七	一九五五・七・七	九九	

(2)	よって改正された奴隷条約				
14	奴隷制度、奴隷取引並びに奴隷制度に類似する制度及び慣行の廃止に関する補足条約	一九五六・九・七	一九五七・四・三〇	一二四	
15	人身売買及び他人の売春からの搾取の禁止に関する条約	一九五〇・三・二一	一九五一・七・二五	八二	●（一九五八・五・一）
16	難民の地位に関する条約	一九五一・七・二八	一九五四・四・二二	一四五	●（一九八一・一〇・三）
17	難民の地位に関する議定書	一九六七・一・三一	一九六七・一〇・四	一四六	●（一九六二・一・一）
18	無国籍の削減に関する条約	一九六一・八・三〇	一九七五・一二・一三	七〇	
19	無国籍者の地位に関する条約	一九五四・九・二八	一九六〇・六・六	八九	
20	既婚女性の国籍に関する条約	一九五七・二・二〇	一九五八・八・一一	七四	

21	女性の参政権に関する条約	一九五三・三・三一	一九五四・七・七	一二三	●（一九五五・七・一三）
22	婚姻の同意、最低年齢及び登録に関する条約	一九六二・一一・七	一九六四・一二・九	五五	
23	拷問及びその他の残虐な、非人道的な又は品位を傷つける取扱い又は刑罰に関する条約	一九八四・一二・一〇	一九八七・六・二五	一六三	●（一九九九・六・二九）
24	拷問及びその他の残虐な、非人道的な又は品位を傷つける取扱い又は刑罰に関する条約の選択議定書	二〇〇二・一二・一八	二〇〇六・六・二二	八七	
25	子どもの権利に関する条約	一九八九・一一・二〇	一九九〇・九・二	一九六	●（一九九四・四・二二）
26	武力紛争への子どもの関与に関する子どもの権利条約の選択議定書	二〇〇〇・五・二五	二〇〇二・二・一二	一六七	●（二〇〇四・八・二）
27	子どもの売買、子ども買売春および子どもポルノグラ	二〇〇〇・五・二五	二〇〇二・一・一八	一七四	●（二〇〇五・一・二四）

	フィーに関する子どもの権利条約の選択議定書				
28	通報手続に関する子どもの権利条約の議定書	二〇一一・一二・一九	二〇一四・四・一四	一七	
29	すべての移住労働者及びその家族の権利保護に関する条約	一九九〇・一二・一六	二〇〇三・七・一	五一	
30	障害者の権利に関する条約	二〇〇六・一二・一三	二〇〇八・五・三	一七七	
31	障害者の権利に関する条約の選択議定書	二〇〇六・一二・一三	二〇〇八・五・三	九二	
32	強制失踪からのすべての者の保護に関する国際条約	二〇〇六・一二・二〇	二〇一〇・一二・二三	五八	●（二〇〇九・七・二三）

②国際人権保障機関一覧

- 普遍的機関
  - 憲章機関 Charter-based bodies
    - 総会
      - 人権理事会—人権諮問委員会
      - 計画・基金（国連開発計画UNDP、国連児童基金UNICEF等）
    - 経社理
      - 人権委員会（二〇〇六年三月人権理事会設立により任務終了）
      - 婦人の地位委員会
    - 安保理
      - 平和構築委員会
      - 実地活動（平和維持PKO、平和創造、平和構築）
      - アドホック刑事裁判所（旧ユーゴ、ルワンダ）
    - 事務局
      - ニューヨーク本部
        - 人道問題調整事務所（OCHA）
        - 平和維持活動局（DPKO）
        - 経済社会局（DESA）
      - ジュネーヴ
        - 国連難民高等弁務官事務所（UNHCR）
        - 国連人権高等弁務官事務所（OHCHR）

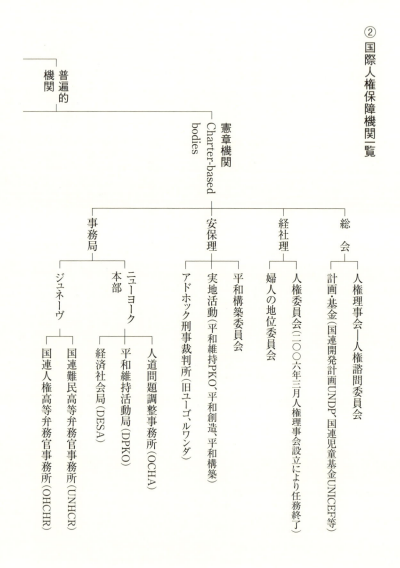

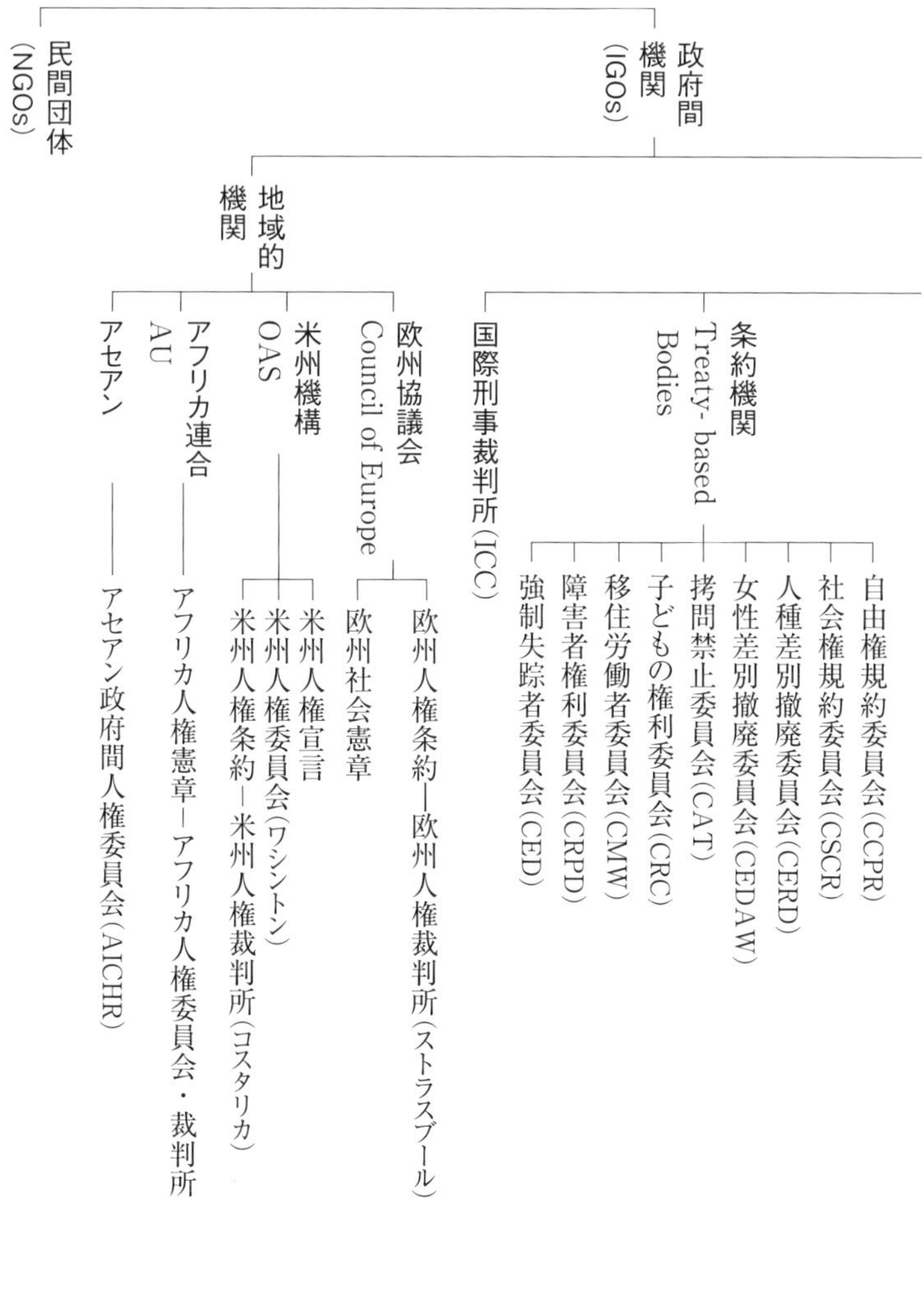
政府間機関（IGOs）
民間団体（NGOs）
条約機関 Treaty- based Bodies
自由権規約委員会（CCPR）
社会権規約委員会（CSCR）
人種差別撤廃委員会（CERD）
女性差別撤廃委員会（CEDAW）
拷問禁止委員会（CAT）
子どもの権利委員会（CRC）
移住労働者委員会（CMW）
障害者権利委員会（CRPD）
強制失踪者委員会（CED）
国際刑事裁判所（ICC）
地域的機関
欧州協議会 Council of Europe
欧州人権条約―欧州人権裁判所（ストラスブール）
欧州社会憲章
米州機構 OAS
米州人権宣言
米州人権委員会（ワシントン）
米州人権条約―米州人権裁判所（コスタリカ）
アフリカ連合 AU
アフリカ人権憲章―アフリカ人権委員会・裁判所
アセアン
アセアン政府間人権委員会（AICHR）

③ 地域的人権保障制度の概要

	ヨーロッパ	南北アメリカ	アフリカ
基礎となる地域機構（加盟国数）	欧州協議会（四六）	米州機構（三五）	アフリカ連合（旧アフリカ統一機構）（五三）
制度の基礎となる一般条約	① 欧州人権条約（追加議定書） ② 第一一議定書	① 米州機構憲章（米州人権宣言） ② 米州人権条約	① アフリカ人権憲章（女性の権利議定書） ② 裁判所設立議定書
条約の調印（発効）	① 一九五〇（一九五三） ② 一九九四（一九九八）	① 一九四八（一九五一） ② 一九六九（一九七八）	① 一九八一（一九八六） ② 一九八六（二〇〇四）
条約当事国	① 四六 ② 四六	① 三五 ② 二四	① 五三 ② 二二
執行機関	旧裁判所一九五九 新裁判所一九九八 （委員会一九五四）	裁判所一九八〇 委員会一九六〇 （一九七九　改定）	裁判所二〇〇六 委員会一九八七
適用すべき法	条約及追加議定書	裁判所：条　約 委員会：条約及宣言	裁判所：憲章及人権関連文書 委員会：憲章
裁判管轄	争訟・限定的勧告	争訟・広範な勧告	争訟・広範な勧告

第一節　人権法、人道法、難民法の相互関連

人権法も人道法も難民法もいずれも個人の保護を目的としている。いずれも現代国際法の分野として緊密に関連しながら発展してきた。しかし、これらは体系的には区別されなければならない。人権法は、先ず国民である人の生命を守るため、国内法として宣言され、続いて国際法でも各種人権条約において明示されてきた国際基準であり、平時においても戦時においても適用される。これに対し、人道法は、人類の現段階では武力紛争を避けられないものとして認識し、武力紛争時には戦闘員である人の生命の毀損も止むを得ないものとして認めるが、なおかつ破壊や死傷者を最小限にすることを目指すものである。とくに一九四九年のジュネーヴ赤十字四条約および一九七七年の同追加議定書は、国際武力紛争および非国際武力紛争において、戦闘員とくに戦闘から離脱した、いかなる敵対行為も行わない傷者・病者（追加議定書により、軍人であるか文民であるかを問わない、とされた）、および捕虜、ならびに武力衝突によって影響を受ける文民の保護のために適用される最低限の規則を明確にしている。

人権法は武力衝突時においても形式的には有効ではあるが、国内においては人権が一時的に停止される（緊急時における効力停止および、緊急時においても保障される人権については、第二部人権第一章第二節・第三節で詳述する）ことがあるし、占領地においては十分に機能することは難しい。そこで、人道

法が、武力紛争によって影響を受ける文民の保護を定めるほか、特に捕虜の待遇について詳しく定め、人道的役割をもつ国際赤十字委員会に保護の任務を与えた。

人道法は基本的に国家間（＝国際）武力紛争の場合には全面的に、非国際武力紛争の場合には限定的に適用されるが、今日では、非国際武力紛争のうち植民地支配、外国による占領および人種差別体制と戦う武力紛争は国際武力紛争と見なされるようになった（第一追加議定書一条四項）。

非国際的武力紛争にも、国際人道法の最低基準が適用される。しかし、「暴動、独立の、又は散発的な暴力行為その他これらに類する性質の行為等国内における騒乱及び緊張の事態については、武力紛争に当たらないものとして適用されない」（第二追加議定書一条二項）。実際、イラクやアフガニスタンの場合を見ても、今日多発するテロやゲリラ活動に対して諸国は治安維持部隊で対処しており、国内の騒乱・緊張事態と武力紛争の区別が難しいのも事実であるが、諸国は自国の行動の自由を縛られることになるのを避けるためか、これらを人道法の適用される武力紛争とは見なさず、国内法で対処しようとしており、個人の保護は十分ではない(二)。

確かに人道法は、非国際武力紛争時にも、国際的武力紛争の敵対行為からの影響からの文民保護（第一議定書第四編）と同じように、文民である住民の保護（第二議定書第四編）を規定している。しかし、最も影響を受けるのは、やはり文民である。そして、これらの人々は人種的、宗教的あるいは政治的動機で行われることの多い紛争の犠牲者である。人々は住み慣れた土地を離れざるをえず、それでも国内にとどまる場合には国内避難民（Internally Displaced Persons）と呼ばれ、国境を越える場合には難民（Refugees）と呼ばれる。従来、国際法は国境を越えた人たちへの保護を対象にして法制を整えてきた。しかし、今日、内乱の多発、圧政の横行のため国内にとどまりながら、なおかつ保護を必要とする者が夥しい数に上り、これらの人々の保護を含めた法を広く国際難民法と言う。

難民法は、狭義には、一九五一年の難民条約に定める難民（refugee）に適用される法であり、難民とは、「人種、宗教、国籍若しくは特定の社会的集団の構成員であること又は政治的意見を理由に迫害を受けるおそれがあるという十分に理由のある恐怖を有するために、国籍国の外にいる者であって、その国籍国の保護を受けることができないもの又はそのような恐怖を有するためにその国籍国の保護を受けることを望まないもの」（難民条約一条、難民議定書一条）で、当該国の難民認定を受けている者である。[二] 難民条約は個人別の審査方法を採るために、そうした条約認定難民は少数であって、世界に溢れる保護を受けられない人々のため、たとえばボスニア・ヘルツェゴビナ等の人道危機の際にとられた「一時的保護」[三]や、ベトナムの場合のように国際会議による特別措置などが講じられたり、また、難民保護のために設立された人道機関である国連難民高等弁務官（ＵＮＨＣＲ）の活動を多岐にわたらせてきている。[四][五]

（一）竹本正幸『国際人道法の再確認と発展』（東信堂、一九九六）および藤田久一『国際人道法〔新版〕再増補』（有信堂、二〇〇三）参照。なお、テロリズムの規制との関連で、芹田健太郎「テロの法的規制と日本」初川満編著・『テロリズム入門』（信山社、二〇一〇）所収参照。

（二）芹田健太郎『亡命・難民保護の諸問題Ⅰ――庇護法の展開』（北樹出版、二〇〇〇）参照。

（三）芹田健太郎「難民の一時的保護」『国際人権』九号参照。
（四）たとえば、川村真理『難民の国際的保護』（現代人文社、二〇〇三）および島田征夫編著『国内避難民と国際法』（信山社、二〇〇五）参照。
（五）冷戦が終わり世界が強固な二極秩序から解放された一九九〇年代の激動の一〇年間という最も困難な時期に、かたや国連難民高等弁務官として、かたや国連事務総長として、最前線で、世界の人道問題に向きあった緒方貞子『紛争と難民――緒方貞子の回想』（集英社、二〇〇六）およびコフィー・アナン『介入のとき――コフィー・アナン回顧録（上）（下）』（岩波書店、二〇一六）は世界で何が起こっていたか、何に対処しなければならなかったか、を知る上で必読の書であり、この間の諸問題を余すことなく語っている。

第二節　人権と平和の不可分性および平和維持・平和構築

地上の平和（Pacem in Terris）は、いつの時代にも常に人の熱望してやまないものである。真の平和は、心の平和、社会の平和、国際の平和の三つの側面があるといわれる。「戦争は人の心の中で生まれるものであるから、人の心の中にとりでを築かなければならない」（ユネスコ憲章前文）。しかし、「心の平和」はここでのテーマではない。「平和を欲するなら戦争に備えよ」（Si vis pacem, para bellum）に対して、「平和を欲するなら平和に備えよ」（Si vis pacem, para pacem）という格言がある。戦争に備えること、すなわち国家安全保障は従来から論じられてきたが、現在では人間の安全保障が論じられている（一）。平和に備えることのうちもっとも重要な問題は、国際および国内の両方面において社会に存在する戦争の原因となるような諸事情を取り除き、平和の基礎を築くことである。社会の平和、つまり国内の平和を乱すものの起源をたどっていくと人間の尊厳が人間と人間の行為の価値の基準とされていないという現実にぶつかる。ユネスコ憲章は更にいみじくも言っている。「ここに終わりを告げた恐るべき大戦争（第二大戦のこと――筆者）は、人間の尊厳・平等・相互の尊重という民主主義の原理を否認し、これらの原理の代わりに、無知と偏見を通じて人間と人種の不平等という教義をひろめることによって可能にされた戦争であった」と。そうであるとすれば、社会の平和の問題は基本的人権尊重のカテゴリーに属する。

国際の平和（二）は、従来から、国家間に武力抗争（armed conflict）がない、つまり国際戦争のない状態を指すものと考えられてきたので、国際の平和とは消極的平和のことであった、といえる。しかし、既に見たように、戦中から戦後にかけての各種の国際文書は人権尊重を平和の基礎として認識してきた。とくに、一九五〇年のヨーロッパ人権条約は、自由権のみを対象とし、実体規定の実に三分の二を人身の自由に関する規定に割いている。また、国際人権規約に経済的、社会的、文化的権利を盛り込むことを決定したのが一九五〇年の国際連合第五回総会であったことからも推察されるように、保護すべき人権としては、当初は、第二大戦中にひどく侵害された人身の自由や表現の自由などの自由権に大きな重心があった。すなわち、第二大戦が国内における人権弾圧の上に遂行されたことから、大戦中の人権侵害の防止を明確に狙ったものであり、人権抑圧の上に立った侵略による平和の破壊を避ける目的をもって人権の国際保障がなされたのである。その意味で、人権と平和は不可分である。

ところで、現在の武力抗争は国家間で行われるというより国内で頻発している。集団安全保障（collective security）制度の行き詰まりに直面した国際連合は二〇世紀中葉から平和維持活動（peace-keeping operations）を生み出した。国家間の武力抗争に対して、先ず、撃ち方止め！を宣言し、次に両当事者間に国際連合の象徴的存在を介入させ、とりあえずの火消しを行うのである。これが見事に成功した例が一九五六年のスエズ動乱の際に派遣された国連緊急軍（UNEF）であった。[三] しかし、キプロス平和維持軍（UNFICYP）が一九六四年に派遣され、規模は縮小されたとはいえ、二〇一八年現在も駐留し続けているように、消極的平和には限界がある。そこで、平和創造（peace-making）が議論され、現今の内戦に関連しては武力抗争終了後の平和構築（peace-building）が重要視され、平和維持軍の派遣や選挙管理のほか、停戦後の再建、制度構築、持続的発展のための統合的戦略を描き、動員解除（demobilization）、武装解除（demilitarization）、社会復帰（rehabilitation）などの一連の活動が一体的に実施されるようになってきた。そのため国際連合は二〇〇五年一二月第六〇回総会決議一八〇（A/RES/60/180）によって平和構築委員会を設置した。積極的平和へと歩みを進めている。ここではまさに人権の保障が掛かっている。

（一）人間の安全保障委員会（緒方貞子／アマルティア・セン共同議長）報告書『人間の安全保障の今日的

課題』（朝日新聞社、二〇〇三）参照。

（二）古代からの平和の法思想の研究として深瀬忠一『戦争放棄と平和的生存権』（岩波書店、一九八七）参照。

（三）国連の平和維持活動の沿革や法的問題点について、香西茂『国連の平和維持活動』（有斐閣、一九九一）および日本の法制なども含めて神余隆博『国際平和協力入門』（有斐閣選書、一九九五）参照。なお、芹田健太郎「第四章平和主義」『憲法と国際環境』（有信堂、一九九二）参照。

第三節　人権と開発の協働
――開発協力基準への人権の充塡

開発の問題は、既述の通り、南北問題という言葉が一九五〇年代末に登場するとともに、一九六〇年代に始まった。国際連合は、六〇年代を「国連開発の一〇年」と指定し、これが十分機能せず、更に七〇年代を「第二次国連開発の一〇年」とした。ここにいう“development”は、工業化と経済成長という先進国の発展モデルを基にしたものであって、日本語訳も、したがって、「開発」が選ばれた。そして、諸国の開発協力とは、道路整備、工業団地の整備、ダムの建設などといった産業インフラ整備が中心であり、日本の途上国援助も例外ではなかった。こうした開発協力は、「北」の国と「南」の政治経済エリートとの間の協力として行われた。六〇年代の国連開発の一〇年の控えめな目標も達成できず、議論は、development の考え方、国際社会の在り方に及び、七〇年代末には、developmentに対する権利は人権である、と決議された。ここにいたって、developmentを「発展」と訳すようになった。これが、いわゆる発展の権利（right to development）である。こうした流れは、いわゆる開発協力の中に、人権を織り込むことを要求している。これは、開発協力基準への人権の充填を意味する。

日本は九〇年代を通じて二〇〇〇年まで世界第一の援助国としての地位を持っていた。八〇年代後半からすでに途上国援助国の中で大きな地位を占めていたが、日本の援助には「顔」つまり理念が見えないと批判されており、一九九二年六月にはじめて「政府開発援助大綱（旧ODA大綱）」が閣議決定された。それは、世界の大多数を占める途上国において今なお多数の人々が飢餓と貧困に苦しんでいること、世界が平和と繁栄の実現へ向け、自由、人権、民主主義等の確保される社会の構築に向け努力をしていることを認識し、世界の相互依存関係を強く意識したものであった。具体的には、自助努力を支援し、広範な人造り、インフラストラクテュアー経済社会基盤および基礎生活分野（BHN）の整備等を通じて「良い統治」（good governance）の確保等を図るものであった。原則には、環境と開発の両立、軍事的用途や国際紛争助長への使用の回避、途上国の軍事支出や大量破壊兵器・ミサイルの開発・製造、武器輸出入等の動向への注目、民主化の促進・基本的人権や自由の保障状況への配慮があげられ、対象地域としてとりわけ東アジアが重点地域とされた。なお、重点項目には以上のほか、とくに構造調整等が掲げられ、市場メカニズムの下で民間の創意、活力が十分に発揮できるように適切に支援することが謳われていた。

一九九二年以降、以上の考えが一〇年以上にわたって、日本の開発援助の根幹を形作ってきたが、国際社会の激変を受けて、とくに平和構築などの開発課題に対処するため、政府は二〇〇三年八月に新たな「政府開発援助（ＯＤＡ）大綱」を決定した。

日本の開発援助の目的として、国際社会の平和と発展に貢献し、これを通じて日本の安全と繁栄を確保することをあげた。そして、冷戦後の状況としてグローバル化の進展のなかで、国際社会において貧富の格差、民族的・宗教的対立、紛争、テロ、自由・人権および民主主義の抑圧、環境問題、感染症、男女の格差などが絡み合い国際社会が新たな様相を呈し、とくに極度の貧困、飢餓、難民、災害などの人道問題、環境や水などの問題は、国際社会の持続的発展にとっても、また個々の人間にとっても大きな脅威となっているという認識を示し、多発する紛争やテロの予防と平和の構築とともに、民主化や人権の保障を促進し、人間の尊厳を守ることが重要な課題となっていることを指摘した。

基本方針として、第一に、良い統治にもとづく自助努力の支援、第二に、とくに「人間の安全保障」の視点で考えることの重要性を指摘し、「尊厳ある人生」を可能ならしめるため「個人の保護と能力強化のための協力」を行う等としている。

重点課題としては、貧困削減、持続的成長、地球規模の問題への取組み、平和の構築の四項目をあげる。援助実施の原則は旧大綱の原則と同様である。もっとも、二〇一〇年六月には、国際環境、国内環境の変化を踏まえ、ＯＤＡのあり方について外務省において見直しの検討が行われ、理念として

「開かれた国益の増進」を打ち出し、きわめて戦略的な取組みを明確にした。重点分野も絞り込み、貧困削減（ミレニアム開発目標（MDGs）達成への貢献）、平和への投資、持続的成長の後押し、の三点を挙げた。この「取りまとめ」によりODA大綱の改定に向けた協議を開始することとした。

なお、この点では、二〇〇〇年九月の国連ミレニアムサミットが採択した宣言およびこれに先んじて一九九六年に先進国の援助政策を協調しているOECD・DACが採択した「二一世紀に向けて：国際協力を通じた貢献」が大きな役割を演じていることを指摘しておこう。（一）

（一）これらの文書については、芹田健太郎編集代表『コンパクト学習条約集』（信山社、二〇一〇）参照。

第四節　人権の伸張・保障・侵害防止と人権の定義・実施

国際連合憲章は人権の「伸張」（promotion）（「促進」と訳すこともある）を謳ってはいるが、「保障」（または「保護」）（protection）については沈黙している。これは人権の保障が従来の国際法では国内問題への干渉として許されないものと考えられてきたからである（第一部　総論　第五章第一節「一般国際法上の義務」参照）。国際社会としてできるのは人権尊重の啓蒙くらいと考えられた。国際人権保障の分野でこうした相違を明確に意識していたことを示すのは南北アメリカ大陸における人権の国際的保障の進展である。

米州諸国は世界人権宣言に先駆けて米州人権宣言を採択した。宣言を採択したボゴタ会議では、三つの見解が対立した。第一は、国家に人権保護の行動をとるように義務づけ、国際的な強制機構をもつ規約とするべきであるとするもの、第二は、義務的規約とするべきだが、強制機構ではなく、調査機構とすべきとするもの、第三は、いかなる機構ももたない単なる宣言とすべきであるとするもの、であった。そして、第三が大勢を占め、宣言が採択された。

その後、しかし、一九五九年の第五回外務大臣協議会で、米州人権委員会の設立が決議され、その任務として「人権尊重の促進」が掲げられた。これにより米州人権委員会は人権意識の啓発、一般的勧告、研究、助言という機能をもつものとされた。そして、一九六〇年のドミニカにおける広範な人権侵害に関連する同委員会の活動を契機に米州諸国は、不干渉原則から踏み出し、一九六五年の第二回米州特別会議で同委員会の権限を拡大し、「米州人権宣言第一条（生命・自由・身体の安全）、二条（法の前の平等）、三条（宗教・礼拝の自由）、四条（思想・表現・伝播の自由）、一八条（人として認められる権利）、二五条（恣意的逮捕からの自由・裁判を受ける権利）および二六条（無罪推定・残酷な刑罰の禁止）の人権の遵守に特別の注意を与えること」「通知および情報を審査すること」等の権限を与えた。[一一]こうして個人の申立ての審査が行われるようになり、米州諸国は個人の人権「保障」に踏み込んだ。その後にさらに米州人権条約が採択され、個人の裁判付託の道も開かれた。[一二]

ところで、国際連合では、憲章六八条「人権の伸張に関する委員会」として予定された人権委員会は、設立されるとともに国際人権章典の作成を任務とされ、世界人権宣言に続いて国際人権規約の草案作りにかかり、一九五四年に国際人権規約草案を国連総会の審議に委ねて後、個人情報を取り上げるようになった。まず、一九六七年の経済社会理事会決議一二三五（XLII）によって個人からの情報に対して何らの手続きも取らないという従前の政策を改め、一九七〇年の決議一五〇三（XLVIII）によって「人権および基本的自由侵害に関する通報の処理手続」が採択されて、大規模人権侵害の防止のための事業が始まった。(三) しかし、これも調査であり、国際連合が取り上げることによる、いわば世論喚起によって救済がはかられるものであって、厳格な意味での個人の「人権保障」に踏み込んだものではない。そうしたものは、現在、地域的人権条約によってのみ実現されている。

大規模人権侵害の防止のためには早期警戒手段の開発や前述のような国際刑事法分野の発展が今日見られるが、人権保障への道筋はなかなか見えてこない。一九六八年に、世界人権宣言二〇周年の機会に開催されたテヘラン国際人権会議では、今や人権の「定義 definition（＝人権基準の設定）の時代」は過ぎ、人権の「実施 implementation の時代」を迎えようとしている、という認識があった。(四) しかし、いまだに道遠しというべきであろうか。この問題に取り組むには、自国のみをよしとする憲法優先の一国主義の克服が必要である。(五) 人権条約と憲法との関係については第一部総論第三章で検討し、また国家が約束した人権の履行を確保する国際社会の側からする履行確保措置（implementation measures）については第三部で詳論する。

なお、一九六七年に設立された東南アジア連合（ASEAN）は、四〇周年を機会にシンガポールでアセアン憲章を採択し、その第一四条において「アセアン人権機関（ASEAN Human Rights Body）」設立を予定した。そして、二〇〇九年一〇月二三日、第一五回首脳会議はアセアン政府間人権委員会（ASEAN Intergovernmental Commission on Human Rights, AICHR）規程（Terms of Reference, TOR）発効を歓迎する宣言を発した(六)。この人権委員会は、目的として第一に「アセアン諸人民が平和、尊厳および繁栄のうちに生きる権利を促進し、かつ保護すること」、第二に「アセアン諸人民の人権と基本的自由を支持（uphold）すること」等を謳い、世界人権宣言、ウィーン宣言及び行動計画ならびにアセアン諸国が当事国となっている国際人権文書に規定される国際人権基準（international human rights standards）を支持すること、としている（一条）。しかし、委員会が従うべき原則として、とくに、アセアン諸国の独立・主権・平等・領土保全・国民的同一性 identity をあげ、アセアン加盟国の内政への不干渉等を謳い（二条）、委員会は第三条において「協議機関（a consultative body）」と位置づけられており、米州で言えば、初期段階のものといえる(七)。

（一）芹田健太郎「米州における人権の保護」『法学論叢』八六巻二号（一九六九）参照。なお、米州人権宣言の条文については、芹田健太郎編『国際人権条約資料集』（有信堂、初版一九七九、第二版一九八二）参照。
（二）芹田健太郎「米州人権裁判所への個人の参加」『ジュリスト』一二〇五号（二〇〇一）参照。
（三）田畑茂二郎『国際化時代の人権問題』（岩波書店、一九八八）、とくに第八章参照。
（四）芹田健太郎「国連における人権問題の取り扱い」『国際問題』一〇三号（一九六八）（拙著『地球社会

の人権論』所収）参照。

（五）芹田健太郎「地球社会の人権論の構築――国民国家的人権論の克服」『国際人権』創刊号（同『地球社会の人権論』（信山社、二〇〇三）所収参照。

（六）アセアン憲章やアセアン政府間人権委員会規程（TOR）については、アセアン公式ウェブサイトhttp://www.aseansec.org/を参照。

（七）芹田健太郎「東アジア人権委員会設立の提案――東アジアにおける国際人権保障制度設立の可能性」（山手治之・香西茂編集代表『二一世紀国際社会における人権と平和：国際法の新しい発展をめざして下巻　現代国際法における人権と平和の保障』東信堂、二〇〇三）参照。本稿のオリジナルは、二〇〇二年一〇月二日、韓国ソウル国立大学法科大学の故裵教授三回忌に同大学で英語で行われた講演であり、二〇〇三年二月の日比友好月間に在マニラの外交団・学生等の前で講演し、さらに同年七月の外務省の講演旅行中コスタリカでは中米人権機構で「人間の安全保障委員会」委員を務められた同機構議長ソニア・ピカード女史の司会で講演、さらにメキシコ外務省付属外交学院でも講演したものであった。とりあえずアセアン諸国が人権保障に向けて委員会を設立して出発したことは喜びに耐えない。

第二章　国際人権法の法源

国際法において国際法の成立形式、存在形式のことを（形式的）法源と呼ぶ。国際法成立期には自然法が大きな役割を担ったが、今日では、慣習や条約の形式を取った実定法が法源とみなされている。このほかに、国際司法裁判所規程第三八条一項cが「文明国が認めた法の一般原則」を掲げていることから、法の一般原則が法源として論じられる。

先ず、法源としての条約について一言しておこう。トリーペル（Triepel）が条約をVereinbarungとVertragに区別するのに倣って、条約をいわゆる立法条約（law-making treaty, traité-loi）と契約条約（contract treaty, traité-contrat）に分類し、前者のみに国際法の法源としての性格を認め、後者を法源として認めない者も少なくない。しかし、前者も後者も当事国間に一定の法関係を形成する点では本質的な相違はない。いずれの条約も締約国間に新しく継続的な法関係をもたらすものであるかぎり、新しい国際法規を形成し、国際法の法源となる。ただし、一回的な給付を約束し、その履行とともに目的が達成される領土割譲条約のような、いわゆる処分条約（dispositive treaties）は、国際法規としての意味は認められず、国際法規としての意味を持つためには、一定の期間または無期限に、国家に一定の作為または不作為を義務づけるような内容の条約、つまり当事国間に新しく継続的な法関係を設定するような内容の条約でなければならない（もっとも、領土割譲条約は政治的には重要な条約であるので、日本の場合国会承認条約となる）。

さて、国際人権法の法源として、条約のほか、国際連合の決議や国際裁判所の判例等が議論される。国際人権法は、前章に見たように、一九六〇年代中葉以降国際人権規約その他の人権条約が多く採択され、さらに国際連合の諸機関の活動や欧州や米州における国際人権保障制度のめざましい発展を受けて、それぞれの条約制度や条約機関等の研究のほか、これらの人権条約等に具現化された人権保障が体系化されたものである。したがって、法源として考えられるのは、国際慣習法、国際連合憲章のほか、各種人権条約、国連機関や人権機関等の決議・決定等である。（一）

（一）法源論の多義性や現代的問題性を鋭く分析し論じたものとして、村瀬信也『国際立法——国際法の法源論』（東信堂、二〇〇二）とくに第一章参照。

第一節　国連憲章・人権条約

国連憲章は、人権および基本的自由の尊重、助長、奨励、実現等の文言を、前文、第一条三号、第一三条一項(b)、第五五条(c)、第六二条二項、第六八条、および第七六条(c)に置いているが、きわめて抽象的であり、これを具体化するため発足後に世界人権宣言の起草に取りかかった。（一）しかし、国際連合は普遍的な国際機関であり、国連憲章第五五条（目標）、同第五六条（誓約）に着目して、とくに第五六条の法的性質が論じられた。それは、第五五条で、「国際連合は、次のことを促進しなければならない」として、「a　一層高い生活水準、完全雇用並びに経済的および社会的の進歩および発展の条件」「b　経済的、社会的および保健的国際問題と関係国際問題の解決並びに文化的および教育的国際協力」「c　人種、性、言語または宗教による差別ないすべての者のための人権および基本的自由の普遍的な尊重および遵守」を掲げ、第五六条で「すべての加盟国は、第五五条に掲げる目的を達成するために、この機構と協力して、共同および個別の行動をとることを誓約する」と定めていたからである。また、日本の場合、日本の国際連合加盟は一九五六年のことであったが、対日平和条約前文で「日本国としては、国際連合への加盟を申請し、かつあらゆる場合に国際連合憲章の原則を遵守し、世界人権宣言の目的を実現するために努力し、国際連合憲章第五五条および第五六条に定められかつ既に降伏後の日本の法制によって作られはじめた安定および福祉の条件を日本国内に創造するために、努力し」等を定めていたからである。

ケルゼンや田畑茂二郎は、しかし、この「誓約」規定から直接に国家の具体的な義務を引き出すことは難しいと考えた[(二)]。また、世界人権宣言についてもその法的性質が議論された。しかし、道義的拘束力については一般に合意があったが、法的拘束力は否定された[(三)]。もっとも、六〇年代に独立を達成したアフリカ諸国には世界人権宣言をそのまま自国の憲法に採り入れたり、言及したりした国が多く、世界人権宣言は大きな影響を与えた。

世界人権宣言は宣言自体の一般的な法的拘束力を語ることはできないが、個別的に、当該規則が慣習法を文言で表したものであるのか、あるいは慣習法化しているのかどうかについては従来から論じられてきた通りであるし、国際連合の諸機関が人権活動を行う際にはこれを基準としてきていることも指摘しておかなければならない。

ところで、人権条約は法源たり得るであろうか。条約当事国が当該条約に法的に拘束されるのは当然であり、その意味では法源となるが、普遍的な法源たり得るか。たとえば生命権に関する各条約規定はほぼ同一であることについて既に触れた。条約によりニュアンスがあるが、生命権は一般的に保障されている。生命権が国際法上一般的に保障されているのは、しかし、慣習法として保障されている、というべきであろう。国家にはすべて人の生命を守る義務がある、少なくとも人の生命を毀損しない義務が成立していると言えよう。誰に対して義務を負うのかと言えば、国際法上の国家責任の法理から自国管轄下にある人に対してである。しかし、保護の水準までは慣習法上は明確ではない。

（一）芹田健太郎「世界人権宣言採択の経緯と意義――世界人権宣言五〇周年の評価」『地球社会の人権論』（信山社、二〇〇三）所収参照。

（二）田畑茂二郎『人権と国際法』（日本評論新社、一九五二）参照。なお、ケルゼンは、「第五六条は法的には無意味で余分（meaningless and redundant）」と言う（Kelsen, The Law of the United Nations, London Stevens & Sons, 1951, p.100）。

（三）世界人権宣言の法的性質をめぐる総会での議論（GAOR, 3rd Sess., Pt I, 3rd Cttee, 89–93rd Mtgs, pp.32–64）でフランス代表ルネ・カッサンは世界人権宣言を「憲章の公認の説明（une explication autorisée de la

Charte）とみなすことができる」（ibid., 92nd. Mtg., p.61）と述べた（なお、レネ・カッサンの発言を、畏友金東勲は「有権的解釈」と訳す。金東勲『人権・自決権と現代国際法』（新有堂、一九七九）一六六頁）。

第二節　国際機関の決議・決定

第一款　国連機関の決議

国際連合を始めとする政府間国際機構は、典型的な機関として総会、理事会、事務局の三者を備え、加盟国とは独立した意思を持ち、独自の行動を行っている。つまり、国際機構は加盟国とは別個の国際法人格をもち、独自の権利能力と行為能力を持っており、その内部機関の決議に基づき行動する。そこで国連総会等国際機関の決議の効力が問われることとなる。この点について、従来から、決議の内部的効力と外部的効力とを分けて論じてきた（一）。

組織の内部規律権限に基づいて行われる決議は、設立条約の関係規定に基づく決定で、たとえば国連憲章に定める加盟、権利停止、除名、予算、補助機関の設置、安全保障理事会理事国の選挙などは、当然に法的拘束力を持つし、内部機関の議事や職員の地位などの決定も法的拘束力を持つが、一般的に組織内部においてのみ拘束力を持っていると言える。もっとも、国際公務員の任免に関する法規など、独自の発展を示しているものがあり、これらは、国際公務員の身分保障等、人権保障の観点からは独自の判例法を構成してしており、法源性をもっていると言えよう。(二)

国際機構の内部機関は、しかし、内部規律に関する決議のみならず、加盟国についてその行動に係わる決議をしばしば採択してきている。安全保障理事会が国連憲章第二五条に基づいて行う決議は加盟国に対して拘束力を持つが、その範囲は必ずしも明らかではない。しかし、本書ではその点には触れない。本章で関係するのは国連総会が行う各種の決議の法的拘束力である。国連の実行では、決議の中で、「勧告」と区別され、「宣言」という名称を持つものはとくに国際社会に広くその遵守を呼びかける基本的な価値を持つものに付されてきた。(三)従来の議論は、当該決議が既存の法を宣言しているに過ぎないのか（法宣言的決議）、あるいは、新しく法を創造しているものか（法創造的決議）に分けて論じられてきた。しかし、問題はそれほど簡単ではない。

人権分野での条約起草の経験を見れば、国連総会の場合、国際労働機関が先ず勧告を採択し、次いで条約採択に至るプロセスをとっているのに似て、世界人権宣言—国際人権規約、人種差別撤廃宣言—人種差別撤廃条約、女性差別撤廃宣言—女性差別撤廃条約、子どもの権利宣言—子どもの権利条約などの流れが見られ、また、領域内庇護宣言(四)のように、宣言とされてはいるが後の条約化がなされていないものもある。しかし、領域内庇護宣言のいうノン・ルフールマンの原則は慣習法化している。ここでは個々の規則に関する議論が必要である。

しかしながら、国際連合の内部機関は、世界人権宣言等を基準に活動しており、人権侵害の非難決議等を行っており、内部機関の行為規範となっている。その意味では明確にこれらは内部的と限定されつつも、法源性を確立したと言えよう。(五)

（一）竹本正幸「総会の決議の効力」田岡良一先生還暦記念論文集『国際連合の研究』第二巻（有斐閣、一九六三）所収参照。

（二）詳しくは、黒神直純『国際公務員法の研究』（信山社、二〇〇六）参照。

（三）Commission on Human Rights Report of the Eighteenth Session (19 March-14 April 1962) ECOSOC Official Records: Thirty-Fourth Session Supplement No. 8 (E/3616/Rev.1), para.105. この文書は、宣言と勧告についての人権委員会からの照会に対して事務局法務部が回答したものであり、次の内容である。

「3、国際連合の実行では、「宣言」は、世界人権宣言のように、公式かつ厳粛な文書であって重大かつ永続的な重要性のある原則を列挙する稀な場合に相応しいものである。勧告は公式性がより少ない。

4、上述の区別を離れると、厳格な法原則に関する限り国連の実行上は勧告と宣言との間にほとんど相違はない。「宣言」と「勧告」は国連機関によって採択される。条約（a treaty or convention）がその当事国に対して拘束的であるという意味においては、「勧告」ではなく単に「宣言」と名付けただけでは、加盟国に対して拘束的ではあり得ない。しかしながら、「宣言」の厳粛さと意義がより大きいという視点からは、それを採択した機関に代わって、国際社会構成員がこれを遵守することの強い期待を伝える（impart）ものと見なすことができる。従って、その期待が国家実行によって徐々に正当化される限りで、宣言は、慣習によって、諸国を拘束する規則を定立するものとして承認されたものになる。

5、結論として、国連の実行では、「宣言」は最大の遵守（maximum compliance）が期待される場合に重大かつ永続的な重要性をもつ事項に関する極めて稀な事例にのみ用いられる（resorted）厳粛な文書である。」

なお、芹田健太郎「国連における人権問題の取扱い――世界人権宣言二〇周年テヘラン会議」同『地球社会の人権論』（信山社、二〇〇三）所収参照。

（四）芹田健太郎「領域内庇護宣言について」同『亡命・難民保護の諸問題Ⅰ』（北樹出版、二〇〇〇）所収参照。

（五）世界人権宣言はじめ各種の人権関係決議の「拘束力」について各人権機関の活動の状況を調査し、検討を加えているものとして、滝沢美佐子『国際人権基準の法的性格』（国際書院、二〇〇四）参照。

第二款　条約機関の決定

一　人権裁判所の判決

国際裁判所の判決が法源を構成するかについては、まず、国際司法裁判所について見ておこう。「裁判所は、付託される紛争を国際法に従って裁判することを任務とし」「係争国が明らかに認めた規則を確立している」条約、「法として認められた一般慣行としての国際慣行」および「文明国が認めた法の一般原則」を適用する（国際司法裁判所規程三八条一項）。そしてこれらが法源として認められている。裁判所規程は、さらに、「法則決定の補助手段として裁判上の判決及び諸国の最も優秀な国際法学者の学説、但し、第五九条の規定に従うことを条件とする」(同d号)。第五九条は「裁判所の裁判は、当事者間において、かつ、当該の特定事件に関してのみ拘束力を有する」と定める。したがって、これらの規定から考えれば、国際司法裁判所の判決に法源性を認めることは形式的には困難がある。

判決が国際法規則を宣言している場合は、しかし、後の判決は前の判決中の国際法規則に従う。国際司法裁判所は、判決や勧告的意見の中で、しばしば、常設国際司法裁判所の判決を含めて、自己の判決を引用する。また、類似した事件の場合には裁判官は法律家として下した先の判断と類似した法的推論で結論に達する蓋然性は高いので、類似した判決が下される蓋然性も高くなる。これらのことは、慣習法規則の内容の確定(コルフ海峡事件やニカラグア事件など)や条約解釈によって意味内容や適用条件を示す場合(国連経費事件、テヘラン事件による外交関係条約、ラグラン事件による領事関係条約など)に顕著に現れる。また、後述の国際司法裁判所による法創造機能も指摘できる。

このように国際司法裁判所の判決が国際法上に実質上大きな影響を及ぼしていることについては誰にも否定できない。このような実質的機能から、判決に対して、条約、慣習法、法の一般原則と並び「第四の形式的法源の役割を担っているといってもいい」と考える説もある。(一)

ところで、人権裁判所の判決はどうか。実績のある欧州と米州の人権裁判所、とくに欧州人権裁判所で見ておこう。(二) 欧州人権条約は当初「締約国が行った約束の遵守を確保するため」人権委員会と裁判所を設けていた(旧条約一九条)が、現在は「本条約及び議定書において締約国が行った約束の遵守を確保するため」裁判所のみを有している（改正条約一九条以下）。二〇一〇年一二月三一日現在、二〇一七年の状況について本書四八三頁参照。裁判所は総計一万三、六九七件に判断を下し、うち少なくともひとつの違反を認定されたものは一万一、四三八件に上る。[三] 対象となっている権利を多い順に五つ挙げると、第一は四千件を超える第六条の合理的期間内に裁判を受ける権利であり、次が三千件を超える同じく第六条の公正な裁判、三番目が二千件を超える第一議定書第一条の財産権の保護、四番目は二千件に迫る第五条の身体の自由と安全の権利、最後は約千四百件の一三条の実効的救済を受ける権利である。これらに関しても、その他についても、欧州人権裁判所の判決は、裁判所が条約解釈を重ねて来たことにより、明確に判例を構成していると言うことができる。そしてこれは判例法として法源となっていると言えよう。なお、欧州人権裁判所の判例は日本の国内裁判所でも援用されることが増えてきた。

二　人権委員会の決定

人権条約実施機関は締約国の約束の遵守を確保するため種々の手続を定め、個人や国家からの申立（異議申立とか、通報とか、請願という）を認めている（自由権規約四一条の国家申立、自由権規約選択議定書の個人通報あるいは前述欧州人権条約や米州人権条約）。国家や個人から申立を受けると、各機関は提起されてきた申立について申立の中で主張される争点が許容できるか（受理可能か、英 adsmissible、仏 recevable）どうかを、まず審理する（いわゆる許容性 admissibility, recevabilité 審査。なお、国際刑事裁

法律学の森

潮見佳男 著（京都大学大学院法学研究科 教授）

新債権総論 I

A5変・上製・906頁　7,000円（税別）　ISBN978-4-7972-8022-7　C3332

新法ベースのプロ向け債権総論体系書

2017年（平成29年）5月成立の債権法改正の立案にも参画した著者による体系書。旧著である『債権総論 I（第2版）』、『債権総論 II（第 3 版）』を全面的に見直し、旧法の下での理論と関連させつつ、新法の下での解釈論を掘り下げ、提示する。新法をもとに法律問題を処理していくプロフェッショナル（研究者・実務家）のための理論と体系を示す。前半にあたる本書では、第 1 編・契約と債権関係から第 4 編・債権の保全までを収める。

【目　次】

〈編者紹介〉
潮見佳男（しおみ・よしお）
　1959 年　愛媛県生まれ
　1981 年　京都大学法学部卒業
　現　職　京都大学大学院法学研究科教授

新債権総論 II

A5変・上製　6,600円（税別）　ISBN978-4-7972-8023-4　C3332

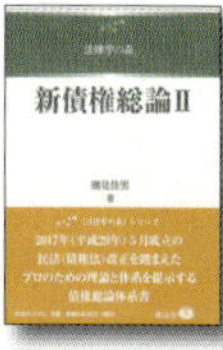

1896 年（明治29年）の制定以来初の
民法（債権法）抜本改正

【新刊】
潮見佳男著『新債権総論 II』
　第 5 編　債権の消滅 / 第 6 編　債権関係における主体の変動
　第 7 編　多数当事者の債権関係

〒113-0033　東京都文京区本郷6-2-9-102　東大正門前
TEL:03(3818)1019　FAX:03(3811)3580　E-mail:order@shinzansha.co.jp
信山社
http://www.shinzansha.co.jp

判所規程の公定訳では「受理許容性」)。そして、受理可能であれば、本案審理に入る。すなわち委員会の決定としては二種類ある。第一のものは、国内裁判でいう訴訟要件審査である。(四) 委員会の本案に関する決定には通常法的拘束力は与えられていない。

さて、旧欧州人権委員会の許容性に関する決定が却下であれば、その申立の審査はそこで終わる。許容可能とされると、本案審理に入り、条約違反があるか否かについて判断される。しかし、その判断には法的拘束力は与えられておらず、欧州評議会閣僚委員会か人権裁判所に移される。このプロセスから分かるように、同委員会の許容性決定には法的拘束力があり、許容性審査機能は司法機能の一部と考えられ、判例法となる(本案認定は拘束力なし)。米州人権委員会のそれも同様であり、自由権規約委員会の許容性決定も同様である(ただし、本案である人権条約違反の認定には法的拘束力は与えられていない)。しかし、米州人権条約の場合には裁判所が設置されており、委員会審査後に裁判所での審理に移されるとそこでの判決は当然ながら法的拘束力を持っている。問題は自由権規約の場合である。自由権規約には裁判所は設置されていないので、最終的に条約違反があるかどうかについて法的拘束力の有る決定を行う機関がない。そこで、自由権規約委員会の行う本案に関する判断の法的拘束力が問題となる。(五)

自由権規約委員会の本案判断には形式的には法的拘束力はない。しかし、全く法的に意味がないのであろうか。自由権規約は第二条で国家に人権の「尊重」「確保」の義務を課し、この「約束」の遵守を実現するための実施監視機能をもつ委員会を設置した(同二八条)。そして、この委員会に対して締約国は「報告」を提出し、その審査を受けることとされている（同四〇条）。自由権規約選択議定書に従って委員会に提出された申立に対する委員会の判断である見解（view）や国家報告に対する最終所見（concluding observation）は、当該申立の宛てられた個別国家や報告を行った国家に対するものであり、当該国家に対してさえ形式的には法的拘束力はない。しかし、少なくとも類似の判断の集積によって、また、欧州人権裁判所、米州人権裁判所の呼応したかのような類似判決と相俟って、それらが委員会審査の基準に用いられ、締約国は委員会の定める求めに応じて報告を提出し、審査を受けるのであり、またこれらは委員会の一般的意見（general comment）として表明されるので、委員会決定に逆行する措置等はとれない、と言う意味で判例法となる。少なくとも、同決定は国内裁判所の解釈の指針、すなわち裁判所の行為規範となる、と言うべきである。

その他、人種差別撤廃委員会、女性差別撤廃委員会、拷問禁止委員会、子どもの権利委員会などの判断にも同様なことが当てはまるが、これらの委員会の決定については決定の集積を待つ必要が有るであろう。

（一）杉原高嶺『国際法学講義』（有斐閣、二〇〇八）七五頁（形式的法源に対して実質的法源を対置する等の議論については、村瀬信也・前掲書参照）。これに対して、「直接に特定の規則の法的妥当性を権威づける法の形成手続もしくは存在形態としての意味」では、法源は形式的法源しかなく、「実質的法源は法源というよりいずれかの形式的法源上の規則の形成を促したり、あるいはその規則に内容を与える実質的要素という方が正確である」とする小森光夫（小寺ほか編『講義国際法（第2版）』（有斐閣、二〇一〇）三九頁）や、「判例が国際法の形成に与える影響は大きいが、その役割を過大に評価することができない」とするものもある（柳原ほか編『プラクティス国際法講義』（信山社、二〇一〇）二六頁）。

ここでは、しかし、人間の生に深く関わる法は社会の在り方に伴って常に変容するものであり、歴史的、社会的、政治的、経済的要因等を抜きには語れないものであることを肝に銘じておきたい。

なお、田岡良一『国際法学大綱・上』（厳松堂、一九三四）一九頁以下および同「法源」『国際法講座』第一巻三六頁以下参照。若干視点が異なるものの、山本草二が「そもそも国際法では、国内法のような一元的な強制力をもつ法定立機能が欠如している以上、形式的法源と実質的法源を峻別することは困難である。むしろ新しい実質的法源をとりこんだ国際裁判所の判決、国際機関の決議（とくに法原則宣言）、未発効の多数国間条約またはその草案など特定の国際実行は、まだ形式的法源になっていなくとも、そこに新しい「国家間の合意」が存在することの証拠となるものである。とくに今日では、形式的法源としての成立にいたるまでの動態的な要因と過程をもあわせて考えることが、国際法の適用・執行上も必要である（Brownlie, 1-3; Verdross-Simma, 257-260）」（『国際法〔新版〕』（有斐閣、一九九四）五〇頁）と評価している点を指摘しておこう。

（二）ヨーロッパ人権条約については、初期の研究としては芹田健太郎「ヨーロッパ人権委員会の活動とその性格（上）（下）」『法学論叢』七九巻一号・二号があるが、最近のものとして多数の研究者を糾合した野心的な研究である『ヨーロッパ人権裁判所の判例』（信山社、二〇〇八）がある。同条約の概要については、同書所収の小畑郁「ヨーロッパ人権条約実施システムの歩みと展望」および同「ヨーロッパ人権裁判所の組織と手続」参照。

（三）European Court of Human Rights Violation by Article and by Country 1959-2010 による。

（四）前掲・拙稿（下）八六頁以下参照。なお、自由権規約選択議定書三条、五条、ヨーロッパ人権条約旧二七条（現行条約ではこの任務も裁判所が行うものとされている。改正条約三五条参照。旧条約については、芹田健太郎編・前掲『国際人権条約・資料集』（有信堂）参照）など。

（五）　坂元茂樹「条約の実施機関の解釈権能——自由権規約二条一項の解釈を巡って」（同編・藤田久一先生古稀記念『国際立法の最前線』（有信堂、二〇〇九）所収）および岩沢雄司「自由権規約委員会の規約解釈の法的意義」『世界法年報』二九号（二〇一〇）参照。

第三節　慣　習　法

第一款　慣習法の成立

国際社会は分権的社会であり、国内社会のように集権構造をもっておらず、国内立法に類似した立法機関がないため、成文法としての条約の適用範囲が拡大したとはいえ、国際慣習法は今日でもなお一般国際法の法源として重要な役割をもっている。国際司法裁判所規程は「法として認められた一般慣行の証拠としての国際慣習」（同三八条一項b）として掲げている。したがって、慣習法が成立するためには、第一に、国家実行という事実的要素（consuetudo）が必要であり、第二に、その国家実行はすべての国によって遵守・履行されるべきものであるという法的または必要信念（opinio juris sive nessitatis）という心理的要素が存在しなければならない。

　事実的要素 consuetudo は、同一の行為の継続的な繰り返しにある。国際慣習法の特徴が国家実践を通じて法規が漸次形成されるという点にある以上、何人にも異論はない。常設国際司法裁判所がウィンブルドン号事件の一九二三年判決で慣習は「継続的国際的慣行 une pratique internationale constante」（一）と述べ、のちに国際司法裁判所が庇護事件の一九五〇年判決で「継続的かつ統一的慣行 un usage constant et uniforme」（二）と述べる通りである。問題はその時間の継続の程度である。ダニューブ河ヨーロッパ委員会の権限に関する事件の常設国際司法裁判所勧告的意見の反対意見で言われた「記憶を絶する古い慣行（un usage immémorial）」までは必要ではない。しかし、予め一定の時期を画することはできない。一九世紀中葉の一八六七年に英米間の航路にあたる公海上での夜航海中の英国船と米国船の衝突事件で問題とされた灯火規則は、一八六三年の英国規則が次々と米国を含む主要海洋国に採用され六四年末には各国に義務的なものとして受諾され、衝突時には国際法となっていたと判示した米国連邦最高裁判所のスコチア号事件判決（三）のような事例も見られ、技術的な内容の規則の場合には比較的早く成立する。

　事実的要素では、時間の継続のほか、場所における適用の一般性が問題となる。通説は、必ずしも国際社会すべての国家の同意は必要ではなく、適用すべき立場にあった国家の同意と他の諸国の抗議の欠如を要件とする。一九六八年の北海大陸棚事件（四）で国際司法裁判所が慣習法の成立には「とくに利害関係を有する国」の参加を含めて「広範かつ代表的参加」が必要であると述べるのは、まさにこの妨げるものではない。

ことである。このことは、しかし、コロンビア、ペルー間の庇護事件で争われた地域的慣習の成立を妨げるものではない。

心理的要素は、とくに純粋法学派からする批判等があり、これを必要としないとする人々がいるが、前述国際司法裁判所の北海大陸棚事件は明確に法主体の側にこうした慣行の必要性の信念がなければならないことを指摘した。問題は、この法的信念の存在をどのように立証するか、である。通説は、個別的な法的信念の成立については、その国の国内法令や国内裁判所の判決、学説やその国の政府・外交慣行のうちに見い出し、国家間の法的信念の一致は外交文書や交渉過程、国際裁判所の判決などの先例のうちに見出すべきであろう、とする。具体的には、国際慣習法を構成する要素である国家の行為としての外交書簡、政府による在外公館への指示などや国内法であり、国家間の行為としての条約、これは法宣言的なもの（declaratory of existing customary internatinal law）であるか、法創造的なもの（constitutive of new law）(五) であるか、により意図が分かるし、さらに、一つの条約から他の条約に模倣されて採り入れられる「典型条項」（clauses-types）(六) の存在を念頭に置くべきである。典型条項として挙げられてきたのは犯罪人引渡条約の条項とか航空協定の条項などであった。しかし、たとえばヨーロッパ人権条約の「生命権」規定は、既に触れてきたように、自由権規約にも米州人権規約にも取り入れられており、慣習法を確認できる。表現の自由等他の条項も検討に値する（第二部　人権　第一章「絶対的権利」で詳細に論じる）。

（一）　PCIJ, Series A No.1, p.25.
（二）　ICJ Reports 1950, p.276.
（三）　スコチア号事件について、中村道「スコチア号事件」田畑茂二郎・太寿堂鼎編『ケースブック国際法〔新版〕』（有信堂、一九八七）所収参照。
（四）　芹田健太郎『島の領有と経済水域の境界画定』所収参照。なお、この点を判決後いち早く取り上げた高林秀雄「大陸棚制度と慣習法」『龍谷法学』一巻二・三・四合併号（一九七〇）参照。
（五）　R.R.Baxter, "Multilateral Treaties as Evidence of Customary International Law", B. Y. I. L., 1965-66, pp.275-300.
（六）　Ch. Rousseau, Droit international public, Tome I Introduction et Sources, Paris, 1970, Sirey, p.332.

第二款　日本国憲法九八条二項「確立した国際法規の遵守」にいう慣習法

日本国憲法第九八条二項について政府は次のように答弁している。憲法と条約の関係で、「いわゆる条約と申しましても、いろいろなものがあるわけであります。いわゆる、何と申しますか、国際自然法と申しますか、要するに確立された国際法規、そういったものはやはり憲法がその法秩序として受け入れているのだ、かように考えるわけであります。」「これはやはり国際法秩序がそこは優先して働くものである、かように考えております。」と述べ、「降伏文書あるいは平和条約というような一国の安危にかかわるような問題に関する件におきましては、……やはり条約が優先するという場合はあろう」（林修三・内閣法制局長官、昭和三四（一九五九）・一一・一七、参院・予算委）。そして、逃亡犯罪人引渡法の改正をめぐる議論の中で、「『確立された国際法規』といいますと、国連を中心として種々定められております条約はもちろんでございますが、国際慣習法と言われるものがこれに入ると思います」（伊藤栄樹法務省刑事局長、昭和五三（一九七八）・四・二八、衆院・法務委）と。(一)

裁判所はといえば、たとえば外国人の入国に関して、憲法第二二条が外国人の入国を想定しているものではないとした上で、「このことは、国際慣習法上、外国人の入国の許否は当該国家の自由裁量ににより決定しうるものであって、特別の条約が存しないかぎり、国家は外国人の入国を許可する義務を負わないものであることと、その考えを同じくするものと解し得られる」（最高裁大法廷一九五七・六・一九刑集一一巻一六三三頁）と述べ、具体的に判断している。(二) その他、たとえば政治犯不引渡原則の慣習法性が争われた事件では一審がこれを認定し、高裁、最高裁はこれを否定した（東京地裁一九六九・一・二五、東京高裁一九七二・四・一九、最高裁二小一九七六・一・二六）。(三)

また、人権が争われたものではないが、たとえば紀伊水道での日本船と外国船の衝突事件で、衝突水域が日本の領海かどうかに関連して、日本について未発効であった領海条約の定める湾口二四カイリが慣習法であったか否かが争点の一つであったテキサダ号事件では和歌山地裁はこれを認め、大阪高裁はこれを否定した（和歌山地裁一九七四・七・一五、大阪高裁一九七六・一一・一九）など、判断は区々である。

(一) 浅野一郎・杉原泰雄監修『憲法答弁集［一九四七―一九九九］』(信山社、二〇〇三) 五一七―五一八頁参照。
(二) 国際法にかかわる判例として、祖川武夫＝小田滋編著『わが国裁判所の国際法判例』(有斐閣、一九七八) 参照。
(三) 芹田健太郎・前掲『亡命・難民保護の諸問題』第七章日本の判例参照。なお、捕虜条約六六条、六八条貸方残高の支払い等――シベリア抑留訴訟 (東京地裁一九八九・四・一八、東京高裁一九九三・三・五、最高裁一小一九九七・三・一三) については後述参照。

第四節　一方的行為

国際法上、一方的行為 (unilateral act, acte unilatéral) とは、国内法における法律行為として一般に一方 (的) 行為または単独行為といわれるものに相当し、国家が他国に対して一定の法的効果を生じさせるために行う一方的な意思表示であって国際法上の国家の行為の一つである。論者により相違が見られるが、通常、通告 (notification)、約束 (promise) (外交上の約束など特定の作為・不作為義務を負う行為)、承認 (recognition) (国家承認や、領域取得や境界画定のなどの承認)、抗議 (protest) (これを行わないと黙認とみなされる)、放棄 (renunciation) (外交官の特権免除の放棄など) があげられる。ほかに、先占や復仇、条約法上の批准、加入や留保などや国際司法裁判所の強制管轄権受諾宣言などもある。また、国家の行為だけではなく、国際機関の決議も一方的行為である(一)。これらの一方的行為の多くは慣習法や条約に根拠をもっているので、特段にその法的効力を論じるまでもない。しかし、従来の慣習法や条約ではかりきれない分野で行われる一方的宣言や措置がとられることが多く見られる。これらが新たに国家間に継続的な法関係を設定するものである場合には法源性を認められる。もっとも、オッペンハイム＝ロターパクトやブラウンリーなどの英米の学者が一方的行為を国際法律行為（international transactions）の一つとして条約と並べて理解する傾向があるのに対して、ルソーやグッゲンハイムなどの大陸の学者はこれを法源の中で説く特色が見られることは指摘しておこう。

この点では、国際司法裁判所の一九七四年一二月の大気圏内核実験事件判決を挙げておこう。フランスは南太平洋ムルロワ環礁において大気圏内核実験を行っていたが、実験禁止を求めて豪州およびニュージーランドが一九七三年に訴えた核実験事件（以下では、核実験事件（豪 対 仏）判決で引用する）で、フランス大統領が七四年七月の声明で七四年限りで大気圏内核実験を終わりにする旨述べたこと等（ICJ Reports 1974, para.37）に注目し、「法的または事実的事態に関して一方的行為の方法でなされた宣言が法的義務を創設する効果をもつことがある。宣言がその文言に従って拘束的となるべきであることが宣言国の意図である場合には、その意図が宣言に法的約束という性格を与える。国家は以後宣言に従った一連の行為をとるように法的に要求される。この種の約束は、公的に、かつ、拘束される意図をもって表明される場合には（if given publicly, and with an intent to be bound）、国際交渉の文脈でなされたものでなくとも、拘束的である」（ibid., para.43）と判示した。形式は問われない。裁判所は、「その源が何であれ、法的義務の創設と遂行を律する基本原則の一つは、誠実の原則である」と述べ、「利害関係国はその創設された義務の尊重を求める権利を有する」ことを確認し（ibid., para. 46）、こうして裁判所は訴訟目的が消滅したとして判決には及ばないと決定した。

このように、一方的行為を国際法上の法源として挙げることができるので、人権分野の法源としてもあげておくことができる。

（一）国際法上の一方的行為を日本で最初に論じた芹田健太郎「いわゆる海洋二法と国際法」『法律のひろば』七七年七月号（拙著『島の領有と経済水域の境界画定』（有信堂、一九九九）所収「序章」一二頁以下）参照。

第三章　人権条約と憲法

第一節　国際条約と日本国憲法上の「条約」との異同

人権条約とは、国家間で文書の形式により締結され、国際法によって規律される国際的な合意で、人権保障を内容とするものである。したがって、国際人権の法理は、とくに自由権に関しては、いわば国家と対抗的な人権保障を国家間の約束である国際条約の締結という国家の行為に委ねるというジレンマを本来的に抱え込んでいる。このことの認識は重要である。もっとも、人権条約は、伝統的な多数国間条約が締約国の互いの利益のために相互的な権利の交換を実現するために結ばれるのと異なり、他の国家との関係ではなく、国家管轄下にあるすべての個人に対して、共通の福祉のために、種々の義務を引き受けるものである(一)。

ウィーン条約法条約は、その適用上、条約を文書による国際合意に限っている（同条約二条一項(a)）が、一般国際法上は、条約には口頭による合意も含まれる。日本の例としては、日米安全保障条約第六条の実施に関する藤山外務大臣・マッカーサー米国大使の口頭了解がある（松永信夫条約局長答弁、一九七五年一二月九日、衆・内閣）。国際裁判で争われた例として、一九一九年七月二二日のノルウェー外務大臣がデンマーク公使に与えたグリーンランド問題解決についての口頭の約束がある（東部グリーンランド島事件、常設国際司法裁判所判決 PCIJ, Series A/B No.53）。

文書による国際合意は、条約（Treaty）という名称のほか、協約（Convention、ただし、日本ではこれも条約と訳される）、協定（Agreement, Accord）、規約（Covenant, Pact）、憲章（Charter）、規程（Statute）、取極（取決め、Arrangement）、決定書（Act）、議定書（Protocol）、宣言（Declaration）、交換公文（Exchange of Notes or Letters）などと呼ばれる。交換公文のほか合意議事録（agreed minute）、合意覚書（memorandum of agreement）、共同宣言（joint declaration）と呼ばれる国際合意は、一般に、簡略形式による条約（treaty in simplified form, les accords en forme simplifiée）と言われ、現実にはこうした合意が増加する傾向にある。

人権条約の名称としては、（人権）規約（Covenant）のほか、（欧州・米州人権）条約（Convention）、（アフリカ人権）憲章（Charter）、（追加または選択）議定書（Protocol）などが用いられる。一般的に、Covenant や Charter は条約内容がすべての国を拘束する基本的な性質をもっていることを示し、Convention は、どのような条約内容であれ、ごく普通に用いられる名称である。Protocol は本体の条約があり、本体の条約交渉時には合意に達しなかったか、後日協議することとされた内容について、追加する形でなされた国際合意に対して用いられることが多い。たとえば、国際人権規約のうち自由権規約（市民的および政治的権利に関する国際規約）の選択議定書や子どもの権利条約に対する子ども兵士禁止や児童買春・児童ポルノ禁止の各選択議定書（こうした条約について、芹田編集代表『コンパクト学習条約集』（信山社、二〇一〇）参照）などである。

日本の場合、条約締結権は内閣にある。日本国憲法第七三条は内閣の職権を定め、第二号「外交関係を処理すること」、第三号「条約を締結すること。但し、事前に、時宜によっては事後に、国会の承認を経ることを必要とする」と規定する。政府の説明によると、「国会の立法権ないし予算の議決権等の権限行為に関係のない合意、たとえば貿易協定、支払協定というたぐいの合意は、国会の承認にかけることなく、憲法七三条の前の号にあります『外交関係を処理すること』ということで、内閣の専権に属する事務として取扱っており」（高野雄一『憲法と条約』）、前述の簡略形式による条約は「外交関係の処理」として行われ、国会の承認は受けていない。しかし、昭和四八（一九七三）年の第七一回国会において日米原子力協定改正議定書の審議に際し交換公文の取り扱いについて紛糾し、その折りの約束に従い、政府は、外務省において検討の上、昭和四九（一九七四）年二月二〇日、国会の承認を経るべき条約について政府見解を発表した（大平正芳外務大臣答弁、衆・外務委）。それによると、国会の承認を経るべき条約とは、第一に、「いわゆる法律事項を含む国際約束」、第二に、「いわゆる財政事項を含む国際約束、第三に、「わが国と相手国との間あるいは国家間一般の基本的な関係を法的に規定するという意味において政治的に重要な国際約束であって、それ故に、発効のために批准が要件とされている」ものである。第一と第二の憲法上の根拠は、国会が国の唯一の立法機関であること（四一条）、また、国費の支出や債務負担には国会の議決が必要であること（八五条）である。

第三は日本にとり政治的に重要な国際約束であるので、憲法のとる国民主権主義の当然の帰結ということであろう。

このように、日本国憲法第七三条の「条約」は国会承認条約のことであり、この条約はまた憲法第七条一号の公布の対象となる条約である。前述の「簡略形式による条約」は、憲法第七三条二号の「外交関係の処理」として行われるものであり、公布の対象とはならない。しかし、これら行政取極は外務省告示の形式で官報に掲載される。平均的に見れば、年間ざっと八〇〇件の国際約束（大多数は二国間の国際約束）があり、うち約一〇ないし一五件が国会承認条約である。[二]そこで憲法第九八条二項で「誠実に遵守する」ことを約束した条約には、国際法の観点からは、国会承認条約（憲法七三条三号）と行政取極（憲法七三条二号）の双方が含まれるが、憲法解釈として現在確立していると思われる判例・通説はおおむね本条を根拠に[三]公布された条約の法律に対する優位性を説いており、前述の行政取極までも法律に優位するとは思われない。したがって、本書で扱う条約は、日本の場合、国会承認条約を念頭に置いていることを断っておきたい。なお、日本の慣行では、公布された国会承認条約は国際連合憲章第一〇二条によって国際連合事務局に登録され、公表される。

ところで、人権条約は国会の立法事項にかかわるので国会の承認を経るべき条約である。

（一）一九八二年九月の米州人権裁判所勧告的意見 Inter-American Court of Human Rights, Advisory Opinion OC—2/82 of September 24, 1982, Series A No.2—The Effect of Reservations on the Entry into Force

of the American Convention on Human Rights (Arts.74 and 75), para. 29 参照。
(一二) 芹田健太郎「条約締結に関する国内手続」国際法事例研究会『条約法』(慶應義塾大学出版会、二〇〇一) 所収参照。
(一三) 佐藤幸治「憲法秩序と人権」『講座国際人権法1 国際人権法と憲法』(信山社、二〇〇六) 三五頁参照。

第二節　条約の国内法的効力

条約は条約に定める効力発生要件を満たして効力を発生する。効力発生要件(条約自体の効力発生要件と条約発効後に参加する国家に対する効力発生要件)は、通常、条約の最終規定に定められ、最終規定だけは条約の採択と同時に効力を発生する。

ところで、効力を発生した条約と当該条約当事国との法的関係はどのようになっているのか。国際関係においては、当然のことながら、条約当事国は条約を遵守する義務を負う。国内関係においてはどうなのか。国際的に負った条約遵守義務は国内関係においても貫徹されるのであろうか。

現実の法経験では、条約が国内的効力をもつかどうかについては、それぞれの国内法の定めるところによる。具体的には、条約を国内において実施するために国内法に変形させる体制をとる国(代表的な国はイギリス)と、そうした変形を必要とせず、包括的に受容する国とに二分される。一般的受

容の体制をとる国は多く、日本のほか、アメリカ合衆国、フランス、ドイツ、オーストリア、韓国等がそうである。(一)

一般的受容の体制をとる国でも、アメリカ合衆国憲法は、合衆国がすでに締結し、または将来締結する条約を国の最高法規とみなし（連邦憲法六条二項）、上院の出席議員の三分の二の多数で承認され、国際面で効力を発生し、大統領により批准された条約（同二条二節二項）は、公布なくして国内裁判所において適用される（三条二節一項参照）。韓国憲法は、「憲法に基づいて締結し、公布された条約および一般的に承認された国際法規は、国内法と同等の効力を有する」（同六条一項）と定める。しかし、フランス（憲法五五条）やオーストリア（連邦憲法四九条、なお同四九a条参照）では、条約の公布が憲法上明示に規定され、国際法上効力を発生した条約も、正式に公布されない限り、国内法上適用されない。ドイツ連邦共和国基本法は、第二五条で「国際法の一般原則は、連邦法の構成部分である。それは、法律に優先し、連邦領域の住民に対して直接、権利および義務を生じさせる」と定め、条約は連邦大統領が締結することとし（基本法五九条一項）、「連邦の政治的関係を規律し、または連邦の立法事項に関する条約は、連邦法律の形式で、それぞれ連邦立法について権限を有する機関の同意または協力を必要とする、行政協定については、連邦行政に関する規定を準用する」（同二項）としている。

なお、アメリカ合衆国では慣習法についても一般的受容が認められている。(二)また、イギリスでも、「国際法は国家法の一部である」という法源が認められ、コモン・ローとしての効力が認められている。

さて、日本の場合、日本国憲法第九八条二項「日本国が締結した条約及び確立された国際法規は、これを誠実に遵守することを必要とする」と定め、これにより条約および国際慣習法の国内的効力が認められている。学説・判例ともこの点については異論はない。条約の国内的効力について、対日平和条約第一一条が問題とされた事件において、東京高等裁判所は次のように判示した（昭二八（一九五三）・二・二八民集八巻四号八五八頁）。

「条約は国際関係を規律するものとして国家を拘束すると同時に、その国内的な立法事項を定めたものはこれを公布することにより、直ちに国内法としての効力を生じ国民を拘束するものと解すべく、平和条約第一一条もこの条約の公布によって国民を拘束する効力を有するもの」である。

「確立された国際法規」も国内的効力をもつ。「確立された国際法規」は、一般的には、現に法として有効に承認されている国際法上の諸規則をいうが、憲法上は、現に有効に行われている慣習国際法を指すと考えられている。裁判においては、何が確立された国際法規かについて種々の主張がなされてきた。たとえば、国家は外国の裁判権に服さないとする主権免除など（祖川武夫・小田滋編著『わが国裁判所の国際法判例』参照）であり、人権に関するものとして、政治犯罪人不引渡原則について慣習法であるかどうかが争われた事件があり、[三] 東京地方裁判所は慣習法と認めたが（昭四四（一九六九）・一・二五行裁例集二〇巻一号二八頁）、上級審はいずれもこれを否定した。

（一）中国については憲法には特段の規定は見あたらないが、張振海事件に際し、中国は、航空機不法奪取防止条約の規定が直接適用されるので、同条約第一条(a)、中国刑法七九条・一〇七条に照らして、双方可罰の要件を満たしていると主張した。芹田健太郎「中国民航機ハイジャック犯引渡事件」、判例評論三八四号（判例時報一三六七号）（芹田健太郎『亡命・難民保護の諸問題Ⅰ』二五三―二五四頁、二六四―二六五頁）参照。

（二）米西戦争中の一八九八年、キューバ周辺海域で沿岸漁業に従事していた二隻のスペイン漁船パケット・ハバナ号とローラ号（The Paquette Habana, The Lola）が米国軍艦によって拿捕《だほ》された事件で、米国連邦最高裁判所一九〇〇年一月八日判決（175 US 677）は、沿岸漁業に従事する小型漁船が海上捕獲を免れるという慣習国際法の適用を認めた。判例国際・岩沢二六、ケース土屋二〇参照。

（三）ユン・スギル（尹秀吉）事件、芹田健太郎『亡命・難民保護の諸問題Ⅰ』参照。

第三節　条約の直接適用可能性

国際裁判において条約の直接適用可能性（direct applicability）（自動執行性 self-executing ともいう）が初めて論じられたのは、一九二八年三月三日の常設国際司法裁判所が行ったダンツィヒ裁判所の管轄事件に関する勧告的意見である。（一）

一八世紀末の三回にわたるポーランド分割の結果、一七九五年にはポーランドは独立国家としては歴史上姿を消した。しかし、第一大戦においてドイツ、オーストリア＝ハンガリー、ロシアが戦争に破れ、ポーランドは独立を回復した。第一大戦の講和会議においてダンツィヒ（ポーランド名グダニスク）および周辺地域はドイツから分離され、ダンツィヒ自由市として国際連盟の監督下に置かれた。他方でポーランドは、ダンツィヒを関税国境内に置き、同地の鉄道、港湾等の管理運営権を行使することとされた（ヴェルサイユ条約一〇〇条、一〇二条）。そのため一九二〇年一一月九日ポーランド・ダンツィヒ自由市間にパリ条約が結ばれ、とくにダンツィヒ鉄道のポーランドへの移管に関して職員協定が翌二一年一〇月二二日に調印された。雇用継続を希望する職員は職員協定の条件の下で職務継続を宣言することができることとされた。こうしてポーランド鉄道局に移籍した職員から金銭請求がポーランド鉄道局を相手にダンツィヒの裁判所に提起された。これらの事件に関連して常設国際司法裁判所に勧告的意見が求められた。ポーランドは職員協定が国際協定であること、ポーランド国内法への編入がない限り関係個人に対して直接的権利義務を創設しないこと、等を主張し、他方、ダンツィヒは、職員協定が形式は国際協定であるが、実質は鉄道局と職員との法的関係（雇用契約）を設立する一連の規定の一部となることを両当事者が意図していた、と主張した。

　裁判所は、国際協定の目的自体が、当事者の意図に従い、個人の権利義務を創設し、かつ国内法廷によって執行可能な（enforceable）若干の明確な規則を採択することにある、とすることができることについては疑いはない、と判示した（二）。

　ここに、当事者の意図と規定の明確性という基準が示されたのである。しかし、条約当事国は、人権条約のような特定の事項についての約束を定める場合を除けば、条約が国内において直接適用されるか否か、つまり条約が自動執行的であるかについては特段の関心を持たないのが通例である。従って、当事国の意思によって、国際法上、特定の条約あるいは特定の条約規定が自動執行的であるか否かを一義的に決定することは困難である。

なお、欧州共同体ではＥＥＣ条約の直接適用について独自の判例法を構成している。(三)

いずれにしろ、この問題はまさに国内裁判所において発生するのである。そこで以下に日本の判例を検討する。先ず、第二大戦に関わる訴訟、いわゆるシベリア抑留捕虜補償請求事件を取り上げ、次に、国籍確認訴訟と日本占領下の捕虜収容所または民間抑留者施設における待遇に関する事件を取り上げる。日本にとって第二大戦は、その始期について議論があるものの、(四)終期は明白であり、一九四五年八月一四日の日本のポツダム宣言受諾と九月二日の降伏文書調印によって終結し、一九五一年九月に調印された対日平和条約が翌五二年四月二八日に発効することによって、国際法上、「日本と連合国との間の戦争状態」（同一条）は終了した。

（一）日本では、一九七六年に国際人権規約が発効し、日本の批准も現実的な日程に上るようになって人権条約の直接適用ないし自動執行力の問題が論じられるようになった。筆者の指摘として、芹田健太郎「人権と国際法」『ジュリスト』六八一号（一九七九・一・一）（同『永住者の権利』（信山社、一九九一）所収）および「（座談会）国際人権規約と弁護士実務」『自由と正義』三一巻一号（一九七九）（芹田『地球社会の人権論』（信山社、二〇〇三）所収）参照。この問題を緻密に詳細に論じるものとして、岩沢雄司『条約の国内適用可能性――いわゆる“self-executing”な条約に関する一考察』（有斐閣、一九八五）参照。

（二）Jurisidiction of the Courts of Danzig, Advisory Opinion, 1928, PCIJ, Series B, No.15, pp.17–18.

（三）山手治之「コスタ対ENEL」『ケースブック国際法〔新版〕』参照。

（四）対日平和条約は、一九四一年一二月八日の対米英宣戦布告によって始まった戦争、いわゆる太平洋戦争（戦場は中国・東南アジアを含む東アジアと太平洋地域）を終了させた。しかし、一九四一年一二月一二日の日本の閣議決定（「今次ノ対米英戦争及今後情勢ノ推移ニ伴ナイ生起スルコトアルヘキ戦争ハ支那事変ヲモ含メ大東亜戦争ト呼称ス」）で決められた呼称である「大東亜戦争」には、対米英戦争と情勢の推移によって起きる戦争のほか、一九三七年七月七日盧溝橋事件に始まる「支那事変」も含まれている。また、いわゆる十五年戦争ととらえる人たちは一九三一年の満州事変から始まる、ととらえる。なお、政府は「今次の戦争」と表現するが、いつからいつまでの戦争のことを指すかは明瞭ではない。太平洋戦争も法令によっては使用されているが定義はない。

歴史的観点からは、足かけ一五年に及ぶこの時期は、満州事変に関東軍代表と北支中国軍代表との間に塘胡（タンクー）協定という停戦協定（『日本外交年表並主要文書下』（外務省編纂、原書房、昭和四〇年）二七四頁）が一九三三年五月にあり一旦終了してはいるものの、明確に一つながりとして歴史の一時期を画しており、十五年戦争と呼ぶことに一理ある。しかし、どこで誰と戦ったかを明らかにするため、私自身はこの足かけ一五年の戦争を「アジア・太平洋戦争」と呼ぶこととしている。

一　シベリア抑留捕虜補償請求事件

連合国占領地域の日本人捕虜は、一九四六年にはほぼ帰還したが、ソ連抑留者の帰還は遅れ、一九五八年になって、おおむね完了した。ソ連は、四五年二月のヤルタ密約にもとづき、八月八日、当時未だ有効であった日ソ中立条約を一方的に破棄して日本に宣戦布告し、旧満州、旧関東州、北部朝鮮、南樺太、千島の各地を相次いで占領した。武装解除を受けた日本軍将兵約七〇万人はシベリア等各地に捕虜として分散収容され、各種の労働に従事させられた。過酷な条件下での重労働のため約六万人が死亡したと言われる。こうした捕虜のうち計六二名の原告は、一九四九年の捕虜の待遇に関するジュネーヴ条約第六六条・六八条にもとづき、国に対し、強制労働にもとづく貸方残高の支払い、労働による負傷その他の身体障害に関する保障、および、抑留国が取り上げた個人用品、金銭および有価物で送還の際に返還されなかったもの、捕虜が被った損害で抑留国またはその機関の責に帰すべき事由によると認められるものに関する補償を請求した（控訴人四〇名、上告人三一名）（東京地裁平成元（一九八七）年四月一八日判時一三二九号三六頁、東京高裁平成五（一九九三）年三月五日判時一四六六号四〇頁、最高裁第一小法廷平成九（一九九七）年三月一三日民集五一巻三号一二三三頁）。

この事件については多数の論点があるが、最高裁判所は国際法の国内適用に関しては全く触れていないので、東京高等裁判所の判決の関連部分のみを取り上げる。

裁判所は、日本において、所定の公布手続を終えた条約と国際慣習法が他の特段の立法措置を講ずるまでもなく当然に国内的効力を承認されているものと解されることを確認し、しかし、国内的効力が認められた国際法規が国内において適用可能であるためには、条約締結国の具体的意思いかんが重要な要素であることはもとより、規定内容が明確でなければならない、とした。特に、国家に一定の作為義務を課したり、国費の支出を伴うような場合、あるいは、既に国内において同種の制度が存在しているときには、その制度との整合性等をも十分考慮しなければならず、したがって、内容がより明確かつ明瞭になっていることが必要である、と判示した。また、国際慣習法については、それが直接国民の権利・利益を規律する場合でも、既存の国内法を一部補充・変更したり、特則を設ける程度のものであればともかく、権利の発生・存続・消滅等に関する実体的要件や権利の行使等についての手続的要件、さらに既存の国内制度との整合性等を細部にわたって詳細に規定していない場合には、その国内的適用可能性は否定せざるをえない、と判示した。

　こうした基準を立てた裁判所は、一九四九年の捕虜の待遇に関するジュネーヴ条約第六六条・六八条においては、補償の対象者、保障の内容、方法および期間等について、その内容が明確かつ明瞭となっていない、とした。

　この判決は、国際法の国内的効力と国内適用可能性を明確に区別し、後者について、詳細に実体的要件と手続的要件を説明した点は評価できる。しかし、捕虜条約が捕虜の金銭収入等、きわめてこと細かに規定していることからすると、裁判所の要件は厳しすぎるように思われる[(一二)]。

（一二）一九七四年から一九七七年まで、一九四九年のジュネーヴ諸条約追加議定書採択外交会議の政府代表顧問を務めた竹本正幸は、「高裁判決は、国際法の国内的効力と国内適用可能性とをはっきりと区別し、後者について、従来の判決にはみられないほど、詳細にその実体的用件と手続的要件を説明した点が注目される。ただ、その要件が厳し過ぎるという批判はありうるであろう」という。判例国際、竹本五一九-五二三参照。

(二) 本件訴訟については最高裁決定による敗訴後、民主党等による議員立法が提案されてきたが、自民党政権時代には成立せず、民主党政権成立後、二〇一〇年六月一六日に戦後強制抑留者に係る問題に関する特別措置法(平成二二(二〇一〇)年六月一六日法律第四五号)が可決成立し、同日施行された。それによると、「強制抑留者」とは、「昭和二十年八月九日以来の戦争の結果、同年九月二日以後ソヴィエト社会主義共和国連邦及びモンゴル人民共和国の地域において強制抑留された者」(同二条)をいい、帰国時期に応じて一人当たり二五万～一五〇万円の特別給付金が支給される(同四条)。支給対象者は、施行日時点で生存している日本国籍を有するもの(同三条)で、約七万人、平均年齢八八歳と見られている。施行日以降に対象者が死亡し支給請求をしていなかった場合には相続人が請求権を承継できる(同五条)。支給事務は「独立行政法人平和祈念事業特別基金」が行う(同三条)。

二　国籍確認訴訟

この判決は、条約が国内的効力をもつということから裁判所が直ちに当該条約を適用したものであるが、適用された条約規定の直接適用可能性に疑問のあるものである。

いわゆる国籍確認訴訟(朝鮮人男子と婚姻した内地人女子の平和条約発効後の国籍の確認を求めたもの)で、最高裁判所大法廷(昭和三六(一九六一)年四月五日民集一五巻四号六五七頁)は、平和条約第二条(a)が「日本国は朝鮮の独立を承認して、……朝鮮に対するすべての権利、権原および請求権を放棄する」と規定しており、領土変更に伴う国籍変更に関しては、「国際法上で確定した原則がなく、各場合に条約によって明示的にまたは黙示的に定められるのを通例とする」ことから、「上告人の日本国籍の喪失は、……平和条約の規定に基づくものであ」る、と判示した。平和条約は国籍条項を有していないが、最高裁判所は「朝鮮を独立の国家として承認することで、朝鮮がそれに属する人、領土及び政府をもつことを承認することにほかならない。したがって、平和条約によって、日本は朝鮮に属すべき人に対する主権を放棄したことになる」と解釈した。

しかし、対日平和条約によって放棄された朝鮮半島や台湾に現に定住する者が日本国籍を離脱するについては国家承継の一般原則から考えて是認されるにしても、現に日本内地に定住している者や戦前日本領であった樺太（現ロシア領サハリン）残留朝鮮人等の日本国籍を一律に喪失させることには疑問が残る。(一) この点、たとえば一九四三年の米国判例（U.S.Court of Appeals, Second Circuit, in United States ex rel. Schwarzkopf v. Uhl, cf. M.Whiteman, Digest of International Law, Vol. 2, Washington, 1963, pp.926–927）では、ドイツによるオーストリア併合時に米国在住のオーストリア国民はドイツ国民とならなかったことなどを考慮すれば一層問題であることが明瞭になる。何よりも、最高裁判所が対日平和条約第二条の「日本国は、朝鮮の独立を承認し」という規定の直接適用可能性について全く触れることなく、しかも、国籍についての明示的言及がないにもかかわらず、「黙示の合意」から合理的と判断する解釈を引き出したのは、大いに問題である。その意味からは、前述のシベリア抑留捕虜訴訟とは好対照である。

なお、一九七五年に始まった樺太残留者帰還請求訴訟、いわゆるサハリン裁判（東京地方裁判所民事第三部に繋属したが、政治的に解決したため、一九八九年に取り下げられた）で、弁護団は、少なくとも彼らが強制連行された故郷韓国の家族のもとに帰り着くまで、日本国が彼らの日本国籍喪失を主張し得ないことを主張した。(二)

（一）山下康雄は、対日平和条約署名前に外務省条約局の依頼で平和条約研究の一部として行った国籍選択制度の研究の中で、条約の「沈黙は旧領有国の国籍の保有を推定する」とする消極説と、「沈黙は新領有国国籍の取得を推定する」とする積極説を検討し、「割譲地に定住しているという事実だけで新領有国の国民になる」というのは、「民主的でないかも知れないが、この属地主義的事実は実定法上の原則であると認めざるを得ない」（『領土割譲の主要問題』（有斐閣、一九四九）七四頁）とするが、例外も指摘する。なお、樺太のような場合については言及していない。また、元来の外国人のもつ国籍には何ら影響しない。

ところで、日本が対日平和条約によって放棄した樺太は旧ソ連領に編入され、旧ソ連は北朝鮮を国家として承認していたので朝鮮国籍の選択を認めたが、韓国は承認していなかったので半島南部の出身者の多くは無国籍者となった。

（二）国際法上の問題等につき、芹田健太郎「「自国」に戻る権利」『ジュリスト』八九三号（『永住者の権利』所収参照）。

三　オランダ元捕虜等損害賠償請求事件

一九四一年一二月八日に対米英に宣戦布告した日本は、翌四二年一月一一日にオランダ領東インド

（現インドネシア）ボルネオに上陸し二月中にオランダ領東インド全域を日本占領下に置き、多数の捕虜と民間人を捕虜収容所または民間抑留者施設に抑留した。本件は抑留中に看守から暴行を受けたり、慰安婦として強制売春をさせられた等の抑留中における日本の軍人・軍属から受けた非人道的取扱と虐待を理由に日本国に対して損害賠償を請求したものである。本件原告らは請求の法的根拠として特に一九〇七年の陸戦の法規慣例に関する条約（ハーグ陸戦条約）第三条を援用し、この規則が被害者個人に違反国に損害賠償を請求する権利を与えているものである、と主張した。ハーグ陸戦条約第三条は「前記規則の条項に違反した交戦当事者は、損害あるときは、之が賠償（（仏正文）indémenité,（英訳）compensation）の責を負うべきものとす。交戦当事者は、其の軍隊を組成する人員の一切の行為に付責任を負う」と定める。

裁判所はおおむね次のように判示した。本来国際法は国家間に妥当する法体系であり、国際法上の義務に違反した国は法益を侵害された国に対して国際責任を負う。被害者個人については本国の外交的保護権の行使によって間接的な救済を受けることができる場合があるに過ぎない。きわめて例外的に個人に権利を付与することが明確に規定されている条約も存するが、その場合、個人が権利をもつための特別の国際法上の手続や制度が併せて具備されている場合がほとんどである。日本である条約が直接個人の権利義務関係を規律するものとして国内裁判所において適用可能であるというためには、個人の権利義務を定めようという締約国の意思を確認できることが必要である。とくに民事上の請求権の発生根拠として直接に適用が可能であるためには、請求権の内容について一層の明確性が必要である。

以上のように述べた裁判所は、ハーグ陸戦条約第三条の解釈について、一九六九年の条約法条約の定める解釈方法に準じて行い、同三条はもっぱら陸戦規則に違反した加害国の被害国に対する国家の国際責任を明らかにしたに過ぎず、被害者個人が加害者の属する国家に対して損害賠償を請求することはできない、と判示した。

裁判所は条約の直接適用可能性については、前述のように、明確性が必要であると述べたが、この点については論及していない（類似の内容の訴訟にイギリス人元捕虜等損害賠償請求事件（東京地裁一九九八年一一月二六日請求棄却、判タ九九八号九二頁）がある）。(一)

(一)　竹本正幸「オランダ元捕虜等損害賠償請求事件」判例国際五三五（『判例国際〔第二版〕』竹本正幸・山手治之六四四）および浅田正彦「ハーグ陸戦条約三条損害賠償請求事件」（東京地裁一九九八・一一・二六および東京地裁一九九八・一一・三〇）百選二二―二三参照。なお、オランダ人戦後補償請求事件第一審判決、東京地裁一九九八年一一月三〇日請求棄却、判タ九九号二六二頁、同控訴審判決、東京高裁二〇〇一年一〇月一一日控訴棄却、判タ一〇七二号八八頁、同上告審判決、最高裁二〇〇四年三月三〇日上告棄却。

第四節　時間的適用可能性——いわゆる時間的許容性

条約は当該条約の定める効力発生要件を満たした時に効力を発生し、効力を発生した時点から適用される。効力発生要件は、先ず条約自体の要件が定められ、次に個々の国家毎の要件が定められる。条約自体は、一定数の国家が批准等を行った後、条約の定める期限を経過した日に、効力を発生し、それらの国々についても同日に効力を発生する。条約自体が効力を発生した後に当該条約の批准等を行う国家に関しては、その批准等の日から条約の定める期限を経過した日に効力を発生する。従って、問題となる人権侵害が条約の効力発生以前に起きている場合には、当該条約が遡及効を定めていない以上、原則的には、この侵害を条約違反として救済する道はない。つまり、裁判所であろうと委員会であろうと、いわゆる訴訟要件を欠くとして、この訴えを却下する。これが、国際法上、時間的許容性（recevabilité *ratione temporis*）あるいは時間的管轄（competence *ratione temporis*）に係わる問題である。

一　国内的には、特定の条約または条約規定が直接適用可能性をもっていたとしても、当該条約が当該国に対して効力を発生する前に起きた人権侵害の救済のためには援用できない。しかし、この原則には例外がある。当該人権侵害の犠牲である状態が条約発効後にも引き続いている場合、つまり「継続的状態」（situation continue, continuing situation）の場合、条約違反の犠牲であることを主張できる。リーディングケースはヨーロッパ人権条約違反でベルギーを訴えたド・ベッカー事件（一）である。

ド・ベッカー（De Becker）は、ベルギー国籍のジャーナリストで第二大戦中ベルギーの日刊紙の編集長として敵国ドイツ官憲に協力したことを理由に、一九四六年にブラッセル軍法会議で死刑を宣告され、同時に刑法第一二三条の六を適用され表現の自由の行使をほぼ全面的に禁止された。控訴審であるブラッセル軍事法院で無期禁固の判決を得、五〇年には一七年に減刑され、さらに五一年に政治活動に従事しないこと、パリに住居を定めることを条件に釈放された。刑法第一二三条の六はたびたび改正されたが、ド・ベッカーは権利停止状態にあった。ベルギーにつきヨーロッパ人権条約は一九五五年六月一四日に効力を発生し、ド・ベッカーは、翌五六年九月一日に、とくにヨーロッパ人権条約第一〇条（表現の自由）違反を理由にヨーロッパ人権委員会（二）に訴えた。

委員会は、ヨーロッパ人権条約が遡及効をもたないので、たとえド・ベッカーの訴える状態が永久的性格のものであるとしても、ベルギーにつき効力が発生した一九五五年以前の時期に同条約違反の犠牲であったことを法的に主張し得ないことを、先ず指摘した。しかし、効力発生以後に関しては、ド・ベッカーが刑法第一二三条の六に列挙する諸権利を引き続き奪われており、しかも、同条の規定に違反すれば同第一二三条の九によって新たな有罪宣告を受ける危険があることも指摘する。そして、同条約の精神や同条約の準備文書によって補強された国際法の一般原則に従って締約国は自国の立法が同条約に合致するようにさせ、場合によっては必要な調整措置を取る義務を引き受けているので、委員会は締約国の国内立法が同条約に合致しているかどうかを評価する権限がある、と判断した。

こうして、委員会は、ド・ベッカーが表現の自由の違反の犠牲という継続を主張し、同中立がこの継続的状態に関するものであり、その状態がベルギーにつき条約が発効した一九五五年六月一四日以後も続いているという限り、同中立を *ratione temporis*（時間に関する点で）許容できない（irrecevable）とは言えないことが立証される、と述べた。[三]

この決定が明らかにした点は、条約の効力発生以前の時期については同条約違反の犠牲であるとの主張を行い得ないが、条約の効力発生以後にも継続している「継続的状態」に関しては条約違反の犠牲であることを主張し得るとした点である。条約発効以前に起源をもつ一切の紛争を除外しようとすれば、国際司法裁判所規程第三六条の定める強制管轄権受諾宣言にしばしば見られるように、「効力発生の日以後の事態または事実に関して同日以後に発生するすべての紛争」に関してのみ、義務を受諾する旨の宣言をする以外に方法はないであろう。もっとも、こうした留保が人権条約の目的および趣旨と両立するかは疑問である。いずれにしろ日本はこうした趣旨の留保は行っていない。[四]

（一）ヨーロッパ人権年報二巻 Yearbook of the European Convention on Human Rights 1958–1959, Vol.2, p. 225 ff.

（二）ヨーロッパ人権条約は当初委員会と裁判所の二つの人権機関を擁していたが、一九九四年の第一一議定書が九八年一一月一日に発効し委員会は廃止され、裁判所に一本化された。

（三）前掲ヨーロッパ人権年報二巻二三五頁。

（四）樺太残留者帰還請求訴訟、いわゆるサハリン裁判で、サハリン残留韓国人が市民的及び政治的権利に関する国際規約、いわゆる自由権規約第一二条四項の「自国」を日本であるとして本邦に帰国する権利を行使することの可否について、一九八六年五月二〇日付けで東京地方裁判所に提出した意見書のなかで、私はこの時間的許容性の問題を取り上げた（芹田健太郎『永住者の権利』所収参照）。

二　国際的にも、個人が国家を国際機関に訴える場合には、ド・ベッカー事件がそうであるように、同様のことが当てはまる。しかし、他の人権条約当事国の人権条約違反を国家が訴える場合には一般的条約関係を支配する相互主義原則とは異なる原則が支配する。このことを初めて明確にしたのは、オーストリアがオーストリア系イタリア人によるイタリア系イタリア人殺害事件に関してヨーロッパ人権条約第六条（公正な裁判を受ける権利）および第一四条（無差別待遇）違反を理由としてイタリアを訴えた事件である（一）。

イタリアは一九五五年一〇月二六日に、オーストリアは五八年九月三日にそれぞれ批准書を寄託した。事件は五六年八月一五日から一六日にかけての夜半に起きた。第一審裁判所判決は五七年七月一六日、控訴審判決が五八年三月二七日、イタリア破棄院判決が六〇年一月一六日に下され、本件事件はこれら諸判決に関するものである。イタリアの主張は、オーストリアが批准書を寄託した五八年九月三日までは、イタリア、オーストリア両国はお互いに関して相互的義務を負っていなかったのであり、委員会にはオーストリアの申し立てを審査する時間的管轄（competence *ratione temporis*）がない、というものであった。

委員会は、「条約上の締約国の義務は、本質的に客観的性格のものであり、締約国自体のために主観的相互主義的権利を創設することよりも、むしろ、いずれかの締約国による侵害から個人の基本的権利を保護することを意図したものである」と述べ、「締約国は、自国の権利を強制する目的で訴権（right of action）を行使するものであるとみなさるべきではなく、むしろ、ヨーロッパの公序の違反を委員会に申し立てるものとみなさるべきである」と判断し、イタリアは相互条件の下に置こうとすればその旨の明示的条件を挿入できたにもかかわらず、そうはしなかったことに触れ、イタリアが相互主義的権利を有さないということは、オーストリアの権利を否定する理由にはならない、として、委員会が時間的管轄権を有すると決定した。なお、こうした判断は米州人権裁判所も行った。そしてその際本決定に言及した。(二)

（一）詳しくは、芹田健太郎「ヨーロッパ人権委員会の活動とその性格（上）」『法学論叢』七九巻一号参照

（二）米州人権裁判所勧告的意見第二号（八二年）とくに二九項参照（IACHR, Advisory Opinion No. OC–2/82 para.29）（Series A: Judgments and Opinions No.2, Secretariat of Court San Jose, Costa Rica, 1982）。

第五節　直接適用可能性を持たない条約の国内法上の意義

効力を発生した条約は、これまで論じてきたように、まず国内的効力をもつかどうかが論じられ、ついで国内で直接適用できるかが問題にされる。それでは、国内で直接適用可能性（自動執行性）をもたない条約はどのような法的意義をもつのであろうか。本節で論じるのはこの問題である。

そもそも法は行為規範としてはその名宛人の行為を方向付ける（orientation）機能をもっている。条約も法としてこの機能をもっている。条約は、周知の通り、その名宛人は国家である。つまり、条約は国家の行為規範としての性格をもっている。国際場裏で国家が国際条約に拘束されるのは言うまでもないが、国内的には、国家という抽象的な存在を分解し、多くの現代国家がそうであるように、これを権力の観点から、立法、行政、司法に分けて論じることができる。

ところで、直接適用可能性をもたない条約、つまり、個々の人に具体的・現実的権利を保障していない条約は二つに分類できる。ひとつは、条約そのものが直接適用可能性を予定していないもので、国際人権規約に例をとれば、第二条一項で「この規約の各締約国は、立法措置その他のすべての適当な方法によりこの規約において認められる権利の完全な実現を漸進的に達成するため、自国における利用可能な手段を最大限に用いることにより、個々に又は国際的な援助及び協力、特に、経済上及び技術上の援助及び協力を通じて、行動をとることを約束する」と定め、人権の漸進的実現を目指す社会権規約が、原則的には、これに当たる。

他の一つは、同じく第二条一項で「この規約の各締約国は、その領域内にあり、かつ、その管轄の下にあるすべての個人に対し、人種、皮膚の色、性、言語、宗教、政治的意見その他の意見、国民的若しくは社会的出身、財産、出生又は他の地位等によるいかなる差別もなしにこの規約において認められる権利を尊重し及び確保することを約束する」と定める自由権規約のように人権の即時的実現を定めてはいても、ただちには直接適用できない場合がある。

第一に、第二〇条二項「差別、敵意又は暴力の扇動となる国民的、人種的又は宗教的憎悪の唱導は、法律で禁止する」と規定し、規定自体が国内立法を予定しているものと、第二に、第二四条三項「すべての児童は、国籍を取得する権利を有する」と規定するが、国籍取得につき血統主義、出生地主義の別があり、この規定は法的明確性に欠け、この規定だけでは、たとえば血統主義を原則とする日本の国籍を取得するという具体的・現実的な請求をすることができず、国籍取得権を実現することはできない。これの実現にはやはり国内立法が求められるからである。

それでは直接適用可能性（自動執行力）をもたない条約あるいは条約規定は、国内的効力が認められていても、何の法的意味ももたないのであろうか。

類比的には、日本国憲法第二五条のいわゆる生存権に関する議論が役立つ。日本国憲法が制定実施され昭和二三年に初版が公刊された『註解日本国憲法』は、第二五条について「本條は個々の國民が直接に国家に対して具体的・現実的に権利としての生存権を有する旨を定めたものではない」（四八八頁）としながらも、「第一に、この生存権の実現は、これを阻害してはならぬことは当然のことであり、国が生存権の実現に努力すべき責務に違反して生存権の実現に障害となるような行為をなすときは、その立法も、また無効となり、その処分も違法であるというべく、そのような個人間の契約や団体内の規約も無効と解すべきである。」「第二に、それは積極的意味における生存権の確保という点については、國が常に、そのことにつき努力すべきであるという、将来の政治や立法に対する基本的方向を指示したものである。」と述べている（改訂版、初版一九五三年一一月、上巻四八八―四八九頁、有斐閣）。いわゆる朝日訴訟において、第一審判決は、具体的現実的権利を有するものではないとした最高裁判例（最判昭和二三・九・二九刑集二巻一〇号一二三五頁）を引きつつ、「もし国がこの生存権の実現に努力すべき責務に違反して生存権の実現に障害となるような行為をするときはかかる行為は無効」と述べ、生存権の自由権的側面の法的効力を認めた上で、二五条と生活保護法を一体として把握しその限りで二五条の規範性を認め、「健康で文化的な生活水準」が「人間としての生活の最低限度という一線を有する以上理論的には特定の国における特定の時点においては一応客観的に決定すべきものであり、またしうるもの」と述べ、同訴訟で問題となった厚生大臣の保護基準は違法に低いと判示した（東京地判昭和三五・一〇・一九行裁例集一一巻一〇号二九二一頁）。しかし、最高裁は何が最低限度の生活であるかの認定は政府の合目的的な裁量にまかされているとした（最判昭和四二・五・二四民集二一巻五号一〇四三頁）。後者の論点は問題のある点である（宮沢俊義著・芦部信喜補訂『全訂日本国憲法』（全訂版一九七八年九月）二六八頁以下参照）。法体系全体としてみれば、福祉立法等の解釈指針として二五条は機能しているというべきであり、「健康で文化的な最低限度」の水準の切り下げ、制度の後退は許されない、という意味では具体的権利が発生していると考えられるからである（芦部信喜・高橋和之補訂『憲法（第三版）』岩波書店、二〇〇二年、二四四頁参照）。その意味では裁判所には立法不作為の違憲確認判決を出しうることになる。

さて、以上のような意味では、立法義務が条約によって当事国に課されている場合には、国際人権規約の自由権規約のように立法義務に関して期限の定めがないときにも、立法不作為の判断を裁判所に求めることができる、と言うべきである。なお、自由権規約については、この立法化義務規定が置かれていることを根拠として同条約の直接適用可能性を否定し、社会権規約同様に、権利伸張をはかる条約（promotional convention）とする説があり、日本政府もこの説に与した感があった（一一）。とくに第四〇条の報告義務と併せてこの説を推進しようとしていたように見受けられた。しかし、たとえそうであったにしても、結論は変わらない。また、日本に関して言えば、効力発生から既に三〇年も経過しており、なおさら立法不作為が当てはまる（一二）。

次に、条約の留保の観点から見ておこう。留保は、日本も当事国であるウィーン条約法条約第二条一項(d)によれば「国が、条約の特定の規定の自国への適用上その法的効果を排除し又は変更することを意図して条約への署名、条約の批准、受諾若しくは承認又は条約への加入の際に単独に行う声明（用いられる文言及び名称のいかんを問わない。）」を言い、日本は自由権規約には解釈宣言を付したが、社会権規約には宣言を付し、三点にわたる留保を行った。多くの国は直接適用可能性を持つ自由権規約には留保を付すが、社会権規約は、原則として締約国には漸進的実現義務のみを課しているので国が留保を付すことはまれであるにかかわらず、日本は留保を付した。たとえば、社会権規約について、後にいわゆる高校無償化法を制定し留保を撤回したものの（後述本書三四九頁参照）、次のように言っていた。

第一三条二項(b)及び(c)の規定の適用に当たり、これらの規定にいう「特に、無償教育の漸進的導入により」に拘束されない権利を留保する。

第一三条のこの規定は、中等教育および高等教育における無償教育の導入を漸進的に実現させることを目的とするものであるが、日本は留保することにより、これらの規定の法的効果を完全に排除することとなり、目標としてさえ、無償教育の導入を掲げない、としたものであった。逆に言えば、政府がもし留保を行っていなければ、政府には中等教育および高等教育における無償教育導入の実現義務が課されていることとなり、いつの日にかこれを実現しなければならない。留保によって中等教育および高等教育における無償化という政策目標を否定したのである。ここでも、立法化義務が確認され、これを怠る場合、立法不作為が問われることとなる。裁判所はそうした判断を行うべきこととなるし、立法府は条約上社会権規約の定める人権に実効を与える義務、つまり立法化義務を負うているのである。

なお、国内的効力が認められ、権利の即時的実現が原則である自由権規約には、前述のほかにも、直接適用可能性の上でその法的な射程範囲が明確でない規定がある。たとえば第六条一項は「すべての人間は、生命に対する固有の権利を有する。この権利は、法律によって保護される。何人も、恣意的にその生命を奪われない。」と規定する。類似の規定を持つヨーロッパ人権条約第二条は二項で、他人の権利防衛のため等、生命の剥奪が違法とされない場合を定め、死刑廃止を別途に第一三議定書によって定めている。しかし、自由権規約の第二項以下第五項までは、死刑存続国に係わる規定であり、第六項で「この条のいかなる規定も、この規約の締約国により死刑を遅らせ又は妨げるために援用してはならない。」と規定している。日本政府は、死刑廃止には日本の世論が消極的であるという報告をしているのに対し、自由権規約が設立した自由権規約委員会はその日本の報告を審議した後その最終所見（Concluding Observation）において、政府には死刑廃止への世論喚起義務があることを指摘している。(三) ここでは行政の施策の指導基準となっていることを指摘しておきたい。

（一）芹田健太郎「人権と国際法」『ジュリスト』六八一号（一九七九）（『永住者の権利』（信山社、一九九一）所収）参照。

（二）自由権規約第二条二項は、「この規約の各締約国は、立法措置その他の措置がまだとられていない場合には、この規約において認められる権利を実現するために必要な立法措置その他の措置をとるため、自国の憲法上の手続及びこの規約の規定に従って必要な行動をとることを約束する」とのみ定め、期限の定めがない。起草段階では、いろいろな提案があり、有力なものとして、「合理的な期限内に」（within a reasonable time）が見られたが、結局、規約で認められた権利に実効を与える立法その他の措置に関する報告義務を第四九条（現四〇条）に定めることによって解決された。このことは、しかし、自由権規約の条約規定が自動執行性を持たないということではなく、自由権規約が人権を広範に保障しているので各締約国の事情に配慮するためのものであり、そのため「権利実現のためにとった措置・・進歩」（同一項）を報告し、「実施に影響を及ぼす要因および障害」を記述することとされたのである。芹田健太郎編訳『国際人権規約草案註解』（有信堂、一九八一）とくに第五章第七項ないし一二項ならびに草案第四九条に関して第七章一六二項および一六五項参照。

（三）日本の第四〇条にもとづく報告書に対する自由権規約委員会最終所見第一六項（CCPR/C/JPN/CO/5, 18 December 2008, para. 16）参照。

なお、同条の「固有の権利」に関して、自由権委員会は幼児死亡率の減少や平均余命の上昇のために可能な措置をとることまでも本条の中で議論している。General Comment No.6, para. 5 参照。

第六節　人権条約の日本国憲法秩序における位置づけ

第一款　条約優位説と憲法優位説の対立

条約が国内的効力をもつことについては日本において学説・判例ともに異論はない。そして、多くは条約が憲法の下位にあると考えている。しかし果たしてそうであるのか。

憲法と条約の関係については、周知のように、日本の憲法学説において、条約優位説と憲法優位説との対立という図式が続いてきている。

日本国憲法成立後、当初は、少なからぬ有力な学説が条約優位説を採用していた(一)。代表的な見解である宮沢説は、公布による条約の国内的効力の承認、法律に対する条約の優位については明治憲法下での慣行が継続するものと考え、日本の過去の行為に対する反省を出発点として、日本国憲法の承認している徹底した国際主義の立場から、条約の憲法に対する優位を主張した(二)。

憲法優位説は、しかしながら、一九五二年の対日講和条約の発効と日米安全保障条約の締結によって日本が西側陣営に組み込まれ、東西冷戦が進行するとともに、憲法学において通説の地位を占めるようになっていった。それは、条約優位説をとると、日米安全保障条約が日本国憲法に対して優位することを意味し、日本国憲法の基本原則である平和主義の基礎を掘り崩し、実質的に憲法その他の国法を修正することとなるからである(三)。

この対立は、いわゆる違憲条約の効力のうち、手続違憲ではなく、内容違憲の条約の効力についての論争である。手続的に憲法に反して締結された条約の効力については、日本の学説上は、無効説(無効の場合を憲法の「明白」な違反等の場合に限定する条件付無効説を含む)が多数であり、宮沢、清宮、鵜飼等の多くの有力な憲法学者がこれを支持していた。もっとも、現在日本も当事国であるウィーン条約法条約は、条約関係の安定という観点から、無効説と有効説の中間的な立場である条件付有効説に立った規定を置いている(四)。

内容違憲条約については、国際法上は、内容違憲を理由に無効を主張し得ないことについて異論はない（ウィーン条約法条約二七条は「当事国は、条約の不履行を正当化する根拠として自国の国内法を援用することができない」と規定する）。国内的には、条約優位説の最大の根拠は、日本国憲法の定める徹底した国際協調主義である。しかし、それをもってしても、従来の議論を踏まえれば、国民主権の核心的部分は変更できない。せいぜい、条約は憲法の基本原理を定めた根本規範的な部分には劣るが、それ以外の通常の憲法規範よりは上位にあると、と解したり、政府のように条約を、確立した国際法規を成文化したいわば国際自然法的条約とそれ以外の一般の条約に大別し、前者は憲法と抵触する余地はないが、後者の場合には憲法を優先させる、と解する（林修三政府委員答弁、昭和三四（一九五九）年一一月一七日参・予算委）のが限度であろう。（五）

第二款　人権条約の登場

これまでの論争は、一般論として論じられていたところへ、日米安全保障条約という特定の条約を持ち込んで、大きなうねりを創り上げたものであり、いずれも条約の実態についての議論に欠けている憾みがあった。とくに、日本国憲法が基本原則として掲げる人権尊重主義を体現する人権諸条約が大量に登場してくると、これまでの議論では対応できない。

一九七九年九月二一日に国際人権規約（自由権規約および社会権規約）が日本について効力を発生し

た。この条約以前に日本が当事国となっていた人権条約は、婦人の参政権に関する条約（Convention on the Political Rights of Women　昭和二八（一九五三）年三月三一日署名、翌二九年七月七日発効。日本は三〇（一九五五）年四月署名、同七月批准書寄託、同一〇月一一日発効）および人身売買及び他人の売春からの搾取の禁止に関する条約（Convention for the Suppression of the Traffic in Persons and of the Exploitation of the Prostitution of Others　昭和二五（一九五〇）年三月二一日署名のために開放、翌二六年七月二五日発効。日本は三三（一九五八）年四月国会承認、同五月加入書寄託、同七月三〇日発効）である。前者は日本国憲法によって女性に参政権が保障されたので国内法的に何らの問題もなく、また後者はすでに売春防止法（昭和三一年五月二四日法律第一一八号）が昭和三二（一九五七）年四月一日から施行されていたので問題となる点はなかった。

一九七九年九月二一日の国際人権規約の発効は日本に法的な大転換をもたらしたのである。しかし、日本の官民にその意識は希薄であった。(六) 批准に際し、周知のように、政府は、多くの条約の批准の場合と異なり、国内法整備を行わなかったが、批准後いくつかの点でいわゆる国籍条項を緩和する措置を講じ、いずれも一九八〇年四月一日から実施された。(七) 条約と憲法との優劣関係はさておき、法律に対する条約の優位は誰もが認めるところであり、いわんや行政措置の変更は当然と考えられたことの証左であろう。なお、一九八一年六月に政府は難民条約及び同議定書の締結について国会の承認を得てこれらに加入し、これら条約が翌八二年一月一日に発効した。その際は、国際人権規約の場合と異なり、「難民の地位に関する条約等への加入に伴う出入国管理令その他の関係法律の整備に関する法律」（昭和五六年六月一二日法律第八六号）を制定し、国民年金法・児童扶養手当法・児童手当法が改正され、いわゆる国籍条項は撤廃された。(八)

国際人権規約発効から一〇年を経た一九八九年一一月、伊藤正己元最高裁判所判事は、前年一二月に設立された国際人権法学会創立記念講演で次のように述べた。(九)

「国際人権規約が一九六六年国連総会で採択されたとき、私はその詳細な人権の内容に眼をみはるとともに、それは法的拘束力のない世界人権宣言と異なり、法的効力をもつ条約として国をしばるものであるから日本がこれに署名批准した場合のわが国の法体系に与える大きな衝撃を思わざるをえなかった。その各規定は日本国憲法に比して細かな点にわたっており、違憲の主張に対応できないことが少なくないと考えられた。」しかし、実際には、「わが国の法にさしたる変動をもたらすことなく平穏にくみこまれたのである。果たしてこの状況は満足しうるものであるのか。」

こう自問した後、「（裁判所において国際人権規約違反が主張された）すべての事例を通じて規約違反の主張に対する態度はきわめて冷淡であるというほかはない。極端にいえばその主張を黙殺しているといってもよい」と結論した。そして、最高裁判所のアプローチの方法を要約すれば、第一は、国際人権規約がいかに重要な規範を含んでいるとしても、その違反の主張は「単なる法令違背」の主張に過ぎないものとして実体判断に入らず、簡略に処理するか、第二に、実体判断に入ったにしても、規約は憲法以上の人権保障をしているものではない、とする。(一〇)

更にこの発言の一〇年後、園部逸夫元最高裁判所判事は、退官後、その後の一〇年について七つの事例を検討し、伊藤元最高裁判所判事の指摘した状態と特に異なったところはないとし、「国際人権規約の重要性を認識することができても、わが国の法体系の下では、憲法と並ぶかあるいは憲法より優先する効力を明確に与えない限り、同規約の真の重さは裁判所には伝わらない。」と結論する。そして、「六法全書を見ても憲法と国際人権規約が並べられているわけではない。これからの法曹教育では、憲法と並んで、行政法や国際法も重視すべきである」と提言した。(一一)(一二)

(一)　法学協会『注解日本国憲法下巻』(有斐閣、一九五四)等参照。なお、憲法と条約について、条約を一律に捉らえて論じるのではなく、それぞれの条約の特性に応じて憲法の対応を考えていくべきではないのか、との発想で、憲法学からアプローチした気鋭の齊藤正彰『国法体系における憲法と条約』(信山社、二〇〇二)参照。

(二)　宮沢俊義『憲法』(有斐閣、一九五一)、同『日本国憲法』(日本評論社、初版一九五五、全訂版一九七九)、全訂日本国憲法版八一三–四、八一七–八頁参照)。

(三)　杉原泰雄は、「日本の現状においては、とりわけ対米関係における日本の従属的性格からして、条約優位説は、アメリカの『国益』のために日本国憲法の平和主義・人権尊重主義・独立等の基本原理を否定する機能を営むおそれが強い」と論じた(杉原泰雄「憲法と条約との関係」芦部信喜・池田政章・杉原泰雄『演習憲法』青林書院新社、一九七三)所収、六二一–二頁。

(四)　これらの問題につき、芹田『憲法と国際環境』「第六章　条約と憲法」参照。

(五)　前掲・拙著(初版、一九七六)三一八頁。

(六)　この点を意識して日本弁護士連合会は、一九七九年一〇月二四日に「国際人権規約と弁護士実務」という座談会を行い、問題点を指摘している(『自由と正義』三一巻一号(一九八〇)、芹田『地球社会の人権論』（信山社、二〇〇三）再録参照）。なお、私は国連文書を『国際人権規約草案註解』（有信堂、一九八一）として出版した際、はしがきで「いわゆる六法の編纂にあたっても、国際人権規約が形式的に条約であるからという理由によって単純に国際法に分類することをせず、これを憲法規範として明確にとらえ憲法典に続けて収録する配慮も望まれる」（一九八〇年一一月）ことを指摘した。しかし、未だに実現してはいない。

（七）芹田『永住者の権利』（信山社、一九九一）「一九七九年の大転換」（二五二頁以下）参照。

（八）同右参照。

（九）伊藤正己「国際人権法と裁判所」『講座国際人権法1　国際人権法と憲法』（信山社、二〇〇六）一〇一－一一頁。

（一〇）同右、一二一－一三頁。

（一一）園部逸夫「日本の最高裁判所における国際人権法の最近の適用状況」前掲『講座国際人権法1』二三頁。

（一二）日本における国際人権規約、とくに自由権規約の実施に関して、徹底した分析を試みたものとして、薬師寺公夫「国際法学からみた自由権規約の国内実施」『講座国際人権法1』所収参照。

第三款　「確立された国際法規」である人権条約規定は憲法に優位する

さて、これまで見てきたところにより問題は明確である。条約一般ではなく、人権条約とくに国際人権規約は憲法に優位するか、あるいは同位であるのか。そうではないとして、人権条約は憲法に包摂されてしまうのか。

日本国憲法の定める基本原則は、平和主義、国際協調主義、人権尊重主義、国民主権主義である。条約優位説は、主に国際主義の観点から主張された。これに対し、日米安保条約の締結の結果、この条約が憲法の平和主義および国民主権主義を危うくし、条約優位説を採ると憲法を変質させてしまうと批判され、憲法優位説が力を得た。

人権条約は、しかし、憲法の人権尊重主義や平和主義、国際協調主義さらには国民主権主義を強化こそすれ、弱めるものではない。日本国憲法は「この憲法が国民に保障する基本的人権は、人類多年にわたる自由獲得の成果であって、これらの権利は、過去幾多の試練に堪え、現在及び将来の国民に対し、侵すことのできない永久の権利として信託されたもの」（九七条）であることを宣言している。人権諸条約は、まさに「人類の多年にわたる自由獲得の成果」である、ということができる。しかも、国際人権規約を始め、人種差別撤廃条約、女性差別撤廃条約等はいずれも一七〇前後の当事国が参加しており、きわめて普遍性の高いものである。また、そこで定義される人権の根底には、日本国憲法が基本理念とする「個人の尊重」と同じ「人間の尊厳」が承認され、「生命権」の至高性が謳われている（本書序論第一章参照）。すなわち、日本国憲法が根底にもっている人間観と共通するものがある。それのみならず、生命権の尊重は、自由権規約に見られるように各種人権規定のトップに置かれており、日本国憲法が独自の単一の条文をもっていないことや生命権規定が日本国憲法の人権規定の最初に置かれていないという形式から考えると、日本国憲法以上の重みをもっていると言える。国際社会は確実にすべての人の人権をすべての人に保障する方向へと変化してきていることを心に銘じて置くべきである（序論第二章参照）。

ところで、国際人権規約のうち自由権規約は、国際社会の現段階を考えて、戦争その他の緊急事態において条約で保障する人権の効力を一時停止することを認めている（自由権規約四条一項）。しかし、同時に、いかなる緊急時においても効力停止（derogation）のできない人権として次のものを定めている（同二項）。

生命権（六条）、拷問・残虐刑の禁止（七条）、奴隷・隷属状態に置くことの禁止（八条一項・二項）、いわゆる債務奴隷の禁止（一一条）、遡及処罰の禁止（一五条）、法の前に人として認められる権利（一六条）、思想・良心・宗教の自由（一八条）。

同様に英仏独露等の加盟する欧州人権条約も、生命権（二条）、拷問の禁止（三条）、奴隷・苦役の下に置くことの禁止（四条一項）、法にもとづかない処罰の禁止（七条）は、いかなる緊急時においても効力停止を禁じ（一五条）、また、米加ラ米諸国等の加盟する米州人権条約は更に広く、人としての承認（三条）、生命権（四条）、人の心身の一体性の尊重・拷問の禁止等の人間にふさわしい待遇を受ける権利（五条）、奴隷・苦役の下に置くこと・奴隷貿易・婦女売買・強制労働の禁止（六条）、事後法による処罰の禁止（九条）、良心・宗教の自由（一二条）、児童の権利（一九条）、国籍を受ける権利（二〇条）、参政権（二三条）を一時的効力停止（suspension）のできないものとしている（二七条）。

これらのことから、自由権規約の定める効力停止を禁止されている人権は、国際連合加盟一九二国に代表される国際社会の一七〇の国々が諸国に共通の義務として取り上げているもので、いわば絶対的人権であり、これらは今や「確立された国際法規」ということができる。

平等権、差別禁止規範については、これらは日本が当事国である自由権規約第二六条、人種差別撤廃条約第二条および第五条、その他米州人権条約第二四条、アフリカ人権憲章第三条が平等の一般的保障と差別の一般的禁止を定め、条約の定める人権に限って平等を保障する条約限定的な従属規範(subordinate norm)ではなく、それ自体が独立した権利とされる、いわゆる自立規範(autonomous norm)である。なお、欧州人権条約の規定は条約本体では条約限定的保障であるが、その第一二議定書第一条で一般的に規定されているように、平等・無差別は、今や確立された国際法規であると言うことができる。このことについては、第二部人権第一章で述べるほか、日本国憲法との関係で、次に特に検討しておきたい。

第四款　人権条約規定は日本国憲法の人権規定に包摂されない
——とくに平等・差別禁止原則を例として

条約一般ではなく、人権条約とくに国際人権規約は憲法に優位するか、あるいは同位であるのか、そうではなく、人権条約は憲法に包摂されてしまうのか、という論点を立てて考察してきた。「確立された国際法規」である人権条約規定は憲法に優位する、との結論を得たので、残る課題は、人権条約は憲法に包摂されてしまうのか、である。

本来的には個々の人権毎に検討すべきではあるが、とりあえず、もっとも基礎的な平等権、差別禁止に関して、日本国憲法と自由権規約の法的射程範囲の相違について考察しておこう。

一　旧日本軍軍人・軍属の取扱い

周知のように、旧日本軍の軍人・軍属として死亡したり重度の障害を負ったりした者のうち、旧植民地（韓国・朝鮮・台湾）出身者とその遺族は、対日平和条約発効によって日本国籍を失ったことにより恩給・年金の対象外となった。(二) これらの者のうち、一九六五年の日韓請求権協定にもとづく韓国国内法（対日民間請求権補償法）によって一九七四年に韓国在住の戦没者に対して一律に三〇万ウォン（当時のレートで約一九万円）が支払われ、台湾在住の者に対しては、八七年の「台湾住民である戦没者の遺族等に対する弔慰金等の支払いに関する法律」（台湾戦没者遺族弔慰金支給法、昭和六二年九月二九日法律第一〇五号）、八八年の特定弔慰金等の実施に関する法律（昭和六三年五月六日法律第三一号）およびその施行令によって九五年までに一律二〇〇万円を支給した（実施法四条）。しかし、朝鮮民主主義人民共和国在住者と在日韓国・朝鮮・台湾人に関しては一切措置がとられないままであり、二〇〇〇年になってようやくこれらの人たちを対象とする法律、「平和条約国籍離脱者等である戦没者遺族等に対する弔慰金等の支給に関する法律」（平成一二年六月七日法律第一一四号）が制定された。こうして、対日平和条約発効の二日後の昭和二七（一九五二）年四月三〇日に制定され同月一日に遡って適用された戦傷病者戦没者遺族等援護法による年金を受けている日本人と比べると金額ははるかに少ないとはいえ、日本国内に住む旧植民地出身者に対する関係では一応問題は「人道的精神に基づき」（台湾戦没者遺族弔慰金支給法一条、平和条約国籍離脱者等弔慰金支給法一条）政治的に決着した。

ところが法的には裁判所は、これまた周知のように、最初の最高裁判所の判断となった一九九二年四月の台湾人元日本兵戦死傷補償請求事件判決（最判三小、判時一四二二号、判タ七八七号）でも、国籍条項については「合理性があれば、法的取り扱いに区別があっても違憲とはいえない」とした上で、戦後の状況を勘案すれば違憲とまでは言えないと第三小法廷は全員一致で言い、わずかに園部逸夫裁判官が「戦争賠償は国政の基本に触れる問題で、根本的な解決は、国政関与者の一層の努力に待つほかない」としつつも、一九五二年の日華平和条約が一九七二年の日中共同声明の発出に伴い失効した後の状態については、「法の下の平等原則に反し、差別になっていた」との意見を述べたのみである[二]。

裁判所は、国籍による差別については国籍による差別に合理性があったことや、一般に戦争被害が国民の等しく受認しなければならないものであることや、援護法のもつ社会保障的性格などを理由に訴えを退けてきた。

在日韓国人元軍属の障害年金訴訟では、第一審東京地裁は一九九四年七月、援護法の国籍条項は合憲としたものの、「日韓両国のいずれからも何らの補償も受けられない状態となっているのは立法不作為の状態」とは指摘したが、司法の限界を表明した。同控訴審は、一九九八年九月、第一審判決を支持しながらも、「外交交渉を通じて適切な対応を図る努力をするとともに、援護法の国籍条項や付則を改廃して在日韓国人に同法の適用の道を開いたり、行政上の特別措置をとったりすることが強く望まれる」と政府や国会に対応を促した。最高裁判所第一小法廷は、二〇〇一年四月、国籍条項には合理的根拠があり、また、一九六五年の日韓協定後もこれを放置したことについても、国際情勢などを勘案すると、高度な政策的考慮と判断が必要とされ、「立法府の裁量の範囲を著しく逸脱したとまでは言えず違憲ではない」と述べた[三]。

このように、政治が「人道的精神に基づき」特別立法で対処しているのに対し、司法は平等の実現に踏み出すことはできなかった。しかし、この間、大阪で提起された元日本軍属在日韓国人援護法障害年金請求事件では、一九九五年一〇月、地方裁判所段階ではあるが、裁判所は前例を踏襲して訴えを退けたものの、援護法制定時はともかく、日韓請求権協定等締結後も、国籍を理由に保障給付を行わず重大な差別的取り扱いをしてきていることは「憲法一四条に違反する疑いがある」とはした。もっとも、「法律の前の平等」を定めた自由権規約第二六条については、裁判所は「規約の定める平等原則も、憲法一四条と同趣旨のもの」としたのである[四]。

二　フランス退役軍人年金事件（ゲイェ他事件およびディオップ事件）

ところで、自由権規約の平等原則と憲法の平等原則の法的射程範囲は同趣旨のものなのであろうか。

自由権規約に関して日本の旧軍人・軍属にかかわる事件と類似した事件として、ゲイェ他事件(Ibrahim Gueye et al. v. France)がある。(五) この事件はゲイェほか七四二人のセネガル人のフランス陸軍退役兵士が一九五一年法の下ではフランス人退役兵士と平等な年金を受給していたところ、七四年および七九年の法改正の結果、フランス国籍者と区別され年金額がフランス人退役兵士より低水準に凍結された。そこでゲイェらはフランス法が人種差別であり、自由権規約第二六条違反であるとして自由権規約委員会に審査を申し立てたものである。なお、セネガルは、スーダン(現マリ共和国)とともにマリ連邦としてフランスから独立したが、後に一九六〇年八月二〇日に連邦を離脱して独立した。(六)

自由権規約の「各締約国は、その領域内にあり、かつ、その管轄の下にあるすべての個人に対し……いかなる差別もなしにこの規約において認められる権利を尊重し及び確保することを約束」している(同二条)。そして、第二六条は次のように定める。

「すべての者は、法律の前に平等であり、いかなる差別もなしに法律による平等の保護を受ける権利を有する。このため、法律はあらゆる差別を禁止し及び人種、皮膚の色、性、言語、宗教、政治的意見その他の意見、国民的若しくは社会的出身、財産、出生又は他の地位等のいかなる理由による差別に対しても平等のかつ効果的な保護をすべての者に保障する。」

フランス政府の言うように年金受給権は自由権規約の認める人権ではないが、しかし、委員会は自由権規約第二六条が同第二条のように規約の保障する権利の平等保障を謳っているのとは異なりそれ自体独立した権利保障を定めるものであり、「公の当局が規制し及び保護するいかなる分野の法上又は実行上の差別も禁止する」とするブレークス事件での委員会の解釈を踏襲し(七)、審議を進めた。個人からの通報を審議することを自由権規約委員会に認める自由権規約選択議定書がフランスに対して効力を発生したのは八四年五月一七日であり、フランスは事案が議定書発効前であることから同委員会には審議権がないと主張したが、委員会は年金受給権に関する法律および決定のゲイェ等に対する継続的な適用に関連した作為・不作為の結果として同日以降に規約違反があるかどうかの決定、すなわち時間的許容性の問題(本章第四節参照)の決定は委員会の任務であることを確認した(一九八七年一一月五日、許容性 admissibility に関する決定)。

次に、確かに規約第二六条は、前述のように、差別の禁止の理由の中に「国籍」を含めてはいない。しかし、委員会は「国籍」も「その他の地位」にあたると判断した。ただし、合理的で客観的な基準にもとづく区別は禁止される差別ではない。

ところで、年金給付にとって決定的なものは国籍ではなく、ゲイェ等が提供した役務であり、フランス市民と同一条件でフランス陸軍に従軍したのであり、年金給付の基礎となるのは提供した同一の役務である。フランスとセネガルの間にある経済的、財政的および社会的諸条件の相違も適正な正当化理由としては援用できないし、その他行政上の不便や年金受給権の乱用のおそれ等は不平等取扱いを正当化するものとしては援用できない。したがって、ゲイェ等に対する取扱いの区別は合理的客観的基準にもとづいていると言うことはできず、八四年五月にフランスに対して議定書の効力が発生して以降は、規約の禁止する差別に該当する。したがって、フランスには被害者の被った損害を救済するため自由権規約第二条の規定に従って実効的措置を講じる義務がある（八）。

以上が自由権規約委員会の見解（view）である。この見解は一九八九四月三日に採択された。フランス政府は、しかし、委員会の見解には原則的には法的拘束力（見解等の法的性格については本書第三部第三章第一節で詳論する）が無いとして、規約第二条三項(a)「効果的な救済措置を受けることを確保する」ことを締約国は約束しているにもかかわらず、これを放置した（九）。

これに対して、元セネガル人兵士Amadou Diopがヨーロッパ人権条約第一四条（条約の保障する権利の平等・無差別）および第一議定書第一条（財産の保障）違反としてフランス行政裁判所に提訴し、その最終審であるコンセイユ・デタの決定が二〇〇一年一一月三〇日に出され、ヨーロッパ人権条約違反を認定した（一〇）。

この裁判はディオップおよびその遺族がディオップの請求を斥けた防衛大臣の裁決を認容した一九九六年のパリ行政裁判所の判決に対してパリ控訴行政裁判所に上訴し、一九九九年の控訴院判決に対して防衛大臣及び経済・財政・産業大臣がコンセイユ・デタに上告したものである。

ヨーロッパ人権条約は、周知のように、表現の自由や身体の自由を中心に自由権を保障している。ところが、その第一議定書第一条は「自然人または法人はみな財産（ses biens）を平和的に享有する権利を有する。何人も、公益のために、かつ、法律および国際法の一般原則で定める条件に従う場合を除くほか、その財産を奪われることはない」と定める。そして、第一四条が「本条約に掲げる権利および自由の享有は性、人種、皮膚の色、言語、宗教、政治上その他の意見、民族的または社会的出身、民族的少数者への所属、財産、門地またはその他の地位のようないかなる理由による差別もなく、確保される」と規定している。

コンセイユ・デタによると、年金は公務員によって行われた役務に対するものであり、年金はヨーロッパ人権条約第一議定書にいう「財産」(一一)(biens)と見なされるべき債権(des créances)を構成する。また、退職年金が公務員の生活条件を確保する目的をもつ後から支払われる報酬(une rémunération différée destinée à leur assurer des conditions materielles de vie)を構成し、退職年金の目的を考慮すると、元フランス公務員間にあるフランス国籍をもつものと後に独立した国の国民との間の状況の相違は取り扱いの差異を正当化しない。またコンセイユ・デタは、自由権規約第二六条について前述のゲイェ他七〇〇名余の訴えに対する自由権委員会の見解にも触れ、フランス公務員間の相違が「何らの客観的かつ合理的な正当化理由(aucune justification objective et raisonable)」とならず、議定書第一条と相容れない(incompatible)と認定した。

なお、ヨーロッパ人権条約は二〇〇〇年一一月四日の第一二議定書で、国家が完全かつ効果的な平等を促進するためにとる措置で、「客観的且つ合理的な正当化理由」のある場合にはこれらの措置をとることを差別禁止原則は妨げるものではないことを前文で再確認した上、第一条で差別の一般的禁止を次のように定めた(同議定書は二〇〇五年四月一日に発効したが、二〇一八年四月二七日現在フランスはこの議定書の当事国ではない)。

「一　法律によって定められたいかなる権利の享有も、性、人種、皮膚の色、言語、宗教、政治的意見その他の意見、国民的もしくは社会的出身、国民的少数者（a national minority）への帰属、財産、出生または他の地位等のいかなる差別もなく保障される。

二　何人も、１に掲げるいかなる理由によっても、いかなる公の当局からも差別されない。」

このヨーロッパ人権条約第一二議定書第一条の条文は自由権規約第二六条と同趣旨である。そこで掲げられている差別理由は包括的なものではなく、例示的である。一九五〇年に採択された条約第一四条と同じ理由のみを掲げたが、これは近年になって取り上げられるようになった差別理由、例えば、精神的・肉体的障害、性的志向、年齢というものを意識していないと言うことを意味するのではなく、判例法によって豊富化されているように、この時点でこれらを取り上げることによって差別理由が包括的列挙とみなされるのを避けるためである（一二）。

三　日本国憲法と自由権規約の相違

さて、これらの事例から見て日本国憲法と自由権規約は同じ内容の平等権を保障しているのであろうか。

言わずもがなのことではあるが、日本国憲法と国際人権規約では人権の規定の仕方が異なる。日本国憲法は第三章「国民の権利及び義務」を置き、第一四条で「すべての国民は、法の下に平等であって、人種、信条、性別、社会的身分又は門地により、政治的、経済的又は社会的関係において、差別されない」（同一項）と定めている。このことから、憲法学では、憲法上の人権が外国人に適用されるのか、が問題とされてきた。もっとも、最近では、マクリーン事件の最高裁判所判決が「憲法第三章の諸規定による基本的人権の保障は、権利の性質上日本国民のみをその対象としていると解されるものを除き、日本に在留する外国人に対しても等しく及ぶ」（最大判昭和五三（一九七八）年一〇月四日民集三二巻七号一二二三頁）と判示して以降、学説上は文言説ではなく、権利性質説が定着しており、判例も出入国管理、生活保護等の一部の社会権や国政への参政権等を除けば、外国人にも等しく憲法の基本的人権の享有を認めている。

他方、自由権規約は第二条で、既にしばしば言及するように、「その領域内にあり、かつ、その管轄の下にあるすべての個人に対して、人種、皮膚の色、性、言語、宗教、政治的意見その他の意見、国民的若しくは社会的出身、財産、出生又は他の地位等によるいかなる差別もなしにこの規約において認められる権利を尊重し及び確保することを約束する」（同一項）と定め、この「他の地位」に国籍が当たることとの解釈が示されている。このように、自由権規約は、第二五条市民の権利とされているものを除き、国籍等の差別なく、すべての個人に、自由権規約の認める権利・自由を保障する義務がある。また、自由権規約が認める権利・自由以外でも、それがたとえ社会権であっても、自由権規約第二六条は「公の当局が規制するいかなる分野の法上または実行上の差別をも禁止する」ので、国籍を理由とする区別が客観的、合理的理由がない限り、自由権規約第二六条違反となる。したがって、ここでは、自由権規約は日本国憲法第一四条とはそのカバーする法的範囲が明確に異なる。日本国憲法よりその範囲は広いと言うべきである。（一三）

なお、付言すれば、既に言及した二〇一〇年六月に成立した戦後強制抑留者に係わる問題に関する特別措置法は特別給付金対象者を日本国籍者に限定しており、その限りで、日本国憲法には違反しないまでも、自由権規約には明白に違反する、と言わざるを得ない。

（一）芹田『永住者の権利』二五〇頁以下参照。
（二）『朝日』一九九二・四・二八夕刊。なお、この事件の一九八五年八月二六日の東京高裁判決（判時一一六三号、判タ五六二号）は、請求を退けた一審判決を支持しながらも、「台湾人元日本兵らが、日本人元兵士、遺族らと比べて著しい不利益を受けていることは明らか」として、「四〇年の歳月が経過したいま、国政関係者には、外交上、財政上、法技術上の困難さを克服し、早急にこの不利益を解消して、国際信用を高めるよう力を尽くすことが期待される」と特に付言し異例の注文をつけた。この「付言」をきっかけとして、自民党は補償問題への取り組みを活発化させ、議員立法によって本文で述べた法律を成立させた。なお、第一審の東京地判一九八二・二・二六（判時一〇三二号、判タ四六三号）参照。
（三）東京地判一九九四年七月一五日（判時一五〇五号、判タ八五五号）、東京高判一九九八年九月二九日、（判時一六五九号）、最高裁第三小判二〇〇一年四月五日（判時一七五一号、判タ一〇六二号）参照。
（四）大阪地判一九九五年一〇月一一日（訟月四二巻八号）。
（五）自由権規約委員会報告 RHRC（1989）（国連第四四回総会公式記録 GAOR 44 Sess. Suppl. No.40（A/44/40）、pp.189–195）。なお、薬師寺・小畑・村上・坂元『国際人権法』（日本評論社、二〇〇六）九一–九三頁に部分的翻訳（小畑担当）がある。
（六）国際法事例研究会『国家承認』（日本国際問題研究所、一九八三）六一頁参照。

（七）ブレークス事件（S. W. M. Broeks v. The Netherland）の委員会見解（一九八七年四月九日、自由権規約委員会報告 RHRC（1987）（国連第四二回総会公式記録 GAOR 42 Sess. Suppl. No.40（A/42/40）、pp.139–150））、なお、薬師寺・小畑・村上・坂元・前掲六一–六三頁に部分的翻訳（小畑担当）があり、薬師寺公夫による紹介が『判例国際法』（東信堂、二〇〇〇）八七頁以下にある。なおまた、規約二六条につき、安藤仁介「規約人権委員会による自由権規約第二六条の解釈・適用とその問題点」『（世界人権問題センター）研究紀要』七号（二〇〇二）参照。委員会は一九八九年の第三七会期で同旨の一般的意見を採用した（HRC, General Comment 18, HRI/GEN/1/Rev.9（Vol.I）195, para.12）。

（八）前掲自由権規約委員会報告 RHRC（1989）第一一項。

（九）坂元茂樹「紛争解決機能としての個人通報制度」（『国際紛争の多様化と法的処理』（信山社、二〇〇六）所収、四八頁）によれば、フランスは一九九六年一月に自発的にフォローアップ回答を提出し、セネガル退役軍人について年金の差異を無くすべく数次にわたって調整したという。

（一〇）Receuil des décisions du Conseil d'État 5 Novembre 2001–28 Décembre 2001（Publie sous le haut patronage du Conseil d'État Année 2001, Dalloz）, pp.605–615.

（一一）biens について、大村敦志『フランス民法』（信山社、二〇一〇）一三一頁以下参照。

（一二）Protocol No.12 to the Convention for the Protection of Human Rights and Fundamental Freedoms（ETS No.177）Explanatory Report（http://conventions.coe.int/Treaty/EN/Reports/Html/177.htm）の Introduction para.1 および Comentary para.20 参照。

（一三）同旨、薬師寺他・前掲書第一章概説（薬師寺担当）とくに「憲法と自由権規約の規定構造の違い」参照。

第四章　人権条約の解釈と留保

第一節　ウィーン条約法条約の定める解釈原則と留保規則

第一款　条約解釈の一般原則

ウィーン条約法条約が一九六九年に採択され、八〇年一月二七日に発効した。日本については八一年八月一日に発効した。それまでは、条約の解釈についても、法律の解釈と同様、立法者意思解釈、文言解釈、目的論解釈などが主張されてきた。国際法学者の多数は、解釈の基礎として、先ず条約正文を置き、次に当事国の意思を示すそれ以外の証拠と条約の目的と趣旨を考慮してきた（一）。一九五六年の万国国際法学会の決議はこうした多数説に従ったものであった（二）。

（一）小川芳彦訳「国際法委員会条約法草案コメンタリー（三）」序論（一）一一九頁参照。P.Reuter, Introduction au droit des traités, Sinclair, Introduction to the Law of Treaties.

（二）万国国際法学会は一九五六年四月一九日の決議で次のように言う（Annuaire de l'Institut de Droit international, t.46（1956）, pp.364–365）。

万国国際法学会は、条約の解釈が必要となったとき、国家および国際機構・裁判所は次の原則に従うことができるものと考える。

第一条　1　当事者の合意は条約本文に具体化されているので解釈の基礎として本文の文言の自然かつ通常の意味を取ることが必要である。条約規定の文言は、誠実にかつ国際法の諸原則に照らして全体として文脈の中で解釈すべきである。

2　しかしながら、用いられた文言を他の意味に理解すべきであることが立証される場合には、文言の自然かつ通常の意味は置き換えられる。

第二条　1　国際裁判所に提起された紛争の場合は、第一条を念頭に置いて、解釈の他の意味を用いるための根拠が有るか、および、どの程度有るかを審議するのは当該裁判所である。

2　解釈の正当な手段は次のものである。

(a)　準備文書に訴えること

(b)　条約の現実の適用で従われる実行

(c)　条約の目的（objects）の考慮

ウィーン条約法条約は国連国際法委員会が慎重な審議の末に法典化したものであり、外交会議で採択された（一）。そして、国際司法裁判所は、そのウィーン条約法条約第三一条、三二条に反映されている解釈規則が多くの点で既存の慣習法の法典化であると判断している（二）。なお、条約法条約は条約解釈における学説上の争いに決着をつけたものではない。

ウィーン条約法条約によると、条約は、文脈によりかつその趣旨および目的に照らして与えられる用語の通常の意味に従い、誠実に解釈しなければならない（三一条一項）。条約の解釈上、文脈とは、前文と付属書を含む条約文のほか、条約の締結に関連して全当事国間でなされた条約の関係合意および一または二以上の当事国が作成した文書ではあるが作成国以外の当事国が条約の関係文書として認めているものが含まれる（同二項）。なお、文脈とともに考慮されるものとして、条約の解釈・適用に関して後になされた合意および条約の適用につき後に生じた慣行（subsequent practice）であって、当事国の合意を確立するもの、さらに、当事国間の関係において適用される国際法の関連規則、が挙げられている（同三項）。もっとも、当事国が特別な意味を与えることを意図していたと認められる場合には、用語は、その特別な意味を持つものである（同四項）。

なお、以上の原則を適用して得られた意味を確認するため、あるいは、以上の原則を適用して解釈しても意味が曖昧であるか不明確な場合や以上の原則を適用して得られた意味が明らかに常識に反するか不合理な結果をもたらす場合には、解釈の補足的な手段、とくに条約の準備作業（travaux préparatoires 準備文書ともいう）および条約締結の際の事情に依拠することができる（三二条）。主要な補足的手段である準備作業とは、条約の締結にあたって、当事国が提出した諸文書、とくに提案、修正案、会議の議事録などである。

最近の傾向として、一般の多数国間条約は、国際連合憲章正文が五言語であるように、二以上の言語が正文とされることが多くなった（三）。そのため、ウィーン条約法条約は一箇条を設けて、各正文の比較により第三一条および三二条を適用しても解消されない意味の相違のあることが明らかになった場合には、条約の趣旨および目的を考慮した上で、すべての正文について最大の調和が図られる意味を採用することとした（三四条四項）。従来は、一九二四年のマブロマチス事件の常設国際司法裁判所判決（PCIJ Series A No.2）に従い、広狭二様の解釈が可能である場合には、当事国の共同の意思と合致する狭義の解釈を採用すべきであると考えられていた。[四]

（一）坂元茂樹「条約法法典化における解釈規則の形成とその問題点」『関西大学法学論集』二七巻六号（一九七八）参照。

（二）ギニアビサオ＝セネガル仲裁判決（一九八九年）事件判決 ICJ Reports 1991, para. 48（p.70）、リビア＝チャド領土紛争事件判決 ICJ Reports 1994, para.41（pp.21-22）など。

（三）日本の例として、国際法事例研究会『条約法』（慶應義塾大学出版会、二〇〇一）参照。

（四）横田喜三郎『国際法Ⅱ（新版）』（有斐閣、一九七二）四四三頁。ただし、国際法委員会は、条約法条約草案第二九条（現三四条）のコメンタリー第八項において、マブロマチス事件判決について、これが制限的解釈に有利な推定を下すことを定める一般的規則を要求するものとは考えられない、としている。ILC Commentary (8)、小川芳彦訳「国際法委員会条約法草案コメンタリー（三）」一三七頁参照。

第二款　条約の解釈と法の発展

国際司法裁判所による法の発展について、ローターパクトは一九五八年に詳細な研究を発表した。[一]その中で、国際連合による国際法の法典化を当然としながらも、国際司法裁判所の活動を通じてなされる国際法の発展への貢献の重要性を指摘している。こうした問題意識は五〇年代から六〇年代にかけて学者の中で共有されていたと言えるであろう。日本ではこうした問題意識を持って小川芳彦が

「国際司法裁判所と法の創造」を論じている。(二) 小川芳彦は、国際司法裁判所の事例を取り上げるに際し、法的拘束力に差違こそあれ、国際法の諸規則を司法的に解釈して決定に至るのであるから、争訟事件と諮問事件に区別を設けず、判決とともに勧告的意見をも分析対象とし、発足から当時までの判決二七、勧告的意見一三の内から、二の判決および三の勧告的意見を採り上げた。①国際連合の任務遂行中に被った損害に対する賠償（四九年勧告的意見）、②南西アフリカの国際的地位（五〇年勧告的意見）、③ジェノサイド条約に対する留保（五一年勧告的意見）、④ノルウェー漁業事件（五一年判決）、⑤ノッテボーム事件（五五年判決）の五例である。小川の評価とは必ずしも一致しないが、大まかに言えば、次のようになる。

四九年意見から国際連合の国際人格の確認と黙示的諸権限とくに国際請求提出権の確認、五〇年意見から南西アフリカ住民の請願権の確認、五一年意見から現在の条約法条約に規定される留保の両立性原則、五一年判決から五八年領海条約で採用され、八一年国連海洋法条約に踏襲された沿岸群島の所在するときの直線基線、五五年判決から外交的保護権行使における実効的国籍原則である。いずれも、国際法規則の明確化に資しており、後の条約に採用・発展されたり、決定に対する賛否から議論が深まり、国際法の発展という観点からは高く評価される。(三) 小川論文後、国際司法裁判所は北海大陸棚事件など、とくに海洋法の分野で著しい貢献をしてきた。(四)

いずれの場合も、国際司法裁判所は各事件の特殊性・個別性に真摯に取り組み、社会の中での役割を強く認識し、各事件の特殊性・個別性故に解決のための法の発見と発達に尽くしてきたと言える。(五)

さて、人権条約に関しては欧州人権条約と米州人権条約がそれぞれ裁判所を有しているので、基本的には以上の諸事情は当てはまる。解釈によって文言の意味が明確になり、あるいは発展が見られる。これについては、次節 人権条約の解釈と留保 第一款 解釈目的と解釈原則で述べる。

(一) H. Lauterpacht, The Developpement of International Law by the International Courts, 1958 参照。
(二) 小川芳彦「国際司法裁判所と法の創造（一）（二・完）」関西学院大学法政学会『法と政治』一五巻第四号、同一六巻三号（一九六四年および一九六五年）参照。
(三) 小川は、国際司法裁判所による法創造という観点から論じているので、外見上は法の創造と見られるが、仔細に検討すれば、裁判所による法の解釈適用に含まれる外見上の法創造と真正の法創造とを区別し、国際連合の任務遂行中に被った損害に対する賠償（四九年勧告的意見）の国際請求提出権、ジェノサイド条約に対する留保（五一年勧告的意見）の留保の両立性原則、ノッテボーム事件（五五年判決）の真正結合理論は真正の法創造に当たり、南西アフリカの国際的地位（五〇年勧告的意見）の住民の請願権の確認やノルウェー漁業事件（五一年判決）の直線基線方式などは外見上の法創造と考えている。小川芳彦・前掲（二・完）第四節結論とくに八二頁参照。
(四) とくに境界画定に関する判例分析と判例の読み方について、芹田健太郎『島の領有と経済水域の境界画定』（有信堂、一九九九）参照。
(五) 裁判所の活動を現実の国際関係の中で、抽象的にではなく、生きた姿でとらえようとして判例を分類し、紛争解決過程の中に位置づけようとした試みとして、芹田健太郎「国際紛争処理理論覚書」『神戸法学雑誌』三六巻三号参照。

第三款　条約の留保の意義

留保の制度は、とくに二〇世紀になって多数の国々が参加する条約、いわゆる多数国間条約あるいは多辺条約が増加するとともに、条約に参加を希望する国の中には自国の同意できない条項が当該条約に含まれることとなり、そうした条項に関して留保して参加しようとしたことから生まれたものである（一）。国際連盟は「全員一致原則」（unanimity rule）を決議し、条約内容の一体性を確保しようとしたが、米州諸国はこれとは異なり、できるだけ多くの条約当事国を確保すべく、いわゆる普遍主義をとり、第二大戦前には留保について必ずしも一致した慣行はなかった。こうした状況に変革を迫ったのが、ジェノサイド条約の留保に関する国際司法裁判所の一九五一年の勧告的意見である。裁判所は当該留保の「条約の趣旨および目的との両立性」という基準を立て（二）、この裁判所の意見が条約法条約に採り入れられることになったのである（三）。

留保とは、「国が条約の特定の規定の自国への適用上その法的効果を排除し又は変更することを意図して条約への署名、条約の批准、受諾若しくは承認又は条約への加入の際に単独で行う声明（用いられる文言及び名称のいかんを問わない。）をいう」（条約法条約二条(d)）。いずれの国も留保を付すことができるが、次の場合には留保はできない（同一九条）。(a)条約が当該留保を付すことを禁止している場合（たとえば対人地雷禁止条約一九条、やや複雑ではあるが国連海洋法条約三〇九条など）、(b)条約が当該留保を含まない特定の留保のみを付すことができる旨を定めている場合（たとえば改正ヨーロッパ人権条約五七条など）、(c)(a)および(b)の場合以外の場合において、当該留保が条約の趣旨および目的と両立しないものであるとき（たとえば女性差別撤廃条約二八条、子どもの権利条約五一条、やや特殊なものとして人種差別撤廃条約二〇条など）、である。留保が許されない(c)の場合には、留保が許されるか否かの基準として「条約の趣旨および目的との両立性」という基準（compatibility test 両立性基準）が掲げられている。条約の留保については、条約を全体として適用することが各当事国の同意の不可欠の条件であるときや、国際機関の設立文書の場合を除き、条約が明示的に認めている留保については他の締約国の受諾は必要ではない（同二〇条）。留保国と留保受諾国との間では、留保に係わる条約規定を留保の限度で変更した状態で適用される（同二一条）[四]。

ところで、「条約の趣旨および目的との両立性」は誰が判断するのか。この判断は各締約国が行う（条約法条約は留保に対する異議について同二〇条―二三条に法典化した）。従って各国の判断に相違が生じうる。実際にもジェノサイド条約に対する留保事件が発生したし、条約法条約成立後にも、ルワンダが一九七五年に加入する際に行ったジェノサイド条約第九条に対する留保の効力をめぐってコンゴが争った事件がある[五]。

両立性基準に関してやや特殊な留保規定が人種差別撤廃条約にある。この条約は条約の趣旨および目的と両立しない留保と条約が設置する機関の活動を「抑制する効果を有する留保」とを認められないとするとともに、「締約国の少なくとも三分の二が異議を申し立てる場合には、両立しないもの又は抑制的なものとみなされる」（人種差別撤廃条約二〇条二項）として、いわば集合的認定制を設けたものであるが、この試みは必ずしも成功していない。人権条約に対する留保については、次節第二款留保の有効性の判断権で論じる。

(一) 小川芳彦「多辺条約における留保」『法学論叢』六六巻二号(一九五九年一一月)および四号(一九六〇年一月)参照。

(二) ジェノサイド条約は、周知の通り、集団殺害を禁じるものであり、同条約には留保条項はなく、第九条において解釈、適用、履行についての紛争を国際司法裁判所に付託することを定めており、この第九条を旧ソ連諸国が留保したことにより生じた紛争である。ICJ Reports 1951, p.24.

(三) 小川芳彦「国際法委員会による留保規則の法典化(一)(二・完)」『国際法外交雑誌』六六巻二号および三号参照。

(四) 一般的に条約は締約国相互の主観的相互主義的な利益のために結ばれるので、留保も相互性をもつ。国際司法裁判所はノルウェー公債事件(Case of Certain Norwegian Loans)でこのことを確認した。ノルウェーおよび同国銀行が募集した公債の金約款の効力をめぐってノルウェー法による解決を主張するノルウェーを訴えたフランスは自国が国際司法裁判所の強制管轄権を受諾する旨の選択条項受諾宣言に際して「フランス政府の理解により本質的に国内管轄に属する事項に関する紛争には適用されない」という留保、いわゆる自動的留保を付していたが、裁判所はノルウェーが相互主義によってフランスのこの留保を援用することを認め、裁判管轄権をもたないと判示し、フランスは敗訴した(ICJ Reports 1957)。

(五) 一九九八年八月からコンゴ民主共和国領域においてブルンジ、ウガンダ、ルワンダの三国が軍事活動を行い、コンゴがこうした活動は国連憲章、OAU憲章、国際人道法に反するとして国際司法裁判所に訴えた（ブルンジ、ルワンダについては後に訴えを取り下げた）。コンゴは二〇〇二年に五月にルワンダを新たに提訴した。これらの事件の簡単な紹介として、小田滋『国際司法裁判所〔増補版〕』（日本評論社、二〇一二）増補五三−五五頁参照。この新提訴事件の仮保全措置要請の審査において、裁判所は、ジェノサイド条約第九条の留保は実体ではなく裁判所の管轄にのみ関わっており、条約の目的と趣旨に反しないとして、コンゴの主張を斥けた（ICJ Reports 2002, para.72）。なお、裁判所は、二〇〇六年に管轄権および受理可能性についての判決を下し、仮保全措置申請に関する命令で裁判所が prima facie の管轄権を欠いていると判断したことも確認し（ICJ Reports 2006, para.5）、最終的に管轄権無しとした（ibid., para128）。

第二節　人権条約の解釈と留保

第一款　解釈目的と解釈原則

人権条約も条約解釈の一般法に服する、と原則的には言いうる。（一）つまり、条約は、文脈によりかつその趣旨および目的に照らして与えられる用語の通常に意味に従い、誠実に解釈しなければならない（条約法条約三一条一項）。キーワードを取り出せば、文脈、趣旨および目的、用語の通常の意味、誠実である。確かに、条約法条約は条約解釈における学説上の争いに決着をつけたものではないが、現実には、立法者意思解釈、目的論解釈、文言解釈に分解してしまう。しかし、既に見てきたように、国際社会では、とくに多辺条約の場合、条約の「趣旨および目的」が重要視される。就中、立法条約と言われる多辺条約の中でも、人権条約の場合、個人の保護が最大の目的であって、国家を保護するものではない。条約の解釈も、したがって、そのように行われなければならない。かつて、一九五三年のヨーロッパ人権条約の発効直後のヨーロッパ人権委員会の運営を担ったウオルドック（Waldock）が条約を諸国に定着させるため慎重な運営を行っていたところ、人権の保護ではなく、国家の保護ではないか、と批判されていたことがあった。(二)しかし、七〇年代半ばからヨーロッパ人権委員会・裁判所は、個人の保護を前面に出し、ヨーロッパ人権条約を生きている文書（a living instrument）と性格づけることにより大きな一歩を踏み出した。(三)本書序論第一章人権法の基礎で触れた、国際人権法の基本原則である「人間の尊厳」に照らして解釈することが必要である。

ヨーロッパ人権裁判所も、米州人権裁判所も、そして、自由権規約委員会も、拡大解釈ではなく、内在的な意味を探り出したり、立法当時の意味ではなく今日的状況に照らした解決といった判断を加えることによって、条約の趣旨および目的を最大限に発揮できるようにダイナミックな解釈をしている。そこから、条約規定が疑わしい場合には、刑事法にいう「疑わしきは被告の有利に」の格言のように、個人の救済を図る、実際的な実効的な解釈を、実効的救済原則規定と関連づけて、行うし、条約が「民主的社会の必要」と言うような制限規定を置いている場合には人権制約を制限的に解釈し、均衡性原則にかかわる場合や差別禁止原則に係わる場合には個人に有利に解釈するようになってきている。(四)この解釈方法は、方向性としては大いに是認・推奨できるところであるが、現実にはあまりに性急であってはならない[五]。

（一）自由権規約委員会は、結社の自由が争われたJ.B et al. v. CANADA（118/82）でストライキ権が同条に含まれるかについての解釈にあたって、条約法条約三一条に依拠した。Sarah Joseph, Jenny Schultz, and Melissa Castan, The International Covenant on Civil and Political Rights- Cases, Material, and Commentary, Oxford U.P., 2000. pp.434-436 参照。

（二）芹田・前掲論文「ヨーロッパ人権委員会の活動とその性格（下）」一〇一頁註（四）参照。

（三）ヨーロッパの判例については『ヨーロッパ人権裁判所の判例』（信山社、二〇〇八）が有益である。イギリスにおける受刑者の弁護士との接見交通権が問題とされた一九七五年ゴルダー事件判決につき、北村泰三執筆・同書二七五頁以下参照。この判例の位置づけについて、坂元茂樹「人権条約の解釈の発展とその陥穽」『講座国際人権法Ⅰ』（信山社、二〇〇六）所収、とくに同書一五六頁以下参照。

（四）Manfred Nowak, Introduction to the International Human Rights, Martinus Nijhoff Publishers, Leiden, 2003, pp.65-66 参照。たとえばノワクは国内の人権制約についての制限的解釈に関して、事例を取り上げて、In dubio pro libertate et dignitate, Proportionality principle, Prohibition of discrimination を挙げている。

（五）坂元・前掲論文（一八一頁）は、この点でやや批判的かもしれない。

第二款　留保の有効性の判断権

人権条約は留保についていくつかのパターンをもっている。

実施機構を備えた最初の条約であるヨーロッパ人権条約は「1　いずれの国も、この条約に署名するとき又は批准書を寄託するときに、その領域でそのときに有効ないずれかの法律がこの条約の特定の規定と抵触する限りでその規定について留保を付すことができる。一般的性格の留保は、この条のもとでは許されない。2　この条に基づいて付されるいかなる留保も、関係する法律の簡潔な記述を含むものとする」と規定した（現改正条約五七条。旧六四条）。一九六九年に採択された米州人権条約（一九七八年発効）の留保規定は「この条約には、一九六九年五月二三日に署名された条約法に関するウィーン条約の諸条項に従ってのみ、留保を付することができる」（七五条）と定める。

国際人権規約は、国連人権委員会において留保規定を置くべきか否かを含め慎重に議論されたが、[一] 結局留保規定をもっていない。しかし、日本がそうであるように多くの国の留保がある。[二]

女性差別撤廃条約は「この条約の趣旨および目的と両立しない留保は認められない」（二八条二項）と規定し、子どもの権利条約（同五一条）も同様である。人種差別撤廃条約も両立性基準を置いているが、留保の許容性判断は締約国が行うことを前提として、少なくとも三分の二の締約国による異議があれば当該留保が条約の趣旨および目的と両立しないものとみなされる旨の見なし規定がある（同二〇条）。

留保についてはその留保の有効性を誰が判断するのかが問題となる。ヨーロッパ人権裁判所は、ベリロス（Belilos）事件の一九八八年四月二九日の判決で留保の有効性について裁判所に判断権があることを確認し、[三] スイスは条約当事国であり続けるが、スイスの留保は無効とした。[四]

米州人権条約に関して、留保を付した条約参加の場合、当該国は何時から条約当事国であるのかという米州人権委員会の意見要請に関して、米州人権裁判所は、米州人権条約が「締約国の相互的利益のために権利を相互に交換する伝統的タイプの多辺条約ではなく」「共通の福祉（the common good）のために、他国との関連ではなく、自己の管轄下にあるすべての個人に対して種々の義務を引き受ける」ものであり、「その趣旨および目的（object and purpose）が国籍にかかわらず個々の人間（individual human beings）の保護」にあるので、つまり、条約は自国管轄下の個人の人権を侵害しないという自国の一方的約束を拘束力あるものにするものであるので、他国による留保の受諾に条約の効力発生をかからせるのは明らかに不合理である、と判示した(五)。

普遍的条約である国際人権規約には留保の規定はないが、前述の通り、実際には日本を含む多くの国が留保を付している。この留保の有効性について誰が判断するのか。国際人権規約自由権規約委員会は、その一般的意見第二四において、留保の有効性判断権は委員会がもつとした(六)。

自由権規約委員会がこの一般的意見を採択したのは一九九四年の第五二会期のことであり、当時一二七の当事国中四六国が一五〇の留保を行っていた。そこで、自由権規約委員会は、数多くの留保が自由権規約の実効的実施を阻害しかねず、また当事国の義務の尊重を弱めかねないものであり、自国および他の当事国が実際にどのような義務を引き受けているのかを知ることが重要であること、また、委員会にとって、規約第四〇条または選択議定書のもとでの自己の責務を遂行する上で国家が特定の義務に拘束されているか否か、どの程度であるのかを知らなければならないことから一般的意見を出すに至った。

委員会は、一般法としての条約法条約の制度に触れ、同条約上の国家の異議の役割を人権条約に持ち込むことが不適切であるとした。それは、「人権条約とくに国際人権規約は国家間におけるクモの巣状の相互的義務交換の網（a web of inter-State exchange of mutual obligations）」ではなく、「個人に権利を付与することにかかわっている」のであり、「国家間相互主義の原則は、多分規約第四一条の委員会管轄に関する宣言に対する留保という限定的文脈を除いては、占める位置はない」からである。

委員会のこの意見に対しては、英国、米国、フランスからの異議が提出された。しかし、委員会の実際では、この自己の意見に従っている。(七) また、地域的人権機関は、既に言及したように、米州人権裁判所が一九八二年の勧告的意見で規約人権委員会と類似した論理をとっているし、ヨーロッパ人権裁判所が一九八八年のベリロス事件で判断権を確認している。自由権規約委員会は裁判所ではないが、これらの蓄積から考えて、人権の実施を監視する、いわゆる人権実施機関が自己に与えられた任務の実施上、留保の有効性について判断するのは当然の責務と言うべきであろう。

（一）芹田健太郎編訳『国際人権規約註解』（有信堂、一九八一）二六七―二七三頁。

（二）薬師寺公夫「人権条約に付された留保の取り扱い――人権実施機関の対応の仕方を中心として」『国際法外交雑誌』八三巻四号（一九八四）参照。

（三）ヨーロッパ人権条約は当初実施機関としては委員会と裁判所があった（芹田健太郎「ヨーロッパ人権委員会の活動とその性格」『法学論叢』七九巻一号および二号参照）。委員会は一九八三年のテメルタシュ事件（Temeltasch v.Switzerland）で、スイスの解釈宣言に関連して、解釈宣言および留保についての判断権が委員会にあると判示していたので、裁判所はこれを踏襲した。当該事件ではスイスの解釈宣言が留保にあたると判断したが、留保自体は有効であると判示していた。スイスの解釈宣言と留保については後註（四）山崎公士参照。

（四）ベリロス事件で争われたのは、スイスが一九七四年の批准書に付した解釈宣言であった。裁判所はこの解釈宣言が留保に当たると判断し、旧六四条（現五七条と同文であるが、旧条約については、芹田健太郎編『国際人権条約・資料集〔第二版〕』（有信堂、一九八二）参照）が禁止している留保にあたり、無効と判示した。薬師寺公夫「人権条約に付された解釈宣言の無効」『立命館法学』二一九号（一九九〇）および山崎公士「留保に関する条約実施機関の判断権」『ヨーロッパ人権裁判所の判例』（信山社、二〇〇八）所収参照。ほかに、百選、阿部一二二および判例国際法、坂元三四五参照。

（五）米州人権裁判所勧告的意見第二号（八二年）とくに二七項–二九項参照（IACHR, Advisory Opinion No. OC-2/82 paras.27–29）（Series A: Judgments and Opinions No.2, Secretariat of Court San Jose, Costa Rica, 1982）。

（六）General Comment No. 24: Issues relating to reservations made upon ratification or accession to the Covenant or the Optional Protocols thereto, or in relation to decralations under article 41 of the Covenant（HRI/GEN/1/Rev.7 pp161–167.）とくに paras. 17–20 参照。

（七）一九九九年個人通報八四五に関する自由権規約委員会決定（HRC, Communication No.845/1999, CCPR/C/67/D/845/1999）参照。本件はトリニダード＝トバゴ人の死刑囚ラウル・ケネディが本国を相手取って訴えたものである。問題の留保は、委員会の一般的意見第二四の公表後になされたもので、トリニダード＝トバゴは自由権規約第一議定書に定める個人申立に関する委員会の管轄権受諾に際して留保を行い、死刑囚からの申立はこれを認めないとするものであった。自由権規約委員会は、留保の有効性について解釈し決定するのは（to interprete and decide the validity of reservations）委員会である旨を確認した後、この受諾宣言が委員会の管轄を否定するものではないが、一般人と死刑囚を差別するものであるので、条約の趣旨および目的と相容れない、と判断し（para.6.7）、その他の審議の上、この通知を許容できる（admissible）とした（para.7）。なお、この決定には安藤仁介委員を含む四名の委員が個別、反対意見をを付した（ibid., pp.12–16）。

第五章　国家の義務

序　節　国家の義務の二面性と一元化

国際法上国家は、一面では国際的に他の国家に対して義務を負うと同時に、他面で対内的に自国領域に住む人たち（自国民および／または外国民）に対して義務を負っている。

周知のように、国際法は国家間の調整を行う法として一七世紀以来ヨーロッパを中心に徐々に発展してきた。国際法は原則として国家間ルールとして発展してきたのであって、個人は国際社会では国家の陰に隠れていて表には登場しなかった。国際法は、一九世紀に、それもとくに後半に入り飛躍的に発展した。それは、産業革命と交通・通信手段の飛躍的進展により国際貿易が急激に発展し、欧米諸国間の調整がより強く必要とされ、また、独立を達成したラテンアメリカ諸国と欧米の諸国との関係が深まるとともに（一）、欧米からの投資や欧米人の身体・財産の保護を巡ってこれらの諸国との間にトラブルが発生し、その解決ための法規範が深化した。これが現在の国家の国際責任の法理の基礎となっている。

国家責任の法理によると、国家は領域主権を持っていることの当然のコロラリーとして自国内に住む人たちに対してこれを保護する責任を負っている。なぜなら外国は他国の内政に干渉することができないからである。したがって、外国民は別として、自国民の取扱いに関しては第二大戦までは国際法はほとんど関知してこなかった。自国内に在る外国民の生命・財産等に侵害が生じた場合、その侵害が自国の国家機関である個人によってなされた場合には当然に、また私人である個人によってなされた場合でも、一定の場合には、当該外国民の国籍国の在外自国民外交的保護権の行使により国際請求を受けることとなる（二〇〇一年採択の「国家責任条文」参照[二]）。

ところで、国際法における人間の問題[三]は第一大戦後から論じられるようになったが、力点は国家の側にあった。これが変わるのが第二大戦後である。しかし、全面的に展開されるに至るのは、序論で既述したように、国際人権諸条約が採択される二〇世紀中葉以降である。

現行国際法上国家は、国際法の原則通り、人権保障を、国家対国家の関係で義務を負い、と同時に、自国領域内（厳密には自国管轄下）の国民（外国民を含む）に対して人権保障義務を負っている。国家は人権侵害の国際法違反を国際的に追及されるとともに、国内的にも、場合によっては国際的にも、自国民（自国管轄下の人）によって追及される。形式的には以上のように説明される。

人権は、しかし、周知のように、憲法制定権をもつ者によって制定された憲法によって保障されてきた。そして、人権保障の担保は国内裁判所であり、最終的には国民の連帯に基礎を置く国民による監督であった。しかし、これまた周知の通り、第二大戦の経験、とくにヨーロッパ人にとっては当時最も民主的であるとされたワイマール憲法下のナチスドイツの人権蹂躙の経験から、一国の憲法による人権保障がいかに脆弱《ぜいじゃく》なものであったかを思い知らされ、そのためヨーロッパ諸国民は第二大戦後に国内における人権保障を手厚くするとともに、人権保障を諸国の国民の連帯つまり国際連帯による監視下に置くこととした。これがヨーロッパ人権条約の根本思想であり、欧州諸国はこれを従来の国際法のテクニックを用いて国際条約によって実現したのである。したがって、そこには当然に前述した二面性が見られる。しかし、基本的には国際条約によって諸国の価値の一元化を図ったものである。それをヨーロッパ人権裁判所は、ヨーロッパ人権条約が条約締結国の主観的相互的利益の確保を目指したものではなく、ヨーロッパの「公序」の実現を図ったものである、と表現した。最終的には、従って、欧州協議会加盟諸国の人権は欧州人権裁判所の判決を通して欧州人権条約の定める人権に収斂していく。こうした在り方を普遍的に実現しようとするのが国際人権諸条約に基づく国際人権法であり、現在その過程にある。

国際人権は国際人権諸条約の認める人権であり、国家間の約束である条約、つまり国際法によって、国家管轄下にある人に対して保障されている。形式的には憲法保障の人権と国際保障の人権とに差があるように思えるが、実質的には国際保障の人権にやがて収斂されていくものである。それがすべての人のための、一つの人類のための人権の意味である。収斂にいかほどの時間を必要とするかは世界の各国の現状から判断する他はない。しかし、日本のような国の場合は早急に実現するものと思われる。というより日本が国際人権規約を一九七九年に批准して以来すでに三十有余年。日本が裁判所でこれを適用するには充分に機は熟している。最高裁判所は踏み出すべき時である。

以下に国際法の現状から人権諸条約の定める国家の義務について論じておく。

（一）芹田『普遍的国際社会の成立と国際法』（有斐閣、一九九六）参照。
（二）田畑茂二郎『国際法Ⅰ』（有斐閣、一九七三）参照。
（三）芹田「国際法における人間」『岩波講座　現代法第一巻』（岩波書店、一九六五）所収参照。

第一節　一般国際法上の義務

第一款　国内管轄事項

国際法における大原則は、国際社会の構成員が主権国家であることの当然の帰結として、内政不干渉（non-intervention）であった。第一大戦終了後に初の平和機構として国際連盟が誕生し、「連盟国間に国交断絶に至る虞ある紛争発生するときは」紛争を平和的に解決することを約束した（国際連盟規約一二条）。そして、「紛争当事国の一国に於いて、紛争が国際法上専ら該当事国の管轄に属する事項につき生じたるものなることを主張し連盟理事会之を是認したるときは、連盟理事会は、その旨を報告し、且之が解決に関し何等の勧告をも為さざるものとす」と定めた（同一五条八項）（一）。第二大戦中に設立された国際連合は、国際の平和と安全の維持、人民の同権と自決の原則に基づく友好関係の発展および経済、社会、文化、人道的性質の国際問題の解決と人権尊重の促進等を目的とする広範な分野にわたる機能を与えられた（国連憲章一条）ので、諸国は、国内問題への干渉を危惧し、「この憲章のいかなる規定も、本質上いずれかの国の国内管轄権内にある事項に干渉する権限を国際連合に与えるものではなく、また、その事項をこの憲章に基づく解決に付託することを加盟国に要求するものでもない。但し、この原則は、第七章に基づく強制措置の適用を妨げるものではない」と定めた（同二条七項）(二)。

国内事項と考えられてきたのは、伝統的に、政治・経済体制、国籍、関税、出入国管理などである。国際連盟の時代には、しかし、序論第二章で触れたように、人権の分野では少数者保護の問題が取り上げられたにすぎず、国際連盟に提訴され、国内管轄事項か否かが英仏間で争われたチュニスおよびモロッコ国籍法事件（Nationality Decrees issued in Tunis and Morocco）では、連盟理事会が常設国際司法裁判所に勧告的意見を求めることに決し、裁判所は一九二三年の勧告的意見（PCIJ. Ser.B, No.4）で、国内管轄権内の事項であることを否定し（ibid., p.32）、国内管轄権が固定的でないことを明らかにしたことが特筆される。つまり、国籍条約、関税条約、さらには軍縮条約が結ばれると、その限りで、これらの事項が一国限りで自由に処理できる事項ではなくなるのである。

さて、国際連合の下では、平和維持に関する問題のほか、人権保護にかかわる問題、非自治地域に関する問題がとくに初期に取り上げられた(三)。

国家が主権を持っていることから国内事項が語られるのであるが、他方で、しかし、当該国家に居住する外国人について、当該国家は「煮て食っても焼いて食ってもいい」というものではなく、当該国家に領域権があることによって、一定の保護責任を負う。裏返すと、国家は在外自国民が権利侵害を受けあるいは損失を被った場合、権利侵害国を追求することができる。これを在外自国民外交的保護権と言い、国際法上国家の国際責任法の分野に属するが、外交的保護権が一定の人権保護の役割をもっていることは否定できない。(四)

(一)　その制定の経緯および実際の適用例については、金東勲『人権・自決権と現代国際法』（新有堂、一九七九）三六頁以下参照。

(二)　同右、四四頁以下参照。

(三)　これらの問題については多くの文献があるが、とりあえず、金東勲の前掲書を参照。

(四)　高野雄一は、人権保障の履行確保措置に関心をもち、権利保障のため従来国家権力が用いてきた国家の外交的保護権と人道的干渉を取り上げ、現段階の国際機構はこうした権力を備えていないので、人権保障がどのように行われているかを分析するため、「外交的保護を乗越えて」と「人道的干渉を超克して」を主要なモチーフとして『国際社会における人権』（岩波書店、一九七七）を著したことを、ここで指摘しておきたい。

第二款　国際関心事項の登場

個別的な人権侵害が国内で発生するのは現在でも変わらない。そのかぎりでは、人権問題は依然として国内管轄事項である。この状況を変えたのは、アパルトヘイト問題が国連憲章第七章の平和維持との関連で論じられるようになってからである。国連憲章は第二条七項に「但し、この原則は、第七章に基づく強制措置の適用を妨げるものではない」という但書を置いているからである。

アパルトヘイト問題は、一九四六年インド政府が南アに居住するインド系住民の取扱いについて両国間の協定および国連憲章の人権規定に抵触するとして総会の審議を求めたことに始まる。第一回総会は、しかし、南アにおけるインド系住民の取扱いが両国間の諸協定および国連憲章規定と両立するべきであるとの意見を表明し、そのためにとった措置を次の総会に報告するように両政府に要請した（A/RES/44 (I)）にとどまった。アパルトヘイト問題はこれ以降国連総会の審議事項となった（一）。ところが、一九六〇年三月二一日シャーペヴィル事件（Sharpeville Incident）で事態は一変する。シャーペビルでの平和的集会に南ア政府は強権で臨み、流血事件となった。そのためこれを重くみた国連安全保障理事会は激論の末、「南アの人種差別・隔離に反対する丸腰の平和的デモ参加者の大規模な殺害から生じた事態」に関連して、「南アの事態が国際的摩擦を引き起こし、もし継続すれば国際の平和と安全を危うくするものであることを認め」南アに対し、アパルトヘイト政策と人種差別の放棄を要請する決議を六一年四月一日に採択し（二）、第一五回国連総会も、南ア政府が国連による内政事項への干渉を禁じる憲章第二条七項の明白な違反と述べたにもかかわらず、四月一三日、総会決議一五九八号を採択し、アパルトヘイト政策が国際的摩擦を引き起こしてきたこと、および、その継続が国際の平和と安全を危うくしていることを確認し、南ア政府に対して自国の政策と行動を国連憲章の義務と合致させるよう要請した（A/RES/1598（XV）para.5 & para.7）。なお、本決議は、前文ではあるが、「差別を永続化させ、これを増長させる人種政策は国連憲章と憲章第五六条で加盟国が引き受けた誓約と相容れない」と指摘していることに注目しておこう。(三)(四)

こうして国際連合は、アパルトヘイトに関しては、国連総会が一九六六年に南アの事態が国連憲章第七章の「国際の平和と安全に対する脅威」と認め、アパルトヘイト政策が「人道に反する罪」（a crime against humanity）であると断罪し、アパルトヘイト問題解決には強制措置が不可欠であることを安保理に注意喚起するに至り、(五)人権の大規模侵害が、国内管轄事項からはずれて、「国際関心事項」となって行ったのである。国連経済社会理事会は、一九六七年に決議一二三五によってアパルトヘイト政策のような大規模人権侵害に係わる情報の審査権を人権委員会に認め、さらに、一九七〇年には決議一五〇三によって人権侵害に関する情報の処理手続を定め、(六)次節で取り上げる人権理事会の取組みへと繋がっていく。今や人権問題は国際関心事項なのである。

なお、国際連盟と国際連合における紛争についての取組みの大きな相違は、連盟規約が紛争を「国交断絶に至る虞ある紛争」（規約一五条一項）と限定し、その上で内政不干渉原則を置いていたのに対し、国際連合は内政不干渉を置いた第二条七項に例外として「第七章に基づく強制措置の適用を妨げない」という但し書きを置いたことである。就中、国連憲章第七章には、国際連盟規約の「国交断絶に至る虞ある紛争」とほぼ同様の内容を示す「平和の破壊」「侵略行為」に加えて、「平和に対する脅威」が置かれ、このことが人権問題解決に力を発揮することとなった。こうして、国際連合は、安全保障理事会決議にもとづいて、国連憲章第七章の制裁のほか、大規模人権侵害に際してとってきた、いわゆる「飛行禁止空域」や「安全地帯」の設定、さらに、人道援助物資を運ぶ「回廊」の設定等を行い、これらが可能となったのである。

（一）第一回総会決議にもとづいて報告が為されたことなど第三回総会までのことについてはUnited Nations Yearbook 1948–49, p.304 に簡潔な紹介がある。
（二）United Nations Yearbook 1960, pp.147. 事件の状況と安保理の審議について同一四二―一四七頁参照。
（三）同右・一五一頁。審議につき同じく、一四七―一五一頁参照。
（四）その後の経緯については、金・前掲書一五五頁以下参照。
（五）A/RES/2202 A（XXI）, paras.1, 2 & 7. United Nations Yearbook 1966, pp.89–91 参照。
（六）これらのことについて、田畑・前掲『国際化時代の人権問題』（岩波書店、一九八八）二四七―二五一頁および二六五頁以下参照。

第二節　国際連合加盟国の義務
――普遍的定期的審査（ＵＰＲ）

普遍的定期的審査（Universal Periodic Review, UPR）は二〇〇六年に設立された国連人権理事会によって行われる（人権理事会については前述序論第二章第五節参照）。人権理事会の任務は前述の通りであるが、普遍的定期的審査については、設立決議第五項(e)において次のように規定されている。

「各国の人権義務及び約束の履行について、適用範囲の普遍性及びすべての国家について平等な取扱いを確保するようなやり方で、客観的かつ信頼できる情報に基づき、普遍的審査を行うこと、この審査は、関係国が十分に関わり、その能力形成の必要性を考慮して相互対話に基づく協力の仕組みでなければならない。この仕組みは、人権機関の作業を補完しなければならず、それと重複してはならない。理事会は、普遍的審査の仕組みのための方式及び必要な時間配分をその第一会期開催後一年以内に案出するものとする。」

そして、審査対象はすべての国連加盟国であるが、理事国の義務として設立決議第九項で「理事国に選出される国は、人権の伸張及び保護について最高水準を維持し、理事会と十分に協力し、その任期中に普遍的審査の仕組みの下で審査されなければならない」。なお、理事国で「人権の重大かつ組織的侵害を行った」場合には「総会は、出席し、かつ投票する構成国の三分の二の多数により」「理事国の理事国としての権利を停止することができる」(同八項)こととされている。

さて、理事会が第一会期で採択した制度構築文書の第一「普遍的定期的審査メカニズム」[一]によれば、審査の基礎は、国連憲章、世界人権宣言、国が当事国となっている人権条約、自発的誓約・約束[二](人権理事国への立候補時の誓約・約束を含む)である(一項)。その他に、国際人権法と国際人道法の補完的かつ相互的な相互関連的性質を考慮して、適用すべき国際人道法を考慮して審査を行うこととされている(二項)。審査の原則は、第一に、すべての人権の普遍性、相互依存性、不可分性および相互関連性を促進すべきであること、第二に、客観的かつ信頼に足る情報および双方向的対話に基づく協調的なメカニズムであるべきこと、第三に、すべての国家を普遍的にカバーすることと平等待遇を確保すべきこと、その他に、審査の進め方が客観的で、透明性をもち、非選択的、建設的、非対立的であり、非政治的であること、そして、ジェンダー的展望を充分に取り入れること、並びに、諸国の発展レベルと特性を考慮すること、さらに、NGOや国内人権団体を含むすべての利害関係者の参加を確保すること等である（三項）。

審査の目的は、当然のことながら、人権状況の改善であり、国家の人権義務・約束の充足、積極的発展と当面する困難の評価であり、また、当該国との協議・同意の上での国家の能力向上と技術援助の増強である。その他、国家およびその他の利害関係者との間での最上の慣行の共有であり、人権の伸張と保護に対する支援であり、理事会、その他の人権機関および国連人権高等弁務官事務所との完全な協力と関わり合いを奨励すること、である（四項）。審査は第一巡目は四年間とされ、一年に四八国が審査される（一四項）。

審査の情報用の一般的ガイドラインは人権理事会が二〇〇七年九月二七日に採択した（Decision 6/102）。それによると被審査国は二〇頁以内の報告書を人権高等弁務官に提出することとされ、憲法その他の法制や政策、判例、国内人権制度等の記述が求められている。たとえば日本は最初の人権理事国の一つであるため早くに審査を受けねばならず、二〇〇八年三月に報告書を提出し、同五月に審査を受けた。同五月九日に行われた審査では、報告者国（各地域から三国を選出。いわゆるトロイカ）

をフランス、インドネシア、ジブチが務め、各国から、個人通報制度を定める議定書への参加、女性や子どもの人権、代用監獄、死刑制度、人身取引などについて発言・勧告がなされ審査の結果文書が同一四日に作業部会で採択された作業部会報告書（A/HRC/8/44）が人権理事会で採択された（Decision 8/126）。結果文書の第六〇項に挙げられた結論や勧告を勘案し、日本は同年八月一三日に勧告のうち人権機構の設立等のフォローアップについては同意したり、日本の立場を再論したりする追加文書（A/HRC/8/44/Add.1）を提出した。(三) さらに、二〇一一年三月、二〇〇八年五月の勧告実施についての日本の中期プログレス・レポートを発表し、たとえば自由権規約や女子差別撤廃条約の定める個人通報手続きに関して、二〇一〇年四月に外務省の中に「人権条約履行室」を設置し、慎重に検討をしている旨等、人権理事会第一八会期の外務政務官演説で発表した。(四)

フォローアップ(五)を含め、審査手続にわたる事項を日本を例にやや詳しく紹介した。こうした審査によって各国の人権事情が世界に知られることになり、また、そのフォローアップにより、また人権高等弁務官の提供する技術援助等により、この普遍的定期的審査が人権尊重の実現に大いに役立つとともに、いわゆる世論として国連加盟各国に人権実施の実現を迫る力を持つことになる。普遍的定期的審査はまだ始まったばかりであり、いくつか問題も指摘できるが、世界の人たちの人権実現にとって、国際連合は世界のほぼすべての国家が加盟するだけにその役割がさらに大きなものになったと言える。

（一）Human Rights Council 5/1. Institution-building of the United Nations Human Rights Council. Annex United Nations Human Rights Council: Institution-Building. I. Universal Periodic Review Mechanism

（二）日本が二〇〇八年二月一日に行った自発的誓約および約束については、外務省ホームページに Japan's voluntary pledges and commitments in accordance with resolution A/RES/60/251 として掲載されている（http://www.mofa.go.jp/policy/human/pledge0604.html）（二〇一一年三月一〇日現在）。

（三）全体像を簡単に紹介するものとして、芹田・薬師寺・坂元『ブリッジブック国際人権法』（信山社、二〇〇八）一二六－一三四頁参照。

（四）国連人権高等弁務官ホームページのうち、UPR Implementation（information prioviided by States）（http://www.ohchr.org/EN/HRBodies/UPR/Pages/UPRImplementation.aspx）参照。

（五）国家報告制度のフォローアップについては、芹田・薬師寺・坂元・前掲書 Chapter 8 ならびに本書第三部第三章第三節（五〇四頁以下）参照。

第三節　条約上の義務とその類型・性格

第一款　一般的義務

国際人権規約上の国家の一般的義務について、自由権規約と社会権規約の各第二条を分けて先ず論じる。

自由権規約第二条「一、この規約の各締約国は、その領域内にあり、かつ、その管轄の下にあるすべての個人に対し、人種、皮膚の色、性、言語、宗教、政治的意見その他の意見、国民的若しくは社会的出身、財産、出生又は他の地位等によるいかなる差別もなしにこの規約において認められる権利を尊重し及び確保することを約束する。

二、この規約の各締約国は、立法措置その他の措置がまだとられていない場合には、この規約において認められる権利を実現するために必要な立法措置その他の措置をとるため、自国の憲法上の手続き及びこの規約の規定に従って必要な行動をとることを約束する。

三、この規約の各締約国は、次のことを約束する。

(a)　この規約において認められる権利又は自由を侵害された者が、公的資格で行動する者によりその侵害が行われた場合にも、効果的な救済措置を受けることを確保すること。

(b)　救済措置を求める者の権利が権限のある司法上、行政上若しくは立法上の機関又は国の法制で定める他の権限ある機関によって決定されることを確保すること及び司法上の救済の可能性を発展させること。

(c)　救済措置が与えられる場合に権限のある機関によって執行されることを確保すること。」

社会権規約第二条「一、この規約の各締約国は、立法措置その他のすべての適当な方法によりこの規約において認められる権利の完全な実現を漸進的に達成するため、自国における利用可能な手段を最大限に用いることにより、個々に又は国際的な援助及び協力、特に、経済上及び技術上の援助及び協力を通じて、行動をとることを約束する。
二、この規約の締約国は、この規約に規定する権利が人種、皮膚の色、性、言語、宗教、政治的意見その他の意見、国民的若しくは社会的出身、財産、出生又は他の地位によるいかなる差別もなしに行使されることを保障することを約束する。
三、開発途上にある国は、人権及び自国の経済の双方に充分な考慮を払い、この規約において認められる経済的権利をどの程度まで外国人に保障するかを決定することができる。」

一　自由権規約第二条は、自由権規約で約束する一般的義務を掲げ、第一項で「その領域内にあり、かつ、その管轄の下にあるすべての個人」に対し、無差別に自由権規約の認める権利を尊重し、確保することを約束する。無差別条項は世界人権宣言第二条から来ている。この条項との関連で規約第三部の若干の実体規定に置かれる制約、たとえば参政権に関する第二五条は「すべての市民」というが、このような場合にはその制約が適用されることについては、すでに草案段階で一般的合意があった。

議論を呼んだのは、「その領域内にあり」という文言を残すか否かにあった（一）。自国の管轄下にある者が単にその領域内にいないという理由でその者に対する規約上の義務を免れるべきではないと考えられたからである。たとえば、締約国は自国民が外国にいても自国内の結社に加入する権利を認めるべきであるし、自国民に自国に入国する権利を認めている条文とも矛盾することになるからである。この点、ヨーロッパ人権条約第一条が「締約国は、その管轄に属するすべての者に対して、この条約の第一節に明定する権利及び自由を保障する」としているのとは好対照である。自由権規約委員会は、しかし、自由権規約第四〇条の政府報告書審査および同規約選択議定書の個人通報事例という自己の実行の中で、この規定を加重条件とは解釈せず、「かつ／または（and/or）」と解釈し、保護対象者の範囲を拡大した(二)。

立法その他の措置をとる義務については、この規定により自由権規約に漸進性の観念を導入することになるという批判があった(三)。この規定との関連で、国家による何らかの措置を採択するための期限を設けようとする提案、たとえば一年とか三年とかの案があったが、実効を与えるための正確な期間を予見することの困難さを理由に受け入れられなかった。過度の遅延をチェックするため「合理的な期限内に」（within a reasonable time）立法その他の措置を採択するべきであることが決定された。しかし、この表現も最終的に削除された。そこで、現行規約第四〇条に「この規約に認められた権利の実現のためにとった措置及びこれらの権利の享受についてもたらされた進歩」について報告することが約束された。これについては「規約の実施に影響する要因及び障害」を記載することとなっている。この点では国家報告書に対するＮＧＯのカウンター・レポートが重要性をもってくることを指摘しておこう。

救済手段を確保する義務については、第一に、公的資格で行動する者による侵害の場合にも効果的な救済措置がとられることを約束し、第二に、救済措置を求める者の権利が権限のある政治上、行政上または司法上の機関によって決定されることを確保し、第三に、救済措置が与えられる場合に権限ある機関によって執行されることを確保しなければならない。この権限ある機関の語は「警察および執行当局」よりもより包括的かつ適切なものとして採用された。

二　社会権規約第二条は、第一項に対して、あまりにも多くの抜け穴を国家に用意しているとする強い批判が、草案作成段階で、あった。(四) 批判の第一は、権利実現のために行動（steps）をとることの約束はこれらの権利を保障することと同義ではない。次に、利用可能な資源の最大限利用の文言があることによって、国家は資源の欠如を常に言い訳として主張できる。最後に「漸進的に」達成するという公約は無期限の遅延を許す、というものであった。社会権規約委員会は、しかし、社会権が一般的に言って短期間で実現できるものとは考えてはいないが、同時に、すべての意味ある内容の義務を奪ってしまうような誤解をも戒めている。なぜなら、漸進性は必要な柔軟性の道具ではあっても、社会権規約の存在意義を失わせることにもなるからである。そこで委員会は、一〇年を超える国家報告書審議の経験に照らして、「最小限の核心的義務」（a minimum core obligation）を措定し、たとえば、不可欠な食料品、プライマリ・ヘルス・ケア、基本的住居、基礎教育、を大多数の個人から奪うような国家に対してはこうした義務に関して、「自己の処分可能なすべての資源を利用するあらゆる努力を、これらの義務を優先事項として満たすための努力の中で、行ってきたことを証明しなければならない」と考えていることを指摘しておこう。(五)

（一）この文言は米国提案であり、人権委員会議長のルーズベルト夫人は、一九五〇年五月一五日の委員会席上、米国代表として発言し、この規定を置かなければ、「たとえばドイツ、オーストリアおよび日本のような占領地の場合が当てはまり、これら地域に住む人たちが若干の点で占領国の管轄下に服するが、実際には占領国の立法分野の外にある」ことを指摘した（人権委員会第六会期第一九三会合議事要録 E/CN.4/SR.193, para.53）。フランス等は反対であり、削除提案を国連総会でも提案したが、結局これも否決された（外務省編『国際人権規約成立の経緯』一九六八、二八頁以下参照）。なおこの点は、規約第四〇条に基づく米国の第三回国家報告書（CCPR/C/USA/3 28 November 2005）の Annex I Territorial Application of the International Covenant on Civil and Political Rights に経緯等詳細に触れられている。

（二）委員会の実行上の解釈については、坂元茂樹による綿密な研究がある。同「条約実施機関の解釈権能──自由権規約二条一項の解釈をめぐって」同編『国際立法の最前線』（有信堂、二〇〇九）一四五頁以下参照。政府報告書との関連では、イスラエルのヨルダン川西岸とガザ地区の占領地が問題であり、オランダについて一九九五年のスレブレニッツア（ボスニア＝ヘルツエゴビナ）陥落の際の七千人にもおよぶ虐殺事件にPKOとして派遣されていたオランダ軍が積極的に関与したか防止しなかったかに関して自由権規約委員会の捜査要求等に関連して浮上し、また、米国との関連ではグアンタナモ基地等の関連で生じた。なお、簡単な紹介として、芹田・薬師寺・坂元・前掲書一四三頁以下参照。自由権規約委員会の見解は、二〇〇四年三月二九日に採択された一般的意見第三一号（General Comment No.31）（HRI/GEN/1/Rev.7 所収）第一〇項で明らかにされており、平和維持や平和強制活動軍の構成部隊として活動しているかを問わず、当事国の領域外にある軍隊の権限又は実効的支配内（within the power or effective control of the forces of a State party acting outside its territory）にある人たちにも適用されることを明確にしている。

（三）芹田編訳『国際人権規約草案註解』五〇頁参照。

（四）同右・五五頁参照。

（五）一九九〇年の第五会期で採択した社会権規約委員会一般的意見第三号第一〇項（General Comment No.3 : The nature of States parties' obligations（art.2, para.1 of the Covenant））前掲 HRI/GEN/1/Rev.8 所収一五頁以下特に一七頁参照。なお、元社会権規約委員会委員多谷千香子は社会権に関して基本的社会権を提唱していた。同「国際協力の法的性格―基本的社会権の視点から」『ジュリスト』九五〇号（一九九〇）参照。なおまた、社会権規約二条一項の漸進性と二項の無差別・平等原則との関係で、高野雄一は、つとに、一項の漸進性が二項の無差別・平等原則にも及び、差別の軽減、完全除去も「漸進的に」はかればよいとする解釈を、真っ向から否定していた。同「国際人権（A）規約における人権保障と差別禁止条項」『上智法学論集』二四巻特別号一一九頁以下（この論文は一九七九年一〇月の国際法学会秋季大会の共通テーマ「国際人権規約の検討」での報告に若干の加筆をしたものである）参照。

第二款　人権尊重・確保義務と最小限の核心的義務

自由権規約第二条で締約国は人権を「尊重」（respect,（仏）respecter）し、「確保」（ensure,（仏）garantir）することを約束した（一）。

国家の「尊重」義務は、通常、憲法の人権類型論でいう自由権に対応する。つまり、国家と個人との関係で、一九世紀末ドイツ国法学の権威イエリネック（G. Jellinek）が国家における国民の地位を、受動的地位（passiver Status）のほか、消極的地位（negativer Status）、積極的地位（positiver Status）、能動的地位（aktiver Status）に分類して以降、自由権は、個人が国家に対して消極的地位に立つことから説明され、個人は国家から何等の義務づけも受けず、国家権力からの介入を受けることなく自主的に行動できる状態にあり、国家が個人に介入しないことを意味するとして理解される。したがって、権利行使に対する国家による制約が条約上で明示的に許されていない場合には国家は制約を課してはならない。国家による介入としては、たとえば、自由権規約第六条一項の生命権は、欧州人権条約第二条と同様に、不法な暴力から人を守る等のためには生命剥奪が許され、また、第一七条のプライバシー保護の場合には恣意的あるいは不法な介入のみが禁止されている（もっとも、第七条の拷問の禁止はいかなる場合にも、たとえ緊急事態においても、守られなければならない絶対的権利として保護されている）。自由権規約の定める人権は、基本的には自由権であるが、国家が「確保」義務を負っているということからは、伝統的な不干渉という理解だけでは不十分であり、たとえば自由権規約第六条に定める人のもつ生命権は、国家が人を殺害しない義務に対応するのみならず、積極的に国家が人を守ることをも意味しており、また第三者の介入から人を守ることも意味する。したがって、国家には「保護」義務が生じる（いわゆる第三者効力については既述）。しかし、それのみならず、第一項を具体化した第二項と第三項において、さらに積極的に、立法その他の措置をとることを約束し、効果的な救済を与え、執行されることをも「確保」する約束をしており、個々の権利によっては「充足」義務が問題となる。とくに、必要な立法の促進が図られるべきであり、立法機関の行為が重要となる。（二）

社会権については、国家は、社会権規約第二条で立法その他の適当な方法によって権利実現のために行動をとること約束した。つまり立法義務等が課されている。

社会権規約は目標を高く掲げたので漸進性が定められたのであって、社会権規約委員会が分析し、措定した「最小限の核心的義務」は締約国に出発点として残されており、これが否定されれば社会権規約の存在意義そのものがなくなる。同委員会は締約国に自国が全力を挙げて努力しているということの立証責任を課したという意味でも、国家の最低限の義務がここに含意されていると言える。

（一）Manfred Nowak, U. N. Covenant on Civil and Political Rights CCPR Commentary 2nd revised edition, N.P.Engel, Publisher, 2005, pp.35–75 において自由権規約二条の義務を分析している。

（二）ノワクは右掲書三八頁では具体的に例を挙げて述べている。なお、自由権・社会権の二分論批判の立場ではあるが、この最小限中核的義務をも取り上げ、社会権規約の義務を詳細に分析するものとして、申恵《シンヘ》丰《ボン》『人権条約上の国家の義務』（日本評論社、一九九九）参照。

第二部　人　権

序

人は皆社会の中に生まれ、社会の中で生きている。人が生まれながらにして持つ基本となる一定の権利は人権といわれ、これら人権は、人類の長い歴史の中で、徐々に実定法化されてきた。実定法化された人権の内容や形式、歴史的沿革や性格などいろいろな面で違いがあり、現代の社会でもっている意味も同一ではない。こうした千差万別の人権の本質的特質を的確に把握するために、個々の人権を統一的、体系的に理解しようとする努力が行われてきた。人権の体系化、類型化は、人権保障を確実にする観点からも重要である。人々のもつ人権は、伝統的に、個人と国家の関係の中で、捉えられてきた。国際人権は、国家間の条約の締結という形で形成されてきて、まず、当該条約の締約国によって、当該条約に定める人権保障が実現される。その限りでは、伝統的な人権類型論が国家と国民の関係に着目して論じられてきたことは国際人権についても当てはまると言える。もっとも、本書では、実際の裁判においては、個々の条約規定が援用され、審議されていることもあり、自由権や社会権という類型化を行わず、条約ごとに分析した（本書第二部人権　第二章「条約上の人権」）。

しかし、憲法学において、すでに指摘されてきたように、この類型論では二つの問題が指摘された。一つは、現代社会が公権力のほかに、国家類似の機構と機能を備えた政治、経済、文化、地域団体などの巨大な社会組織を生み出すに至り、人権保障が国家権力との関係のみならず、一定の社会的権力との関係でも認めざるを得なくなってきたことである。この問題の一部は、すでに私人間における人権保障として論じられてきたものであり、序論で触れたところである（序論第一章第二節参照）。しかし、国際社会は、奴隷貿易や植民地支配、ジェノサイドなどを経験し、さらに、国民国家の形成後、国家は戦争に向けた国家総動員体制を作り上げ、第二大戦へと突き進んだ。差別の禁止や生命権の保障などの法原則を、いわば絶対的人権として生み出した。このことについて先ず触れなければならない（第二部第一章第一節「絶対的権利」）。そして、さらに、第二大戦後、一国主義がもたらした悲惨な結果を受け、国際連帯に基づく国際秩序形成を目指して、国家緊急権についての反省ももたらし、国家は緊急時であっても、最低限の人権保障を確保する道を選んできた。この分析も欠かせない（同第一章第二節および第三節）。

他の一つは、従来の類型論が実体的権利であるすべての人権を自由権や社会権というカテゴリーに配分し、裁判を受ける権利のような請求権のカテゴリーを別個に並置していたことである。確かに、実体的権利と手続的権利とは区別することができるが、両者は密接不可分な関係にあり、およそ実体的な請求内容をもたない裁判を受ける権利というものは存在しない、といえるし、また、裁判において何らの意味においても実現できない権利というものを考えるのも難しい。従って、具体的な個々の基本的人権を確保するための基本権について分析しておかなければならない。基本権の根幹をなしているのは、自由権的基本権と社会権的基本権とであるが、国家作用によってこれらが侵害されないというだけにとどまらず、進んで積極的に人々の権利が実現されるように国家作用が行われるためには、国家作用の正しい発動を保障するための基本権が認められなければならない。人々が国家に対して積極的に権利保護を請求できる権利がそれであり、これはそれぞれの人権の実質的保障を確保する機能を営むものである。これらのものとして日本国憲法が規定するのは、周知の通り、公務員の選定罷免権（一五条一項）、請願権（一六条）、国家賠償請求権（一七条）、刑事補償請求権（四〇条）、それに裁判を受ける権利（三二条）である。人権条約では、これらについて、例えば自由権規約は第二条で国家の義務として規定し、第二項の立法義務、第三項の効果的救済措置の確保義務となっている（第一部総論　第五章国家の義務参照）。そして、自由権規約は、第四一条で国家に他国の条約義務違反を訴える権利を、任意的ではあるが、認め、自由権規約に追加された選択議定書で個人通報権の制度を設けた。これらは、国際人権法においては、通常、人権の内容に対して、実施措置（implementation measures）あるいは人権の履行確保措置と呼ばれてきた。これらを以上のように位置づけた上で分析し、現状と限界を見つめておかなければならない（第三部　国際的履行確保措置　参照）。なお、これとの関連で、人権侵害を糾弾し、被害者の側に立ち、被害者支援を行ったり、人権擁護を唱道する、いわゆるＮＧＯの存在と役割についても触れておかなければならないであろう（第四部　ＮＧＯの存在と役割参照）。

第一章　絶対的権利

第一節　絶対的権利

序　国際慣習法とユス・コーゲンス

国際人権法の法源については、国際法の法源論に倣って、慣習法、条約、法の一般原則、一方的行為について既に触れ、国際機関の決定についても論じた。しかし、国際人権法規範の相互的効力関係については触れなかった。伝統的国際法においては、国内法と異なり、上位規範、下位規範という法の階層性が見られず、一般的には、特別法優先の原則と後法優先の原則が働くからである。また、法の妥当性の広狭についても、国際法においては、一般法は慣習法としてのみ成立しており、同様のことは、国際人権法においても言えるからである。ただし、国際法は地域的にのみ妥当する慣習法の成立を否定するものではない(一)。

ところで、国際法は全く法の階層性を認めないのであろうか。国際法の揺籃期から一九世紀頃までは自然法論の影響が強く、自然法や神の法に反するものは効力をもたないとされた。一九世紀に実証主義が盛んとなるにつれ、国際法秩序における並列的構造が当然視され、国家の自由意思による条約締結、つまり国家の同意を条約の基礎とする考えが支配的になり、規範における序列観念もしだいに後退するに至った。しかし、二〇世紀に入り、条約締結における自由意思の尊重の絶対性に疑問が呈され、一九三〇年代に、たとえば、フェアドロス（Alfred Verdross）[二]など一部の学者が公序良俗に反する契約の無効規則を国際法の条約締結規則に類推適用しようと試みた。[三]

しかしながら、従来は、ローターパクトの言うように、[四]条約を規律する条約法理論は契約法観念の摂取・類推から出発し、条約法に関する国連国際法委員会の最初の報告者ブライアリーの著書『国際法入門』（その第六版は国際法委員会の条約法に関する最後の報告者を務めたウオルドックが校訂した）[五]を引くまでもなく、条約に関する国際法は、一九六九年の条約法条約における無効原因の列挙に見られるように、ほとんどの面において私法上の契約に適用されている一般規則が適用されている。しかし、契約と異なり、二〇世紀中葉までの国際法は、強制による条約も有効としてきた。この状況を大きく突き動かしたのは、学説もさることながら、力によって維持された植民地主義を否定して多くの国が植民地から独立したことであった。[六]こうした中で、不平等条約や強制による条約の無効が語られ、同意の瑕疵やユス・コーゲンスが条文化された。その意味では、ルテールの指摘するように、[七]一九六九年の条約法条約は法の道徳化（morarisation du droit）に特徴がある。

ところで、日本も当事国である条約法条約は、第五三条で「締結の時に一般国際法の強行規範に抵触する条約は、無効である」と規定するものの、何が強行規範に当たるかは明確にしていない。国際法委員会は最終草案のコメンタリーの中で、例示的に、国連憲章の諸原則に反する不法な武力行使、国際法によって犯罪とされるその他の行為の遂行、すべての国が鎮圧に協力すべき奴隷貿易、海賊または集団殺害を目的とする条約を挙げ、その他に、国際法に反する犯罪とか、人権条約、国家平等、自決原則に違反する条約を例として挙げた（八）。

他方、国際法委員会の国家責任法に関する議論の中で、最初の特別報告者アゴー（Roberto Ago）は、一九七六年の第五報告で、第二大戦におけるユダヤ人迫害等の、歴史に例のない惨劇の経験の消えない時期にあって、ジェノサイドなどの非人道的実行を「国際犯罪」と捉え、「国際不法行為」と区別し、これらをユス・コーゲンスとして、熱く論じた。国際犯罪となる義務違反として例示された国際義務は、①国際の平和と安全の維持に不可欠な重要性をもつ国際義務（侵略の禁止等）、②民族自決権の保護に不可欠な重要性をもつ国際義務（力による植民地支配の確立または維持の禁止等）、③人間の保護に不可欠な重要性をもつ国際義務（奴隷制、集団殺害、アパルトヘイトの禁止等）、④人間環境の保護と保全に不可欠な重要性をもつ国際義務（大気・海洋の大規模汚染の禁止等）であった（九）。これらの規則は二一世紀の現在なら肯定できることではあるが、一九七〇年代では①から③までの規則はいざ知らず、④の規則は lex lata（既存法）ではなく lex ferrenda（もたらさるべき法）であったと言うべきである（一〇）。国家責任法に関する議論は実体規則の内容に関する激しい対立もあって、周知のように、国家責任法の法典化に対する方法を変え、いわゆる一次規則からのアプローチを止め、二次規則からのアプローチを採った（一一）。しかし、ここで指摘しておきたいのは、人間の保護に不可欠な重要性をもつ国際義務が、条約法の分野でも、国家責任法の分野でも、六〇年代から七〇年代にかけて、具体的に共通の言葉で語られていたことである。こうした流れは、冷戦終了後に急激に展開した国際刑事法の中で開花した。[一二] 今では、これらの規則は、一般法である慣習法であり、しかもユス・コーゲンスとなっていると認められる。[一三]

（一）もっとも、一九四八年のペルーでの軍事反乱の首謀者アヤ・デ・ラ・トーレが首都リマのコロンビア大使館に庇護を求めた事件にかかわる庇護事件の一九五〇年判決で国際司法裁判所はコロンビアの主張する地方的慣習を認めなかった。Columbian-Peruvian Asylum Case, ICJ Reports 1950, p. 266, p.288.

（二）Alfred von Verdross, Forbidden Treaties in International Law, 31 Am. J. Int'l 571 (1937), pp. 571-577.

（三）学説の状況について、杉原高嶺『国際法学講義』（有斐閣、二〇〇八）八八頁以下参照。なお、村瀬信也・奥脇直也・古川照美・田中忠『現代国際法の指標』（有斐閣、一九九四）二四頁以下（村瀬執筆）参照。

（四）H.Lauterpacht, Private Law Sources and Analogies of International Law, Longman and Co.Ltd.,1927, pp. 156-159.

（五）J.L. Brierly, The Law of Nations Sixth Edition edited by Sir Humphrey Waldock, Oxford At The Clarendon Press, 1963.

（六）植民地独立の経緯について芹田健太郎『普遍的国際社会の成立』（有斐閣、一九九六）、これらの国連加盟状況については芹田健太郎編集代表『コンパクト学習条約集』（信山社、二〇一〇、同第二版、二〇一四）参照。なお、坂元茂樹『条約法の理論と実際』（東信堂、二〇〇四）第六章「強制による条約の無効」が国際法委員会におけるこの議論を詳細に追っている。

（七）P. Reuter, La Convention de Vienne sur le Droit des Traités, Almand Colin, Paris, 1970, p.22.

（八）Yearbook of the ILC, 1966, Vol.II, p.248.　なお、小川訳一四六―一四七頁参照。

（九）Yearbook of the ILC, 1976, Vol.II, Part One, とくにpp.30-33、なお、条文案はYearbook of the ILC, 1976, Vol.II, Part Two, p.11, Art.19. Intenational crimes and international delicts 参照。

（一〇）最近の国際環境法については、松井芳郎『国際環境法の基本原則』（東信堂、二〇一〇）参照。

（一一）国際法委員会自体は、いわゆる一次規則の内容に関する激しい対立もあり、国家責任法の法典化に対する方法を変え、一次規則からのアプローチを止め、二次規則からのアプローチを採った。方法論の推移について、松井芳郎「国際連合における国家責任法の転換（二・完）」国際法外交雑誌九一巻四号（一九九二）参照。またその方法論についての舌鋒鋭い批判的検討について兼原敦子「国家責任条文第一部にみる法典化の方法論の批判的考察」『変革期の国際法委員会――山田中正大使傘寿記念』（信山社、二〇一一）所収参照。

（一二）芹田健太郎『国際人権法Ⅰ』（信山社、二〇一一）序論第二章第五節（本書六五頁以下）および芹田・薬師寺・坂元『ブリッジブック国際人権法』（信山社、二〇〇八、同第二版、二〇一七）chapter10「国際的な刑事裁判を見る」参照。

（一三）なお、絶対的人権につき、道徳哲学の領域から論じられたものとして、深田三徳『現代人権論』（弘文堂、一九九九、初版）、八四―八八頁参照。

　憲法学の立場から佐藤幸治は人権の性質ないし規定の仕方から一切の制約を排除するものがあるとして、例えば憲法三六条（拷問・残虐刑の禁止）をあげている（佐藤幸治『憲法〔第三版〕』（青林書院、一九九五）四〇五頁）。なお、今村成和『人権叢説』（有斐閣、一九八〇）三二―三頁。また、人権観について、イエリネック著・初宿正典訳編『人権宣言論争』（みすず書房、一九八一）。

スティーヴン・オッペンハイマー著・仲村明子訳『人類の足跡一〇万年全史』（草思社、二〇〇七）も参照。

第一款　平等・差別禁止

人間の平等という理念は、序論第一章で触れた「人間の尊厳」の原理の当然のあらわれである。しかし、これが近代憲法の中に「法の下の平等（equal under the law）」として受け入れられたのは、とくに人間生来の平等を強く主張する近代的自然法（または自然権）思想、神の前におけるすべての人間の平等を説くキリスト教思想、平等価値の実現を目標とする近代民主主義など、近代的な諸要因を背景としてであった（一）。法の下の平等原則は、国家権力からの自由と並んで、近代憲法の基礎をなす不可欠の部分である。

歴史は、既述のように、平等の確保を目指して進められてきたことをわれわれに教える。一七七六年のアメリカ独立宣言は「すべての人間は、平等に造られている」と表現し、一七八九年のフランス人権宣言は「すべての人間は、権利において平等である」と宣言した。これは諸国の憲法が受け継いできたところであり、また、既述のように、一九四八年の世界人権宣言や一九六六年の国際人権規約も宣言している。これらはまず出発点の平等を確保しようとするものであった。

今日では、しかし、ラートブルフの言うように（二）、「平等は法の出発点ではなくなって、法秩序の到達点となる」。その意味では、平等は、したがって、法の出発点であり、しかも到達点である。

一　平等原則

人間の平等が実定法として確立するようになるのは、奴隷制の廃止に見られるように、それほど古いことではない。しかし、今日これを否定するものはない。日本が当事国である自由権規約第二六条、人種差別撤廃条約第二条および第五条、その他米州人権条約第二四条、アフリカ人権憲章第三条、そしてヨーロッパ人権条約第一二議定書（二〇〇〇年署名、二〇〇五年発効）第一条がそれぞれ平等の一般的保障と差別の一般的禁止を定めている。このように、世界的な人権条約も、地域的な人権条約も平等と差別禁止を規定しており、今や国際慣習法として確立していると言える（ASEAN諸国は二〇〇九年一〇月に諮問機関としての政府間人権委員会を設置し、アセアン諸国が加盟する人権文書の支持を表明している。委員会規程TOR第一条(六)および第二条参照）。自由権規約第二六条に代表させてこれを記せば次の通りである。

「すべての者は、法の前に平等であり、いかなる差別もなしに法律による平等の保護を受ける権利を有する。このため、法律は、あらゆる差別を禁止し及び人種、皮膚の色、性、言語、宗教、政治的意見その他の意見、国民的若しくは社会的出身、財産、出生又は他の地位等のいかなる理由による差別に対しても平等のかつ効果的な保護をすべての者に保障する。」

すべての者は「法の前に平等」（英：all persons are equal before the law、仏：toutes les personnes sont égales devant la loi）については、周知のように、ワイマール憲法第一〇九条の vor dem gesetz gleich（法の前に平等）について、法律が平等に適用されるべきことを要請するだけであり差別を内容とする法律の制定を禁止する趣旨ではないとする解釈が有力であったとされたように、単に法の適用におい て平等であることを保障するだけであるのかが問題となる。自由権規約は、しかし、第二文で法律による「平等の保護」を規定しており、これは立法者をも拘束し、差別的な立法は許されない。その意味で、法の前の平等は、法の適用における平等とともに、法の内容そのものが平等であることも要求するものである。なお、日本国憲法第一四条の「法の下に平等」について、その表現形式から推論して「単に法の適用に関して平等であることを要求するにすぎないものと解するのは正しくない」とし、「法の定立作用においても有力な働きを行うものである」とする解釈が憲法施行後の早い時期から行われていたことを指摘しておきたい。(三)今日ではこれは日本の判例・通説の採る立場である。

自由権規約第二六条は、たとえば自由権規約第二条のように「この規約において認められる権利」についてのみ平等を保障する条約限定的な従属規範（subordinate norm）ではなく、それ自体独立の権利である自立規範（autonomous norm）であることを再確認しておきたい。

もっとも自由権規約委員会は、自由権規約第二六条についての初期の事例では、自由権規約の保障する他の権利との関連で対処してきた。つまり、自由権規約第二六条を第二条と同様に扱い、それ自体を独立の権利としては扱っていなかった。たとえば、ノルウェーの租税法の適用と低家賃住宅の割り当てにおいて人種差別があったと申し立てた通報を事物管轄が無く不許容（inadmissible *ratione materiae*）と、自由権委員会は宣言し、「通報は規約に言及するいかなる市民的及び政治的権利の侵害の証拠を示していないこと。殊に、課税対象の収入および住宅割り当ての評価がそれ自体自由権規約の適用される事項ではないこと、また、人種差別の被害者であるとする請求を立証するいかなる証拠もないことを指摘」した。（四）

この状態に変化が起きるのは、一九八七年の「オランダ失業手当給付法事件」を契機としてである。同法は家計の担い手である既婚男性と既婚女性との間に区別を設けていたが、この区別が性別による差別と主張された事件で、先ず、「第二六条の適用される対象は、自由権規約に規定される人権に限定されず、およそ公権力が規律し保護するすべての分野に及ぶこととなり、当然いわゆる社会権にも適用されること」が確認され、同法の設ける区別は「合理的かつ客観的基準」を満たしておらず、条約違反とされた。（五）自由権規約委員会は、こうして一九八九年の第三七会期で採択した一般的意見第一八において、第二六条がそれ自体「自立的権利」（autonomous right）であることを認め、どのような別違取り扱いが差別となるかについて、「合理的かつ客観的」（reasonable and objective）基準を明言した。（六）法の前における平等原則の内容および適用における平等はここに確立した。しかも、日本国憲法のように「すべて国民は」法の下に平等、と保障されているのではなく、「すべての者は」法の前に平等、と保障されているのである。

平等原則は、原則としては絶対的なものであり、これの否定は許されない。しかし、どのような場合にでも平等が貫徹されるという意味での絶対的権利ではなく、人間が社会的動物である以上、国民と外国民との間に区別があるように、合理的区別は許される。しかし、先ず国民間に平等が認められ、次に、権利によってはその性質上、外国民にも平等に認められるというものではなく、先ず、すべての人の平等があり、厳格に審査された客観的合理的理由があれば、その限りで国民と外国民との間に区別が正当化されるのである。判断の結果として、どちらからアプローチしても、類似した結論が導き出されることがあるにしても、権利の十全な共有にとって、どちらが原則であるのかの相違は大きい。

なお付言すれば、一九七八年一一月二七日のユネスコの人種及び人種的偏見に関する宣言は、より積極的に第一条二項で「異なっていることの権利」(right to be different) を謳っていることに言及しておこう。同様な意味では二〇〇一年のダーバン宣言も挙げられる。

なおまた、人々の間にある違いを消してしまうのではなく、これを守るためにも、自由権規約第四条一項は非常事態における人権の停止権を国家に認めているが、その場合でも、「人種、皮膚の色、性、言語、宗教または社会的出身のみを理由とする差別を含んではならない」と定めている。この「のみ」を残すか否かについては議論があったが、「避けるべき悪が前述の理由のみに基づく差別であることを強調することは重要である」として残された経緯(芹田編訳『草案註解』六二頁)があり、これらの違いが特段の意味を持つことが意識されていたことを指摘しておこう。

（一）H. Lauterpacht, Intenational Law and Human Rights, First published 1950, Reprinted 1968, Archon Books は、国際法学の側からつとに国際法と人権の問題を扱ったもので、第一部「人間の権利と国際法」第二節自然法と人間の権利において、法律政治思想、自然法の機能、国際法と人間の不可譲の権利について論じている（七三頁以下参照）。

（二）ラートブルフ著作集第三巻『法学入門』（東京大学出版会、一九六一）。

（三）『註解日本国憲法　上巻』（有斐閣、一九五三）三四八頁。

（四）No.129/1982（I.M. v. Norway）, HRC 1983　Report. Annex XXVII, para. 5.

（五）いずれもオランダを訴えた同種事件、ブレークス事件（No.172/1984）（本件については、本書一六三頁註参照）およびヴァン・デ・フリース事件（No.182/1984）（本件については、安藤仁介・後掲論文参照）。これらの事件では、問題のオランダ法が制定されてから一九八〇年頃までは、オランダ社会では男性が家計の担い手であることは当然視され、女性が家計の担い手と見なされるためには一定以上の収入が要求され、これが既婚女性の失業手当を拒否された一九七九年当時の社会通念であったこと、そして、オランダ社会の就労状況の変化を考慮し一九八五年（通報の翌年）に法改正され、現在では差別条項が削除されたこと等をオランダは主張した。委員会は、第二六条は社会権にも適用されること、また、通報者が違反の犠牲者である状況が継続していること等から同通報の本案を審理し、合理性基準から違反を認定した。同委員会委員を長らく務めた安藤仁介「規約人権委員会による自由権規約第二六条の解釈・適用とその問題点」『世界人権問題研究センター研究紀要』第七号（二〇〇二年三月発行）、とくに五–六頁参照。

この第二六条解釈の展開について、Jacob Th.Moeller and Alfred de Zayas, United Nations Human Rights Committee Case Law 1977-2008, A Handbook,　N.P. Engel, Publisher, 2009, p.409 は、「自由権委

員会の第二六条判例における急展開（great breakthrough）」と評価する。また、Manfred Nowak, U.N. Civil and Political Rights CCPRCommentary 2nd revised edition, N.P.Engel, Publisher, 2005, p.609 は、「第二六条解釈に対する重要な貢献」（important contribution）と評価する。

なお、性差による遺族補償年金受給資格につき配偶者のうち夫のみにある年齢用件を「憲法一四条一項に違反する不合理な差別的取扱いとして違憲・無効と言わざるを得ない」とした大阪地方裁判所の判決（大阪地判二〇一三年一一月二五日、平成二三（二〇一一）（行ウ）一七八、裁判所ウェブ）がある（被告側控訴、朝日新聞（朝）同年一二月七日）。本件事案は、公立中学校の教諭であった原告の妻が校務により精神障害を発症し、夫が五一歳だった一九九七年に自殺。労災に当たる「公務災害」と認められた後の二〇一〇年に、夫である原告は、地方公務員災害補償基金（被告）大阪支部長に対して、遺族補償年金、遺族特別支給金、遺族特別援護金および遺族特別給付金の支給請求をしたところ、妻死亡時五一歳であったため、いずれも不支給とする処分が行われた。そこで、原告が地方公務員災害補償法の年齢要件は差別的であり違憲であるとして、この処分取消しを求めたものである。地公災法は遺族補償年金を受けることのできるもののうち、妻以外は夫について年齢六〇歳以上（昭和六〇（一九八五）年以降特例で五五歳以上とされる）であることとされている。裁判所は、立法事実として、地公災法の一九六七年制定当時には、専業主婦世帯が一般的であり、妻について年齢や障害の有無の要件を設けずに受給者としたことに一定の合理性があったが、「女性の社会進出が進んだ結果、一九九〇年代には、雇用者の共働き世帯が専業主婦世帯を上回り」「共働き世帯が一般的な家庭モデルとなった現在の社会情勢の下においてもなお本件区別の合理性を維持できるか」を検討し、さらに、今日においても、女性の方が男性に比して依然として賃金は低く、非正規雇用の割合も多く、「本件区別の前提となった立法事実の一部は依然継続していることが認められる」にしても、夫死亡の場合と妻死亡の場合とで遺族である配偶者の担う家庭責任の程度には差がなく、「年齢要件の合理性の根拠とはなり得ない」。また、二〇一〇年八月以降、児童扶養手当を父子家庭にも支給するようになり、二〇一一年一二月の社会保障審議会年金部会においても、遺族年金支給対象について男女差別解消が必要である、という意見がだされた。こうしたことから、「共働き世帯が一般的な家庭モデルとなっている今日においては、配偶者の性別において受給権の有無を分けるような差別的取り扱いはもはや立法目的との間に合理的関連性を有しないというべきであ」る。なおまた、本判決に対する控訴審判決が二〇一五年六月一九日に大阪高裁であり、「配偶者の死亡後に生計を維持できない可能性は妻の方が高く、男女差には合理的理由がある」と判断し、男性の訴えを退けた（『朝日』二〇一五年六月二〇日朝刊）。男性は同二九日上告した（『朝日』二〇一五年六月二九日夕刊）。

(六)　CCPR General Comment No.18, paras.12&13.

二　差別的取扱いの禁止と合理的差別

1　差別禁止原則

平等原則は人間の平等を正面から定めるとともに、裏側から差別を禁止することによって具体的に平等を保障している。このため、自由権規約は、前述のように、「法律は、あらゆる差別を禁止し及び人種、皮膚の色、性、言語、宗教、政治的意見その他の意見、国民的若しくは社会的出身、財産、出生又は他の地位等のいかなる理由による差別に対しても平等のかつ効果的な保護をすべての者に保障する」と規定する。この規定方式は人権条約のみならず、各国憲法の採るところでもある。日本国憲法は「人種、信条、性別、社会的身分又は門地により、政治的、経済的又は社会的関係において、差別されない」と定める（一四条一項後段）。「差別されない」というのは、人間性を尊重するという個人主義的、民主主義的理念に照らしてみて、不合理と考えられる理由による差別が、法の下の平等原則に反する、とされるのである。ここに挙げられている理由は、不合理と考えられる差別の代表的なものを、例示的に、限定的にではなく、列挙したものであり、これらに該当しない理由による差別が許されるわけではない。

国際人権法上、差別とは、①あらゆる区別、排除、制限または優先であって、②政治的、経済的、社会的、文化的その他の分野における平等の立場での人権および基本的自由を認識し、享有し、または行使することを妨げたり、害する目的や効果をもつものを言う（人種差別撤廃条約一条一項は、「その他のあらゆる公的分野」といい、女性差別撤廃条約一条は「その他のいかなる分野」という。障害者権利条約二条は「その他のあらゆる分野」）。

現実の人間社会には様々な区別や、排除や、制限や、優先があるが、われわれはこうした取扱いの相違となる理由に着目して、歴史的、経験的にみてとくに不合理であり、客観性に欠けると考えられるものを例示してきた。したがって、例示されているものによる区別は、禁じられた差別として強い推定が働く。つまり、差別正当化の挙証責任を、差別する側（多くは、公権力の側）に強く負わせるものである。そうした理由として、自由権規約第二六条は、「人種、皮膚の色、性、言語、宗教、政治的意見その他の意見、国民的若しくは社会的出身、財産、出生又は他の地位等」を掲げ、日本国憲法第一四条は「人種、信条、性別、社会的身分又は門地」を挙げ、その他たとえば第四四条は教育、財産、収入を挙げている。自由権規約第二六条の文言は世界人権宣言第二条に列挙するものと同じである(一)。日本の場合には、合憲性審査にあたり、自己のコントロールの及ばない生まれながらの属性にかかわる場合や、精神的自由にかかわる人権侵害にかかわる場合には、厳格な審査が行われてきた(二)。

なお、二〇〇六年の障害者権利条約第二条(三)では「障害を理由とする差別」とは、「障害を理由とするあらゆる区別、排除又は制限であって、政治的、経済的、社会的、文化的、市民的その他のあらゆる分野において、他の者と平等にすべての人権及び基本的自由を認識し、享有し、又は行使することを害し、又は妨げる目的又は効果を有するものをいう。障害を理由とする差別には、あらゆる形態の差別（合理的配慮の否定を含む。）を含む。」と規定され、「合理的配慮」とは、たとえば手話通訳とか、車椅子用スロープとかの用意であり、「障害者が他の者と平等にすべての人権及び基本的自由を享有し、又は行使することを確保するための必要かつ適当な変更及び調整であって、特定の場合において必要とされるものであり、かつ、均衡を失した又は過度の負担を課さないものをいう」と定義されている。同条約は、「障害が発展する概念であり、障害者と障害者に対する態度および環境との間の相互作用であって、障害者が他の者と平等に社会に完全かつ効果的に参加することを妨げるものによって生じることを認め」（前文四項）、つまり、いわゆるメディカルモデルに加えて、ソーシャルモデルを認め(四)、第一条二文で「障害者には、長期的な身体的、精神的、知的又は感覚的な障害（impairement機能障害）を有する者であって、様々な障壁（barriers）との相互作用により他の者と平等に社会に完全かつ効果的に参加することが妨げられることのあるものを含む」とし、障害者が「人種、皮膚の色、性、言語、宗教、政治的意見その他の意見、国民的な、種族的な、原住民としての若しくは社会的な出身、財産、出生、年齢又は他の地位に基づく複合的又は加重的な形態の差別」を受けている困難な状況を憂慮している（前文一六項）。このように、国際社会の差別を見る目はますます厳しくなっていることを指摘しておこう。

2　主な差別理由

さて、自由権規約第二六条についてフランス退役軍人年金事件で言及したように（第一部総論第三章）、自由権規約委員会は別異取扱いに「客観的かつ合理的正当化理由」がある場合には条約違反ではない、と判断している。第二六条違反の多くの事例は、性別、政治的意見、宗教、国籍（citizenship）である。(五)

(1)　性　　別

性別に関しては、すでに触れた社会保障関連差別事例のほか、たとえば、婚姻した男女の姓の選択に関する事例で、婚姻した女性は夫の姓を名乗ることとされているナミビア法が自由権規約違反であるとする通報に対して、自由権委員会は、まず、「第二六条二項に列挙される特別の理由の一つに基づく異なる取り扱いは当事国に対して異なる取扱い（differenciation）の理由を説明する重い挙証責任（a heavy burden）を課すものである」ことを確認した後、(六)当事国ナミビアの主張、すなわち、ナミビアの女性は夫の姓を名乗るのが長期にわたる伝統であり、当該法律はナミビア社会に一般に受け入れられた状況を単に反映したものに過ぎないし、法的安定性（legal security）を創るのに役立つ、としたのに対し、委員会はこれを審議し、ナミビアの中立は、合理的ではない、と判断した。あるいは、「性的指向」（sexual orientation）に関連して、ホモセクシュアル行為を犯罪とするタスマニア立法を問題にしてオーストラリアを訴えた事例が見られ、本件では、委員会は「合理性（reasonableness）」テストを満たしていない、と判断した。(七) なお、オーストラリアは「その他の地位」に性的指向が含まれるのかを委員会に求めたが、委員会は二条一項および二六条での「性」への言及は性的指向を含むと考えられるべきであるとnoteするに留めた。(八)

(2)　政治的意見

政治的意見を理由とする差別については、ラテンアメリカおよびアフリカ諸国について多くの事例が見られ、これらはいずれも独裁政権がらみと言っていい例であり、民主化とともに事件としては減少していく形態とみていいであろう。この点では日本の憲法判例の動向に注目したい。

宗教・信条については、ヨーロッパで徴兵制を採っているオランダやフィンランドやフランスにおける良心的兵役拒否者との関連で、軍務に就いた者との兵役期間の長短の根拠の合理性等が問題とされているほか、カトリック系私立学校と公立学校との間あるいはカトリック系私立学校とユダヤ系その他の学校間の政府補助金の相違について、これが「合理的かつ客観的基準」に照らして第二六条違反か否かが論じられているが、委員会の意見は区区である。(九)

(3)　他の地位――国籍、婚姻、障害、年齢

「他の地位」条項でカバーされるのは、国籍（citizenship）、前述の「性的指向（sexual orientation）」お

よび「婚姻」である。

国籍については外国人の処遇が問題である。(一〇) 国際関係は一九世紀以来原則として相互主義によって規律され現在に至っており、内外人平等主義は、先ず私権の分野で実現を始め、二〇世紀にいたってはじめて公権の分野に浸透してきたものである。(一一) 自由権規約では、外国人の追放からの保護規定である第一三条および参政権規定である第二五条を除き規約上のすべての権利が内外人平等に適用される。(一二) すでに触れたフランス退役軍人年金事件では、元フランス軍人であるフランス人とセネガル人の間では、その兵役中の役務に応じ年金支給を行うべきであり、国籍にかかわらず平等とすべきとされた。また、労働協議会（work-council, Betriebsrat）選挙に関してトルコ人がオーストリア政府を訴えたカラクルト対オーストリア（No.965/2000, Karakurt v Austria）では、オーストリア国民およびヨーロッパ経済地域（European Economic Area, ECA）構成国民には被選挙権が与えられているのに対し、それ以外の国民にこれが与えられていないことが争われ、委員会は、労働協議会委員の役割が職員の利益の促進と労働条件遵守の監視であることから、国籍のみを理由に外国人間の差別的取扱いをすることは「合理的ではない」としたことが注目される。(一三)

婚姻については、婚姻した男女と非婚の異性カップルとの間の別異扱いや異性カップルと同性カップルとの関係、さらには嫡出子、非嫡出子（婚外子）の問題など、多くの論点がある。ノワクも指摘するように、(一四) 非婚の配偶者（パートナー）に関する社会的価値観や道徳観は多くの社会において近年急速に変化しており、法律に基づく届出による婚姻（法律婚）が以前のような重要性をもたなくなってきているので、婚姻した夫婦に伝統的な特権を与えようとすれば、なぜそのような特権を法律婚の夫婦にのみ与えるのかについて、ますます重い挙証責任が政府にはかかってくる。また、婚姻の有無によって取扱いを異にするについては、別異扱いを承知の上で行う男女の自由選択の問題として当該カップルが非婚を選択しているのだから差別を受容したものとして位置づけ、整理することも可能かもしれない。しかし、同性カップルと異性カップルとの間の取扱いの差別はこれを正当化するのは難しくなってきている。なお、米国最高裁は二〇一五年六月二六日、同性カップル（same-sex couple）を異性カップル（opposite-sex couple）とを差別して扱うことを憲法修正第一四条の平等保護違反として、同性婚を容認する判断を下した（一五）。

日本の場合、嫡出子と非嫡出子との間の相続差別について長年にわたって問題とされてきた（一九九五年七月五日の最高裁判所の合憲判断（最大決、民集四九巻七号一七八九頁）が、二〇一一年八月、大阪高等裁判所は、九五年の合憲判断以降、家族関係や親子関係の実態は変化し、国民の意識も多様化していることを指摘し、さらに二〇〇八年六月四日の最高裁判所判決（民集六二巻六号一三六七頁）――当時の国籍法が「法の下の平等」に反し違憲であると判断した――にもふれ、当該相続が開始した二〇〇八年末時点で婚外子と嫡出子との区別を放置することは、立法の裁量の限界を超えていると結論した（なお、一九九六年には法制審議会が婚外子と嫡出子の相続を平等とする民法改正要綱をまとめていた）（一六）。そして、二〇一三年になって最高裁判所は、全員一致で、前掲合憲判断を変更して、違憲と判断した（二〇一三年九月四日判タ一三九三号六七頁）。周知の通り、九五年決定以降、憲法学説はほぼ違憲説であり、最高裁判所決定でも少数意見に補足意見を加えると、実質的にほぼ半数が違憲説と言える状態にあった。九五年決定は、本件規定の立法理由として、法律上の配偶者との間に出生した嫡出子の立場の尊重と嫡出子でない子の保護を図ったもので、民法が法律婚主義を採用している以上このような立法理由に合理的根拠があり、本件区別が立法理由との関連において著しく不合理であるとはいえない、とするものであった。

ところで、二〇一三年の本件決定は、法律婚主義を前提とした上で、法定相続分をどのように定めるかについては、これらの事項は「時代と共に変遷するものである」から、その定めの合理性については「個人の尊厳と法の下の平等を定める憲法に照らして不断に検討され、吟味されなければならない」とし、一九四七（昭和二二）年の民法改正時には、諸外国の立法例が影響を与えていた。しかし一九六〇年代以降これらの国の多くで子の権利の保護の観点から平等化が進み、一九九五（平成七）年大法廷決定当時に差別が残されていたドイツやフランスでもその後差別が撤廃され、今日では相続分に差異を設けている国は欧米にはないこと、また、日本が国際人権規約、児童の権利条約を批准し、九三（平成五）年には自由権規約委員会が差別的規定の撤廃を勧告し、最近でも児童の権利委員会が同様の懸念を示す見解を改めて示した。こうした世界的な状況や、一九九六（平成八）年の法制審議会答申「民法の一部を改正する法律案要綱」においても、両者の法定相続分の平等化が明記された。こうしたこと等を総合すれば「平成一三年七月当時においては、立法府の裁量権を考慮しても、嫡出子と嫡出でない子の法定相続分を区別する合理的な根拠は失われていたというべきである」とした、この最高裁大法廷決定を受けて、民法の一部を改正する法律（平二五・一二・一一法律第九四号）が成立し、改正後の民法九〇〇条の規定は、最高裁判所の決定の翌日、二〇一三（平成二五）年九月五日以降に開始した相続について適用される。

「障害」と「年齢」についてもいくつかの申立で争われてきたし、政治的には微妙な問題であり、自由権規約委員会ではこれらを理由に条約違反を未だ認定してはいないようである。障害については障害者権利条約が別途採択されているので、年齢について述べる。たとえば、オーストリアを相手に国有航空会社のパイロットたちが訴えた Love et al. v. Austria (No.983/2001) では、六〇歳定年制の違法性を争ったのに対し、委員会は、「年齢」が「その他の地位」に当たることは明示的に認めたものの、乗客、乗員その他飛行によって影響を受ける人々の安全を最大限にするという目的が条約の正当な目的であり、ＩＣＡＯ制度その他から考えて解雇当時この差別が「客観的かつ合理的考慮」に基づくものに当たらないとは言えない、と判断した（一七）。

以上のことから結論できることは、平等・差別禁止原則の核の部分は確固として確立した原則となっており、派生部分がさらに広がってきていることである。それのみならず、平等原則はいまだに深化と拡大を続け、人間の尊厳を人々に深く認識させる契機となっている。

(4) 同性婚

日本国憲法第二四条一項は「婚姻は、両性の合意のみに基づいて成立」すると規定する。しかし、米国連邦憲法には婚姻を両性の合意とする規定はなく、ミシガン州等のいくつかの州で、婚姻を異性間の結合と定義していたところ、二〇一五年六月二六日、米国連邦最高裁判所（Supreme Court of the United States）は、同性カップル（same-sex couple）を異性カップル（opposite-sex couple）と差別して扱うことを憲法修正第一四条の平等保護違反として、同性婚を容認する判断を下した。(一七)

日本では、二〇一五年三月に東京都渋谷区が、続いて同年一一月に世田谷区が条例に基づき同性パートナーシップ証明書を発行することとし、その後、兵庫県宝塚市、三重県伊賀市、沖縄県那覇市、北海道札幌市などが続いている。公正証書を発行するか否かに違いは見られるが、いずれも法的に相違はない。民間企業の中にも社内規定の改定を行い、差別をなくす試みが行われている。日本社会が多様性を認める生きやすい社会であり、事実婚に対して法的保護を厚くしてきた日本の経緯から考えても日本社会の制度設計のための知恵の創出に向けて、日米の差を明確に知るためにも、米国連邦最高裁判所判決が米国の婚姻の歴史から婚姻の意義まで幅広く検討しており、この分野での最高の文献であるので、やや詳しく要約しておきたい。(一八)

法廷意見はケネディ判事が書き、これに「リベラル派の四人」の判事が賛成、「保守派」が反対意見を書いた。

事件は、婚姻を一人の男と一人の女の結合（union）と定義しているミシガン州、ケンタッキー州、オハイオ州、テネシー州からのものである。一四組の同性婚者と同性婚のパートナーを亡くした二人の男たちからの訴えであり、婚姻する権利または他の州で合法的に行われた婚姻に完全な承認を与えさせる権利を否定することによって当該州政府は憲法修正第一四条を否定している、と主張した。

憲法修正第一四条は次のように規定する。

「第一節　合衆国において出生し、または帰化し、その管轄に服するすべての人は、合衆国およびその居住する州の市民である。いかなる州も合衆国市民の特権或は免除を損なう法律を制定し、或は施行することはできない。またいかなる州といえども正当な法の手続（due process of law）によらないで、何人からも生命、自由或は財産を奪ってはならない。またその管轄内に在る何人に対しても法律の平等なる保護を拒むことができない。（以下第二節～第五節省略）」（宮沢俊義編『世界憲法集』（岩波文庫、一九六〇年第一刷発行、一九六五年第八刷発行）による）。

各人の状況は次の通り。

James Obergefell はオハイオの原告で、二〇年以上前に Arthur に出会って共に暮らし始めたが、Arthur が死亡。オハイオ法は死亡証明書に遺族として記載することを許していない。

April DeBoer と Jayne Rowse はミシガンの共同原告。二人とも看護師として働き、二〇〇七年に永続的関係に入る約束を祝った。そして、それぞれ男児を家族として養子に迎え、その後も養子を迎えた。しかし、ミシガンでは、異性婚カップルまたは単身の個人にのみ養子縁組を認めており、彼女たちは相手側養子に対して何らの法的権利も認められない。いざという時のためにこの不安定さからの救済を求めた。

陸軍予備役曹長 Ijpe DeKoe と Thomas Kostura はテネシーでの共同原告。DeKoe は二〇一一年にアフガン派遣が決まり、出発前に同性婚を認めるニューヨークで結婚。アフガンからの帰国後テネシーに居住し、DeKoe は陸軍（Army Reserve）にフルタイムで働いているが、テネシーでは合法的婚姻が認められないでいる。

当法廷にあるその他の事件には、申立人それぞれの物語があり、それぞれが婚姻を傷つけられず、人生を全うし、配偶者の良き記憶を守ることを求めている、と裁判所は記している。

さて、法廷意見は、憲法がすべての人に自由を約束しているところから始め、結婚の歴史を論じる。婚姻制度は何千年も文化を超えて存在し、見知らぬ者を結び、家族と社会の基になってきた。しかし、中心ではあっても、法と社会の発展と無縁ではなく、継続と変化の歴史がある。かつては親の都合による政略結婚があり、建国時に両性間の自由意思による契約と理解されたが、妻の法的無能力と夫の庇護下にあるものとの永年にわたる昔からの考えの下に、婚姻した男女は男性支配の一つの法的実体と扱われた。女性の役割と地位が変わり、法律、政治、財産上の権利を得ることにより女性が女性自身の平等の尊厳をもつことが了解された。こうした数世紀にわたる婚姻制度その他の変化は表面的にとどまらず、その構造そのものにも深く影響を及ぼし、この新しい洞察は婚姻制度を弱めるどころか強化することとなった。婚姻についての理解の変化は、新しい世代に対して自由の新しい局面となって現れた。二〇世紀中葉までは同姓の親密な関係（same-sex intimacy）は長く不道徳なものとして断罪され、時に刑事処罰を受けた。第二大戦後もこうした事態は続き、ホモ（homosexuality）は病気として取り扱われ、一九五〇年代から一九七三年までホモは精神障害と分類された。ほんの最近になって精神科医その他が性的志向が人間の sexuality の通常の表明であり、変えがたいものであることを承認した。二〇世紀後半の文化的政治的発展により、世論の態度がより寛容になった。こうした背景から裁判所も動き始めた。

いかなる州も、修正第一四条のデュープロセス条項によって、「法の手続（due process of law）によらないで、何人からも生命、自由或は財産を奪ってはならない。」これらの自由は、個人の同定と信念を明白にしてしまう親密な関係の選択を含む、個人の自律と尊厳に中心的な個人的選択にまで及んでいる。権利章典や修正第一四条を書き、認めた世代はそのすべての局面の自由まで見通していたわけではない。将来の世代に委ねたのである。一九六七年には異人種間婚姻の禁止を無効とした。裁判官の全員一致で、婚姻が「自由な人間による幸福追求に不可欠な死活的個人的権利の一つである」と判示した。その他にもより有意的な先例があり、当法廷は広範な憲法原則を表明してきた。結婚する権利を定義するにあたり、この親密な絆に固有の歴史、伝統その他憲法上の自由に基礎を置くこの権利の不可欠な属性を同定してきた。この分析から得られる結論は、同性カップルが結婚する権利を行使することができる、ということにならざるをえない。

裁判所先例の第一の前提は、婚姻に関する個人的選択の権利が個人の自律の観念に固有のものであることである。婚姻の性質はその永続的つながりを通して、二人の人が共に、表現、親密な関係および精神性といった他の自由を見いだすことができることにある。当裁判所判例の第二原則は、結婚する権利が、他のものと異なり、二人の結合を支えるから基本的であるということである。囚人の結婚する権利も否定されない。結婚する権利を保護する第三の基礎は、これが子どもと家族を保障し、そうして、子の養育、生殖、および教育という関連権利の意味を引き出すことである。「結婚し、家庭を築き、子どもを育てる権利はデュープロセス条項によって保護される自由の中心的部分である（Zablocki, 434 U.S., at 384）。すべての当事者が認めるように、多くの同性カップルが、血縁であれ養子縁組であれ、その子どもたちに愛に包まれて育つ家庭を提供しているし、大部分の州がゲイとレズビアンに対し、個人としてまたはカップルとして養子縁組することを許してきたし、多くの子どもが同性の親を持っている。このことはしかし、子どもを持たないか持ちえない者たちにとって結婚の権利のもつ意味が少ないと言うものではない。憲法上の婚姻の権利は多くの側面を持っており、子どもを持つことはその一つに過ぎない。第四で最後に、当法廷の事件と国家の伝統が明らかにしているのは、結婚が我々の社会秩序の要石であることである。二〇〇年前のトクヴィル Tocqueville に呼応して、裁判所は、婚姻が「家族および社会の基礎であり、それなくしては文明も進歩もない」と説明している。カップルが互いに支えることを誓うように、社会はカップルを支えることを誓っている。この原則に関しては、同性カップルと異性カップルとの間には何らの差違はない。被告州側は、中立人たちが結婚する権利の行使を求めているのではなく、新しい在りもしない同性婚の権利を求めているのである、と主張する。しかし各事件では結婚する権利を包括的な意味で探し求め、関連する階層をその権利から排除するに十分な正当化理由があるのかを問うている。同性カップルは、異性カップルと同じ法的処遇を結婚に求めている。同性カップルの結婚する権利は修正第一四条で約束された自由であり、また、修正第一四条の法の平等保護から派生した保障である。デュープロセス条項と平等保護条項は深いところで結びついている。Loving事件において、裁判所は異人種間婚姻の禁止を平等保護条項とデュープロセス条項双方のもとで無効とした。他の事件も自由と平等の関係を確認している。これらのことを考慮すれば、次の結論に達する。「結婚する権利は人間の自由に内在する基本的権利であり、修正第一四条のデュープロセス条項と平等保護条項の下で同性カップルはその権利とその自由を奪われることはできない」。当法廷はこの決定の中で同性カップルがすべての州において結婚する基本的権利を行使することができることを支持する。結婚が愛、忠誠、献身、犠牲および家族についての最高の理念を具体化しているものであるので、いかなる結合も、結婚以上に深くはない。憲法は彼らにこの権利を付与するものである。(一八)

なお、世界で初めて同性婚を認めたのは、二〇〇一年のオランダで、その後二〇〇三年にベルギー、二〇〇五年にスペインと続き、南アフリカ、ポルトガル、アルゼンティン、フランス、ニュージーランドなどが同性婚を認めており、二〇一五年五月にアイルランドの国民投票の結果、同性婚を認めることになった、という。(一九)

(一)　芹田健太郎編訳『国際人権規約草案註解』(有信堂、一九八一)一三〇頁。なお、同条の議論の問題点など一二八－一三一頁参照。同草案の国連総会についての審議については、外務省『国際人権規約成立の経緯』(外務省国際連合局社会課、一九六八)参照。

(二)　一般的に、具体的な人間が事実上多くの差異をもっていることを考え、絶対的平等説を採らず、差異に相応した法的取扱いを認め、事実と法的取扱いの比率の均等を主張するが、それでも、比率の均等に関し一定の基礎となる基準がなければ、無限に微妙な人間の差異の前に法秩序は崩壊せざるをえないとして、合理性を基準に認める（法学協会『註解日本国憲法』上巻三五二頁）。憲法第一四条一項に「列挙された理由による差別は、原則として、不合理なものであり、したがって、それらを理由とする差別は、原則として、法の下の平等に反するという意味で、特に列挙したもの」と解している（宮沢俊義著=芦部信喜補訂『全訂日本国憲法』（日本評論社、一九七八）二一二頁）。ほかに、芦部信喜編『憲法Ⅱ　人権（一）』（有斐閣、一九七八）第二章　法の下の平等（阿部照哉執筆）とくに、二二一頁（二一五頁）以下の平等権規程の法的構造参照。

このように、通説・判例は判断基準を「合理性」に求めてきたが、さらに、この「合理性」それ自体の判断基準が問題となる。そこで、平等思想の根源と過去の経験（過去の悲惨な差別、自己の努力によってはどうにもならない社会的汚名、等々）に鑑み、第一四条一項後段に列挙する一定の事項については、特に「差別」を警戒し、その事項に関してはやむにやまれぬ特別な事情が証明されない限り「差別」として禁止するものと解すべきである（佐藤幸治『日本国憲法論』（成文堂、二〇一一）二〇一頁）。そして、この「差別につき疑わしい範疇」にかかる場合には、やむにやまれぬ政府利益を達成するために、その別異の取扱いが必要不可欠なものであるか否かが厳格に問われなければならない（「厳格な審査テスト」）。また、第一四条一項後段の事由に該当する場合でなくとも、基本的人権の重大な制限をともなう場合や、生まれに着目して不利益が決定され、重大な社会的差別感と結びつくような場合には、「厳格な審査」テストに準じて、法律の目的を厳格に解し、あるいは手段が実質的相当性を有するか否かを厳格に問う必要があると解すべきである（「厳格な合理性」テスト）（佐藤・前掲二〇九頁）。なお、疑わしい範疇（suspect classification）および厳格な審査基準（strict scrutiny）について、初宿正典

『憲法II基本権』（成文堂、一九九六）二二一頁以下参照。また、棟居快行『人権論の新構成』（信山社、一九九二）一一三頁以下の第二章平等保障参照。
（三）二〇〇六年一二月一三日に第六一国連総会決議 A/RES/61/106 において採択、二〇〇八年五月三日発効、二〇一八年三月末現在一四七国が当事国。日本は二〇〇七年九月二八日署名したが、ようやく二〇一三年一一月一九日衆議院本会議、続いて、同一二月四日参議院本会議で締結につき承認され、翌二〇一四年二月一九日に日本につき発効した。
（四）松井亮輔・川島聡編『障害者権利条約』（法律文化社、二〇一〇）、とくに第一章―第三章および第五章参照。なお、簡単な解説として、芹田・薬師寺・坂元『ブリッジブック国際人権法』（信山社、二〇〇八）九七―一〇二頁（坂元執筆）参照。
（五）Nowak, op.cit., p.628.
（六）No.919/2000 (Mueller and Engelhardt v. Namibia, HRC 2002 Report, Vol. II, Annex IX, Sect. CC, para 6.7 and 6.8) Moeller & Zayas, op.cit., pp.421-422.
（七）No. 488/1992 (Toonen v. Austraria). HRC 1994 Report, Vol. II, Annex IX, Sect. EE, para 8.6 and 8.7.
（八）Moeller & Zayas, p.420.
（九）たとえば、委員会の事例について、兵役に関して Moeller & Zayas, op.cit.,pp.422-425 および公私立学校との関連では同 pp.425-427、そして、Nowak, op.cit. では、両者を一括して pp.613-616 で扱っているので参考までに言及しておきたい。
（一〇）芹田編訳『国際人権規約草案註解』一三〇頁参照。
（一一）芹田健太郎「内の中の異邦人」初瀬龍平編『内なる国際化』（三嶺書房、初版一九八五、増補改訂版一九八八）八七―一〇九頁参照。

（一二）自由権委員会が一九八六年七月二二日に採択した一般的意見第一五（規約上の外国人の地位）General Comment No.15 (The position of aliens under the Covenant) とくに第二、七、九項参照。

（一三）HRC 2002 Report, Vol.II, Annex IX, Sect.II, para.8.4.

（一四）Nowak, op.cit., p.625.

（一五）『朝日新聞』二〇一一年一〇月四日朝刊、『読売新聞』同月四日夕刊参照。なお、佐藤幸治は、二〇一一年の著作で、九五年の最高裁の合憲判断に至った理由を説明し、続いて、制度の側からではなく、個人の側から事態を見るべきであるとする反対意見を取り上げ、立法目的と手段との実質的関連性についてのより強い合理性の存否が検討されるべきという意見を強くにじませていた（佐藤・前掲二二一-二二二頁参照）。

（一六）HRC 2002 3 Report, Vol.II, Annex V, Sect.Y, paras.8.2-8.3.　なお、国内法ではあるが、米国に年齢差別を禁止する「雇用における年齢制限禁止法（The Age Discrimination in Employment Act of 1967）がある。櫻庭涼子『年齢差別禁止の法理』（信山社、二〇〇八）参照。

（一七）米国連邦最高裁判所（Supreme Court of the United States）は、二〇一五年六月二六日、同性カップル（same-sex couples）が異性カップル（opposite-sex couples）と同じような扱いを受けることができないのは、憲法修正第一四条の平等保障に反する、という判断を下した。法廷意見はケネディ判事が書き、これに「リベラル派の四人」の判事が賛成、「保守派」が反対意見を書いた（『朝日』二〇一五年六月二八日）。

James Obergefell, et al.,Petitioners 14-556 v. Richard Hodges, Director, Ohio Department of Health, et al.; Valeria Tanto, et al, Petitioners 14-562, v. Bill Haslam, Governor of Tennessee., et al.; April DeBoer, et al., Petitioners 14-571 v. Rick Snyder,　Governor of Michigan, et al.; and Gregory Bourke, et al., Petitioners

14-574 v. Steve Beshear, Governor of Kentucky（576 U.S. ...（2015））.
（一八）Opinion of the Court, pp.4-6, p.10, p.12, p.13, p.16, p.19, p.22, p.28 を要約した。
（一九）前掲註（一七）『朝日』。

第二款　生命権（拷問禁止・奴隷禁止）

人間の生命の尊重は人間の尊厳に由来する。人は生命を奪われるとすべての人権を失う。自由権規約委員会は、自由権規約第六条の定める生命権は「人間存在の至高の権利（the supreme right of the human being）」（一般的意見第六、一項）であって、「すべての人権の基礎である」（一般的意見第一四、一項）と評価している[一]。起草段階において、この権利をどのように定式化するべきか、については各種の意見があったが、すべての者の権利を保障することの重要性については一般的な合意があった[二]。

一　生命権の意味と範囲

すべての人は生命に対する固有の権利を有し（六条一項一文）、法律によって保護され（同二文）、恣意的にその生命を奪われることはない（同三文）。「恣意的に」の文言には、「違法に」の意も「不当に」の意も含まれる。

生命権保障規定は、個人からみれば生命を奪われない権利であるが、国家としては生命権を保障する積極的措置をとる義務がある。この義務には、国家機関による殺人・強制失踪の防止、調査、処罰が当然含まれるほか、関係公務員の教育・訓練、被拘禁者の保護等が含まれる（手続等につき、本書第二部 第二章条約上の人権 第二節自由権規約 第三款人身の自由・刑事裁判手続の保障、参照）。(三)

生命権の射程については、本書序論ですでに触れたように、自由権規約委員会は、恣意的な人命の損失の原因となる戦争、ジェノサイド行為その他の大量暴力行為を防止する義務を国家は負うていると考えており（一般的意見第六）、極めて広範囲に及ぶが、人命の問題に絞っておきたい。その始期と終期のうち、米州人権条約が「一般的に受胎の時から」と定めることとの関連で妊娠中絶については、胎児が母体から独立して生育できない時期における母体の生命保護のための中絶は別として、優生思想に基づくものは決して許されないことを確認した。

そこで、とくに二一世紀に入り、立法化する欧州の国や米国の州などが増える傾向にある安楽死（euthanasia）あるいは尊厳死（death with dignity）について触れておこう。安楽死とは何であるかについての定義は見当たらないが、大まかに言えば、致死性の薬物の服用や投与により人や動物を死に至らせるのを積極的安楽死と言い、救命、回復、維持のための治療を開始しない、あるいは、開始しても中止することによって死に至らせる行為、いわゆる終末期にある患者の延命治療をしないのを消極的安楽死と呼ぶようである。日本刑法では第一九九条の殺人罪や第二〇二条の自殺関与・同意殺人罪が問題とされる場合である。「死ぬ権利」と称されることもある。日本にもいくつかの判例が見られ、医師が関与する場合の医師の行為の違法性阻却（正当化）事由が挙げられている。(四)

国家による薬物投与による殺人は、そもそも本条違反であるが、安楽死問題に関しては国家間にコンセンサスがあるとは思えず、自由権規約委員会にはこれに関する決定は見られない。ヨーロッパ人権裁判所は、欧州人権条約第二条生命権等に関して、英国を訴えたプレティ対英国事件（No.2346/02, 29.4.02）において、自殺幇助と患者の死ぬ権利について二〇〇二年四月に判断を下している。[五]

事件の概要は、次の通り。四〇代の中立人女性は、進行性筋萎縮（運動ニューロン疾患）、特に手足や呼吸筋の萎縮する難病を患い、余命いくばくもなく、苦痛から逃れ尊厳ある死、夫の手助けによる自死を望み、自殺幇助で夫が罰せられないように、英国公訴長官（Director of Public Prosecutions）に訴追免除を願い出たが、拒否された。そこで、この決定の司法審査や英国法の条約違反等を申し立てたものである。

裁判所は言う。「第二条は、言葉のこじつけをしなければ、真逆の権利、つまり死ぬ権利（a right to die）を与えているとは解釈できない。」

自由権規約第六条と欧州人権条約第二条とは同根と言えるので、大きな手掛かりとなる。自己決定権をもってしても、死を選ぶ権利を認めるのは難しいと言うべきである。仮に老齢や障害等による経済的負担等を理由に自己の意思で死を選ぶことを余儀なくされる社会的圧力が働くようなことがあれば、これをはねのける根拠となるのが生命権の保障である。

二　死刑廃止の方向性

死刑は国家による生命の剝奪である。生命権の保障の観点から、後に一九八九年一二月に国連総会で死刑廃止議定書が採択（日本未加入）されることになったが、自由権規約採択の時点では、死刑の廃止されていない国に関して死刑に条件を課した（六条二項）。罪刑法定主義は当然ながら、死刑は「最も重大な犯罪」についてのみ科すことができ、権限のある裁判所が言い渡した確定判決によってのみ執行することができる（同三項）。しかも、死刑の執行は、一八歳未満の者には執行してはならず、また、妊娠中の女子に対しても執行してはならない（同五項）。なお、死刑を言い渡されたいかなる者も、特赦または減刑を求める権利を有し、死刑に対する大赦、特赦または減刑はすべての場合に与えることができるとされている（同四項）。

ところで、「最も重大な犯罪」（the most serious crimes、仏：les crimes les plus graves）とは何か。起草時に既にこの文言は明白でないとする批判があったが、政治犯罪には適用されない等の示唆があり、政治犯罪のほか、経済犯罪、財産犯罪には適用されない。自由権規約委員会は、ルブト対ザンビア（Lubuto v Zambia（390/90））事件で、火器を使用した窃盗犯ではあったが、死傷者が無く、死刑判決は条約違反であると判示した（六）。当該行為によって人を死に至らしめることが要件となる、と言えよう。

なお、犯罪人引渡に関して、一九九〇年の国連のモデル条約は、義務的引渡拒否理由の一つとして、「引渡が求められている犯罪が請求国の法律により死刑を伴う場合。ただし、被請求国が死刑は科されないか、または、科されたとしても、執行されないと十分に考えられる保証を請求国が与える場合はこの限りではない」と定めており、実際にも死刑を廃止したヨーロッパ諸国からの死刑存置国への引き渡しは拒否される。日本の場合、逃亡犯罪人引渡法（昭和二八（一九五三）年七月二一日法律第六八号、最終改正・平成一九（二〇〇七）年五月一一日法律第三七号）第二条の「引渡に関する制限」には死刑は列挙されていないし、また恩赦法（昭和二二（一九四七）年三月二八日法律第二〇号、最終改正・平成二五（二〇一三）年六月一九日法律第四九号）によると、特赦等は中央厚生保護審査会の申出のあった者に対してなされるもので、日本が引渡を受けるために、前もって被請求国に対して「保証」を与えるのは難しいと思われる。(七)

なおまた、第六条の規定は死刑廃止を遅らせたり、妨げるために援用してはならないことを同条の最後に定め（同六項）、死刑廃止を促進することを狙っている（現在の死刑存置国等について後述第二章第二節自由権規約 第一款包括的基本権一 生命権 参照）。

三　拷問等禁止

拷問または残虐な、非人道的あるいは品位を傷つける取扱いや刑罰の禁止は、周知の通り、第二大戦前・大戦中の拷問や残虐な取扱い等の反省の上に、国際連合が、戦後一九四八年の世界人権宣言でいち早く取り上げ、それを基礎に、ヨーロッパ人権条約、自由権規約の中で条約化されたものである。しかし、一九七〇年代の一部の国の軍事独裁政権の無軌道な過酷な、人々に対する弾圧を目の前にして、一九七五年一二月九日に国際連合総会は「拷問その他残虐な、非人道的または品位を傷つける取扱いまたは刑罰を受けているすべての人の保護に関する宣言」（A/RES/3452（XXX））を採択した。同宣言では、これらのいずれの行為も「人間の尊厳に対する犯罪」と捉えられている（同二条）。その後、国連人権委員会が一九七八年には条約化の検討に入り、拷問等禁止条約が一九八四年一二月一〇日国連総会で採択された（A/RES/39/46）（一九八七年六月二六日発効。日本につき一九九九年六月二九日加入、同七月二九日発効。二〇一八年三月末現在の締約国は一六三国）。同条約第一条の拷問の定義は宣言第一条である。

ついでながら、前述軍事独裁政権下で多数の失踪者が現出しており、一九九二年一二月一八日に国連総会は強制失踪からのすべての人の保護を謳った宣言を採択し、二〇〇六年一二月に条約は国連総会で採択され、翌二〇〇七年二月にパリで署名会議が開催された。日本も署名、二〇〇九年七月二三日に批准書寄託、二〇一〇年一二月二三日に条約が発効したことに触れておこう。（八）

さて、自由権規約草案の完成は一九五四年、発効は一九七六年であり、他方、欧州人権規約の発効は一九五三年九月であった。つまり、実定法として欧州人権条約第三条はモデルであり、実施機関としての、当時の欧州人権委員会、同人権裁判所（現在両機関は統一されて欧州人権裁判所が設立された）の決定は国際社会をリードした。イギリス属領マン島での一九七二年のむち打ち刑を訴えたタイラー事件では、「品位を傷つける（degrading）」について、体罰の与える屈辱感、心理的苦痛を受けたことが認定され、北アイルランド事件に関するアイルランド対英国等では、捜査・尋問手段として、目隠しして立たせたり、足を開いて手を挙げて立たせたり、継続的に騒音に晒したり、睡眠をとらせなかったり、水・食糧を少ししか与えなかったり、というのが非人道的な残虐な取扱いとされた。ロシアが初めて当事者となったカラシニコフ対ロシアでは、拘禁施設の劣悪な状況下での長期間の拘束が第三条違反とされた。また、一九八九年のゾーリング（Soering）対英国では、死刑存置国米国への引渡がいわゆる death-row phenomenon（死刑の順番待ち現象）と呼ばれる長期の拘禁に服することになり、これを第三条違反とした。あるいは長期にわたる独居房での拘束も非人間的とされた（九）。

これらは、いずれも自由権規約委員会決定でも踏襲されていると言える。一九七五年拷問等からの保護宣言、一九八四年拷問等禁止条約にはこれらが反映され、条約の定義条項となっている。日本の場合、拷問等禁止条約の当事国になることにより、国家報告を提出しており、第二回報告に対して拷問委員会から質問が提出され、それに対する政府回答の後、同委員会の最終意見が二〇一三年六月に示されている。双方を見ることによって、実態が見えてくる。周知のように、監獄法の一〇〇年ぶりの改正が二〇〇六年五月に施行され、さらに一部改正の上、刑事収容施設及び被収容者等の処遇に関する法律（刑事収容施設法）が二〇〇七年六月一日に施行され現在に至っている。しかし捜査尋問・収用は外部からは見えにくく、全国五一ヵ所に設けられた留置施設視察委員会、あるいは、二〇〇九年の入管法の一部改正により東京と大阪に設置された、外部有識者により構成される入国者収容所等視察委員会がいかに実効的に機能するかが問われている。

なお、ノン・ルフールマン（追放・送還禁止）原則については、拷問等禁止委員会の最終意見を踏まえて、入管法を改正し、送還等先には「拷問が行われるおそれのあると信ずるに足りる実質的な根拠がある国」を含まないことが明文化され」（五三条三項）、二〇〇九年七月一五日に施行された。なお、「引渡か訴追か」（aut dedere aut judicare）原則に関して拷問に関する犯罪を犯した被疑者の引渡要求を日本が拒否し、その結果、日本で訴追を行った事例はない、というのが拷問等禁止委員会の質問への政府回答である（同問一〇に対する回答）。また、当時試行段階にあった録音録画の状況については、警察が二〇一〇年一二月末現在で七一九件、検察が最高検調査で二〇〇八年四月から二〇一〇年三月の間で三七九一件と回答されている（同委員会問一六ⓐⓑに対する政府回答）。

なおまた、拷問等禁止委員会から質問された被収容者に対する処遇で、防声具（gags　さるぐつわ）については使用時間を三時間までとし、保護室の設置されていない留置施設に限って使用していること、また隔離については、旧監獄法下では、六ヵ月で三カ月ごとの更新であったところ、現在は三ヵ月以内、一ヵ月ごとの更新可となっていること、さらに健康状態のチェックについては刑事施設職員の医師の意見を三ヵ月に一回聴くことになっている旨回答されている。

四　奴隷、苦役、強制労働の禁止

第八条はいかなる人も奴隷状態（slavery）に置かれず（一項）、隷属状態（servitude、）にも置かれないこと（二項）を保障し、いかなる形態の奴隷制度（slavery）も奴隷貿易も禁止し（一項）、強制労働を禁止する（三項ⓐ）。本条は世界人権宣言第四条に由来し、日本で流布している翻訳では、「何人も奴隷、苦役の下に置かれることはない」とされている。起草段階で、奴隷状態と隷属状態では二つの異なる概念であることから、別々の項とされた。奴隷貿易（slave trade）に女性取引（traffic in women）を含めるべく、人身貿易（trade in human beings）の語が提案されたが、奴隷貿易のみを扱うこととされた。

隷属状態は、奴隷状態が法的人格（the juridical personality）の破壊の意を含み比較的に限定された技術的観念であるのに対し、あらゆる可能な形態の、人による人の支配をカバーするより一般的な理念であることが指摘された（芹田編訳七七-七八頁参照）。そこで、隷属状態には女性や子どもの人身売買や亡夫の兄弟との強制婚約などが含まれる。[一〇] 女性や子どもの人身取引については、国際組織犯罪防止条約を補足する人（特に女性及び児童）の取引を防止し、抑止し及び処罰するための議定書によって禁止された（日本につき二〇一七年八月一〇日発効、後述参照）。

何人も強制労働（forced or commpulsory labour 強制的または義務的労働）に服することを要求されない（八条三項(a)）。強制労働とは何か、について、起草段階で（芹田編訳七八-八〇頁参照）、一九三〇年強制労働条約（日本一九三二年一一月二一日批准）第二条の定義に言及された（公定訳の片仮名を平仮名に代えた）。次のように規定する。

「本条約において「強制労働」と称するはある者が処罰の脅威の下に強要せられ、かつ、右の者が自ら任意に申し出でたるに非ざる一切の労務（any work or serivice 一切の作業または役務）をいう。」

結局条約は、定義を置かず、犯罪に対する刑罰として裁判所によって刑罰が言い渡される場合を除き（同項(b)）、さらに、(i)裁判所の命により収容されている者の日常的作業と社会復帰のための作業を含む作業・役務、(ii)軍務、(iii)緊急事態や災害時に要求される役務、(iv)市民として通常の義務とされる作業や役務の四種のものを除いた(c)。

(一) 本書一六頁以下参照。
(二) 芹田編訳『国際人権規約草案註解』(有信堂、一九八一)七一頁以下参照。
(三) 自由権規約委員会の事例等については、Sarah Joseph, Jenny Schulz and Melissa Casta, op.cit., p. 109ff., Manfred Nowak op.cit., p.120ff., Moeller and Zayas, op.cit., p.144ff. 参照。
(四) 一般的に、甲斐克則『安楽死と刑法』(成文堂、二〇〇三)、同『尊厳死と刑法』(成文堂、二〇〇四)参照。
(五) Philip Leach, Taking a Case to the European Court of Human Rights, Third Edition, Oxford U.P.,2011, p.209. なお、甲斐克則「自殺幇助と患者の「死ぬ権利」」〔難病患者の「死ぬ権利」を否定した事例〕——プリティ判決」『ヨーロッパ人権裁判所の判例』(信山社、二〇〇八)一九九頁以下参照。
(六) Joseph, Shultz and Castan, The International Covenant on Civil and Political Rights —Cases, Materials, and Commentary, Oxford U.P., 2000,p.119. なお、安藤委員は、結論には賛成であったが、たとえ死者が出ていなくとも、商店街の爆撃や貯水池の破壊、飲料水への毒物混入、地下鉄駅構内での毒ガス噴射、そして恐らく戦時におけるスパイも、死刑に値する十分に「重大な」犯罪である、とする意見を追加して述べていた(ibid., p.120)。しかし、日本法では、たとえば、水道汚染、浄水毒物混入では死刑とはならず、浄水汚染等致死傷の場合傷害罪として重い罰が、水道毒物混入および同致死の場合に死刑の可能性があるのみである(刑法第一五章飲料水に関する罪 第一四二条―一四七条)。なお、このルブト対ザンビア決定は、後のカーポ他対フィリピン事件(No.1077/2002(M.Nowak,op.,cit.,pp.141-142)およびロランド対フィリピン事件(No.1110/2002)(Moeller and Zayas, op.,cit.,p.156)等で確認されている。

（七）芹田『亡命・難民保護の諸問題Ⅰ』（北樹出版、二〇〇〇）二〇一―二二頁参照。
（八）一〇名で構成される強制失踪委員会委員として、二〇一一年から二〇一七年まで薬師寺公夫（立命館大学）教授が、二〇一七年から寺谷広司（東京大学）教授が務めている。
（九）我々は日本語で、『ヨーロッパ人権裁判所の判例』（信山社、二〇〇八）という素晴らしい研究書をもっている。その他、Philip Leach, Taking a case to the European Court of Human Rights, 3rd Ed., Oxford U.P., 2011、p.210ff. あるいは Manfred Nowak, U.N.Convenant on Civil and Political Rights -CCPR Commentary, 2nd ed., N.P.Engel2005, p.161ff. 参照。裁判所自体については、一三年間にわたり、同裁判官および同所長を務めたJean-Paul Costa, La Cour européenne des droits de l'homme Des juges pour la liberté, Dalloz, 2e éd., 2017 を参照。
（一〇）Manfred Nowak, op.cit., pp.199-200 参照。

第二節　緊急時においても保障される人権

第一款　人権三条約に共通な一時的にも効力停止できない権利の位置づけ

人権三条約は、一九六六年の国際人権規約の社会権規約と、自由権規約のうち後者、および地域人権条約である自由権のみを定める一九五〇年の欧州人権条約と、社会権も自由権も定める一九六九年の米州人権条約のことを指すものとする。一九八一年に採択されたアフリカ人権条約もあるが、三条約と並べて比較するにはやや実行に乏しく、（一）前述三条約を取り上げる。

人権条約は締約国の管轄権下にあるすべての人に人権を保障するとともに、緊急時には締約国が条約上の一定の権利保障義務から免れる措置をとることを認めている。しかし、それにもかかわらず、緊急事態にあっても締約国が保障しなければならない人権も列挙している。最初に実定法化した欧州人権条約は第一五条、次の自由権規約は第四条、そして米州人権条約は第二七条である。自由権規約に代表させれば、次のように規定する。

一　国民の生存を脅かす公の緊急事態の場合においてその緊急事態の存在が公式に宣言されているときは、この規約の締約国は、事態の緊急性が真に必要とする限度において、この規約に基づく義務に違反する（derogate から免れる）措置をとることができる。（以下但し書き略）

二　一の規定は、第六条、第七条、第八条一及び二、第一一条、第一五条、第一六条並びに第一八条の規定違反すること（derogation 効力停止）を許すものではない。

三　義務に違反する措置をとる権利（the right of derogation 効力停止の権利）を行使するこの規約の当事国は、（以下略）

「義務から免れる措置」は、前掲自由権規約第四条一項の英語の measures derogating from their obligations 仏語の des mesures dérogeant aux obligations prévues の訳である。また「効力停止」は英語 derogation 仏語 dérogation である。いずれも、公定訳は、前掲のように、政府仮訳のときから、「違反する」措置、「違反すること」である。しかし、一九八二年発刊の拙編訳『国際人権規約草案註解』で注記した通り[二]、derogation, derogate は、第一に法の一部廃止または改正もしくは契約の一部改訂、第二に、権利を棄損しまたは減少することを意味し、法諺の Lex posterior derogat priori（後法は先法を廃す）や、本条約以前に実定法化された欧州人権条約第一五条が問題とされたローレス事件を審議した欧州人権裁判所（当時）において当時の欧州人権委員会首席代表ウオルドック H.M.Waldock が derogation を権利享有の一時的停止（susupendre la jouissance ）と言い換えていること等を考慮し、前掲の訳語を当てた。なお、「効力停止できない権利」というのは、英語の non-derogable rights の訳である。

以下に人権三条約の関連規定を列記する（欧州・米州については、芹田編集代表『コンパクト学習条約集〔第二版〕』（信山社、二〇一四）による）。

欧州人権条約第一五条は次のように定める。

一　戦争その他の国の生存を脅かす公共の緊急事態のときには、いずれの締約国も事態の緊急性が要求する厳密な限度内でこの条約上のその義務から免れる措置をとることができる。（以下但し書き略）

二　第二条（適法な戦争行為から生じる死亡の場合を除く）、第三条、第四条一および第七条の効力停止は、この規定のもとではしてはならない。

三　（以下略）

米州人権条約第二七条は次のように定める。

一　戦争、または公の危険、または当事国の独立もしくは安全を脅かすその他の緊急事態のときには、当事国は事態の緊急性が要求する厳密な限度と期間内で、本条約上のその義務から免れる措置をとること

ができる。（以下但し書き略）

二　前述の規定は、次の条文、第三条（法人格を享有する権利）、第四条（生命権）、第五条（人間らしい待遇を受ける権利）、第六条（奴隷からの自由）、第九条（事後法からの自由）、第一二条（良心・信教の自由）、第一七条（家庭の権利）、第一八条（姓名を受ける権利）、第一九条（児童の権利）、第二〇条（国籍を受ける権利）および第二三条（統治に参加する権利）、あるいはかかる権利保護のために不可欠な司法的保障の、いかなる停止をも許さない。

三　停止の権利（the right of suspension）を利用するいかなる当事国も、（以下略）。

これらの規定から共通する権利を引き出すと、ややニュアンスはあるとはいえ、次の四のカテゴリーの権利を抽出することができる。これらの人権はいかなる事態でも国は守らなければならず、国際法上いわゆるユス・コーゲンス（jus cogens）であると言える。

生命権　（自由六条）（欧州二条）（米州四条）

拷問禁止　（自由七条）（欧州三条）（米州五条（二））

奴隷禁止　（自由八条（一）（二））（欧州四条（一））（米州六条）

罪刑法定主義・遡及処罰の禁止（自由一五条）（欧州七条）（米州九条）

これらの人権のうち、第一章絶対的権利で分析した「平等・差別禁止」および「生命権」（拷問禁止・奴隷禁止を含む）が長い年月をかけ、今では絶対的権利として国際慣習法上確立しているのに対し、近代刑法原則として各国に定着してきた罪刑法定主義・遡及処罰の禁止原則は、第二大戦の反省の上に立った欧州人権条約、米州人権条約という地域的人権条約および自由権規約という普遍的人権条約を通じて、今では、新しく絶対的自然権として付け加わったと言うべきであろう。

第二款　地域的特性

効力停止の禁止（forbidden derogation）の範囲、つまり効力停止できない権利の広狭には、前述のように、自由権規約と欧州人権条約と米州人権条約とではかなりの差があることが分かった。共通のものは、最も狭い欧州人権条約のものである。これらは、人権委員会第五会期の国際人権規約暫定草案第四条（E/CN.4/350（E/1371, 5th sess., CHR Report）, p.18）に対する英国コメント（E/CN.4/353/Add.2, p.2）と同じ内容である。現行の自由権規約第四条の認める人権の範囲は欧州人権条約より広いが、これは、後に検討するように、基本的にはフランス案である。

ところで、一九六九年の米州人権条約は、生命権についても「一般的に受胎のときから」保障するように、欧州人権条約や自由権規約と違う特色がみられる。そのほか、良心・思想の自由（一二条）、家庭の権利（一七条）、姓名を受ける権利（一八条）、児童の権利（一九条）、国籍を受ける権利（二〇条）および統治に参加する権利（二三条）、あるいはこうした権利保護のために不可欠な司法的保障のいかなる停止をも許さないこととしている点で際立っている。これらのうち、良心・思想の自由については自由権規約も効力停止できないとしている。

遡及処罰の禁止については三条約ともに規定しており、効力停止できないものとされている。しかし、米州には、平和に対する罪・人道に対する罪で戦争犯罪人を処罰した欧州と異なり、第二大戦の戦場とならなかったこともあってか、これら犯罪を処罰する根拠となる規定はない。連合国が創設した国際連合の採択した自由権規約には欧州人権条約同様に規定されている（欧州人権条約七条二項、自由権規約一五条二項）。かつてフリードマンが一九六四年の著『国際法の構造変化』の中で指摘していたように、人権は価値の共通性（community of values）によるところが大きいことを示しており、また地域の歴史にも負うている。(四)

米州人権条約は、北米の合衆国やカナダの存在にもかかわらず（米州人権委員会事務局は、米州機構事務局同様、米国ワシントンＤＣにある。米州人権裁判所事務局はコスタリカ）、ラテンアメリカ諸国の人権条約との印象を強く持たれている。受胎時からの生命権保護や家庭や児童の保護、姓名・国籍を受ける権利などカトリック諸国が多いだけにそれが色濃く反映されていると見られよう。なお、欧州人権条約は、英国がリードして創られ、各条項は基本的に、第一項で原則が規定され、第二項以下で例外等詳細が定められている。たとえば、第二条の生命権の保障は、第一項で原則が述べられ、第二項で国家による生命剥奪が合法化される場合を列挙していることなどである。

しかし、生命権保護など欧州人権裁判所、米州人権裁判所の判例は、相互に影響し合い、保障する人権内容の類似化と豊富化の方向を見せてきている。(五)

（一）芹田健太郎「地域的人権機関の役割と課題」（『講座国際人権法1　国際人権法と憲法』（信山社、二〇〇六）所収）参照。
（二）芹田編訳『国際人権規約草案註解』七〇頁参照。
（三）Wolfgang Friedmann, The Changing Structure of International Law, Columbia U.P., 1964, p.242ff.
（四）芹田「ヨーロッパ人権委員会の活動とその性格（上）（下）」『法学論叢』七九巻一号、同二号（一九六六）および「米州における人権の保護――米州人権委員会を中心に」『法学論叢』八五巻二号（一九六九）参照。
（五）芹田・前掲註（一）拙稿「地域的人権機関の役割と課題」中「判例の集積による権利内容の標準化」（四三一頁以下）参照。なお、米州人権保障システムの基本的な文献として、Thomas Buergenthal and Dinah Shelton, Protecting Human Rights in the Americas-Cases and Materials, 4th ed.1995, N.P.Engel Publisher（Kehl, Strasbourg, Arlington）. また、アフリカについて、Fatsah Ouguergouz, African Charter on Human and Peoples' Rights-A Comprehensive Agenda for Human Dignity and Sustainable Democracy in Africa, 2003, Martinus Nijhoff Publishers（The Hague, London, New York）参照。

第三節　緊急事態と条約規定の一時的効力停止――人権保障と国家理由

第一款　国家緊急権概念の歴史的意味

歴史的に戦争や内乱等の異常事態に際してその危機を克服し国家の存立を全うするために国は種々

の措置をとってきた(一)。恣意的な権力行使をチェックすることによって国民の権利・自由を保障することを目的とする立憲制度の下にあっても、憲法・法律によって守られている秩序を破り権力の拡大がはかられ、権力が行使されてきた。これが非常事態時における国家の権利と主張され、いわゆる国家緊急権として、大陸法系の諸国では、戒厳とか緊急命令という形をとり（日本の明治憲法下ではこれに類似した制度がとられていた）、これに対して、いわゆる英米法系では、マーシャル・ロー（Martial law）といわれる制度としてある(二)。

国家緊急権が認められるか否かは、大陸法系の典型と思われる特にドイツでは一九世紀末から二〇世紀初頭にかけて論じられた。一九一九年八月一一日のワイマール憲法第四八条の大統領の緊急命令発布権が挙げられる。ドイツ革命によって誕生したワイマール憲法下では、国家の中央集権を強化する勢力と対抗し、これを法治主義に取り込むため、つまり憲法秩序維持のため、憲法の中に国家緊急権を取り入れた。結果的には、歴史が示すように、民族至上主義を標榜するナチスによって無制約に利用され立憲主義が否定された。

このことを、「ケルゼンは、国家緊急権の背後に潜んでいる政治的意図を鋭く指摘して次のようにいっている」と指摘しているのは尾高朝雄である。「国家は『生存』せねばならぬという殊勝な断言の背後には、多くの場合次のごとき無遠慮な意志だけが隠されている。それは『国家緊急権』が是認されているという事態を利用しようとする人々が、国家をば自分たちが正しいと思うような仕方で生存させようとする意志に外ならない」(Hans Kelsen, Allgemeine Staatslehre, 1925,S.157 清宮四郎教授訳・ケルゼン一般国家学、昭和一一(一九三六)年、三五〇頁)。そして、これに対して、尾高朝雄は言う。「これは、法の破砕を蛇蝎のように憎む純粋法学の規範論理主義の立場からの、国家緊急権理論に対する皮肉な批判には相違ないが、法の破砕を正当視しようとする試みに伴い易い弊害を抉り出した言葉として、他山の石とするに足りるものがあるといわなければならない。[三]」

このことは、現行憲法の審議にあたって緊急権規定を置かなかったことに対する当時の金森国務大臣の答弁からも明らかである(第九〇回帝国議会衆議院「帝国憲法改正案委員会議録(速記)第一三回」(昭和二一年七月一五日)二四〇頁)。

民主政治ヲ徹底サセテ国民ノ権利ヲ十分擁護致シマス為ニハ、左様ナ場合ノ政府一存ニ於テ行ヒマスル処置ハ、極力之ヲ防止シナケレバナラヌノデアリマス言葉ヲ非常ト云ウコトニ藉リテ、其ノ大イナル途ヲ残シテ置キマスナラ、ドンナニ精緻ナル憲法ヲ定メマシテモ口実ヲ其処ニ入レテ破壊セラレル虞絶無トハ断言シ難イト思イマス、

英米には、敵の侵入とか内乱という非常事態の存在する期間または地域に限って認められる限定的なものとしてマーシャル・ローの制度がある。これら諸国にとって「法の支配」こそが統治の基本原理であり、米国では、大陸諸国に見られる緊急措置権規定は憲法に置かれず、徹底した三権分立の下、憲法で認められた大統領権限を行使する。そしてとられた措置が司法審査に付されることにより

権限濫用が防止されることとなる。しかし、後に、大統領権限が徐々に拡大された経験を踏まえ、これを統制するため、一九七三年の戦争権限法、七六年の国家緊急事態法、七七年の国家緊急事態経済権限法を議会が立法化し、また、成文憲法を持たない英国では、マーシャル・ローのほか、議会の制定法により対処され、第一大戦後、国家緊急権に関する立法化が進められた。

なお、国家緊急権に関する日本の憲法学での代表的な定義は「戦争・内乱・恐慌ないし大規模な自然災害など、平時の統治機構をもってしては対処できない非常事態において、国家権力が、国家の存在を維持するために、立憲的な憲法秩序（人権保障と権力分立）を一時停止して、非常措置をとる権限のこと」としている(四)。しかし、例示としてあげられるもののうち、これまでの国際社会の歴史的経緯等を考えると戦争・内乱は別として、恐慌も大規模自然災害も、本書で扱う国際人権保障の考えている緊急事態からは遠いと思われる。

国際社会における暴力＝武力に対する規制は、先ず、私的団体間における力の行使を禁止し、力の国家独占を行い、国家による力の行使のみを合法的なものと認めることから始まり、次いで、正戦論の登場により、国家によるものも正当理由のないものは違法化された。一九世紀末から二〇世紀初頭にかけて二度開催されたハーグ平和会議によって戦争と平和の法の整備が行われ、第一大戦後、人類史上初めて平和機構として国際連盟が創設され、一九二八年の不戦条約による「戦争」違法化が始まり、それでも第二大戦に突入し、戦争終結が見えてきた戦争末期に枢軸国と戦った連合国（United Nations）が国際連合（United Nations）を発足させた。第二大戦前には、不戦条約で禁止された「戦争」の語は「宣戦布告」を伴う武力の行使を意味するとして、たとえば、不戦条約の当事国であった日本も、一九三七（昭和一二）年の盧溝橋事件に端を発する日中戦争では、宣戦布告はなされず、当時、日支事変や支那事変と呼ばれたように、戦争禁止の抜け道として、宣戦布告なき大規模武力行使が行われた経緯に鑑み、国際連合憲章では「戦争」の語に代え、「武力の行使」「武力による威嚇」が禁止されるに至った。

こうした背景があり、国際人権規約の起草段階で、人権保障を論じながらも、「国民の生存を脅かす公の緊急事態の場合において」国は条約で約束した人権保障義務から免れる（derogate）措置をとることが、一定の限度で、できることに合意されるに至った（自由権規約四条一項）。一九五〇年の欧州人権条約が「戦争その他の国の生存を脅かす公共の緊急事態のときには」一定の限度内で条約上の義務から免れる措置をとることができる（同条約一五条一項）と定め、一九六九年の米州人権条約が「戦争、公の危険または当事国の独立もしくは安全を脅かす緊急事態のときには」条約上の義務から免れる措置をとることができる（同条約二七条一項）と条文化したのに対し、国際人権規約で「戦争」の文言が使用されていないのは、前述した経緯によるが、意味するところは同じであり、条約義務を一時停止する権利、効力停止権（欧州人権条約、自由権規約 right of derogation、米州人権条約 right of suspension）を援用することができるのは、戦争等の緊急事態のときである。

スティーブン・ピンカーによれば、(五)信じがたい話のようであるが、私たちは人類が地上に出現して以来、最も平和な時代に暮らしているのかもしれず、戦争から子どもの体罰に至る様々な種類の暴力についても、暴力の減少傾向が読み取れるのだという。そうであるとすれば、現実には憲法を停止して軍事独裁を敷く国や内乱状態にある国も散見されるが、歴史のある段階で大々的に論じられた国家緊急権論はそれを論じる意味をもはや失ったというべきであり、歴史的遺産として、教訓を込めて、書き記しておくことがふさわしいのであろう。

その際、しかし、憲法上保障される権利の停止と権利の制限とでは法的意味合いが全く異なることに注目しておかなければならない。日本には憲法上保障される権利を停止する規定を憲法に設けるべきであるという憲法改正の主張はあるが、上述のように現行憲法にはそうした規定はない。これに対し、災害対策基本法など、憲法で保障された人権を、緊急時に、地域を限って憲法の枠内で一時的に制限する法制はある。(六)

（一）本節の基礎としたのは、私の一九七九年一〇月二一日国際法学会秋季大会報告「人権保障と国家事由」のメモ原稿である。自由権規約のもとでの条約の保障する人権保障規定の締約国による効力停止derogationについて、条文の沿革から、関連条約等の分析まで、包括的研究として、寺谷広司『国際人権の逸脱不可能性』（有斐閣、二〇〇三）があり、自由権規約第四条と欧州人権条約第一五条に的を絞り、英国にあって緊急事態について英国テロ規制法にも触れ、論じた力作に、初川満『緊急事態と人権』（信山社、二〇〇七）がある。その他に部分的であるが、国際法の視点からは初川満編著『緊急事態の法的コントロール――大震災を例として』（信山社、二〇一三）、同編著『国際テロリズム入門』（信山社、二〇一〇）等がある。

なお、現代的な課題として、自民党の改正草案に関して、奥平康弘・愛敬浩二・青井未帆編『改憲

の何が問題か』（岩波書店、二〇一三）、橋爪大三郎『国家緊急権』（NHK出版、二〇一四）、関西学院大学災害復興制度研究所編『緊急事態条項の何が問題か』（岩波書店、二〇一六）参照。

（二）日本では、国家緊急権という言葉は公法学者の間ですら久しくタブーであったところ、一九五七（昭和三二）年公法学会がテーマとして取り上げた。憲法調査会が国家緊急権の制度化の必要を報告し、一九六五年には第二次朝鮮戦争が勃発した場合を想定した「三矢研究」の非常事態構想が国会で暴露され、旧西ドイツが一九六八年五月非常事態法を成立させるに至ったことを背景に書かれた、簡潔な紹介として、畑博行「国家緊急権」『法律時報』四一巻五号（一九六九年）四二頁以下。その他に、『公法研究』第一七号（一九五七）所収の大西芳雄、藤田嗣雄の各論文および研究報告のほか、小林直樹『国家緊急権』（学陽書房、一九七九）参照。

（三）尾高朝雄「国家緊急権の問題」『法学協会雑誌』六二巻九号九二一頁註（二）。いずれも、旧仮名等を現代風に改めた。

（四）芦部信喜『憲法学Ⅰ　憲法総論』（有斐閣、一九九二）六五頁。

（五）スティーブン・ピンカー『暴力の人類史（上）（下）』（青土社、二〇一五）。

（六）まさに歴史から学ぶものとして、長谷部恭男・石田勇治『ナチスの「手口」と緊急事態条項』（集英社新書、二〇一七）参照。

第二款　自由権規約第四条の沿革

締約国に一時的に効力停止することを許容する規定を持つ自由権規約は、国連人権委員会において起草された。国際人権規約の作成という観点から人権委員会の活動を眺めると、大まかに第一会期か

ら第六会期までと第七会期から第一〇会期に分けることができる。(一)

国連人権委員会第一会期から第三会期までは世界人権宣言の起草にあたった。第五会期（一九四九・五・九―六・二〇）と第六会期（一九五〇・三・二七―五・一九）では、国際人権規約第一草案の完成に傾注し、四三ヵ条からなる第一草案が国連総会第五会期の審議に付され、総会は、自由権に加え社会権も人権規約草案に加えることを国連人権委員会に求めた。

自由権規約第四条は、第五会期（一九四九・五・九―六・二〇）で暫定条文案が採択され、各国政府にコメントが求められた。翌一九五〇年一一月四日ローマで欧州人権条約が調印され、当時ローマ条約とも呼ばれた同条約は一九五三年九月三日に発効した。暫定条文案第四条（E/CN.4/350,p.29）は、英国主導で作成され、欧州人権条約第一五条と、条文構成が三項からなるところまで、ほぼ同じである。効力停止できない条文については、英国が欧州人権条約と同じものを主張し、フランスはより広くカバーすることとを主張した。米国は、自国憲法に緊急権を規定する条項がないこともあってか、一般的な人権制限条項を主張したりして、十分に議論は熟しきれず、空欄とされた。暫定条文案に対する各国コメント・提案を分類すると、英国、オランダ、フランスに共通するのは、生命権、拷問等禁止、奴隷・苦役の禁止であり、英国はその他に遡及処罰の禁止を挙げ、オランダは債務奴隷の禁止を挙げる。フランスは、英国、オランダの案のほか、さらに、法の前の人としての承認、思想・良心・宗教の自由を挙げていた。結論的に言えば、次に示すように、第六会期で採択されたのはフランス提案だったと言える。

第六会期（一九五〇・三・二九―五・一九）では、第四条は第二条とされ、効力停止を禁じられる条文としては、欧州人権条約も同様に効力停止を禁じる生命権（三条）、拷問等禁止（四条）、奴隷・苦役の禁止（五条）、遡及処罰の禁止（一一条）のほか、債務奴隷の禁止（七条）、法の前の人としての承認（一三条）および思想・良心・宗教の自由（一三条）が認められた。欧州人権条約との比較をすれば、債務奴隷の禁止および法の前の人としての承認は欧州人権条約に類似規定はなく、思想・良心・宗教の自由は、欧州人権条約にも規定はあるが、効力停止は禁止されていない。なお、英国とオランダは、生命権保障規定に戦争の合法的行為から結果する死亡を除くとする提案を行ったが、人権委員会では否決された（E/CN.4/524, paras.60-61）。

第七会期では効力停止に関する審議はなく、第八会期（一九五二・四・一四―六・一四）ではこれは第三条とされ、さらに第九会期第四条として最終案となった。これが大略現在の自由権規約第四条である。

（一）以下沿革について芹田編訳『国際人権規約草案註解』参照。

第三款　国家の効力停止の権利

国家の効力停止の権利は、上述のように、人権三条約に規定されている。

自由権規約第四条は、政府公定訳および英語正文は次のように規定する。

（政府公定訳）

一　国民の生存を脅かす公の緊急事態の場合においてその緊急事態の存在が公式に宣言されているときは、この規約の締約国は、事態の緊急性が真に必要とする限度において、この規約に基づく義務に違反する（derogating from obligations　義務から免れる）措置をとることができる。ただし、その措置は当該締約国が国際法に基づき負う他の義務に抵触してはならず、また、人種、皮膚の色、性、言語、宗教、又は社会的出身のみを理由とする差別を含んではならない。

二　一の規定は、第六条、第七条、第八条一及び二、第一一条、第一五条、第一六条並びに第一八条の規定に違反すること（no derogation from articles... の規定の効力停止）を許すものではない。

三　義務に違反する措置をとる権利（the right of derogation　効力停止の権利）を行使するこの規約の当事国は、違反した規定及び違反するに至った理由を国際連合事務総長を通じてこの規約の他の締約国に直ちに通知する。更に、違反が終了する日に同事務総長を通じてその旨通知する。

（英語正文）

一　In time of public emergency which threatens the life of the nation and the existence of which is officially proclaimed, the States Parties to the present Covenant may take measures derogating from their obligations under the present Covenant to the extent strictly required by the exigencies of the situation, provided that such measures are not inconsistent with their other obligations under international law and do not involve discrimination solely on the ground of race, colour, sex, language, religion or social origin.

二　No derogation from articles 6, 7, 8 (paragraphs 1 and 2), 11, 15, 16 and 18 may be made under this provision.

三　Any State Party to the present Covenant availing itself of the right of derogation shall immediately inform the other States Parties to the present Covenant through the intermediary of the Secretary-General of the United Nations, of the provisions from which it has derogated and of the reasons by which it was actuated. A further communication shall be made, through the same intermediary, on the date on which it terminates such derogation.

自由権規約は、このように、締約国に対して、締約国が規約で約束した人権保障義務を免れる措置をとり、人権保障規定の一時的効力停止をすることを、緊急事態が存在し、それが公的に宣言されている場合に、他の締約国に停止する規定とその理由を通知することにより、一定の範囲で、許容している。そして、効力停止を終了する日にも通知する義務を課している。

しかし、自由権規約委員会は、一九八一年の第一三会期において、それまで締約国が緊急事態宣言や効力停止を定める国内法制のメカニズムについて一般的に示してきていたが、若干の国が、一見したところ規約の効力停止をしているにもかかわらず、緊急状態が公に宣言されているか否か、効力停止が許されない権利を停止していないか否か不明であったとして、一般的意見第五を採択し、第四条の下でとる措置が「例外的かつ一時的」性格のものであり、緊急状態が継続する限りで継続できること、さらに、緊急時にこそ、停止できない人権の保護がなおさら重要性を増すことを指摘した（General Comment No.5, para.3, HRI/GEN/1/Rev.9 (Vol.I), p.176)[一]。

ところで、日本の場合、前述のように、憲法には緊急権条項は設けられておらず、災害対策基本法その他の既存の法制は、憲法の許容する範囲内で、憲法上保障される移動の自由や居住の自由、更に経済の自由等の人権を制約することとなる場合を定めている。自由権規約が効力停止を認めているからといって、憲法上も保障されている人権の停止を、条約を根拠に、できるものではない。判例・通説も認めるように、効力的には憲法は条約の上位規範であるからであり、また、自由権規約自体も国内法制が規約より大きく人権保障を認めている場合には、本書第二部 第二章 第一節国際人権規約で触れるように、大きく保障する方をとることを原則とすることとする最大限保障原則をとっているからである（自由権規約五条二項）。しかし、先ず条約に耳を傾けておこう。

一　効力停止措置の要件

「国民の生存を脅かす公の緊急事態の場合」において「その緊急事態の存在が公式に宣言されているとき」にのみ、この規約の締約国は、この規約に基づく義務から免れる措置をとることができる、と条約は言う。

(1)　公の緊急事態の存在

「公の緊急事態」が存在し、これが「国民の生存を脅かす」ものであることがまず第一の要件とされる。

草案起草段階では、「戦争またはその他の公の緊急事態時に」、「人民の利益を脅かす戦争またはその他の公の緊急事態時に」、あるいは、人民の安全保障、安全および一般的福祉を脅かす公の緊急事態」および「公の行為によって明らかにされた例外的危険または公の災害の場合」が示唆された。主な関心は、濫用の許されない、人権の一時停止を行う権利を国に与えることになる公の緊急事態の種類の性質決定にあった。もっとも重要な緊急事態の一つが戦争であることは認められていたが、上述したように、国連は戦争防止のために設立されたこともあり、戦争を視野に置くべきではないと感じられていた（『草案註解』六〇頁以下参照）。人権委員会草案が国連総会に付されたのちの審議では、緊急条項の必要性が認められるとともに、これが不当な制限を課すことを許す免除条項となってはならないことについて合意があった[二]。

「緊急事態」（emergency）というのは、十分な議論の余地もなく即時的な行動を必要とする不規則な状況であり、突然の予期せぬ出来事、と一般的に考えられている。参考とされるのは、欧州の制度である。一九五〇年採択の欧州人権条約は一九五三年に発効したが、第一五条に緊急事態における国家による人権の一時的停止権に関する条項を置き、特に北アイルランド問題等多くの事例を抱えてきた。武力闘争をしていたＩＲＡ（アイルランド共和派軍）の一員であったローレス事件の一九六一年本案判決で、欧州人権裁判所は、次のように言う[三]。

国民の生命を脅かす公の危険（danger publique menaçant la vie de la nation; public emergency）の語の通

常の慣用的意味は十分に明らかであり、実際に、「国民の全体に影響を及ぼし、国家を構成する共同体の有機的な生命にとって脅威となる危機（crise）または例外的な重大な危険（danger）の事態を意味する。」

さらに、デンマーク、ノルウェー、スウェーデン、オランダがギリシャ軍事政府を訴えた一九六九年のギリシャ事件決定において、欧州人権委員会は、緊急事態が①現実のまたは差し迫ったものであること、②国民全体を巻き込むものであること、③共同体の組織だった生活の継続が脅かされていること、④公共の安全、公衆衛生および公共の秩序を維持するために条約上許されている通常の措置や規制では明白に不適切であること、を緊急事態の指標としている。(四)

自由権規約委員会も、「国民の生命を脅かす」要件に関して、地域的に限定された緊急事態であっても全人口に影響する可能性、したがって国民の生命を脅かすことがあることを認めている。

(2)　緊急事態の公式宣言

緊急事態の存在は公式に宣言されていなければならない。国連総会における人権委員会草案の審議において、「公式に」の文言を「法的に」と修正するメキシコ案が提出されたが、法や秩序の維持が当該国民の利益になるのであるから、欧州で展開した「評価の余地」（margin of appreciation）理論にも触れるなど、判断に際しては当該政府にある程度の裁量の余地を認めるべきであり、外国に「法的判断」を委ねるようになることは避けるべきである等の意見があり、結局メキシコ修正案は撤回さ

れた。(五)

(一)この一般的意見第五は、自由権規約委員会によって各国の状況を踏まえた経緯が詳細に検討され、二〇年を経過した第六八会期の二〇〇〇年三月二九日に採択された一般的意見第二九（General Comment No.29, HRI/GEN/1/Rev.9（Vol.I）, p.234ff.）によって置き換えられた。同意見第二九は、意見第五がわずか三項からなっていたに過ぎないのに対し、一七項にわたり、それまでの意見（コメント）や各国に対する最終所見を含む詳細な註まで付されている。

(二)外務省『国際人権規約成立の経緯』（外務省国際連合局社会課、一九六八）三五頁。

(三)芹田健太郎「ヨーロッパ人権委員会の活動とその性格（下）」『法学論叢』七九巻二号七八頁以下参照。

(四)Philip Leach, Taking case to the European Court of Human Rights, Third Edition, Oxford U.P., First Published 2011, p.458 ff.,　Manfred Nowak, U.N.Covenant on Civil and Political Rights CCPR Commentary 2nd revised edition, N.P.Engel.Publisher, 2005, pp.90-91. 初川満『緊急事態と人権』（信山社、二〇〇七）六二頁以下参照。

(五)外務省・前掲『国際人権規約成立の経緯』三五頁。

二　効力停止措置の範囲

(1)　緊急性が必要とする限度（均衡性）

効力停止は「事態の緊急性が真に必要とする限度において」のみ認められる。これは明確な均衡性原則への言及であり、国には、たえず、効力停止措置を縮小させる義務がある。非常時権限に基づく効力停止措置は、領域的、時間的範囲を明確化し、疑義のある場合には騒擾や大災害による被害を蒙っている地域に限って適用可能であり、独立の国内機関による一定期間ごとの見直しが必要である。このことは、特に権威主義的政権に非常事態宣言を永続化させる傾向が見られるので指摘しておかなければならない。

(2)　国際法の他の義務との整合性

自由権規約が締約国に効力停止措置をとることを認めるのは、その措置が「当該締約国が国際法に基づき負う他の義務に抵触していない」ときである。国際法上の義務には、周知の通り、一般国際法上の義務と当該締約国が当事国である条約上の義務に分かれる。一般国際法上の義務としては、既に検討した「生命権の保障」「平等・差別禁止」原則があり、いずれも自由権規約第四条二項自体が効力停止の禁止を定めている。しかし、第四条二項で言及されていないものの、第一〇条一項で定める「自由を奪われたすべての者は、人道的にかつ人間の固有の尊厳を尊重して、取り扱われる」とするすべての人の権利は、本規約上で初めて保障されるようなった条約上の権利ではなく、一般国際法規範を表明したものであり、効力停止できない。(二) また、第二七条(少数者の権利)の規定も、第四条一項但し書き第二文によって禁止されている。

条約上の義務としては、日本が当事国である条約を検討すると、まず、自由権規約自体の第二条(a)に定める実効的救済を求める権利は、第四条二項の効力停止の禁止規定として列挙されてはいないが、自由権規約自体のもつ実効的人権保障という目的から考えて、効力を停止できない。

日本が当事国である人権諸条約の中で、差別禁止条約は当然としても、後述するように、子どもの権利条約第三八条は武力紛争中における子どもの権利保障を定めており、まさに武力紛争という緊急事態での保護であり、効力停止できない。武力紛争のかかわりでは、一般的に文民保護条約が規定するほか、ジュネーヴ諸条約に対する第一追加議定書第七六条（女子の保護）第七七条（子どもの保護）に注目する必要がある。

また、武力紛争時において文民である非戦闘員の殺害等は許されず、一九九八年の国際刑事裁判所規程（日本につき二〇〇七年一〇月一日効力発生）は、その管轄する犯罪として集団殺害罪等を定め、第七条において「文民たる住民に対する攻撃であって広範又は組織的なものの一部として、そのような攻撃であると認識しつつ行う次のいずれかの行為」を「人道に反する罪」（反人道罪）として、殺人等一一の類型を掲げている（同条一項）。ここでいう攻撃とは、国または組織の政策に従い、あるいはその政策を推進するために多重的に行われる一連の行為のことを指し、第七条一項の四番目に「住民の追放又は強制移送」（同ⓔ）を置き、「国際法の下で許容されている理由によることなく、退去その他の強制的な行為により、合法的に所在する地域から関係する住民を強制的に移動させること（enforced displacement）をいう」（同二項ⓓ）と定義されている。これらの行為も国際法上許されない。その意味で、自由権規約第四条二項の列挙のうちには同第一二条（移動・居住の自由）は挙げられていないが、効力停止できない、と言わざるを得ない。

なお、日本のいわゆる有事法についての詳細な検討はひとまず措いて、ここでは、武力攻撃事態等における我が国の平和と独立並びに国及び国民の安全の確保に関する法律（平成一五（二〇〇三）・六・一三法律第七九号、いわゆる武力攻撃事態法）および武力攻撃事態等における国民の保護のための措置に関する法律（平成一六（二〇〇四）・六・一八　法第一一二、いわゆる国民保護法）について簡潔に触れておきたい。

武力攻撃事態法は、日本に対して外部からの「武力攻撃が発生した事態又は武力攻撃が発生する明白な危険が切迫していると認められるに至った事態」（武力攻撃事態）または「武力攻撃事態には至っていないが、事態が緊迫し、武力攻撃が予測されるに至った事態」（武力攻撃予測事態）において、これらの事態に対処するための必要な法制を整備する事項を定める（同法一条、二条）。同法第三条四項は、「武力攻撃事態等への対処においては、日本国憲法の保障する国民の自由と権利が尊重されなければならず、これに制限が加えられる場合にあっても、……日本国憲法第一四条、第一八条、第一九条、第二一条その他の基本的人権に関する規定は、最大限に尊重されなければならない」とし、人権の最大限尊重を謳っているが、先に検討したように、自由権規約第四条は効力停止を禁止する規定を列挙し、なかでも、思想・良心の自由については絶対的保障を定めている。その限りで、武力攻撃事態法は、制約を定めるものとはいえ、限りなく効力停止に近く、自由権規約とは相容れないと思われる。

国民保護法もまた、第五条で一般的に「日本国憲法の保障する国民の自由と権利」の尊重を謳い、第一七四条二項において「緊急対処保護措置を実施する場合において、国民の自由と権利に制限が加えられるときであっても、その制限は当該緊急対処保護措置を実施するため必要最小限のものに限られ、かつ、公正かつ適正な手続の下に行われるものとし、いやしくも国民を差別的に取り扱い、並びに思想及び良心の自由並びに表現の自由を侵すものであってはならない」と定めている。しかし、人権の制限を前提としている以上、その制限が容認されるかどうかは制限の必要性、内容等を比較考量して決められるべきことであり、自由権規約との整合性も問題となる。とくに表現の自由にはいわゆる知る権利・報道の自由・アクセス権が含まれ、避難指示・避難区域設定等にあたり、十分な情報の開示がないところでは、人権が守られているとは言い難い。

なおまた、外部からの攻撃に対する反撃は、日本国憲法第九条による戦争放棄にもかかわらず、国際法上すべての独立国が持つ、いわゆる自衛権にもとづくものであるが、これについても一言しておきたい。

自衛権というのは、現在では、外国からの急迫不正な侵害を排除して自国を防衛するため、緊急の必要がある場合に、やむを得ない限度で、本来であれば国際違法行為となる武力行使を、合法的に、なしうる権利である。自衛権については、国により、時代により、いろいろなことが唱えられたが、現在のように内容が明確化されたのは、第一大戦後の戦争違法化の歩みを背景に、国際社会の組織化による集団的措置が予定されることに関係している。従来から武力攻撃の内容とされていたものは、一九七四年の第二九総会が採択した「侵略の定義」第三条に列挙されている。(二)武力攻撃は、単なる攻撃の脅威に対する予防的な「先制的」自衛が認められないという意味では、「現実に発生している」

ことが自衛権発動には必要であるが、攻撃による「被害の発生」の場合に限られるものではない。また、一八三七年のカロライン号事件の外交交渉で米国国務長官ウェブスターが述べたように、「目前に差し迫った重大な自衛の必要があり、手段の選択の余裕なく、熟慮の時間もなかったこと」が証明されれば武力行使が自衛のものとして正当化される。日本政府は、一九五四（昭和二九）年四月に防衛庁設置法案と自衛隊法案を一括審議した折に、自衛権行使の要件について次のように答弁していた。

「自衛権の限界というものにつきましては……急迫不正の侵害があること、それを排除するために他に手段がないということ、しかして必要最小限度それを防衛するための必要な方法をとるという、三つの原則を厳格なる自衛権の行使の条件と考えておるわけであります」（佐藤（達）政府委員、衆議院内閣委員会議録第二〇号二頁、昭和二九年四月六日）。

ところで、一九五六（昭和三一）年一二月に日本が加盟した国際連合憲章第五一条は「個別的又は集団的自衛の固有の権利」（英：inherent right of individual or collective self-defense、仏：droit naturel de légitime défence, individuelle ou collective）を加盟国に認めている。しかし、個別的自衛権が少なくとも一九世紀以来国際法において認められ確立していたのに対し、集団的自衛権は、一九四五年の国際連合憲章採択時に新たに認められたという経緯もあり、個別的自衛権と同じ意味で「固有の」権利とは認められず、現実にも、集団的自衛権は、特に冷戦時代に、多くの相互援助条約・共同防衛条約における条約義務発生の根拠として、また、外国に対する軍事援助の法的基礎として援用されてきたという問題をはらんでいる。このように、集団的自衛権は、他国に対する攻撃を自国に対する攻撃とみなし、この攻撃に反撃する権利、と要約でき、政府は、日本国憲法上、集団的自衛権は行使できないと考えてきたところ、二〇一四（平成二六）年七月一日の閣議決定により、従来の憲法解釈を変更し、日本を取り巻く「安全保障環境が根本的に変化し、変化し続けている状況」を踏まえ、「我が国に対する武力攻撃が発生した場合のみならず、我が国と密接な関係にある他国に対する武力攻撃が発生し、これにより我が国の存立が脅かされ、国民の生命、自由及び幸福追求の権利が根底から覆される明白な危険がある場合」にも、自衛権の発動を認めた（三）。つまり集団的自衛権の行使を認めた。発動の要件そのものは特段に変化しているわけではない。

なお、国際連合加盟国は自衛行動としてとった措置は直ちに国連安全保障理事会に報告する義務があり（国連憲章五一条）、日本は、武力攻撃法第一八条によって、武力攻撃の排除にあたって講じた措置を国連安全保障理事会に報告することとしている。国連安全保障理事会の任務が「平和に対する脅威、平和の破壊及び侵略行為」に対処することである（国連憲章第七章三九条以下）ことから、同理事会への報告を規定していることは、上述の武力攻撃の排除措置が実態的には自由権規約の定める事態であることを示しており、人権の制約については、自由権規約にもとづいて、その理由とともに国連事務総長を通じて他の締約国に通知し、以下で検討する自由権規約の定める国際的統制を受けるべきであると考えられる。

(3)　差別禁止原則

効力停止措置は、「また、人種、皮膚の色、性、言語、宗教、又は社会的出身のみを理由とする差別を含んではならない」。この規定中「のみ」(英：solely、仏：uniquement)については若干の議論があった。国連事務総長がまとめた『国際人権規約草案註解』(芹田編訳六二頁)は、やや分かりにくい表現であるが、自由権規約第二六条の差別禁止規定と比較すると、第二六条に見られる「国民的出身(national origin)」や「政治的意見」による差別の禁止が特に削除されており、戦時に敵国人の取扱いについて差別的であること等、トーンダウンされていることに気付く。すなわち、非常事態措置が地理的に限定されていることによって生じる特定集団構成員に対する差別が生じたにしても、特定の種族、人種、言語的少数者を意図的に狙い撃ちするものでない限り、その措置が許容されることを意味している。(四)

(4)　効力停止を禁じられた規定

自由権規約の保障する人権については後に検討するが、自由権規約第四条で効力停止を禁止されている規定で言及される権利は次の通りである。

第一のグループは、既に検討したように、一般国際法上慣習法化し、しかも国際法上のユス・コーゲンスとなっていると考えられている自由権規約第六条の生命権、第七条の拷問禁止、第八条一項と二項の奴隷禁止、さらに、第一一条の債務奴隷禁止である。

第二は、第一五条で定める罪刑法定主義および遡及処罰の禁止である。これは近代刑法で確立された原則であり、精神的自由を確保する人身の自由の根幹にかかわるものであるが、第二大戦前から戦中にかけて重大な侵犯が多く見られたので、特別な重要性が与えられている。

第三は、第一六条に定める、すべての場所において法の前に人として認められる権利。

第四に、第一八条で定める思想・良心・宗教の自由であり、これには子どもに対する両親の宗教教育の自由が含まれている。

最後に、人権として自由権規約でも保障されているものの、自由権規約によって効力停止を禁じられる権利（non-derogable rights）には含まれていないが、その権利自体は一般国際法規範としての権利であるので、既に指摘したように、国家は国際法上これを実現する義務を免れず、自由権規約上効力停止を規定されていないという理由で、これを効力停止はできない。

（一）人間の尊厳については、本書序論第一章参照。特に効力停止（derogation）との関連では、自由権規約委員会一般的意見第二九（General Comment No. 29）（HRI/GEN/I/Rev. 9（Vol. I, para.13, p.238）参照。

（二）国連第二九回総会決議第三三一四号（A/RES/3314（XXIX）

［侵略の定義］

第三条　次に掲げる行為は、第二条の規定に従うことを条件として、侵略行為とされる。

(a)　国家の軍隊による他の国家の領土に対する侵入もしくは攻撃、一時的なものであってもかかる侵入もしくは攻撃の結果として生じた軍事占領、または武力の行使による他の国家の領土の全部もしくは一部の併合

(b)　国家の軍隊による他の国家の領土に対する砲爆撃、または国家による他の国家の領土に対する兵

器の使用

(c)　国家の軍隊による他の国家の港または沿岸の封鎖

(d)　国家の軍隊による他の国家の陸軍、海軍もしくは空軍または船隊もしくは航空隊に対する攻撃

(e)　受入国との合意にもとづきその国の領土内に駐留する軍隊の当該合意において定められている条件に反する使用、または当該合意の終了後のかかる領土内における当該軍隊の駐留の継続

(f)　他の国家の使用に供した領土を、当該他の国家が第三国に対する侵略行為を行うために使用することを許容する国家の行為

(g)　上記の諸行為に相当する重大性を有する武力行為を他国に対して実行する武装集団、団体、不正規兵または傭兵の国家によるもしくは国家のための派遣、またはかかる行為に対する国家の実質的関与

(三)　『憲法関係答弁例集』平成二八（二〇一六）年九月内閣法制局執務資料（信山社、二〇一七）三三頁。

(四)　同旨、Manfred Nowak,op.cit., pp.99-100.

三　効力停止した規定とその理由および終了の日の通知

人権委員会における原案審議では、緊急事態権限の行使が濫用されてきた過去に鑑み、単なる通告では足りないということに合意があり、すべての詳細は必要ないが、少なくとも動機となった理由は提供するべきである。誰に通告すべきであるのかに関して、締約国のみならず、国際連合に対してもなされ、その重要性から国連事務総長が公表すべきであるとの意見もあったが、締約国に限られた。自由権規約委員会に対する通告義務は規定されていないが、自由権規約委員会は、ヨーロッパ人権委

員会の例に倣って、国家報告でも個人通報でもその手続において「通告」を審査する。

自由権規約第四条三項は、国連総会における審議において、効力停止権を援用する開始日の通告義務と終了の日の通告義務とを区別して規定すべきである、とするメキシコ・サウジアラビア共同修正案が採択され、現行の形となった(一)。締約国はは他の締約国に対して「直ちに（immediately）」通知しなければならない。ヨーロッパ人権条約では特別の様式を求められてはいないし、通知は遅延することなく行われればよい(二)。

歴史が明らかにしているように、特に軍事独裁は緊急事態の宣言から始まるが、終わりは明確ではなく長引くことが多い。その意味からは、緊急事態の解除つまり効力停止の終了が大きな意味を持ち、その終了の日は特別に重要性をもっている。この点、現代が情報社会になり、瞬時にして世界中に情報が伝わり、理由を隠すことがむしろ正当性のなさを暴露するようなことになる時代になっているとはいえ、重要性に変わりがないことを指摘しておきたい。

（一）委員会段階の草案審議については、芹田健太郎編訳『国際人権規約草案註解』六三頁以下参照。総会に関しては、国際連合局社会課『国際人権規約成立の経緯』三六頁参照。ほかに、Nowak, op.cit., p.100 以下参照。
（二）初川満『国際人権法概論』（信山社、一九九四）七四頁参照。

第四款　国家の裁量権の国際的統制

国家緊急事態が存在するのかどうか、とられた効力停止措置が必要であるのかどうかを審査することについては、自由権規約委員会は、ストラスブール制度（Strasbourg institutions）として知られるヨーロッパ人権条約が打ち建てた、当初の欧州人権委員会・裁判所（現行は裁判所に一本化）等の制度の慣行に従っている。既に指摘したように、自由権規約第四条三項は欧州人権条約第一五条三項と同旨だからである。欧州人権裁判所が最初に取り扱ったのは、北アイルランド紛争に係るローレス事件であった。裁判所は政府の判断を審査し、司法統制権を行使したが、同時に、国際機関よりも現場に近い国家に一定の判断の余地を認めた。これがいわゆる「評価の余地」理論（margin of appreciation concept）である。しかし、締約国は無制約に評価の権限をもつものではなく、特に「緊急性が真に必要とする限度」を超えていたかどうかの均衡性を判断するのは裁判所である、とした。(一)

国際的統制は、元来、ヨーロッパで最も民主的と思われたワイマール憲法下でナチスによる酷い人権侵害を経験した第二大戦を契機に、人権保障を一国家の憲法による国民への保障のみに委ねているのでは十分ではなく、一国保障主義つまり自国憲法のみによる保障の限界を克服するために広く国際連帯を基礎とする国際的統制に服させることにしたものである。(二)

周知のように、ワイマール議会で非常事態を理由としたことから始まり、多くの立法がなされ、ヒトラーへの権力集中が行われた。日本でも、満州事変後の軍部の横暴、政治介入を批判した斎藤隆夫(三)

は孤立無援で議会から圧倒的多数で除名された。大政翼賛会の下、政府の行動を糺すべき議会が機能しなくなる事態が現出していたのである。国際機関による適法性、均衡性判断による統制は人権保障にとってきわめて有効である。

自由権規約委員会の審査権の根拠は国家報告を審査する自由権規約第四〇条二項にある。国家の「報告には、この規約の実施に影響を及ぼす要因及び障害（the factors and difficulties）が存する場合には、これらの要因及び障害を記載する」こととなっている。ノワクよると、(四) 一九七九年春の英国の最初の国家報告の審議に際し、自由権規約委員会は、それぞれすべての効力停止に正当化理由があったかについて確認する義務があることを強調し、また、一九七九年にチリの最初の報告の議論の際に、委員からは緊急事態そのものがフンタ（軍事政権）そのものによって創られたのではないのか、として、緊急事態の永続化に対する厳しい意見が表明された。一九八一年の一般的意見第五では、締約国からの報告では、緊急事態が公式に宣言されているかどうか、どの権利が停止されているのか等、明確でないものがあることを指摘し、改めて、すべての締約国に対し、規約第四条三項を含む規約上の義務の履行を要請した。同委員会の慣行では、同第四条三項の通告について審査している。

個人通報に関しては、第一選択議定書第一条に従って自由権規約委員会は審査権をもっている。政情不安定であった南米諸国民からのものが多く見られるが、隣国韓国のもので、一九八〇年の全斗煥政権により改正された国家保安法の下で、シカゴ留学中に南北統一運動に参加したかどで、有罪とされた学生が規約第一九条の表現の自由違反を訴え、韓国政府は同法が対北朝鮮との関係で国家保全に不可欠であると主張したのに対し、自由権規約委員会は同国がいかなる宣言も、脅威の正確な説明もしていないことから自由権規約と相容れない、と判断し、また、規約第二条の義務に対して国内法の適用に優先を与えたことは規約と相容れない、と判断した（五）。

国際人権規約の目的は、言うまでもなく、人権保障である。締約国の義務は自由権規約第二条が明確にしているとおりであり、また、人権の保障のためにということをもって人権を否定することは許されない。闘う民主主義の原則（自由権規約五条一項）と最大限保障の原則（同五条二項）がそのことを示していることをも指摘しておきたい。

（一）評価の余地は、広く用いられる。Philip Leach, Taking a Case to the European Court of Human Rights, 3rd Ed., Oxford U.P., First Published 2011, pp.161-162.
　なお、西片聡哉「欧州人権条約 derogation 条項と『評価の余地』――人権裁判所の統制を中心に」『神戸法学雑誌』五〇巻二号（二〇〇〇）参照。ローレス事件については、芹田健太郎「ヨーロッパ人権委員会の活動とその性格（上）（下）」参照。この後の判例について、寺谷広司「デロゲーション――緊急事態におけるテロ容疑者の拘禁延長に対する司法統制の要否」（『ヨーロッパ人権裁判所の判例』（信山社、二〇〇八）一六一―一六六頁参照。

（二）なお、文脈は異なるが、国際連帯の上に立つ人権保障として、現代的な、たとえば環境権などを考えても国民国家モデルの人権論は克服しなければならず、地球大での国際連帯の上に立った地球社会の人権論の構築が必要である。芹田『地球社会の人権論』（信山社、二〇〇三）参照。

（三）斎藤隆夫が軍部の横暴に議会で声を挙げた、いわゆる反軍演説（官報号外昭和一五（一九四〇）年二

月三日　第七五回帝国議会衆議院議事速記録第五号　支那事変処理への質問部分は四〇–四三頁。但し、世に知られた部分は官報からは削除されている。肉声はhttps://www.youtube.com/watch?v=oD1470HX95Eから聴くことができ、演説全文はroyallibrary.sakura.ne.jp/ww2/text/hangun_2.htmlから読むことができる。なお、斎藤隆夫『回顧七十年』中公文庫参照）。

（四）M. Nowak, op. cit., p.102ff.

（五）CCPR/C/64/D/628/1995, 前半部分の判断は、同para.10.3、後半部分の判断は、同para.10.4である。なお、韓国国家保安法は国内では合法とされ、現在でも施行されている模様。

第四節　人権の制約事由の限定

第一款　制約条項

日本国憲法は、「この憲法が国民に保障する自由及び権利は、国民の不断の努力によって、これを保持しなければならない。又、国民は、これを濫用してはならないのであって、常に公共の福祉のためにこれを利用する責任を負」い（一二条）、また、「すべて国民は、個人として尊重される。生命、自由及び幸福追求に対する国民の権利については、公共の福祉に反しない限り、立法その他の国政の上で、最大の尊重を必要とする」（一三条）と定め、人権に対する一般的制約として「公共の福祉」を規定している。そして、特に、居住、移転、職業選択の自由（二二条）と財産権（二九条）について、重ねて、公共の福祉による制限を規定している。

ところで、国際人権規約は、経済的、社会的および文化的権利を定める社会権規約も、市民的、政治的権利を定める自由権規約も、一般的制約条項を置かず、制約が必要な場合には、個別の人権毎に制約規定を設けている。

一　社会権規約は、基本的に、権利の完全な実現を「漸進的に達成する」義務を締約国に課しており（二条一項）（但し、同条二項の差別禁止規定は漸進的実現義務ではなく、即時的実現義務である）、また、途上国の場合は自国在住の外国人に対してどの程度まで権利を保障するかを決定することができるとされている（同三項）。日本の場合は、社会権規約の公の休日に対する報酬を約束する第七条と教育の無償を定める第一三条二項に対する留保と第八条に定める労働権のうち同盟罷業権については軍隊・警察構成員および公務員に関してその行使に国内法による合理的制限が同規約によって認められているが、日本は消防構成員が警察構成員に含まれるとする解釈宣言を付している。ただ、教育の無償に関しては留保を撤回した（撤回後も残る課題については後述第二章第三節第三款一　教育権参照）。

二　自由権規約は、次のように、個別の権利ごとに可能な制限の場合を規定する。

先ず、次の権利条項には一切の制限規定がない。生命権（六条）、拷問・残虐刑の禁止（七条）、身体の安全（九条）、被告人の取扱い（一〇条）、債務奴隷の禁止（一一条）、人として認められる権利（一六条）、プライバシーの保護（一七条）、戦争宣伝・憎悪の唱導の禁止（二〇条）、家族の保護（二三条）、児童の権利（二四条）、法の前の平等（二六条）、少数者の権利（二七条）である。

次に、制限規定のある条項は次のものである。権利自体については後に詳述するが、ここでは、重複をいとわず、制限の概略を示す。

(i)　奴隷・苦役・強制労働の禁止（八条）　強制労働を伴う拘禁刑を科すことは望ましくないが、裁判所による刑の言い渡しの場合は除かれる。また、社会の存立・福祉を脅かす緊急事態又は災害の場合に要求される役務は、強制労働とはされない。

(ii)　移動・居住の自由（一二条）　合法的に領域内にいる者は当該領域内においてこの自由を有する。但し、その自由には制限を課すことができ、その「制限が、法律で定められ、国の安全、公の秩序、公衆の健康若しくは道徳又は他の者の権利及び自由を保護するために必要であり、かつ、この規約において認められる他の権利と両立するものである場合」許される。

(iii)　外国人の追放（一三条）　合法的に領域内にいる外国人は「法律に基づいて行われた決定によってのみ追放」されるが、追放理由の提示等を求めることができるのは、「国の安全のためのやむを得ない理由がある場合を除くほか」である。

(iv)　公正な裁判・裁判の公開（一四条）　「民主的社会における道徳、公の秩序若しくは国の安全を理由として、当事者の私生活の利益のために必要な場合において又はその公開が司法の利益を害することとなる特別な状況において裁判所が真に必要があると認める限度で」(同一項) 裁判の一部または全部の不公開が可能となる。また、「判決は、少年の利益のために必要がある場合又は当該手続きが夫婦間の争い若しくは児童の後見に関する場合を除くほか、公開する」(同一項) ので、少年の利益、夫婦間の争い・子どもの後見の場合は不公開とすることができる。

(v)　遡及処罰の禁止（一五条）　「国際社会の認める法の一般原則による処罰」は可能（同二項）

(vi)　思想・良心および宗教の自由（一八条）　「宗教または信念を表明する自由については、法律で定める制限であって公共の安全、公の秩序、公衆の健康若しくは道徳又は他の者の権利及び自由を保護するために必要なもののみを課することができる」(同三項)。

(vii)　表現の自由（一九条）　この「権利の行使には特別の義務及び責任を伴う。したがって、この権利の行使については、一定の制限を課すことができる」(同三項)、ただし、「(a)他の者の権利又は信用の尊重」または「(b)国の安全、公の秩序又は公衆の健康若しくは道徳の保護」の目的のために必要とされ、法律で定められている場合に限って制限を課すことができる。

(viii)　集会の自由(二一条)　「この権利の行使については、法律で定める制限であって国の安全若しくは公共の安全、公の秩序、公衆の健康若しくは道徳の保護又は他の者の権利及び自由の保護のため民主的社会において必要なもの以外のいかなる制限も科することができない。」(同二文)

(ix)　結社の自由(二二条)　制限に関しては、前条と同文。ただし、軍・警構成員については合法的制限が可能。

(x)　参政権(二五条)　「不合理な制限なしに」。

三　以上の概略から見えてくるのは、表現の自由の行使について「権利の行使には特別の義務及び責任を伴う。したがって、この権利の行使については、一定の制限を課すことができる」という表現が前述した日本国憲法第一二条の規定を思わせるが、「公共の福祉」というような概念を持ち込まず、徹頭徹尾、個々の人権の特質を見極め、制限を厳密に規定しようとしていることであろう。もっとも、日本の憲法学においても、判例とともに、人権の制限が許容される場合を細密化していることは評価されるところである(二)。

さて、前述のように、自由権規約が精神活動の自由として保障する思想・良心・宗教の自由、意見・表現の自由、集会・結社の自由、居住・移動に自由に対して制約条項が置かれている。

当該制限が「他の者の権利及び自由を保護するために必要」（一二条：移動の自由）、「他の者の権利及び自由を保護するために必要」（一八条：思想・良心・宗教の自由）、「他の者の権利又は信用の尊重」（一九条：表現の自由）、「他の者の権利及び自由の保護のため民主的社会において必要なもの」（二〇条：集会の自由、二二条：結社の自由）とされる制限は、これらの権利自体が本来的に持つ他者との関係を念頭に置くものであり、特段の問題性を含むものとは言えない。

なお、性質は異なるが、「民主的社会における道徳、公の秩序若しくは国の安全を理由として」あるいは「当事者の私生活のため」「少年の利益のため」等を理由とする裁判の不公開も（一四条）、「国の安全を理由とする」裁判の不公開を除き、妥当なものであろう。「国の安全」を理由とするのは、軍の機密を扱うスパイ事件やテロリスト裁判で裁判官の身の安全を図る措置をとる必要がある場合が考えられるが、いずれも、しかし、「民主的社会における」「国の安全」等のためであることに留意すべきである。

外国人も移動・居住の自由を保障され、外国人は法律にもとづく決定によってしか追放されないが、追放に関して当該外国人からの追放反対理由の提示および審査要請に対して「国の安全のためのやむを得ない理由がある」としてこれを認めないことは許容されている（一三条）。この制約規定自体は難民条約第三二条二項からとったものである。しかし、自由権規約委員会は、「国の安全のためのやむを得ない理由」（commpelling reasons of national security）として、麻薬取引犯として国際手配されているフランス人のピエール・ギリー（Pierre Giry）が国の安全の危険（a national security danger）を構成し、即決追放（a summary expulsion）を正当化するとしてこの制約を援用したドミニカの主張を斥けた。(二)

ところで、思想・良心・宗教の自由、意見・表現の自由、集会・結社の自由、居住・移動に自由に対して制約条項は次のようである。「国の安全、公の秩序、公衆の健康若しくは道徳を保護するために必要」な（一二条）移動の自由の制限、「公共の安全、公の秩序、公衆の健康若しくは道徳の保護のために必要」な（一八条）思想・良心・宗教の自由の制限、「国の安全、公の秩序又は公衆の健康若しくは道徳の保護のために必要」な（一九条）表現の自由の制限、「国の安全若しくは公共の安全（public safety）、公の秩序（public order (ordre public)）、公衆の健康若しくは道徳の保護のため民主的社会において必要なもの」としての（二〇条、二一条）集会の自由、結社の自由の制限が自由権規約において許容されている。

これらは一見したところ、第一二条の制約条項に集約される。実際にも、起草段階では、一〇余にも上る多数の制約事由が提案されたが、結局現在の形に収まり、さらに、人権委員会では、制約条項が第一八条、第一九条、第二〇条、第二一条の他の制約条項と一致していることの必要が指摘されていた。(三)国連総会に提出された第一二条に関する人権委員会草案は、しかし、制約条項から始まっていたため、修正議論は主として条文の規定方式に係り、条文形式は現行通りに落ち着き、他の条文の制約条項との関連についても、人権委員会における審議時と同様の指摘があった。(四)

「国の安全」は、前述の自由権規約各条項のほか、欧州人権条約にも見られ、「公共の安全」との対比でみると、全国民に対する政治的、軍事的な重大な脅威によって引き起こされる。

「公共の安全」(public safety) は、「国の安全」が置かれていない第一八条に置かれ、第二〇条および第二一条では、「国の安全」と並べて置かれている。そもそも人権委員会草案では、第一二条は「国の安全、公共の安全、公衆の健康若しくは道徳」であった(五)。国連総会第三委員会の審議にあたって、アルゼンチン・ベルギー・イラン・イタリア・フィリピン五ヵ国修正案で、現行の条文形式とされ、「国の安全」」に続いては、「公共の安全」ではなく、「公の秩序 (public order (ordre public))」が置かれた。審議では、スペイン語の orden público、フランス語の ordre public は英語の public safety にあたるとの説明や、フランス語の ordre public は一二条に含むには広すぎるとの発言等があり、結局、五ヵ国は「public safety」に代えて、「public order (ordre public)」を提案し、これが採択された（この部分につき、分割投票に付され、日本は棄権)。ただし、フランス語正文は、「l'ordre public」である。

「公の秩序、公衆の健康若しくは道徳」の制約条項は、こうして、すべての条文に制約条項として置かれている。「公衆の健康」のため伝染病拡大を防ぐ隔離措置等や「公衆の道徳」のため売買春防止規制やヌード規制等がこれにあたる。日本の場合、たとえば公衆浴場法に規定する「風紀に必要な措置」など、この条約上の制約条項により合法化されうる規制が、いわばパターナリズムとなる過剰規制とならないように、常に均衡性の原則が働くような制度設計が必要であろう。

安全を理由とする、たとえば火山噴火、地震、地滑り等による交通規制、自然保全地区へのアクセス制限、または自然環境保全法などによる一定地域への立ち入り制限、鳥獣保護管理法による規制など、「公の秩序」維持のため、と言えるのであろう。一九五九年の伊勢湾台風を契機に制定された災害対策基本法（昭和三六（一九六一）年一一月一五日法律第二二三号）にも、周知のとおり種々の規制がある。

（一）国際法学からは、自由権規約委員会委員を勤めた安藤仁介「人権の制限事由としての『公共の福祉』に関する一考察──日本国憲法と国際人権規約」法学論叢一三二巻四・五・六号五一－六六頁参照。
（二）Cf. Manfred Nowak, op.cit., p.298 & p.300.
（三）芹田編訳『国際人権規約草案註解』八七－八九頁参照。
（四）外務省国際連合局社会課『国際人権規約成立の経緯』（一九六八年）一三二－一三八頁参照。
（五）芹田編訳『国際人権規約草案註解』八七頁、外務省『国際人権規約成立の経緯』一三二頁。

第二款　濫用禁止と最大限保障

自由権規約も社会権規約も、規約が保障する人権について一般的にその制約条項を規定するほか、自由権規約は特に第二部一般規定第四条において非常事態における国家の効力停止について規定した。そして、最後に第五条第一項および第二項において、濫用禁止と最大限保障の原則を置いた。

第一項は世界人権宣言第三〇条に由来し、「国、集団又は個人（any State, group or person）が」規約の保障する人権を「破壊し、若しくは、この規約に定める制限の範囲を超えて制限することを目的とする活動に従事し又はそのようなことを目的とする行為を行う権利を有するものと解することはできない」とする。危惧されていたのは、第二大戦時のナチスやファシストの活動であった。第二大戦後の連合国による旧枢軸国占領期における国連審議であったことも反映し、当時のソ連代表からは西ドイツにおけるファシスト的団体の活動を批判する声が上がっていた(一)。国際人権規約原案の審議においても、本規定が「生まれかけているナチ、ファシストまたはその他の全体主義イデオロギーの成長をチェックする目的をもっており、そうした傾向をもつ集団は自己の活動を正当化するために規約を援用できない」ことが指摘された(二)。この規定はいわゆる「闘う民主主義」(militant democracy)の表明である。自由権規約委員会への通報事件としては、解散させられたファシスト団体の再建を画策して罪に問われたイタリア人が自由権規約委員会へ訴えた通報(No.117/1981(M.A.v.Italy))において、同規約委員会はこれを選択議定書第三条により、自由権規約の諸規定と相容れないものとして、内容的に(*ratione materiae*)非許容(inadmissible)とした(三)。

さて、国家による濫用とはどのようなものか。別に言及する強制失踪禁止条約の制定の契機となった南米の軍事独裁に関連して、特にチリにおける人権状況について、自由権規約委員会の複数の委員が規約第四条に言及し、指摘したのは、チリ国民にとって真の緊急事態を構成しているのが臨時軍事政権(the Junta itself)そのものであったことである、という委員の発言をノワクが取り上げていることに注目したい(四)。国連総会は、一九七六年一二月一六日の「チリにおける人権」と題する決議(A/RES/31/124)において、チリ当局に対して「人権及び自由を侵害する目的で戒厳状態又は緊急事態を利用することを中止すること」(to cease using the state of siege or emergency for the purpose of violating human rights and fundamental freedoms) を再度要請した (同決議二項(a))。

なお、周知の通り、日本で団体規制をするのは、破壊活動防止法である。この法律は違憲性が問われ続けていたが、旧社会党党首を首班とする村山内閣の下で、一九九五年、いわゆるサリン事件が発生した。破防法の適用は見送られ、この事件を契機に「無差別大量殺人行為を行った団体の規制に関する法律 (平成一一(一九九九)年法律第一四七号、団体規制法またはオウム新法とも言われる) が制定され、オウム真理教の後継団体が対象となっている。

ところで、自由権規約第五条二項は締約国の「法律、条約、規則又は慣習によって認められ又は存する基本的人権については、この規約がそれらの権利を認めていないこと又は認める範囲がより狭いことを理由として、それらの権利を制限し又は侵してはならない」と定める。具体的には、たとえば、財産権の保障について、自由権規約当事国であるヨーロッパ諸国に例をとれば、自国が同じく当事国である欧州人権条約第一議定書第一条は財産権を保障しているが、自由権規約にはその保障はないので、そのことを理由に財産権の保障を制限等することができない。規約にいう条約は、当然ながら、当該締約国が当事国であるすべての条約をいう。

(一) 原案第二八条に対する人権委員会での審議については、法務府人権擁護局『世界人権宣言成立の経緯』(一九五二) 一〇五–一〇七頁参照。

（二）芹田編訳『国際人権規約草案註解』六七頁参照。
（三）Moeller & Zayas, op.cit., p.143 および Nowak, op.cit., p.117 参照。
（四）Nowak, op.cit., p.114 参照。

第二章　条約上の人権

序　世界人権宣言の意義——人権条約の出発点

世界人権宣言は、周知の通り、一九四八年一二月一〇日、国際連合総会で採択された（一）。国際連合の原加盟国は連合国に限られていたので、政治的にはこの文書は第二大戦を戦った連合国が戦後世界の秩序の基底をなすものとして宣言したものであった。そこに見られる人権尊重、民主主義の擁護は、連合国の戦争目的であったのであり、第二大戦の戦後史の語り口が連合国史観によって彩られることになったことも否定できない。この事実は歴史の一齣として認めよう。しかし、世界人権宣言採択から間もなく七〇年、この間に世界人権宣言は人類の在り方を示す共通の宝となった。そこから多くの人権条約が流れ出すことになったのであり、国家間に結ばれた人権諸条約の網は、世界人権宣言と相俟って、今や、世界を覆う人類社会の権利章典となったのである（序論第二章参照）。

世界人権宣言そのものは、前文のほか三〇ヵ条からなっている。内容的には、三つの部分に分けることができる。第一は、人間の自由・平等、権利と自由を差別なく享有する権利を定める一般規定（一条、二条）、第二は、具体的な人権を定めた実体規定（三条—二七条）、第三は、人権を行使するにあたって尊重すべき社会秩序、他人の権利との関係を定める規定（二八条—三〇条）である。

実体規定は、生命・自由・身体の安全などの市民的・政治的性質の権利、いわゆる自由権を定める第二一条までと、社会保障、労働権、教育権、文化生活に参加する権利などの経済的、社会的、文化的な性質の権利、いわゆる社会権を定める第二二条から第二七条までとに分けられる。

世界人権宣言のこの三部分構成が国際人権規約に影響し、第一の部分と第三の部分が、原則として、国際人権規約の第二部第二条―第五条となり、第二の部分は、それぞれ自由権規約第三部第六条―第二七条、社会権規約第三部第六条―第一五条となった。しかし、比較対照すれば一目瞭然なように、世界人権宣言には見られるが、国際人権規約には見られない権利とか、国際人権規約にしかない権利とがあり、それぞれの特徴が明確に現れている。最も明確な相違は、国際人権規約が第一部第一条に民族自決権を置いていることである。つまり、そのことによって、民族の独立なくして個人の人権保障なし、と宣言しているのであり、その意味で、世界人権宣言がいわば個人本位的構成をとっているのに対し、国際人権規約はいわば団体本位的構成をとっているといえる。しかし、自由権規約委員会の先例では、個人通報の審査は第三部第六条以下の個人の権利に関してのみ行われ(二)、条約構成は、国際人権規約草案が完成した一九五四年当時と異なり、現在では非植民地化が終わり、個人の人権保障の観点からは世界人権宣言と大きな相違は見られない。もっとも、世界人権宣言には財産権の保障が規定されているのに対し（一七条）、国際人権規約にそれが見られないのは、当時の社会主義と資本主義の東西対立を見て取ることができるし、庇護権についても当時の対立の根深さを見て取ることができる(三)。

法的には、世界人権宣言は国際連合総会の単なる勧告以上の意味をもってはいるが、(四)条約と同じ意味での法的効力を持つものではない。しかし、少なくとも次の二点は指摘しておかなければならない。

第一に、国際人権規約の解釈が分かれるとき、日本も当事国である条約法条約第三二条の「補足的な手段」、とくに「条約の準備作業（Travaux préparatoires）及び条約の締結の際の事情」として世界人権宣言をその準備作業とともに援用できる。(五)

第二に、世界人権宣言は、古くから指摘されているように、米国カリフォルニア地区裁判所の藤井対カリフォルニア判決のほか、フランス、イタリア、オランダ、フィリピン、スリランカ（現セイロン）、イスラエルなどの国々で同宣言採択三〇周年頃までにすでに十余件の国内判決で言及されていること、また、アルジェリア、ブルンジ、カメルーン、チャド、コンゴ共和国、コンゴ民主共和国（ザイール）、ガボン、ギニア、コートジボアール、マダガスカル、マリ、モーリタニア、ニジェール、セネガル、トーゴ、オートボルタ、ソマリア、ルワンダなど、とくに一九六〇年代独立の諸国の憲法の中で言及されていることである。

第三に、国際連合の諸機関は、当然のことながら、その活動の基本に世界人権宣言を置き、その視点で各国の活動を検証している。

このように世界人権宣言は、第二大戦後の世界に大きな影響を与え、地球社会の基層をなすこととなった。この宣言を基に多くの国際人権宣言・条約が作成されることになったのである。しかし、ここでは、第一大戦後の特殊な雰囲気の中で、いわば資本主義擁護のために国際労働機構（ＩＬＯ）によって数々の人道的労働立法が生み出され労働者の権利保護が推進されたことを指摘しておかなければならない。ＩＬＯは、一九四四年五月のフィラデルフィア宣言によって目的を鮮明にし、第二大戦後、一九四八年の結社の自由・団結権保護の八七号条約、四九年の団結権・団体交渉権の九八号条約、五一年の同一労働・同一報酬の一〇〇号条約、五七年の強制労働廃止の一〇五号条約、五八年の雇用・職業における差別禁止の一一一号条約という人権条約を採択するに至った。ＩＬＯは、世界人権宣言第二〇条ないし第二四条に対応する国際人規約の労働関連規定の作成に大きな貢献をし、これらの諸条約も、今では国際人権規約や女性差別撤廃条約などに取り入れられてきている。なお、労働運動は、国連憲章第七一条（民間団体、ＮＧＯ）の成立に大きな意味を持ったことをも指摘しておこう。(六)

(一) 芹田健太郎「世界人権宣言採択の経緯と意義——世界人権宣言五〇周年の評価」（『地球社会の人権論』（信山社、二〇〇三）所収）参照。

(二) 国際人権規約第一条については多くの論点を抱えていたが、個人通報によって第一条を援用できるかもその一つであった。方向性が定まったのは、カナダのアルバータ州ルビコン・レーク族がカナダ政府を訴えた事件を契機とする。本書序論 第二章人権保障の歴史 第四節第二款「植民地解放・反人種差別闘争」（五四頁註（四））参照。なお、桐山孝信「人権規約のなかの自決権」山手治之・香西茂編集代表『現代国際法における人権と平和』（東信堂、二〇〇三）所収参照。

(三) 芹田『亡命・難民保護の諸問題Ⅰ――庇護法の展開』(北樹出版、二〇〇〇) とくに「補遺　領域内庇護条約採択全権会議(一九七七)の成果」参照。

(四) 芹田「国連における人権問題の取り扱い――世界人権宣言二〇周年テヘラン会議」(前掲『地球社会の人権論』所収)、とくに、同論文中で引用の国連本部法務局文書 (E／3616／Rev.1) 参照。

(五) 例えば、樺太残留者帰還請求訴訟、いわゆるサハリン裁判や、再入国不許可処分取消等請求事件、いわゆる崔善愛事件などで争われた自由権規約第一二条四項にいう「自国」の解釈につき、政府はこれを「国籍国」に限られるとしたのに対し、原告側は「定住国」を含む概念である、と主張した。「自国」の「国」は英語では country であり、country だけでは明確でなく、あいまいさを払拭し、国籍国であることを明確に示すため、人権条約によっては、country of nationality (国籍の国) とか country of which he or she is a national (自己が国民である国) と書き分けており、「解釈によっては意味があいまい又は不明確である場合」に「条約の準備作業 (travaux préparatoires)」に依拠することができる、という条約法条約第三部の解釈原則が援用され、世界人権宣言の審議過程が詳細に分析された。サハリン事件は一九七五年に東京地裁で審議が始まったが、政治的に解決し、一九八九年に取り下げられたので解釈に結論は出なかった。崔善愛事件は最高裁判所において敗訴した。その意味では政府の言う「国籍国」が確定したかに思えるが、現在でも、自由権規約委員会は、「『自国』という文言は、『自らの国籍国』とは同義ではないことを注意喚起する」として、日本政府報告書に対する最終所見 (Concluding Observations, 最終見解) において、この点の改善を求めている (一九九八年一一月一九日の委員会見解(c)「主な懸念事項及び勧告」一八項参照。翻訳は外務省ホームページから採った)。なお、詳しくは、芹田健太郎『永住者の権利』(信山社、一九九一) 所収「自国に戻る権利」および「永住者の再入国の自由」参照。自由権規約一二条四項は、公定訳では、自国に「戻る」と訳しているが、英正文は、議論の末選ばれた enter（入る）であり、return（戻る）ではない。

（六）芹田・薬師寺・坂元『ブリッジブック国際人権法〔第二版〕』（信山社、二〇一七）Chapter 11 参照。

第一節　国際人権規約——自由権規約と社会権規約

第一款　成立の経緯

国際連合は、憲章第六八条で設立を予定した人権委員会（Commission on Human Rights 二〇〇六年人権理事会 Human Right Council となった。序論第二章第五節第二款（本書七一頁以下）参照）に、いわゆる人権章典（Bill of Human Rights）の起草を委ねた。人権章典は、宣言（Declaration）、条約（Treaty）、実施措置（Implementation measures）からなるものとされ、まず、「すべての人民とすべての国とが達成すべき基準として」世界人権宣言が布告された。人権委員会は引き続き作業を進め、一九五〇年、いわゆる自由権と実施措置に関する条文からなる「第一国際人権規約草案」を国連総会に提出。第五回総会は、経済、社会、文化的権利、いわゆる社会権をも人権規約の中に含ませること、および、民族・国の自決の権利を確保する手段・方法の研究、勧告の準備を人権委員会に求めた。なお、翌第六回総会は、先の決定を改め、ヨーロッパの伝統的人権分類に対応し、自由権に関する規約と社会権に関する規約という二つの別個の規約の準備を委員会に求め、現在の国際人権規約の基本構造が固まった。国際人権規約草案は一九五四年に完成した。この草案は、自由権規約草案と社会権規約草案の二つか

前　文	
民族自決権	
一般規定（第Ⅱ部）	平等・無差別 男女平等 （権利制限規定） 闘う民主主義 最大限保障
実体規定（第Ⅲ部）	自　由　権 社　会　権
実施措置（第Ⅳ部）	〔Ⅰ〕義務的報告制度 A．事務総長→経社理（一人権委） B．事務総長→人権専門委 〔Ⅱ〕任意的申立制度（自由権規約のみ） 1国家の申立 2個人の申立（選択認定書による）
雑　則	
最終条項	

A：社会権規約、B：自由権規約

らなり、可能な限り、一つの条約の体裁をとった。そこで、これを図示すると上記のようになる。

国連総会は、一九五五年の第一〇回総会（日本は一九五六年一二月に国連加盟）から逐条審議を始め、一一年を費やし一九六六年一二月一六日に社会権規約と自由権規約を全会一致で、自由権規約選択議定書を賛成六六、反対二、棄権三八で採択した。

なお、国際人権規約発効後、社会権規約にもとづく国家報告書を審議するため、一九八五年五月二八日、経済社会理事会（経社理）は、政府専門家による会期間作業部会に替えて、個人資格からなる「経済的、社会的および文化的権利に関する委員会」（社会権規約委員会）を設置した（経社理決議一九八五・一七）。さらに、国連総会は、人権理事会の決議（二〇〇八年六月一八日の決議（八／二））に基づき、同委員会に個人等からの通報を審議する権限を認める社会権規約選択議定書を二〇〇八年一二月一〇日に採択した（二〇一三年五月五日発効）。

国際人権規約は採択の動機として次の五点を挙げている。

(1)　人類社会のすべての構成員の固有の尊厳と平等で譲ることのできない権利を認めることが世界

における自由、正義および平和の基礎であること

(2) これらの権利が人間の固有の尊厳に由来すること

(3) 恐怖および欠乏からの自由を享受する自由な人間という理想は、すべての者が市民的、政治的権利とともに経済的、社会的、文化的権利を享有することのできる条件が作り出される場合に初めて達成されることになること

(4) 諸国は、国連憲章のもとで、人権と自由の普遍的な尊重・遵守を助長すべき義務を負っていること

(5) 各個人は、他の個人と自己の属する社会とに対して義務を負い、この規約の定める諸権利の増進、擁護のため努力する責任があること、である。

第二款　人権保障の原則および保障の内容

一　人権保障の原則

国際人権規約の第二部（二条―五条）の一般規定は、人権保障の原則を述べたものと見（一）なすことができる。これらの規定に定める原則は、国際人権規約第三部第六条以下の実体規定の解釈に際してこれらの条文解釈を導く原則である。

1　平等・差別禁止

国際人権規約は、既述のように、すべての者に対し、人種、皮膚の色、性、言語、宗教、政治的意見その他の意見、民族的（national）もしくは社会的出身、財産、出生または他の地位等のいかなる差別もなしに、人権を保障する（二条）。したがって、当然の帰結として、国籍は特に問題とされず、その意味で、内外人平等がこの原則には含まれる（例外的に途上国にあっては、経済的権利については内外人に差別を設けることが可能とされているが、これを規定する社会権規約の中には、経済的権利にあたるものが見当たらない）。この平等・差別禁止原則を受けて、第三部実体規定の権利享有主体は、いずれも、「すべての者」「何人も」とされている。ただし、国際人権規約は、いくつかの規定において、特に「女子」「母親」「妊娠中の女子」「児童・年少者」「少年」「児童」「一八歳未満の者」を権利享有主体として規定し、また「少数者（minorities）」の権利を保障している。この国際人権規約の考え方は、まず「人間」の権利を保障する。しかし、具体的な人間は、男であり女であり、児童であり、少年であり、多数者に属するか少数者に属するか、障がいを持つ者か否か等々の形をとってしか存在しない。そこで国際人権規約は現実の経験に照らして、これまで人権保障の薄かった部分に着目し、いわば社会的弱者の保護に意を用いるものである。

2　男女平等

前述第二条によって性別による差別は禁止されている。第三条は、この規約において認められる権利の享有についての平等を、さらに特記して、男女平等の最低限の保障を目指すものである。しかし、権利内容が条約に保障するものに限られているという意味では、本条は、条約限定的な従属規範

（subordinate norm）であり、一般的な法の前における平等保障は、それ自体が独立した権利である自由権規約第二六条の定めるところによる。同第二六条はいわゆる自立規範（autonomous norm）である（本書一六一頁参照）。

一九八一年に自由権規約委員会は一般的意見第四において、このことを確認していた。しかし、二〇年以上にわたる活動の経験に照らして、本条の重要性に鑑み、二〇〇〇年三月前述所見第四を全面的に改める一般的所見第二八を採択した（HRI/GEN/1/Rev.9（Vol.1））。

その背景として、第二条および第三条が締約国に対し、性別を理由とする差別の禁止を含むあらゆる手段を講じ、公私の分野で、権利の平等享有を妨げている差別的行動を終わらせることを命じているにもかかわらず、締約国がこれに関する十分な報告をしてこなかったことがある。そこで委員会は、一般的な認識として、締約国が公私の両分野で男女の権利享有の平等を確保する責任を負っていること、しかし、現実には男女の権利享有の不平等が世界中に見られ、しかも、宗教的態度を含む、伝統や歴史、文化の中に深く根を張っていること、また、女性の従属的役割を示すものとして、男児を産もうとする選択、女児胎児の中絶の高率があること等を指摘し、委員会が締約国による規約上の権利の実施に関し障害となる事態について完全な全体像を描けるように、その要因を同定し、必要な情報の類型を明瞭に示すこととし、この改訂一般所見を採択した。

そこで、たとえば、第四条の緊急時においても男女の権利の平等享有は遵守されねばならず、特に女性が武力紛争時には脆弱であり、レイプや誘拐やジェンダーを理由とする暴力から保護するためにとったあらゆる措置の報告や、第六条の生命権保護に関する報告にあたっては、出生率や妊娠・出産に関わる女性死亡データ、望まない妊娠を避けるため、また生命を危険に晒す虞のある闇の中絶の根絶のための措置、女児殺し、ダウリ殺人等の生命権に関わる報告、貧困の女性に対するインパクトなどの報告を含めること等を求める（以上前述一般所見第二八の七項―一〇項参照）など、各条ごとに詳細に検討を加えることによって、第三条の実質化を図ろうとしている。

3　最大限保障

国際人権規約の保障する人権は最低限の標準（ミニマム・スタンダード）であって、各国がこれに規定する以上に内容豊かな人権保障を行っていくことが望まれる。このことを国際人権規約は「いずれかの締約国において法律、条約、規則または慣習によって認められまたは存する基本的人権については、この規約がそれらの権利を認めていないことまたはその認める範囲がより狭いことを理由として、それらの権利を制限しまたは侵してはならない」（五条二項）と規定する。

4　闘う民主主義

世界人権宣言は、前述のように、三部に分けられ、国際人権規約第四条、第五条一項は、個人と社会との関わりを述べた世界人権宣言第二八―三〇条に相当する。第五条一項は、ヨーロッパ人権条約第一七条と同じであり、第二大戦後のファシスト団体やナチスの復活を禁ずる趣旨に出たものである。第一七条の一般的目的は、全体主義団体が、彼らの有利に、条約上の諸原則を利用しうるのを防ぐことである。言い換えると、これらの団体が究極において人権を抑圧するために、一時的に人権を援用することを防止しようとするものである。しかし、ここには「民主制の本質に内在するいちばんむずかしい問題」（宮沢『憲法Ⅱ〔新版〕』）がある。元来、民主主義には、憲法の保障する人権を否定ないし破壊するような言論等にも表現の自由はあるかという、いわば永遠の問いがあり、ジレンマを抱え込んでいる。民主主義はわれわれに不断の緊張を要求するのである。このことは日本にも当てはまり、日本の憲法体制との整合性に十分意を用いなければならない。ヨーロッパ人権条約下での初めての事件は、西ドイツ共産党事件であり、本件では「ドイツ共産党の組織と機能が……第一七条の意味での活動を構成する」とされた[二]。なお、フォーセットがこの第一七条について指摘しているところは[三]、国際人権規約第五条一項についても当てはまり、「この規約のいかなる規定も……ない（Nothing in the present Covenant）」の語は、第五条一項自体に適用されなければならないのであるから、国家は、本規約を傷つける目的で本規約に保障する権利を行使しつつある者の活動に対する対抗措置をとるに当たって、これらの制限の範囲を越えることはできない。

5　一般の福祉および非常時の権利制限

社会権の場合には、権利のもつ社会的性質から、民主社会の一般の福祉の増進を目的としている場合に限ってではあるが、法律の定める制限に服する（社会権規約四条）。

これに対して、自由権については、「国民の生存（the life of the nation）を脅かす公の緊急事態の場合」で、「その緊急事態が公式に宣言されているときは」、その事態の緊急性が必要とする限度で、規約上の義務を免れる措置をとることができる（自由権規約四条一項）。つまり、本書第二部第一章第三節で詳細に論じたように、権利保障の停止権を国はもっている。この規定は、ヨーロッパ人権条約第一五条、米州人権条約第二七条とほぼ同じである。

なお、欧州・米州の両地域条約の場合もほぼ同様であるが、この効力停止権（Right of derogation, 米州はRight of susupension）によっても国は、すでに論じたように、次の権利についてはその義務を免れることはできず、これらの権利については、たとえ非常時であっても遵守されなければならない（四条二項）。

生命権（六条）

拷問または残虐な刑罰の禁止（七条）

奴隷の禁止（八条一項および二項）

契約不履行による拘禁の禁止（一一条）

遡及処罰の禁止（一五条）

法の前における人としての承認（一六条）

思想、良心および宗教の自由（一八条）

日本の法体系には、第二大戦前と異なり、非常時法の体系はないが、いわゆる有事立法には、本条にいう緊急事態の際の基本的人権の制約が含まれるので、(四) 本条との抵触というより、規約のとる最大限保障の観点から、憲法との関連からは当然として、大きな関心が持たれる。ヨーロッパ人権条約については、ローレス事件、ギリシャ事件、アイルランド対英国事件等、いくつかの事例があり、厳格な解釈がなされている。なお、国際人権規約については、この効力停止権規定により、チリ、英国（北アイルランド事件につき）が、それぞれ効力停止した規定を通告している。

（一）人権条約の解釈については、本書一七三頁以下参照。

（二）ヨーロッパ人権条約一七条の失権規定が問題とされた西ドイツ共産党事件（Requete No.250/57）は次の通りである。

西ドイツ共産党は、一九五六年八月一七日の連邦憲法裁判所の共産党禁止、その財産の没収という判決が、条約第九条（思想の自由）、第一〇条（意見発表の自由）、第一一条（集会結社の自由）違反を構成するとしてヨーロッパ人権委員会に申立を提出した。これに対し、委員会は「ドイツ共産党の組織と機能が……第一七条の意味での活動を構成する」ので、同申立は条約規定によって支持され得ないとして、一九五七年七月二〇日予備審査の段階で、同申立を許容できない旨決定した。

これに対して、ローレス事件（Lawless Case）では、ローレスがアイルランド政府の禁じるＩＲＡ活動に従事していたことからアイルランド政府が全面的失権を主張したのに対し、ヨーロッパ人権裁判所は、「本件において、ローレスは、条約に認められた権利および自由に反する行為を正当化したり、あるいは、それを達成するために条約を利用しているのではなく、条約五条・六条によって与えられた保護が奪われたことを訴えたのである」として、アイルランド政府の全面的失権の抗弁を斥けた。さらに詳しくは、芹田健太郎「ヨーロッパ人権委員会の活動とその性格（下）」『法学論叢』七九巻二号六九頁以下の「人権裁判所判例研究」参照。

（三）J.E.S.Fawcett, "Some Aspects of the Practice of the Commission of Human Rights," the British Institute

of International & Comparative Law Supp.Pub. No.11 (1965), p.72.
(四) 芹田健太郎「テロリズムの法的規制と日本」初川満編著『国際テロリズム入門』(信山社、二〇一〇) 一五三－一七二頁参照。

二　保障の内容

国際人権規約の保障する個人の人権リストは第三部第六条から始まり、(一) 世界人権宣言に規定される人権にほぼ対応する。世界人権宣言の実体規定のうち第三条から第二一条までが自由権(含む参政権)であり、第二二条から第二七条までが社会権である。条約化にあたり、自由権は自由権規約に、社会権は社会権規約にと二つの条約に分けられ、いずれもより詳細に、精密に規定された。各条は、原則的に、第一項で当該条項で保障する人権の原則を述べ、第二項以下で細則を定めている。

世界人権宣言に掲げられていた庇護権や財産権などは姿を消した。これは当時の国際社会の東西対立を反映したもので、前者は東側から西側への政治亡命者の逃亡という現実(二)を反映した対立の所産であり、後者は社会主義諸国が個人所有を除き、資本主義的所有を否定しており、東西のイデオロギー対立によるものである。新たに追加された重要なものとして、少数者保護規定がある。

これらの自由権的基本権、社会権的基本権に関する規定と、日本国憲法の人権規定とを比較すると、国内法においてすでに詳細に保障されている人権もあるが、全体的に概括的に言えば、国際人権規約は日本国憲法の人権規定を補完、補強するもの、少なくとも詳細に精密化し発展させるもの、と評価される。これまで日本の判例によって発展させられてきた部分についてはこれを後押しし、判例評価の分かれる部分については、国際人権規約が方向性を示し、指針となる、というより、国が第二条で負った条約義務を考えれば、指針とすべきである。特に国際人権規約が大原則とする内外人平等主義は貫徹されるべきである。(三)

自由権規約と社会権規約は、しかしながら、保障の原則はほぼ同一であるが、保障の内容は異なり、別々の条約であるので、以下では、節を分けて論じることにする。

(一) カナダのルビコン・レーク族がカナダを自決権侵害として訴えた事件で、自由権委員会は、自由権規約選択議定書が定める通報手続は規約第六条から第二七条の個人の侵害された権利に関してであって、ルビコン・レーク族が第一条の「人民」に当たるか否かは委員会の扱う問題ではないとしたことをここで指摘しておこう(五四頁註(四)参照)。

(二) 庇護権については、一九六七年に領域内庇護宣言が採択され、領域内庇護条約案が作成され、条約採択の全権会議が一九七七年に招集されたが会議は条約を採択することなく終わって今日に至った。詳細は、芹田健太郎『亡命・難民保護の諸問題Ⅰ――庇護法の展開』(北樹出版、二〇〇〇)第四章および第五章参照。

(三) 日本は、通常は、条約を批准するにあたり、先ず必要な新法の制定や法律改正など国内法を整備するが、国際人権規約の批准にあたっては、これを行わず、原則的に判例の集積に任せた。たとえば、自由権規約第二〇条のように、戦争宣伝、差別・敵意・暴力の扇動を「法律で禁止する」と規定されている場合にも、現行法で対処できる、と判断された。

第二節　自由権規約

さて、自由権規約は次の人権を保障し、これらの権利については国は即時的に実現する義務を負っている（自由権規約二条(一)）。しかし、自由権規約が掲げる人権のリストは必ずしも系統的ではない。そこで、自由権規約委員会が「人間の至高の権利」であり、「すべての人権の基礎である」と位置付ける生命権を核心に据え、その後の進展から、同委員会が生命権の保護に関して、既述のように、締約国に出産・妊娠に係る女性死亡のデータや貧困が女性に与えるインパクトなどの報告を求め、また、核兵器の問題にまで生命権の外延が広がることを示唆するようになり、生命権はリプロダクションや家族の形成・維持という個人のライフスタイルにまでわたること（詳細は後述の女性差別撤廃条約参照）を考慮し、これらを「包括的基本的人権」と捉え、憲法学との架橋に便宜な伝統的な憲法上の分類に従って、自由権規約の定める人権の分類を試みた。

なお、自由権規約の実体規定の約二分の一は人身の自由に関する規定であり、自由権規約と同じく世界人権宣言のジュネーヴ草案を基礎にしたヨーロッパ人権条約は実に三分の二を人身の自由に関する規定に割いている。これは、いずれの文書も、第二大戦前および戦中にいかに多くの表現の自由や人身の自由が奪われ、踏みにじられたかを反省し、新しい第二大戦後の世界では二度とそうしたことが起こらないように、念入りに自由権規定が作成されたからであった。人類の歴史の中で現代ほど国家権力が強大になったことはなく、それだけに自由権の持つ重要性は強まっていることを、特に自由権規約が特別の歴史性をもっていることと共に、指摘しておきたい。

第一款　包括的基本的人権

一　生命権

自由権規約は、まず、すべての人間の生命に対する権利を保障する（六条一項）。このように、生命権の保障を人権リストの冒頭に置くことによって、この権利が「人間の至高の権利（the supreme right of the human being）」であり、「すべての人権の基礎である」ことを示している（序論第一章参照）。

すべての人の生命権を保障することによって、国家による生命の剝奪である死刑廃止の方向性を打ち出した。しかし、国際人権規約採択時には議論は分かれ、後に一九八九年に自由権規約第二選択議定書として死刑廃止条約（一九九一年七月発効、日本未加盟）が採択されることになったが、死刑存置国に関連して、死刑判決の条件、一八歳未満の者と妊娠中の女子に対する死刑執行の禁止などを規定した（六条二項―五項）。ただし、これらのことは死刑廃止を遅らせたり、妨げる理由として援用してはならないことが確認された（同六項）。

周知の通り、一九五三年に発効したヨーロッパ人権条約は、保障する人権の冒頭の第二条で生命権を保障しているが、但書きで、死刑の執行の場合を例外としていた（同一項）。そして、生命の剝奪は「不法な暴力から人を守るため」、「合法的な逮捕や逃亡防止のため」、「暴動・反乱鎮圧のため」に絶対に必要な力の行使の結果であるときは条約違反とはされていない（同二項）。もっとも、この点は、自由権規約も、実行上は同条一項が「恣意的に」生命を奪われない、と規定していることにより、国家権力による生命剥奪の合法性、公正性、合理性を検証することとなり、ほぼ同じ結果となっている。[二] しかし、公権力の行使は抑制的でなければならないことを自由権規約は示している。なお、これとの関連では死刑廃止国から死刑存置国への犯罪人引渡が問題となる。[三] 死刑は自由権規約第七条とも関連する。

一九七八年発効の米州人権条約は自由権規約とほぼ同じ規定ぶりであるが、一点だけ権利享有の始期について「一般的には受胎のときから」としている点に大きな違いがある。もっともこの点で争われるのは、通常妊娠八週未満の胎芽（embryo）ではなく、妊娠九週以降の胎児（foetus, fetus）であることは各条約とも同じである。[四]

ところで、英・独・仏・伊・スペインなど西欧諸国は、すべて死刑を廃止した（ヨーロッパ人権条約第一三議定書（死刑廃止）二〇〇二年五月三日採択・二〇〇三年七月一日発効）。死刑存置国には、死刑執行が世界の中でもずば抜けて多いと言われる中国のほか、州によっては死刑を廃止している米国や日本、北朝鮮があり、東南アジア諸国ではフィリピン、カンボジア以外は死刑を廃止していない。なお、韓国は一九九八年以降死刑を執行しておらず、事実上の死刑廃止国とみられている。世界的には二〇一五年には死刑廃止国は一〇〇ヵ国を超え、世界は傾向として死刑廃止に向かっている。[五]

なお、自由権規約委員会は、日本に対して、死刑の廃止を十分に考慮すること、予定される執行日時に関する妥当な事前通知を死刑確定者と家族に対して与えること、第二選択議定書（死刑廃止条約）への加入の検討等を勧告している（『日本の第六回定期報告に関する最終見解』（二〇一四年八月二〇日）一三項）。

二　個人の権利

生命権は国家による生命の剝奪からの自由を中心に考えられてきたが、さらに、今日では、よりよい環境の中での生活[六]、自己の生き方の決定から、自己の身体の処分、リプロダクション、さらには安楽死・脳死等、家族の形成・維持も含め、ライフスタイルの自己決定権までも含むものと社会の意識が変化してきている。

自由権規約は、個人の私的生活保護のため、プライバシー、家庭、住居、通信、名誉および信用の尊重を保障し（一七条一項）、これらに対する恣意的なまたは不法な干渉・攻撃から「法律の保護を受ける権利」を保障している（同二項）。とくに今日のような情報化社会では個人情報保護が大きな問題となる[七]。当然のことながら、すべての人はすべての場所において法律の前において人として承認される（一六条）。

なお、少数者に属する者については、少数者の文化、宗教、言語等に対する権利が認められ（二七条）、家族については、これが「社会の基礎的な単位」として、国・社会からの保護を受けること、婚姻年齢にある男女の婚姻・家族形成権が認められ、婚姻が当事者の合意によってのみ成立することが規定されている（二三条）。なおまた、とくに次の世代を担う子どもについては、必要とされる保護措置を受ける権利等が定められている（二四条）（子どもの権利条約参照）。

自由権規約第二七条に関連して、同委員会からは、日本がアイヌの人々を先住民グループとして承認したことは評価されるものの、「琉球及び沖縄人というものを認めていないこと、並びにそれらのグループの伝統的な土地や資源に対する権利、あるいは彼らの児童が彼らの言葉で教育を受ける権利が認められていないことに関して」懸念が改めて表明されている（第六回報告書に対する二〇一四年の最終見解二六項）。確かに、沖縄の扱いについて問題がないわけではないが、同第二七条が方言による教育まで含んでいるとは思えない。

三　法の前の平等

この自由権規約第二六条の規定は、第二条、第三条が「この規約において認められる（定められる）」権利についての平等保障を定め、平等保障の対象を自由権規約の保障する権利に限定しており、その意味で条約に従属している規範＝従属規範であるのに対し、それ自体が独立した一個の規範＝自立規範であるところに、特徴があり（本書第一章絶対的権利　第一節　第一款「平等・差別禁止」参照、ほかに、本書一六二頁参照）、自由権規約の保障する権利の分野のみならず、社会権規約の保障する権利の分野においても、国内の法規制が及ぶ限り、機能し、国内裁判において本条を援用することができる（本書二二五頁以下参照）。

（一）主として一九八〇年代前半の先例であるが、宮崎繁樹編集・翻訳代表『国際人権規約先例集（第二集）』（東信堂、一九九五）がある。なお同書で言及される「規約人権委員会」（Human Rights Committee）は、現在日本で「自由権規約委員会」と通称されている。なお、この委員会は、自由権規約第二八条の公定訳では「人権委員会」であり、この公定訳は国連憲章第六八条にもとづき設立され、後に「人権理事会」に昇格した「人権委員会（Commission on Human Rights）と紛らわしいため、芹田編訳『国際人権規約草案註解』では、「人権専門委員会」と翻訳した。しかし、一九八五年に「経済的、社会的及び文化的権利に関する委員会」（Committee on Economic, Social and Cultural Rights）が設立され、日本語では、こちらは「社会権規約委員会」と略称され、前者を「自由権規約委員会」と呼ぶようになったものである。

（二）Nowak, op.cit.,p.127ff.

（三）芹田『亡命・難民保護の諸問題Ⅰ』（北樹出版、二〇〇〇）二〇頁以下参照。

（四）芹田「地域的人権機関の役割と課題」（『講座国際人権法第一巻　国際人権法と憲法』）四三一頁以下参照。

（五）アムネスティ・インターナショナル「死刑廃止──最新の死刑統計（二〇一六）」（www.amnesty.or.jp/human-rights/topic/death-penalty/statistics.html）二〇一七年七月二二日による。

（六）福島原子力災害に関連して、自由権規約委員会は、「福島において締約国によって被ばくレベルが高く設定されていること、およびいくつかの避難区域の解除の決定により人々を高度に汚染された地域に戻らざるを得なくしている状況を懸念し」締約国が「原子力災害によって影響を受けた人々の生命を保護するための全ての必要な措置をと」ることを勧告している（同二四項参照）。

（七）自由権規約委員会は、つとに、一九八八年の第三二会期の一般的意見において、電子的データ処理技術の進歩があるので、この点の重要性を指摘していた。GC 16/32（1988）（Right to privacy）, paras. 10-11（HRI/GEN/1/Rev.9（Vol.I）（27 May 2008）p.193 参照。

第二款　精神活動の自由

一　思想、良心および宗教の自由

すべての人は、思想、良心、宗教の自由をもち、これには、自ら選択する宗教や信念を受け入れ、有する自由と、これを単独か共同で、しかも、公にも私的にも礼拝、儀式、行事、教導（worship, observance, practice and teaching）によって表明する自由とが含まれている（一八条一項）。何人も、思想、良心および宗教の自由を侵害する恐れのある強制を受けない（同二項）。また、宗教や信念を表明する自由は、法律で定め、公共の安全・公の秩序・公衆の健康や道徳または他の者の基本的権利・自由を保護するために必要な制限のみを課すことができる（同三項）。

本条に特徴的なのは、ヨーロッパ人権条約に対する一九五二年の第一追加議定書第二条の教育を受ける権利の保障の一環として「両親が自己の宗教的および哲学的信念に適合する教育および教授を確保する権利の尊重」が謳われているのに比肩できる規定を置き、「父母または法定保護者が自己の信念に従って児童の宗教的および道徳的教育を確保する自由を有することを尊重すること」の約束を定めていることである。ヨーロッパ人権条約に関しては、「宗教的信念」は「民主的社会」において尊敬するに値し、人間の尊厳と相容れなくはない信念の意味とされ（八）、また、イタリアの国立学校で教室に十字架が架けられていることに関して争われた事件で、欧州人権裁判所が子どもに悪影響を及ぼしていないと判断していることである（九）。ヨーロッパ人権条約発効間もなくの古い事件（Application No. 172/56）ではあるが、個人がスウェーデンを訴えたものがある。スウェーデン人女性と結婚したポーランド人男性が結婚時に生まれる子どもにはカトリック教育を施すという約束をしていたところ、事情で離婚。スウェーデン裁判所は離婚を認め、母を親権者と定めた。ところが元夫は離婚した妻がカトリックと無縁に子どもを育てているとして、スウェーデンの責任を問うた。これに対し、当時の欧州人権委員会は、問題が私的個人の行為（action of a private individual）に関しており、スウェーデンの責任を引き起こすものではない、と判断した。この判断に対しては、当時からスウェーデン裁判所が宗教の自由を保護する必要な措置をとらなかった懈怠に対する責任があるのではないか、との批判があったことを指摘しておこう（一〇）。

二　意見および表現の自由　但し、戦争宣伝および憎悪の唱道の禁止

すべての人は、干渉されることなく意見をもつ権利（to hold opinions without interference）（仏：Nul ne peut être inquiété pour ses opinions、自己の意見ゆえに問題とされることはない（一一））をもち（一九条一項）、口頭、手書き、もしくは印刷、芸術の形態または自ら選択する他の方法により、国境とのかかわりなくあらゆる種類の情報・考えを求め、受け、および伝える（to seek, receive and impart information and idea of all kinds）自由を含む表現の自由をもっている（同二項）。ただし、他の者の権利や信用の尊重、国の安全・公の秩序や公衆の健康・道徳の保護のために必要な限りで、法律によって制限が課されることがある（同三項）。

この自由は、ヨーロッパ人権条約が「公権の介入を受けず」（同条約一〇条一項）としているのとは異なり、起草段階においては公権からの介入に限る議論も存在したが、公権力からの干渉のみならず、私人のそれからも保護される。なお、ヨーロッパ人権裁判所には、サリドマイド禍に関連する新聞記事が司法に悪影響を及ぼすとして差し止められた事件があり、この公権による介入が「法律の定めによる」ところによっているか、特にその制約が「民主社会にとって必要である」か、が問われ、英国政府が敗訴したサンデータイムズ事件がある。（一二）

表現の自由に関しては、とくに戦争宣伝および差別等の唱道を法律によって禁止することが約束されていること（二〇条）について触れておかなければならない。既に国際人権規約の原則の一つとして、「闘う民主主義」について触れたが、第二〇条はいわば同原則の具現化である。また、本原則は、後述する人種差別撤廃条約第四条との関連でも論じられてきた。

日本は、自由権規約の批准にあたり特別の立法措置を全くとらなかったし、留保も付していない。しかし、日本は人種差別撤廃条約については表現の自由との関連では留保を付している。日本は、日本国憲法が平和主義を掲げ、第九条を置いていることによりその立場が十分に示されていると考えているが、本第二〇条は、積極的な戦争宣伝や賛美は論外として、憲法理念の強化に資するものであるだけに、教育分野等における施策、とくに平和教育の強化が望まれる。また、「あらゆる種類の情報・考えを求め、受け、および伝える自由」、なかでも積極的に「情報を求める」自由と併せ考えると、本条は取材の自由の強力なバックアップとなるものである。

この点で取材の自由を制約することとなる特定秘密保護法（平成二五（二〇一三）年一二月一三日法律第一〇八号）（同法は英語では、Specially Designated Secrets Act, SDS Act というようで、直ちに英語訳があることはこの法律の制定の特殊性を示しているように思える）について一言触れておこう。同法は、周知のように、日本の安全保障に関する事項のうち特に秘匿を要するものにつき行政機関が指定し（同法三条）、特定秘密を取り扱うこととなる職員等に対しては、秘密を漏洩するおそれがないかについて、適正評価を実施する（同一二条）。同法別表によると、指定は、防衛に関する事項、外交に関する事項、特定有害活動の防止に関する事項、テロリズムの防止に関する事項の四分野が挙げられている。これらの情報は、「国及び国民の安全に係る」（同一条）ものであり、それだけにわれわれ国民の一人一人がしっかりと考え、対応しなければならず、情報の開示こそが必要であり、「知る権利」につながる取材の自由が保障されるべきである。また、公益のために通報するいわゆる公益通報者保護法（平成一六（二〇〇四）年六月一八日法律第一二二号、最終改正・平成二五（二〇一三）年六月二八日法律第七〇号）の規定との整合性にも心を用いなければならない。

なお、表現の自由の保障との関連でいわゆる「共謀罪」法（「組織的な犯罪の処罰及び犯罪収益等に関する法律等の一部を改正する法律」（二〇一七年六月二一日法律第六七号））について言及しておきたい。

簡単に経緯を記すと、二〇〇〇年一一月に国連総会で国際組織犯罪防止条約（United Nations Convention against Transnational Organized Crime TOC条約）が採択され、同年一二月に条約署名会議が開かれ、日本も署名。同条約は、組織的な犯罪集団への参加の犯罪化（五条）、犯罪収益の洗浄（いわゆる資金洗浄）の犯罪化（六条）、犯罪人引渡（一六条）、締約国間の司法共助（一八条）等を定めた。

周知のように、犯罪人引渡に際しては、双方可罰（double criminality）の原則が働くが、日本には共謀罪はない。しかし、単純に構成要件にあてはめられた事実を比べるべきではなく、構成要件を捨象した社会的事実関係に着目して、その事実の中に日本法の下で犯罪行為と評価されるような行為が含まれているかを検討したリーディングケースとして一九八九年の東京高裁決定があった（一三）。同事件は、米国からヘロイン密輸の共謀罪で引渡請求があったが、日本法に照らしヘロイン輸入の少なくとも幇助犯として有期懲役に処することができるとして双方可罰要件を充たしていると判断したものであった。

国際組織犯罪防止条約締結のため共謀罪新設を盛り込んだ組織犯罪処罰法等の改正案は、二〇〇三年、〇四年、〇五年と三度にわたり政府によって国会に提出され、いずれも廃案となった。元来の条約目的は、マフィアなどによる経済的な犯罪の防止であり、日本の裁判所も対応できていたが、昨今の国際的なテロの横行と二〇二〇年の東京五輪、パラリンピック開催を控えていることから、政府は、国際テロ未然防止に必要である（一四）、として共謀罪新設提案に踏み切ったものである。「共謀罪」の対象犯罪は二七七にも上り、この法律については、プライバシーを不当に侵害する恐れがあること、プライバシー権の保護と救済が含まれているのかどうか等多くの論点が未消化のまま採択されてしまった。この改正法律の成立により、日本は、すでに二〇〇三年五月に国会承認を得ていた同条約および二〇〇五年六月に国会承認を得ていた同条約を補足する人身取引議定書と密入国防止議定書につき二〇一七年七月一一日に受諾書を寄託し、同八月一〇日に発効した。

三　集会・結社の自由

すべての人は、平和的集会の権利をもち（二一条）、労働組合の結成、加入の自由を含む結社の自由（二二条）に対する権利をもっている。ただし、この権利の行使にあたっては、軍隊および警察の構成員については合法的な制限を課すことが認められており（同条二項）、日本はＩＬＯの結社の自由・団結権保護条約の場合同様、本条の「警察」の中に日本の「消防職員が含まれると解釈するものである」とするいわゆる解釈宣言を行っているほか、特段の問題はない。

四　居住、移動および出国の自由　外国人の追放の制約

合法的にいずれかの国の領域内にいるすべての人は、その領域内において移動の自由と居住の自由をもっており（一二条一項）、自国を含むいずれの国からも自由に離れることができ（同二項）、いかなる制限も受けない。ただし、法律で定められ、国の安全、公の秩序、公衆の健康・道徳、または他の者の権利および自由の保護に必要な、しかも、本条約で認める他の権利と両立する制限であれば、制

限を課すことができる（同三項）。伝統的な国際法は、納税義務違反や犯罪防止のため、あるいは戦時における敵国人の出国禁止などを認めてきた。

合法的に滞在する外国人は、法律に基づく決定によってのみ追放できるものとされ、そのため諸手続が保障されている（一三条）。国の安全のためにやむを得ない理由のある場合を除くほか、当該外国人は、自己の追放理由の提示を求め、権限ある機関またはその機関が特に指名する者による自己の事案の審査が認められ、そのためにその機関またはその者に対する代理人の出頭が認められる（同一三条）。

現在は、人の往来が激しくなり、国際協力が多くの場面で要請されるようになっているが、国際捜査協力の観点から、犯罪人引渡手続に代えて退去強制処分や在留期間更新の不許可処分が行われており、人権侵害の恐れなしとしない（一五）。

なお、第一二条四項は、すべての人に、「自国に戻る権利」を恣意的に奪われない（No one shall be arbitrarily deprived of the right to enter his own country）ことを保障している（一六）。

（八）Philip Leach, Taking a Case to the European Court of Human Rights, 3rd Ed.,Oxford UP, 2011, 6.662 参照。

（九）Ibid., 6.666.

（一〇）国際法における国家の国際責任の追及に関する簡潔な説明について、芹田『憲法と国際環境（補訂版）』（有信堂、一九九二）二二七—二三一頁参照。

（一一）この英語テキストと仏語テキストは内容もスタイルも異なっていることが起草段階から指摘されていた。芹田編訳『国際人権規約草案註解』一一〇頁参照。

（一二）『ヨーロッパ人権裁判所の判例』（信山社、二〇〇八）、三八四頁以下参照。なお、一般的に、本書第二部第一章第四節「人権の制約事由」参照。

（一三）東京高等裁判所決定（逃亡犯罪人引渡審査請求事件・東京高裁平元（一九八九）・三・三〇第五特別部決定、認容（確定）、判時一三〇五号一五〇–一五一頁）。芹田『亡命・難民保護の諸問題』（北樹出版、二〇〇〇）二三頁参照。

（一四）テロ防止に関しては、九・一一以後のテロ規制を中心に論じたものとして、芹田「テロリズムの法的規制と日本」および初川満「国際社会におけるテロリズムの法的規制」（いずれも、初川満編『国際テロリズム入門』（信山社、二〇一〇）所収参照）。

（一五）芹田「外国人の国際法上の権利・義務」（『永住者の権利』（信山社、一九九一）一四四頁以下参照）。

（一六）公定訳の「戻る」は英語の enter であり、return（戻る、帰る）とは区別され、「入る」と訳されるべきである。また「自国」は「国籍国」あるいは「自己が国民である国」とは区別して特に選択された言葉であることに注目すべきである。拙稿「「自国」に戻る権利」および「永住権者の再入国の自由」『永住者の権利』（信山社、一九九一）所収参照。

第三款　人身の自由・刑事裁判手続の保障

一　奴隷・強制労働の禁止、民事上の債務不履行による拘禁の禁止

何人も、奴隷状態に置かれることはなく、あらゆる形態の奴隷制度・奴隷取引は禁止される（八条一項）。世界の国家で奴隷制度が法的に禁止されたのは一八八八年であったし、奴隷貿易の禁止も一九世紀に始まり、奴隷船の取り締まりのため諸協定が結ばれ、奴隷運送の禁止、奴隷輸送船の取締まりについて今日まで引き継がれ、現在でも、日本も当事国である一九八二年の国連海洋法条約もそのことを規定している（九九条）。なお、いわゆる債務奴隷も禁止されている（一一条）。債務奴隷の問題は、貧困が広がっている現代の格差社会では極めて巧妙な形でひそかに進んでおり、現代的な意味を持っていることを再認識する必要がある。(一七)

二　拷問または残虐な、品位を傷つける取扱いや刑罰の禁止、および人体実験の禁止

何人も、拷問または残虐な、品位を傷つける取扱いや刑罰を受けることはないし、特に、その自由な同意なく医学的、科学的な人体実験を受けることもない（七条）。拷問禁止は、拷問によって人間の肉体的、精神的一体性がずたずたにされてきた歴史を踏まえてのことであり、拷問には身体的拷問も精神的拷問も含まれる。日本国憲法の拷問・残虐刑の禁止（三六条）は、アメリカ合衆国憲法修正第八条に由来すると言われるが、ヨーロッパでも日本でも、自白が有罪の決め手とされていた長い歴史があり、世界人権宣言第五条で拷問と残虐刑の禁止が宣言された。世界人権宣言と同根のヨーロッパ人権条約では第三条で第二条の生命権の保障に引き続き保障された。前述のように、いかなる場合にも自由権規約第七条の規定の効力停止は許されず、国際法上のユス・コーゲンス jus cogens である

と言える。なお、憲法では拷問による自白の証拠能力を否定しており、取調べの可視化が要請されている（一八）。

「品位を傷つける（英：degrading、仏：dégradant）取扱いや刑罰」の禁止については、拘置所内の処遇等が争われ、「人間の尊厳」を侵し、「侮辱（l'humilitation）と品格下落（l'avilissement: debasement）」が一定程度に達しているかどうかが問題とされた（一九四九年の赤十字ジュネーヴ条約共通第三条の内乱時の禁止事項が「個人の尊厳に対する侵害、特に侮辱的で体面を汚す待遇」（公定訳）（英：humiliating and degrading treatment）に言及していることを指摘しておこう（一九））。

人体実験の禁止は、第二大戦中の事件が念頭に置かれていたが、戦後にも医薬開発のための治験の現場で、事実秘匿のほか、とくに人種差別とも絡む問題があることにも注目しておきたい。

（一七）拙稿「国際法における人間」『岩波講座　基本法学5　責任』（岩波書店、一九八四）。なお、一九八五の第二次発行において、同『基本法学1　人』に収録された）参照。

（一八）二〇一六年五月二四日刑事訴訟法等を改正する法律（平成二八年六月三日法律第五四号）が成立した。この改正は、刑事手続における証拠収集方法の適正化・多様化と公判審理の充実化を図るため、取調べの録音・録画制度、証拠収集等への協力、訴追に関する合意制度、証人等の氏名等の情報保護の制度等の創設、犯罪捜査のための通信傍受の対象事件の範囲拡大、被疑者国選弁護制度の対象事件の範囲拡大等の措置を講じる必要という現代社会への対応のために行われた。特に、裁判員裁判対象事件と検察独自捜査事件が対象の場合には、取り調べの全過程の録画録音制度が導入された。取調べの可視化は冤罪をなくすためにこれまで強く求められてきたものであり、二〇一九年六月までには施行される。警察庁は、機器の故障や容疑者が拒んだ時など法律で定める四つの例外を除き、裁判員裁判対象事件のすべてで実施する指針を定め、二〇一六年一〇月一日から可視化を実施するよう都道府県警に指示した（『朝日』二〇一六・九・一七）。

（一九）自由権規約委員会の先例については、Moeller & Zayas, op.cit., p164 以下参照。ヨーロッパ人権条約につき、芹田「内外人平等と品位を傷つける取り扱いの禁止」（『永住者の権利』所収）参照。なお、門田孝「発展的解釈――タイラー判決」（『ヨーロッパ人権裁判所の判例』所収）一三四頁以下および戸波江二「被拘禁者の処遇」同二〇九頁以下参照。

三　身体の自由・安全と法定手続の保障・人身保護手続

すべての人は、身体の自由と安全に対する権利を保障されており、何人も恣意的に逮捕・抑留されることはなく、法律で定める理由・手続きによらない限り自由を奪われることはない（九条一項）。逮捕される者は、逮捕の時にその逮捕の理由を告げられ、自己に対する被疑事実を速やかに告げられる（同二項）。

刑事上の罪に問われて逮捕・抑留された者は、裁判官または司法権を行使することが法律によって認められている他の官憲の面前に速やかに連れていかれるものとし、妥当な期間内に裁判を受ける権利、または釈放される権利を有する（同三項一文）。裁判に付される者の抑留を原則としてはならないが、釈放には裁判その他のすべての司法手続段階における出頭および必要な場合の判決執行のための出頭の保証を条件とすることができる（同二文）。

逮捕・抑留によって自由を奪われた者は、その抑留が合法的であるかどうかを遅滞なく裁判所が決定すること、および、抑留が合法的でない場合にその釈放を命じることができるように、裁判所において手続をとる権利を有する（同四項）。

違法に逮捕・抑留された者は賠償を受けることができる（同五項）。

四　被告人の人道的取扱い

自由を奪われたすべての人は、人道的にかつ人間の固有の尊厳を尊重して取り扱われる（一〇条一項）。被告人は、例外的な事情を除き、有罪判決を受けた者とは分離され、有罪判決を受けていない者としての地位に相応しい別個の取扱いを受け（同二項ⓐ）、少年被告人は、成人とは分離され、できる限り速やかに裁判に付される（同ⓑ）。

行刑の制度は、被拘禁者の矯正と社会復帰を目的とする処遇を含む。少年犯罪者は、成人と分離し、その年齢・法的地位に相応しい取扱いを受けるものとする（同三項）。

五　公正な裁判を受ける権利（公正公開の裁判、無罪の推定、刑事被告人の権利、再審請求権・刑事補償請求権等）

すべての人は、裁判所の前において平等とされ、自己の刑事上の罪の決定または民事上の権利義務の争いの決定のためには、法律で設置された、権限のある、独立した、かつ、公正・公平な裁判所による公開審理を受ける権利をもつ（一四条一項）。公開に関しては、刑事訴訟その他の訴訟の判決の言渡は、少年の利益のため必要な場合や夫婦間の争いや児童の後見に関するものを除き、公開するのが原則であるが、報道機関・公衆に対しては、民主社会の道徳・公の秩序や国の安全を理由として、または当事者の私生活の利益のために必要な場合や司法の利益を害することとなる状況において裁判所が真に必要と認める限度で、裁判の一部または全部を公開しないこととすることはできる。

現在の日本には特別法廷はないが、しかし、かつてハンセン病患者に対する法廷を通常とは別の場所で開いたりした経験を持ち(二〇)、また、特定秘密保護法で何が秘密であるかわからない状態で、「国の安全」を理由とされることのないように見守る必要がある。

刑事上の罪を問われているすべての人は、有罪とされるまでは無罪と推定される権利を持つ(同二項)。すべての人は、刑事上の罪の決定について、少なくとも次の七つの権利を十分平等に保障される権利を持つ。

(a) 理解する言語で、速やかにかつ詳細に、その罪の性質と理由をを告げられること
(b) 防御の準備のための十分な時間と便宜を与えられ、自己の選任する弁護人（counsel）と連絡すること
(c) 不当に遅延することなく裁判を受けること
(d) 自ら出席して裁判を受け、直接または自己の選任する弁護人（legal assistance）を通じて、防御すること、弁護人がいない場合には弁護人をもつ権利を告げられること、そして、司法の利益の

ために必要だが、十分な支払い手段を持たない場合には、費用負担をすることなく弁護人を付されること

(e) 自己に不利な証人を尋問し、または尋問させること、自己に不利な証人と同じ条件で自己のための証人の出席と尋問を求めること

(f) 裁判所で使用する言語を理解し、または話すことができない場合には無料の通訳の援助（the free assistance of an interpreter）を受けること

この無料通訳の援助については、日本の刑事訴訟法第一七五条は「国語に通じない者に陳述をさせる場合には、通訳人に通訳をさせなければならない」と定めるが、陳述者が日本語に通じているかどうかの判定は陳述者の自由な申出によるのではなく、もっぱら裁判所の訴訟指揮によるものとされ（大阪高決昭和二七（一九五二）・一・二二高刑五巻三号三〇一頁）、いわば司法のためであって、自由権規約の定めるように、人のため、ではない。考え方の転換が必要である。なお、「理解する言語」は、必ずしも、母語である必要はないが、自由権規約のこの規定は裁判所の審理に関するものであって、当然には起訴前の被疑者の取調べには適用されないと判断されている（東京高判平四（一九九二）・四・八判時一四三四号一四〇頁）[二一]。

(g) 自己に不利益な供述または有罪の自白を強要されない。日本国憲法にも第三八条に同様な保障があるにもかかわらず、冤罪があったことに鑑みれば、捜査段階における取り調べの可視化は極めて重要な意味を持っている。

少年の場合には、その年齢と更生の促進を考慮した手続とする（同四項）。

有罪判決を受けたすべての人は、上級審による再審の権利を持つ（同五項）。

確定判決によって有罪と決定された場合には、その後に新たな事実や新たに発見された事実により誤審のあったことが決定的に立証されたことを理由としてその有罪の判決が破棄され、または赦免が行われたときは、その有罪の判決の結果刑に服した人は、法律にもとづいて補償を受ける。ただし、その知られなかった事実が適当な時期に明らかにされなかったことの全部または一部がその者の責めに帰する場合は、この限りでない（同六項）。

何人も、それぞれの国の法律、刑事手続に従って既に確定的に有罪または無罪の判決を受けた行為について再び裁判され、処罰されることはない（一事不再理）（同七項）。

六　遡及処罰の禁止

第一五条一項一文は、Nullum crimen sine lege（法なくして犯罪なし）を定め、同項第二文は、Nulla poena sine lege（法なくして刑罰なし）を定めており、本一五条はいわゆる罪刑法定主義を定めるものである。この例外として、第一に、犯罪実行後に軽い刑による処罰が法定される場合にはその利益を受けることとされる（同一項三文）。つまり、刑が軽く変更された場合や刑の廃止の場合の新法の遡及適用を認めている[一二]。第二は遡及処罰の禁止にもかかわらず、犯行時に国際法上犯罪とされていた行為についての処罰に例外を設けた（同二項）が、これは国連総会決議95／Iで満場一致確認されたニュールンベルク憲章・判決において認められた国際法諸原則に関するものであった。

第四款　参 政 権

すべての市民（every citizen）は、第二条に規定するいかなる差別もなく、かつ、不合理な制限なしに、次のことを行う権利と機会を有する（二五条）。

(a)　直接に、または、自由に選んだ代表を通じて政治に参与すること（to take part in the conduct of public affaires）

(b)　普通平等選挙権に基づき秘密投票により行われ、選挙人の意思の自由な表明を保障する真正な定期的な選挙において投票し、選挙されること

(c)　一般的な平等条件の下自国の公務に携わること（to have access to public service in his country）

誰を「市民」とするかは自由権規約は定めていない。「市民」間の差別を禁止しているのみであり、非市民に権利を与えるのも自由である。国家報告では、永住権者などに地方選挙権を付与しているか、公職に就くことを認めているか等を示すべきである（自由権規約委員会一般的意見第二五 General Comment No.25, para.3 (HRI/GEN/1/Rev.9 (Vol.I), p.217ff.)）。「政治への参与」というコンセプトは、政治権力とくに立法、執行、行政権力の行使に係る広いコンセプトであり、すべての面の公行政をカバーし、内外のすべてのレベルでの政策形成・実施にわたる（Ibid., para. 5）[一三]。

(二〇) ハンセン病に関しては、後述第七節「障害者権利条約」第二款二2「社会参加と自由権」註(九)(本書四四六頁)参照。

(二一) ヨーロッパ人権裁判所での判例について、戸田五郎「無料の通訳援助」(『判例国際法〔第二版〕』(東信堂、二〇〇八)所収)、三〇一頁以下参照。

(二二) 古いことではあるが、昭和六二年改正の外国人登録法附則第五項で「この法律の施行前にした行為……に対する罰則の適用については、なお従前の例による」と規定されていた。しかし、この規定は本条項に違反し無効であったというべきである。芹田意見書(一九八八・六・二七)。

(二三) 外国人の公務就任権については、とりあえず、芹田「「公務就任権・選挙権」(同『永住者の権利』(信山社、一九九一)所収参照)。ほかに、芹田「永住外国人の公務就任権・昇任権」(阪神淡路大震災記念協会『大震災とエスニック関係の変化』所収第六章)参照。なお、総合的に扱った岡崎勝彦『外国人の公務就任権』自治総研ブックレット五九(財団法人地方自治総合研究所、一九九八年)参照。

第三節　社会権規約

社会権規約は以下の権利を保障し、これらの権利については国は漸進的に実現する義務を負うている(社会権規約二条一項)。社会権規約が人権伸長条約(promotional convention)と呼ばれたゆえんである。しかし、第二条二項の平等保障に関しては、第一項の漸進的実現義務にもかかわらず、締約国は即時的な実現義務を負うているほか、社会権規約委員会が指摘するように、国には「最小限の核心的義務」が残されていることを銘記する必要がある(本書第一部　第五章国家の義務　第三節第二款「人権尊

重・確保義務と最小限の核心的義務」二〇九頁参照)。

また、前述のように、社会権規約第二条二項が社会権規約の定める人権に限って平等を保障する従属規範（subordinate norm）であるのに対し、自由権規約第二六条は、国法規制のある限り一般的にすべての人に平等を保障する自立的規範（autonomous norm）であることから、社会権規約に保障する人権が何らかの形で国により保障されている限り、社会権規約上の差別を自由権規約第二六条と合わせて訴えることができることに注目する必要がある（本書第二部人権　第一章絶対的権利　第一款　一「平等原則」二二三頁以下参照)。

社会権規約の実体規定は一〇ヵ条あり、やや無理もあるが、生存権、労働権、教育・文化権に分類し、最後に、国際人権規約起草時には思いも及ばなかった社会の高齢化現象が、今日では、世界的に起きているので、人種や女性や子どもや障害のある人と同じような意味での集団ではないが、社会保障との関連もあり、高齢者の権利について見ておこう。

第一款　生　存　権

一　社会保障

すべての者が社会保険その他の社会保障についての権利をもつことを締約国は認めている（九条)。

自由権規約委員会では、既述のように、失業手当とか年金給付のように社会権規約で保障する権利に関する不平等に関して判断を重ねてきた(一)。社会権規約の定める人権に関しては、何よりも国籍による差別が大問題であり、政府は批准後いくつかの点で国籍条項の緩和を行ってきた(二)。

二　十分な生活水準と食糧の確保

第一一条は直接的には世界人権宣言第二五条一項からとられているが、社会保障と健康に対する権利部分は別の条文とされた（前述の九条と後述の一二条）。本条は、第一に、個人および家族のための「食料、衣類及び住居」を内容とする「相当な生活水準」（公定訳。英：adequate standard of living、仏：un niveau de vie suffisant、表題では「十分な」としたが、以下「適切な」とする）と生活条件の「不断の改善」を受ける権利とを定めた（同一項）。規約中には規定されていないが、喫緊の課題は「適切な水」（adequate water）の確保であり　この内容が「生活条件」の中に黙示的に含まれていることについて広く受け入れられている(三)。

「適切性」（adeqacy）については、特に社会権規約委員会は一九九九年の一般的意見第一二（General Comment No.12（HRI/GEN/1/Rev.9（Vol.I),p.56））において、食料の利用可能性と食料へのアクセス可能性が持続可能性をもっているかどうかの重要性を指摘している。これらは、十分な食料や食の安全に、内在的に関連しており、長期的な視点から持続可能性は重要であるからである。

第二に、飢餓からの自由が定められている（同二項）。すべての人が飢餓から免れる基本的な権利を持っている。そのため国は個別的にあるいは国際協力を通じて、科学的・技術的知識の十分な利用、栄養に関する知識の普及、並びに天然資源の効果的開発・利用の達成により、食料の生産、保存、分配の方法の改善を図り（同二項(a)）、そして、食糧輸入国・輸出国双方に考慮を払い、需要との関連において世界の食料供給の衡平な分配を確保する（同(b)）ために必要な措置をとることとされている。(四)

三　心身の健康

すべての人が到達可能な最高水準の心身の健康を享受する権利を有する（一三条一項）。そのための国がとる措置の中には特に次のものが含まれる（同二項）。

(a)　死産率・幼児死亡率の低下、児童の健全な発育のための対策
(b)　環境衛生・産業衛生のあらゆる状態の改善
(c)　伝染病・風土病・職業病その他の疾病の予防・治療・抑圧
(d)　病気の場合にすべての者に医療・看護を確保する条件の創出

四　家庭、母性、児童・年少者の保護

これらは第一〇条で定めているが、今日では、女性差別撤廃条約、子どもの権利条約、障害者権利条約で保障されるに至ったので、それぞれにつき先にも触れ、後にも触れるとおりである。

第二款　労働権

労働権については、先ず、労働の権利（六条）、次に、労働基本権（団結権、争議権）の保障（八条）、そして、公正かつ良好な労働条件（七条）について触れる。

一　労働の権利

社会権規約は、先ず、実体規定の最初に労働権の保障を規定し、この権利には、自由に選択し、承諾する労働によって生計を立てる機会を得る権利が含まれることを宣言する（六条一項）。社会権規約委員会は、日本の第三回報告書に対する二〇一三（平成二五）年五月の最終所見（E/C.12/JPN/CO/3）で、日本の刑法典で刑の一つとして刑務作業を伴う懲役を規定していることに対して、強制労働違反の懸念を示し（同一四項）、日本に対して、「矯正の手段又は刑としての強制労働を廃止し、本規約第六条の義務に沿った形で関係規定を修正または破棄することを要求」し、強制労働の廃止に関するＩＬＯ第一〇五号条約の締結を検討することを慫慂」している（同一五項）。日本は、一九〇近くあるＩＬＯ条約の基本条約とされる条約のうち前述一〇五号のほか、雇用及び職業における差別待遇に関する一一一号条約には当事国となっていない。

なお、前掲最終所見が表明される前の改正労働契約法第一八条により、パート、アルバイト、契約社員、嘱託などの有期契約が通算五年を超えた場合無期契約に転換できることとされ、不合理な労働条件が禁止された（平成二五（二〇一三）年四月一日施行）。なお、平成二六（二〇一四）年四月一日に施行された大学教員等任期法の改正により、これらの人の上限は一〇年とされた。しかし、いずれにしろ、無期労働への転換権は二〇一八（平成三〇）年度から始まったので、有期労働契約者が不当に更新されないのを防ぐことが要請される。

二　労働基本権（団結権、争議権）の保障

締約国は次の権利の確保を約束する（八条一項）。

(a)　自己の選択する労働組合を結成し、加入する権利。ただし、この権利は軍隊、警察の構成員および「公務員」によるこの権利の行使には合法的な制限が認められており（同二項）、さらに、日本は、日本の「消防職員」は「警察の構成員」の中に含まれる旨の解釈宣言をしている。なお、「公務員」は公定訳に従ったが、英語は members of the administration of the State（仏：les membres de la fonction publique）であり、この語は、どちらかと言えば、管理職にある公務員を指し、すべての公務員を対象とするとは思われない。

(b)　労働組合が国内の連合または総連合を設立し、国際的な連合または総連合を結成し、加入する権利。

(c)　労働組合が自由に活動する権利。ただし、国の安全・公の秩序または他の者の権利・自由の保護のため民主社会において必要な制限は受けることがある。

(d)　同盟罷業をする権利。

なお、一九四八年の結社の自由・団結権保護のＩＬＯ条約の締約国は、同条約の保障を阻害するような方法で法律を適用することを許されない（同三項）。

三　公正かつ良好な労働条件

締約国は、すべての人が以下の条件を確保する、公正かつ良好な労働条件を享受する権利をもつことを認める（七条）。

(a)　すべての労働者が最小限次の二つを充たす報酬を受ける。(i)公正な賃金および同一労働・同一報酬、特に女子には男子が享有する労働条件に劣らない条件の保障、(ii)この規約に適合する、自己および家族の相応な生活を与える報酬

(b)　安全かつ健康的な作業条件

(c)　先任および能力以外の考慮なく昇進する均等な機会

(d)　休息、休暇、労働時間の合理的な制限および定期的な有給休暇ならびに公の休日についての報酬

なお、日本は、この「公の休日についての報酬」について、この規定に義務付けられないように留保をしている。日本の場合、中小企業の多くはいわゆる日給月給制であるので、この点を考慮して留保を行った。

社会権規約委員会は、とくに長時間労働に対し懸念を持っており、また、過重労働による死と職場における精神的嫌がらせによる自殺が発生し続けていることにも懸念を表明している。そして、「締約国が長時間労働を防止するための措置を強化し、労働時間の延長についての制限の不遵守に対して制裁が確実に適用されるように勧告している」（同上報告最終意見一七項）。また特に職場におけるセクシュアルハラスメントについては、「セクシュアルハラスメントの罪を法制度に導入することを要求」している（同一九項。関連して女性差別撤廃条約も参照されたい）。

残業時間等に関して、政府が二〇一七年八月一八日「働き方改革」の基本方針として、残業時間の上限を月一〇〇時間、年間七二〇時間とし、規制に罰則を設ける等の関連法案の概要を作成したことが報じられた（五）。

第三款　教育・文化権

一　教　育　権

第一三条は第一項で、すべての人の教育に対する権利を認め、教育の目的について次のように述べる。

教育が人格の完成と人格の尊厳についての意識の十分は発達を指向すること、人権と基本的自由の尊重を強化すべきこと、さらに、教育がすべての人が自由な社会に効果的に参加し、諸国民間と人種的、種族的、宗教的集団間の理解・寛容・友好を促進すること、ならびに、教育が平和の維持のための国連活動の助長を可能とすること、である。

第二項は、この教育目的実現のため、初等教育の無償義務化（同項(a)号）、中等教育への漸進的無償教育の導入（同(b)号）、高等教育への、同じく、漸進的無償教育の導入（同(c)号）等を定めた。日本政府は、一九七九年六月二一日批准書を寄託するにあたり、本条二項(b)(c)について留保した。その後、二〇一〇年三月三一日「高等学校等就学支援金の支給に関する法律」（平二二・三・三一法律第一八号、最終改正・平二六・六・一三法律第六九号、いわゆる高校無償化法）が、「経済的負担の軽減を図り」、「教育の機会均等に寄与すること」を謳い、成立した。同法が国公立高校の授業料不徴収、私立高校には、国公立高校の授業料と同等の金額を支援金として補助することを決めたのに伴い、二〇一二（平成二四）年九月一一日にこの留保の撤回を国連に通告した。なお、文部科学省は「各種学校となっている外国人学校のうち高等学校の課程に類する課程を置くもの」（朝鮮学校高等部や他のインターナショナルスクール）も対象としたが、二〇一〇年秋、審査中に北朝鮮による韓国大延坪島（テヨンピョンド）砲撃があり朝鮮学校への適用を見送った。政権交代後、二〇一三年二月に文部科学省令を変更し、「在日本朝鮮総連合会（朝鮮総連）や北朝鮮と密接な関係が疑われ就学支援金が授業料に充てられない懸念がある」と表明し、無償化の対象となる外国人学校から朝鮮学校を外した。日朝間には、二〇〇二年九月一七日の日朝平壌宣言はあるものの、拉致問題等未解決の課題が依然として残り、当時の文科大臣は、国税を使うには「国民の理解を得られない」と説明した。しかし、大臣としては、国民の理解を得ることは法上の要件ではなく、教育の意義と教育の機会均等をこそ国民に説くべきではなかったのか。いずれにしろ、この措置の違法性を問う裁判が現在進行中である(六)。

第三項では、私立学校の選択の自由と自己の信念にもとづく児童の宗教的・道徳的教育の自由の尊重を定め、第四項で私立学校の設置・管理の自由を認めている。

なお、この規約の締約国となるときに、本土地域および管轄下の地域において初等義務教育を確保するに至っていない場合には、無償義務教育ための計画を二年以内に作成し、採用する義務が課せられている(一四条)。

二　文化・科学の恩恵を受ける権利

すべての人は、文化的な生活に参加する権利(一五条一項ⓐ号)、科学の進歩とその利用による利益を享受する権利(同ⓑ号)、自己の科学的、文学的または芸術的作品より生じる精神的・物質的利益の保護を享受する権利(同ⓒ号)を持っている。とくに障害者の権利については、後に、障害者権利条約で触れる。

第四款　高齢者の権利

社会権規約委員会が高齢者の経済・社会・文化的権利と題する一般的意見第六(HRI/GEN/1/Rev.9

(Vol.I), p.27) を採択したのは、第一三会期の一九九五年一一月二四日のことである (E/C.12/1995/18, p.107)。

日本は、世界で最も早く高齢化が進み、一九九五 (平成七) 年一一月に「高齢社会対策基本法」(平成七年法律第一二九号) を採択し、同年一二月から施行した。そして、翌年七月には最初の高齢社会対策大綱が策定され、二〇一二 (平成二四) 年三月に同法にもとづき設置された高齢社会対策会議の報告等を踏まえ、同年九月七日に三度目となる高齢社会対策大綱が閣議決定された。日本がWHO基準で六五歳以上の高齢者の人口に占める割合、いわゆる高齢化率が七%を超える高齢化社会になったのは一九七〇年、一四%を超え高齢社会になったのは一九九四年、そして今や日本は二〇〇七年以降、二一%を超え超高齢社会である。

高齢者を示す英語は、以下に示すように、区々であったが、社会権規約委員会は、たとえば用語としては国連総会が「国連高齢者原則 (UN Principles for Older Persons)」(A/RES/46/91 Annex) を定めていること等から、国連自体が、the aged, the elderly, the third age, the aging 等を用いていた (因みに、一九九〇年に定められた一〇月一日の国際高齢者デーは、International Day for the Elderly であり、一九九二年の高齢化に関する宣言は Proclamation on Ageing である) ところ、六〇歳以上の者を指す「older persons (仏 personnes agées) (高齢者)」を用いている。既述の通り、社会権規約自体は、高齢者の権利については明示的に言及しておらず、すべての者が社会保険を含む社会保障の権利を有するとしている第九条が暗黙に高齢者の権利を認めていること、また、締約国には厳しい資源的な制約がある場合にも社会の脆弱な構成員を保護する義務があること（一般的意見第三 general comment No.3（1990）参照、本書第一部総論第五章第三節「最小限の核心的義務」参照）、を出発点にしている。もっとも、委員会自身、グループとしての高齢者が他の人口の人々と比し、均質的でなく多様であることを認めている。

ところで、国際連合は、一九九一年に「国連高齢者原則」を採択し、自立、参加、ケア、自助、尊厳の五分野に分けて、一六原則を謳った。その第一は、高齢者が、所得、家族・社会（コミュニティ）のサポートおよび自助を通して、適切な食糧、水、住居、衣料および健康ケアにアクセスできるべきであることであり、第二は労働の権利またはその他の所得獲得機会を得るべきことであり、これらは前述の社会権の中に規定されているもの等で、主語を高齢者に置き換えたものと言える。その他、社会（コミュニティ）の一員としてあり続け、自己の福祉や若い世代との知識・技量の共有に影響する政策形成等に積極的に参加し、社会貢献の機会を求め、発展させることやボランティアとして貢献することを可能とされるべきこと等が宣せられ、最後に、尊厳と安全のうちに暮らし、搾取や心身の虐待を受けないこと、年齢、ジェンダー、人種、障害その他の地位にかかわりなく公正に取り扱われ、経済的条件とは独立に評価されるべきであることが謳われている。この宣言は、一八項目のいずれも「should」（すべき）で書かれており、道義的目標を示すものではあるが、大きな意義がある。一九九九年は「すべての世代のための社会を目指して」国際高齢者年とされていた。

さて、高齢者の現状について触れておこう。ＷＨＯは、既述のように、高齢者を六五歳以上と捉え、六五歳以上の高齢者が人口に占める割合いわゆる高齢化率が七％を超える社会を高齢化社会、一四％を超えると、高齢社会と言い、二一％を超えると超高齢社会と定義している（七）。

なお、社会権規約委員会は、前掲日本報告に対する最終所見において、「無年金または低年金の高齢者者間での貧困の発生に懸念を表明し」「特にその年金が適格な基準を満たしていない高齢女性に影響を及ぼしていること、及びスティグマ」（政府仮訳。レッテル貼り）が高齢者に公的な福祉的給付の申請を思いとどまらせていることに懸念を表明している（同二二項）。そして、公的な福祉的給付に付随したレッテル貼り（stigma）をなくす観点からの国民の教育を勧告している。この点で、社会権規約委員会の「高齢者（older persons）の経済的、社会的および文化的権利に関する一般的意見第六（一九九五）」HRI/GEN/1/Rev.9（Vol.I）, p.27ff.）と「社会保障に関する一般的意見第一九（二〇〇八）」（ibid., p.152ff.）に言及されている（八）。

（一）徳川信二「自由権規約無差別条項の機能（一）（二完）」（『立命館法学』二三〇号（一九九三）、二三四号（一九九四））参照。
（二）芹田「永住権の確立」『永住者の権利』（信山社、一九九一）二五四頁参照。
（三）たとえば、Ben Saul, David Kinley and Jaqueline Mowbray, The International Covenant Economic, Social and Cultural Rights-Commentary, Cases, and Materials-, Oxford UP., 2014, p.862 参照。「安全な水」（safe water）は、人間が人間の尊厳のうちに生活をするために不可欠なものであり、他の人権の実現のための前提条件であるので、その観点から社会権規約委員会は二〇〇二年の一般的意見第一五（General Commento No.15）（HRI/GEN/1/Rev.9（Vol.I）,p.97ff.）で問題を整理している。
（四）一九九八年度のノーベル経済学賞を受賞したアマルティア・センが貧困撲滅のためには公共行動

が必要であり、表現の自由や報道の自由、自由選挙の保障が必要であることを強く主張していることを指摘しておこう（『貧困と飢餓』（岩波書店、二〇〇〇）参照）。

（五）『神戸新聞』二〇一七年八月一九日朝刊。

（六）二〇一七年七月一九日に、広島地裁は、「国に裁量の逸脱はなく、適法」として、広島朝鮮高級学校側の訴えを退けた。これに対し、大阪地裁は、同七月二八日、除外を不当差別とし、憲法違反と認め、大阪朝鮮学園側勝訴。同八月一〇日国は控訴した。判決を子細に検討していないが、社会権規約に触れられたか否かについては、寡聞にして知らない。裁判は全国五ヵ所（大阪、愛知、広島、福岡、東京）で提起されていると聞く。

（七）日本では、「高年齢者雇用安定法」では高年齢者を五五歳以上としているが、「高齢者の医療の確保に関する法律」では六五歳以上を前期高齢者、七五歳以上を後期高齢者と捉えており、内閣府『高齢社会白書』もそうである。

高齢化速度をみると、高齢化率が七％に達し、その倍の一四％に達するまでの所要年数（倍加年数）で比較すると、フランスが一二六年、スウェーデンが八五年、英国が四六年、ドイツが四〇年であるのに対し、日本はわずか二四年である。二〇一五年に先進地域では一七・六％であり、開発途上地域では六・四％である。しかし、開発途上地域も二〇六〇年予測では一六・八％となる。世界は急速に高齢化しているのである（内閣府『平成二八年度（二〇一六）版高齢社会白書』一〇–一二頁）。

日本の高齢社会大綱では、高齢者に対する意識改革として、「支えが必要な人」という固定観念の変革を先ず挙げ、社会保障制度の確立、高齢者の意欲と能力の活用、地域力の強化と安定的な地域社会の実現、安全・安心な生活環境の実現、若年期からの「人生九〇年時代」への備えと世代循環の備えの六つを掲げ、六つの分野別の基本施策をかかげている。これらはおおむね国際社会の方向性と重なり、時に先取りしている。しかし、さらに、国際社会の先導役としての意識を前面に打ち出すべきであろう（前掲『白書』七二―七四頁参照）。

（八）政府仮訳に九とあるのは一九。

第四節　人種差別撤廃条約

第一款　成立の経緯

人種差別撤廃条約は、一九六三年に国際連合総会が採択した人種差別撤廃国連宣言を条約化し、一九六五年一二月に国際連合総会で採択された[一]。他の人権諸条約に比べると、宣言が採択され条約が採択される間に[二]二年しかなく、極めて異例といえるほどの速さで採択されている。国際社会がこれほど人種差別に敏感であったのはなぜか。二つの理由がある。

ひとつには、一九五九年から六〇年にかけて、ナチズムの象徴であったハーケン＝クロイツ（鈎十字）を書き立てたり、反ユダヤ主義を煽るような事件がヨーロッパで続発したこと、他方で、一九六〇年三月に南アフリカのシャーペヴィル（Sharpeville）という町で反アパルトヘイト[三]の平和的集会が開催されたが、南ア政府がこれに強権で臨み、流血の惨事が発生したことである。国連では、人権委員会、安全保障理事会がそれぞれ問題を取り上げ、そして、総会は一九六〇年一二月「政治、社会、教育、文化の各社会生活分野における人種的、宗教的および民族的憎悪のあらゆる表現形態と慣行を国連憲章および世界人権宣言の違反として断固非難し」「すべての国家の政府に対し人種的、宗教的および民族的憎悪のあらゆる表現形態と慣行を防止するために必要なあらゆる措置をとることを要請」した。そして、六二年一二月、種々の議論の末、人種差別と宗教的不寛容についての宣言と条約をそれぞれ作成することを決議するに至ったのである。

(一) 一般的に、ナタン・レルナー著、斎藤恵彦・村上正直共訳『人種差別撤廃条約』（解放出版社、一九八三）参照。金東勲「人種の国際的保護と人種差別撤廃条約」『人種差別撤廃条約の早期批准のために』（解放出版社、一九八二）所収、および村上正直『人種差別撤廃条約と日本』（日本評論社、二〇〇五）参照。なお、村上正直には『入門・人種差別撤廃条約』（解放出版社、二〇〇九）がある。

(二) 宣言―条約というパターンは、世界人権宣言（一九四八）―国際人権規約（一九六六）のほか、子どもの権利宣言（一九五九）―子どもの権利条約（一九八九）、人種差別撤廃国連宣言（一九六三）―人種差別撤廃条約（一九六五）、女性差別撤廃宣言（一九六七）―女性差別撤廃条約（一九七九）等に見られる。これは、特に条約解釈を行うにあたり、準備文書として宣言を考慮して行うことの重要性があるので特に指摘しておきたい。

(三) アパルトヘイト（Apartheid）というのは、南ア政府がとっていた人種隔離政策である。アパルトヘイト政策は、原住民土地法や雑婚禁止法など多くの国内差別立法によって支えられていた。シャーペヴィル事件後、一九九四年にアパルトヘイト完全撤廃後の初代大統領となったマンデラ（Nelson Mandela）は、一九六二年に逮捕投獄され三〇年近くをロペン島の刑務所等で過ごした。六〇年代後半になり、当時学生だったビコ（Stephen Bikoo）は黒人意識運動を組織し、七六年には黒人居住区ソウェト蜂起（SOWETO Uprising）が起きた。七七年に拷問により死亡したビコの伝記を八七年に映画化した『遠い夜明け』は日本でも上映され反響を呼んだ。国連での初期の動きについて、一九〇頁以下参照。なお、家正治「アパルトヘイト」田畑茂二郎・太寿堂鼎編『ケースブック国際法（増訂版）』（有信堂、一九八〇）二三七頁以下参照。国連では、シャーペヴィル事件の起きた三月二一日を人種差別撤廃国際デー（International Day for the Elimination of Racial Discrimination）と定めている。

第二款　人権保障の原則および内容

一　人種差別の定義

人種差別撤廃条約は「人種差別」を次のように定義する（一条一項）。「人種、皮膚の色、世系（descent）又は民族的若しくは種族的出身（national or ethnic origin）に基づくあらゆる区別（distinction）、排除（exclusion）、制限（restriction）又は優先（preference）であって、政治的、経済的、社会的、文化的その他のあらゆる公的生活の分野における平等の立場での人権及び基本的自由を認識し、享有し又は行使することを妨げ又は害する目的又は効果を有するもの」。

この定義には三つの条件が付されている。一つは、「市民と市民でない者」との間の「区別、排除、制限又は優先」には適用されない（同条二項）。第二に、「国籍、市民権又は帰化に関する締約国の法規」には、同法規が特定の民族（any particular nationality）に対する差別を設けていない限り、何らの影響を及ぼすものではない（同条三項）。第三に、人権および基本的自由の平等な享有・行使を確保するため、保護を必要としている特定の人種・種族集団（certain racial or ethnic groups）または個人の適切な進歩を確保することのみを目的として、必要に応じてとられる特別措置（special measures）は、その結果として異なる人種集団（different racial groups）に対して別個の権利を維持することとならず、また、その目的達成後には継続しない限り、人種差別とは見なされない（同条四項）ことである。

さて、日本国憲法は、周知のように、法の下の平等を定め、「すべて国民は、法の下に平等であって、人種、信条、性別、社会的身分又は門地により、政治的、経済的又は社会的関係において差別されない」と定める（一四条一項）。この人種について、当初、学者たちは、人種による差別を排することがアメリカ憲法の均等保護条項の趣旨であったことを指摘し、しかも、なお黒人差別待遇がしばしば判例に現れているのだが、「わが国においてはあらゆる海外領土を喪失し、異人種にしてわが統治の下に服する者がほとんどなくなった今日、それは大きな意味をもちえない。ただ国籍法により日本の国籍を取得する者の中に異人種の者がありうるであろう。これらの者が差別的待遇を受けないことは当然である」（一）と解していた。一九五五年初版の宮沢俊義『日本国憲法』は七八年に全訂版、そして七九年に、芦部信喜による補訂版が出版されたが、同書では「人種」とは、人間の人類学的な種類をいう、とされ、ニグロ、アーリヤン人、モンゴリア人などの区別は、ここにいう「人種」の区別であると述べ、続けて次のように言う。（二）

本条は「人種」を理由とする差別を禁じる。「人種」を理由とする差別とは、たとえば、アイヌ人に選挙権を与えないとか、ニグロは公務員になれないとするとか、ユダヤ人の権利能力を制限するとかであるが、日本国民のあいだには、「人種」のちがいが少ないから、「人種」にもとづく差別は、実際に問題になることはあまりあるまい。

要するに、憲法学では、「人種」による差別について、人間の生物学的特徴を基本とする差別と捉えている、と言える。(三)

これに対し、人種差別撤廃条約にいう「人種差別」というのは、人種や皮膚の色といった人間の生物学的特徴を基本にする差別理由のほか、特に「世系」(descent この訳は公定訳であるが、私自身は、当初、憲法学との架橋を考え「門地」と訳していた。もっとも憲法第一四条の「門地」の英訳は、family である)をも差別理由として取り上げることによって、従来からも存在し、現在でも最も根強く存在する人種による差別に焦点を当て、人種による差別を差別の象徴として浮かび上がらせることによって、一般的な差別にまで目を向けさせ、差別一般の撲滅を狙ったものであるといえる。今日では、人種差別撤廃条約は、性差別と宗教による差別を除くすべての差別をカバーする差別防止の一般法となっている(性差別については、後述する女性差別撤廃条約がある)。

さて、それでは、具体的な問題として、いわゆる部落差別(四)やインドのカーストによる差別はこの条約にいう「人種差別」に当たるのだろうか。ここでは「世系」(Descent)の解釈が問題となる。(五)

日本における国会審議の状況からは、明確な答えは出てこない。政府の答弁では、「例えば社会的出身に基づく差別はこの条約の対象とされていない。」とされ、部落問題に関しては、含むとも含ま

れないとも答弁されていない。むしろ、部落問題「隠し」が行われたとでも言い得よう。(六)

(一)　法学協会『註解日本憲法 上巻』(一九五三年初版、一九六五年初版二一刷)三四九頁。

(二)　宮沢俊義著=芦部信喜補訂『全訂日本国憲法』(日本評論社、一九七九)二〇八頁。もっとも、比較的若い世代に属する浦部法穂『全訂憲法学教室』(日本評論社、二〇〇〇)は、人種差別撤廃条約をも取り上げ、この条約が「人種差別」を広く位置づけていることを指摘し、「これは、狭い意味での人種による差別だけでなく、民族等による差別を、ともに同根の差別としてとらえるものであるといえる」と言い、「日本の問題としては、アイヌ民族問題が重要である。一八九九年制定の『北海道土人保護法』は、『アイヌ』の保護を名目としながらも、アイヌ民族を『北海道旧土人』として別異に取り扱うものであり、『旧土人』という用語の不適切性ともあわせて、一四条に反するものというべきであった。この法律は、一九九七年、『アイヌ文化の振興並びにアイヌの伝統等に関する知識及び啓発に関する法律』の制定に伴い廃止された。また、とりわけ在日韓国・朝鮮人に対する差別も社会的に大きな問題となっている。この点に関連して、民間賃貸住宅への入居を在日韓国人であることを理由に拒否した家主に対しこれを信義則違反として損害賠償を命じた下級審判決がある(大阪地判一九九三年六月一八日判例時報一四六八号一二二頁)」と補記している(同一〇八―一〇九頁)。

(三)　人種概念そのものを、文化人類学からのみならず、広く医学分野等からも含めて、学際的に鋭く問う竹沢泰子編『人種概念の普遍性を問う』(人文書院、二〇〇五)は人種問題を論じる場合の必読の書である。

(四)　一九六五年八月一一日の同和対策審議会答申によれば、「いわゆる同和問題とは、日本社会の歴史的発展の過程において形成された身分階層構造に基づく差別により、日本国民の一部の集団が経済的、社会的、文化的に低位の状態におかれ、現代社会においても、なお著しく基本的人権を侵害され、とくに、近代社会の原理として何人にも保障されている市民的権利と自由を完全に保障されていないという、最も深刻にして重大な社会問題」である。

（五）『部落解放研究』一五五号（二〇〇三）が特集「世系にもとづく差別の国際動向」を組んでおり、パトリック・ソーンベリー「人種差別撤廃条約における『人種』『世系』『カースト』」、資料として、職業・世系に基づく差別に関する、アイデ・横田拡大作業文書（E/CN4/Sub.2/2003/24）および国連人権小委員会決議（2003/22）が翻訳再録されている。

（六）人種差別撤廃条約については、一九九五年村山内閣で批准承認案件が国会に提出され、衆議院外務委員会で同年一一月六日提案理由説明がなされ（衆議院外務委員会議録第五号（平七・一一・二二）、同一一月二二日に審議がなされ、起立総員で承認すべきものと決定された。その際、自由民主党・自由連合、新進党、日本社会党・護憲民主連合、新党さきがけおよび民主の会の五会派共同の提案による決議の動議が提出され、決議が採択された（衆・外務・六号）。同決議提出の趣旨として「あらゆる形態の人種差別の撤廃に関する国際条約を批准するにあたり、我が国として今後とも国際人権の促進に寄与していく決意を明らかにするとともに、我が国に存在する部落問題やアイヌ問題、定住外国人問題などあらゆる差別の撤廃に向けて引き続き努力を重ねていくことが肝要であると認識し、次の決議案を提案いたします」と説明され、決議の第一項で「政府は、あらゆる差別の撤廃に向けて、一層の努力を払うこと」とされた。この条約批准にあたっては、村山社会党党首が総理であることも手伝って、与党内に「人権と差別問題に関するプロジェクト」が設置された。与党プロジェクトチームと外務省との間ですりあわせが行われ、与党プロジェクトはこの条約の対象に部落問題が含まれると主張し、外務省は、条約の対象には部落問題のような社会的出身にもとづく差別まで含むものではない、と主張。最終的には、臨時国会で批准案件を処理すること、第一条の定義に関しては「社会的出身に基づく差別は本条約の対象とされていない」ことを確認することが了承され、同時に、同条に部落（同和）問題が含まれるかどうかについては言及しないこと、そして、我が国が部落問題を含むあらゆる差別撤廃に努力することを明確にすることが両者の間で合意されたという。

こうした背景もあって、政府委員は「この条約は、社会通念上いわゆる生物学的特徴を共有するとされている人々の集団であるところの人種及び社会通念上文化的諸特徴を共有するとされている人々の集団である民族、種族、こうしたことに基づく差別を対象とするものでございまして、例えば社会的出身に基づく差別はこの条約の対象とされていないと解釈しております」と答弁し、当時の河野外務大臣も「先程来お尋ねに対しまして政府委員が御答弁申し上げましたとおり、この条約の対象にいかなる差別が含まれるかということについては、議員ご指摘のとおりさまざまな意見がある、こういうことは承知をいたしております。しかしながら、本条約は人種、皮膚の色、などに基づく差別を対象としたものであって、社会的出身に基づく差別は本条約の対象とされていない、こういう解釈でございます。」と答弁し、「いかなる差別もない社会を実現すべく誠実に努力してまいりたい」と決意を披露した。

これらから見えることは、部落問題が含まれるか否かについては、国会審議では審議が封印され、先ず、人種差別撤廃条約の批准が優先されたことが了解される。

なお、国会での審議とは別に、衆議院議員小森龍邦より「人種差別撤廃条約（第一条）に関する質問主意書（平成七年十一月一日提出　質問第八号）が提出され、四点について質問が出された。公定訳が「世系」と訳している部分に関しては次のように質問している。

三　この条約の文言のうち「Descent」なる単語は日本においては一般的に「門地」と訳されているが、中国では「世系」、韓国では「家門」と訳されている。政府はどのような訳語を使われるか。わが国には、今もなお、部落差別に見られるような人が人を差別する前近代的で不合理な現実がある。この「門地」なる言葉の精神に部落差別は含まれていると国連の「人種差別撤廃委員会」の関係者は解釈している。政府の見解をお聞きしたい。

この質問主意書に対して、平成七年一一月二四日に内閣総理大臣　村山富市から衆議院議長　土井たか子にたいして答弁書が送付されている（内閣衆質一三四第八号、平成七年一一月二四日）。関連部分は次のように言う。

三について

この条約第一条の「Descent」については、「世系」と訳している。この条約の趣旨及び目的、審議経緯、各国の解釈等を踏まえれば、この「Descent」の語は人種、民族の観点からみた系統を表すものと解しているところである。

二　保障する人権

1　構　成

人種差別撤廃条約は、三部二五ヵ条から構成され、第一部第一条が前述の「人種差別の定義」、第二条から七条までが保障する人権の実体規定である。第二部は第八条から一九条までは国際的履行確保措置を定め、人種差別撤廃委員会の設立を規定する。そして第三部第一七条から二五条までは雑則を定める。

第二条から七条までの規定は、人種差別禁止の基本的義務（二条）、人種差別の助長・扇動の禁止（四条）、基本的自由権・社会権の保障（五条）、救済措置（六条）、人種差別的偏見との闘いのための措置（七条）である。

なお、日本は、本条約第四条について、次の留保を付している。

日本国は、あらゆる形態の人種差別の撤廃に関する国際条約第四条(a)及び(b)の規定の適用に当たり、同条に「世界人権宣言に具現された原則及び次条に明示的に定める権利に十分な考慮を払って」と規定されてあることに留意し、日本国憲法の下における集会、結社及び表現の自由その他の権利の保障と抵触しない限度において、これらの規定に基づく義務を履行する。

2　人種差別禁止の基本的義務

条約第二条で基本的義務を定め、第三条は「人種隔離政策及びアパルトヘイト」に係るものである。周知の通り、これを実施していた南アフリカ共和国はすでにアパルトヘイト政策を廃止しており、現在これを実施する国家は存在しない。

(1)　基本的義務

第二条は、締約国に対して、先ず、国家の関与する人種差別を禁止し、次いで、私人間で行われる人種差別を禁止する義務を課している。

先ず、締約国は、人種差別を非難し、あらゆる形態の人種差別を撤廃する政策と人種間の理解を促進する政策を、適切な方法により遅滞なくとることを約束する（二条一項）。そのため、国は人種差別行為・慣行に従事せず、すべての公的機関がこの義務に従って行動することを確保する（同一項(a)）。そして、政府（国および地方）の政策を再検討し、また人種差別を生じさせ、永続化させる効果をもつ法令の改正、廃止、無効化のため効果的措置を取ること（同(c)）、さらに、適切な場合には、人種無差別待遇主義者の多人種からなる団体・運動および人種間の障壁を撤廃する他の方法を奨励すること、並びに人種間の分断を強化するような動きを抑制すること（同(e)）を約束する。[一] 次に、いかなる個人・団体による人種差別も、後援、擁護または支持しない（同(b)）のみならず、国は、立法を含む適切な方法によって、いかなる個人、集団、団体による人種差別も禁止し、終了させる（同(d)）。

(2)　積極的差別是正措置

締約国は、状況により正当とされる場合には、特定の人種の集団またはこれに属する個人に対して、人権および基本的自由の十分かつ平等な享有を保障するため社会的、経済的、文化的その他の分野において、当該人種の集団または個人の適切な発展・保護を確保するための特別かつ具体的な措置をとる、としている（二条二項）。

3　人種差別の助長・扇動の禁止

人種差別の助長・扇動の禁止を定める第四条には、日本は前述の留保を付している。[二] 日本が留保を一切付すことなく参加した自由権規約第二〇条二項は、「差別、敵意又は暴力の扇動となる国民的、人種的又は宗教的憎悪の唱道は、法律で禁止する」と定める。自由権規約委員会は、日本の第六回定期報告に関する二〇一四年七月に採択された最終見解（CCPR/C/JPN/CO/6）で、ヘイトスピーチおよび人種差別について次のような懸念を表明していた（日本の次回定期報告の期限は二〇一八年七月三一日）。

「委員会は、韓国・朝鮮人、中国人、部落民といったマイノリティ集団のメンバーに対する憎悪や差別を煽り立てている人種差別言動の広がり、そして、こうした行為に刑法及び民法上の十分な保護措置がとられていないことについて、懸念を表明する。委員会は、当局の許可を受けている過激派デモの数の多さや、外国人生徒を含むマイノリティに対して行われる嫌がらせや暴力、そして「Japanese only」などの張り紙が民間施設に公然と掲示されていることについても懸念を表明する。」

そして、「締約国は、差別、敵意、暴力を煽り立てる人種的優位性や憎悪を唱道する全てのプロパガンダを禁止すべきである」こと等を勧告した（同報告一二項）。

また、人種差別撤廃委員会の、同じく二〇一四年八月二八日に採択された最終意見（CERD/C/JPN/CO/7-9）においても次のような懸念が表明され勧告がなされていた（次回報告期限は二〇一七年一月一四日）。

「人種差別を禁止する特別かつ包括的な法の欠如」として、「委員会は、いくつかの法律が人種差別に反対する規程を含むことに留意するものの、人種差別の行為及び事件が締約国において発生し続けており、また締約国が、被害者が人種差別に対する適切な法的救済を追及することを可能にする、人種差別の禁止に関する特別かつ包括的な法を未だに制定していないことを懸念する」とし、「委員会は、締約国に対して、条約第一条及び第二条に従って、人種差別の被害者が法的救済を追求することを可能にする、直接的及び間接的双方において人種差別を禁止する特別かつ包括的な法を採択することを促す」とした（同八項）。

人種差別撤廃条約は、前述のように、一九六五年一二月に国連総会で採択され、一九六九年一月に効力を発生し、日本については一九九六年一月に発効した。日本について国際人権規約が効力を発生した一九七九年九月に先立って同年六月に日本で初めて発刊された『国際人権条約資料集』（芹田編、有信堂）には、当時の国内法として、英・仏・独のものが収録されている。英国のものは一九七六年の人種関係法であり、フランスの人種差別禁止法（一九七二年七月一日七二―五四六号）は、一八八一年七月二九日の出版の自由に関する法律の改正と刑法典の改正からなっており、ドイツのものは刑法一三一条であった（三）。

ドイツは、第二大戦後、ユダヤ人の大虐殺等の過去から出発し、「闘う民主主義」（独：Streitbare Democratie　英：Militant Democracy）を法制度の根底にしており、刑法のこの規定ぶりは当然と思われるかもしれない。また、イギリスは日本と法系が異なり参考にならないとの評もある。しかし、既にふれたように、日本もフランスも、いわゆるリベラル民主主義（Liberal Democracy）をとり、徹底した表現の自由を認めるとはいえ、世界人権宣言第三〇条、自由権規約第五条一項は、欧州人権条約第一七条と轡を一にし、基本的考えは「闘う民主主義」にあると言える。したがって、本条約と日本国憲法の整合性をとることは条約参加当初からの課題であり、留保で済ませることではない（イギリスは日本と実質的には変わらない解釈宣言を付している）。日本は、フランスと異なり、言論弾圧の過去をもっている社会であるが故に現行憲法の保障する表現の自由との間合いをとるのは難しい。しかし、人権感覚を研ぎ澄ませ、乗り越えなければならない課題である。

ところで日本は、「本邦外出身者に対する不当な差別的言動の解消に向けた取組の推進に関する法律」（ヘイトスピーチ解消法）を二〇一六（平成二八）年六月三日公布・施行した。この法律は「本邦外出身者に対する差別的言動」を、「専ら本邦の域外にある国若しくは地域の出身者である者又はその子孫であって適法に居住するもの（以下この条において「本邦外出身者」という。）に対する差別的意識を助長し又は誘発する目的で公然とその生命、身体、自由、名誉若しくは財産に危害を加える旨を告知し又は本邦外出身者を著しく侮蔑するなど、本邦の域外にある国又は地域の出身であることを理由として、本邦外出身者を地域社会から排除することを扇動する不当な差別的言動をいう」（二条）と定義し、「本邦外出身者に対する不当な差別的言動のない社会の実現に寄与するよう努めなければならない」（三条）としている。国・地方公共団体に対し努力義務は課すが特に罰則はない（四―七条）。

この法律は、はたして、自由権規約、人種差別撤廃条約の要請に応えるものであるのか。本法律を採択した参議院法務委員会および衆議院法務委員会は共に、次の付帯決議をしている。

「第二条が規定する「本邦外出身者に対する不当な差別的言動」以外のものであれば、いかなる差別的言動であっても許されるとの理解は誤りであり、本法の趣旨、日本国憲法及びあらゆる形態の人種差別撤廃に関する国際条約の精神に鑑み、適切に対処すること」この付帯決議からも分かるように、ヘイトスピーチ解消法は、不当な差別的言動の対象者を「本邦外出身者」に限ったことにより、自由権規約や人種差別撤廃条約の要請に応え切れてはいない。しかし、喫緊の課題である在日韓国・朝鮮人に対する差別的言動に対応しようとする、在日韓国・朝鮮人集住地域を抱える地方自治体にとっては大きなバックアップとなる。(四)

4　権利の平等保障

先ず保障されるのは、法の前の平等保障である（五条）。そのため、裁判所その他あらゆる裁判・審判機関における平等取扱いの保障（同(a)）、暴力・障害に対する身体の安全と国家による保護（同(b)）、政治的権利とくに普通・平等選挙権、平等な参政権・公務就任権（同(c)）である。

次に、とくにいくつかの市民的権利および経済的・社会的・文化的権利が保障されている。いずれも基本的には国際人権規約で保障されている。

(1)　市民的権利　　特に次の権利、国境内における移動・居住の自由、自国を含むいずれの国を離れ、戻る権利、国籍の権利、婚姻・配偶者選択の自由、単独および共同の財産所有権相続権、思想・良心・宗教の自由、意見・表現の自由、平和的集会・結社の自由

(2)　経済的、社会的、文化的権利　　特に次の権利、労働・職業選択の自由、公正良好な労働条件、失業に対する保護、同一労働同一賃金・公正良好な報酬、労働組合結成・加入の自由、住居

についての権利、公衆保健・医療・社会保障・社会サービスに対する権利、教育・訓練についての権利、文化活動への平等参加権

(3) 輸送機関、ホテル、飲食店、喫茶店、劇場、公園等一般公衆の使用を目的としたあらゆる場所またはサービスを利用する権利

ところで、(3)の「一般公衆の使用を目的としたあらゆる場所またはサービスを利用する権利」の例示は、今となっては、驚きを禁じ得ない人が多いのではないかと思われるが、これには長い歴史が隠されている。本条文は、一九六四年七月のアメリカ公民権法（Civil Rights Law）制定までの黒人や一九九四年にマンデラ政権が登場するまでのアパルトヘイト時代の南アの有色人種が置かれていた状況と公民権運動や反アパルトヘイト運動の激しさ・厳しさとを思い起こさせ、本条文が時代を反映していることを我々に知らせてくれている。(五) しかし、単なる過去ではないことも肝に銘じなければならない。

5　犠牲者の救済

締約国は、「自国の管轄下にあるすべての者に対して」、次の二つのことを約束している（六条）。(六)

第一に、権限のある自国の裁判所その他の国家機関を通じた、条約違反の人種差別行為に対する効果的保護と救済措置（effective protection and remedies）を確保すること、

第二に、そうした差別の結果として被ったあらゆる損害に対して公正かつ適正な賠償または救済（just and adequate reparation and satisfaction 公正かつ適正な補償と満足）を裁判所に求める権利を確保する

こと、である。

ところで、従来、人権とくに憲法で保障する国家からの自由としての自由権的基本権は、国家対市民という垂直的関係において作用し、市民（私人）対市民（私人）という水平的関係においては憲法規定は原則として効力をもたず、適用されてこなかった。ところが、企業（私人）が巨大化し、いわば社会的権力として振る舞うようになった現代社会では、憲法は単に制度として国家の枠組みであるにとどまらず、国民の政治、経済、社会的生活の全分野にわたる生活秩序、客観的価値秩序であり、憲法の定める法原則は社会生活のあらゆる分野において全面的に尊重され実現されなければならず、基本権は社会生活の基本的な秩序原則として公法・私法の「両者を覆う屋根のような」原則であるという考えが生まれた。つまり、垂直的かつ水平的効果（vertical-horizontal effect）をもつものと考えられるようになってきた。各国は、これを実現する法技術として、憲法規定を直接適用する（直接適用説または直接効力説）か、私法の一般規定を媒介として間接的に適用する（間接適用説または間接効力説）か、を行ってきた。日本は、周知のように、思想・信条の自由が争点となった一九七三年一二月一二日の三菱樹脂事件最高裁判決（民集二七巻一一号一五三六頁）で、この趣意を述べ、後に一九八一年三月二四日の日産自動車事件判決（民集三五巻二号三〇〇頁）で、女子若年定年制を性別による差別として憲法の平等条項の間接適用を明確に認めた。

さて、人権条約は、国家間で文書の形式により締結され、国際法によって規律される国際的な合意であって、人権保障を内容とする。しかし、人権条約は、国家間の相互的な利益のために権利義務の互換を内容として結ばれる伝統的な条約とは異なり、他の国家との関係ではなく、自国の管轄下にあるすべての個人との関係で、個人に対して、共同の福祉のために、種々の義務を引き受けるものである。このことから分かることは、人権条約の定める人権が憲法の定める人権と同じ法的位置にあることである。(七) ただ注目すべきは、人権侵害、とくに差別問題の大部分は私人によってひきおこされるものであり、この点に注目すべきである。私的な人権侵害が法律行為にもとづく場合には、民法第九〇条が適用され、また事実行為にもとづく場合でも法律の概括的な条項や文言を根拠とするときは、その条項や文言の解釈適用にあたって、民法第九〇条の公序の解釈と同じように、憲法による意味充塡ないし充足を行い、間接的に適用することができる。また、事実行為による権利侵害が問題となっているときは、不法行為に関する規定（民法七〇九条など）の解釈運用を媒介として間接効力説の枠組みを生かすことも考えられる。(八)

しかし、より積極的に、何らかの形で私人の行為を公権力の行為と同視する、アメリカ合衆国で発達した State action（国家行為）の法理に注目すべきであろう。この国家同視説によると、たとえ私人の行為であっても、たとえば、公有の建物を賃借して営業している食堂が差別的取扱いをしたり（国有財産の理論）、補助金や免税措置の形の援助を受けている私人の場合（国家援助の理論）や、特権付与を前提として経営している運輸業等（特権付与の理論）など、私人の行為に「きわめて重要な程度にまでかかわりあいになった」と判断できる場合には、この私的行為を国家の agent ないしは instrumentality の行為と考え、国家行為と同視して憲法の規制に服させることが理論上可能である。(九)

（一）公定訳は、「各締約国は、適当なときは、人種間の融和を目的にし、かつ、複数の人種で構成される団体及び運動（英：Each State Party undertakes to encourage, where appropriate, integrationist multinational organizations and movements..., 仏：Chaque Etat partie s'engage à favoriser, le cas échéant, les organisations et mouvements intégrationnistes multiracionaux et aures moyens propres à éliminer les barrières entre races... ）を支援し並びに人種間の分断を強化するようないかなる動きも抑制することを約束する」であるが、ややわかりづらい。仮訳は、「人種無差別待遇を目的とする多民族からなる団体及び行動並びに人種間の障害を撤廃するための他の方法を奨励すること、並びに……」であった。

（二）一九八三年というきわめて早い段階ではあるが、人種差別撤廃委員会のイングレス、テネキデスの両委員による条約第四条と第七条の実施に関する研究報告が日本にも紹介されている（『人種差別撤廃条約第四条・第七条の実施に関する研究報告』（社団法人部落解放研究所人権部会、一九八四））。なお、現在のものについては、ＵＮＴＣ参照。

（三）これに関して、分かりやすく解説する師岡康子『ヘイトスピーチとは何か』（岩波新書、二〇一三）第三章法規制を選んだ社会、参照。なお、国内人権機関の国際比較をした中に「イギリス反差別および実施機関」として、人権平等委員会と機会均等委員会が触れられている（『国内人権機関の国際比較』（現代人文社、二〇〇一）三四〇頁以下）。また、「日本における国内人権機関の設置に向けた動向」が山崎公士『国内機関の意義と役割』（三省堂、二〇一二）一一五頁以下で触れられている。

（四）たとえば川崎市は公園使用許可申請を認めないなどの措置をとり、また、裁判所（横浜地裁川崎支部）が集住地域周辺でのデモ等の禁止の仮処分を決定したという。なお、しかし、『神奈川新聞』（二〇一七・七・一七）によれば、二〇一七年七月一六日川崎市中原区武蔵小杉駅そばの綱島街道でヘイトデモが実行された。県公安委員会からヘイトスピーチ解消法の順守を求められ、主催者は申請の際、へイトスピーチはしないと伝えた、という。しかし、多数のプラカードが在日外国人を差別し、貶める内容となっていたが県警はこれを放置した、という。

大阪市の場合は、本法律の公布施行に先立つ半年前の二〇一六（平成二八）年一月一八日公布・施行の「大阪市のヘイトスピーチへの対処に関する条例」において、ヘイトスピーチとは、「人種若しくは民族に係る特定の属性を有する個人又は当該個人により構成される集団（以下「特定人等」という。）を社会から排除すること」、これらの人の権利・自由を「制限すること」、「憎悪若しくは差別の意識又は暴力をあおること」（二条一号（ア）（イ）（ウ））と定義し、「表現活動」についても定義している（同二号）。そして、そうした表現行為の拡散防止措置と認識等の公表を定め、別途「大阪市ヘイトスピーチ審査会規則」（同年七月一日施行）を定め、審査結果を公表している。審査委員は、二〇一六（平成二八）年七月一日現在、憲法、行政法、国際法の大学教授および二名の弁護士の計五名から構成されている。

川崎市が全国初めてのヘイトスピーチ事前規制の指針を公表し、二〇一八年三月末までに施行することが、報道された（『朝日新聞』（東京版・夕刊）二〇一七年一一月九日。なお、大阪版夕刊は、大阪市の前掲条例について「抑止条例」として紹介している。『神奈川新聞』、『神戸新聞』（朝刊）同一一月一〇日）。同指針では、公的施設の利用に関して「不当な差別的言動の恐れが客観的な事実に照らして具体的に認められる場合」に、警告、条件付き許可、不許可、許可取消しができるとした。

（五）アパルトヘイト時代の南アフリカで日本人は「名誉白人」（オノラリー・ホワイト）であった。これは一九六一年以降南アフリカの白人政権によって黄色人種である日本人に対して与えられた特別な地位であって、それまでホテル、便所、空港内の出入国審査などで、準白人という扱いを受けていたが、「日本人は、人種別集団地域法に関する限り、白人とみなして扱う」という六一年四月の内相の言明によって公式の地位が確立し、白人地域での居住、営業、就労や白人用諸施設利用が認められるようになったものである。「名誉白人」は、南アではテニスコートかプールのある豪邸にメイド、庭師、運転手ら黒人の使用人を使う生活を楽しむことができる。「見ない」でさえいれば、そうできたのである。芹田健太郎「名誉白人」(『声』誌、一九八六年三月号時評)および一九八五年に南アで二度目の非常事態宣言が宣されたが、同地の日本人会の月刊小新聞『スプリングボック』にある駐在員が「南アに非常事態が起きたら、白人の側に立って戦うぐらいの心構えを日本人は持つべきである」と書いていたのに触発されて書いた「西部劇の幻影」(『神戸新聞』一九八七年八月一日夕刊随想)参照。

(六) 自由権規約第二条は「その領域内にあり、かつ、その管轄の下にあるすべての個人に対して」と規定し、「その領域内にあり」と「かつ」を置いているが、自由権委員会はその実行において、これを加重要件とは解さず、「かつ、または(and/or)」と解釈することによって、保護対象者の範囲を拡大しており(本書二〇四頁以下参照)、本条はそれと整合的である。

(七) 本書一五二頁以下第六節「人権条約の日本国憲法秩序における位置づけ」参照。

(八) 村上正直『入門・人権差別撤廃条約』(部落解放人権研究所、二〇〇九)は、二〇〇五年の公刊時までの判例について、一八五頁以下で、入居拒否、婚約破棄、宝石店への入店拒否、公衆浴場への入場拒否、ゴルフクラブへの入会拒否について分析している。

(九) 芦部信喜によると、これらのほか、統治機能の理論、および、司法の介入によって私人の人権侵害行為が終局的に是認されるような結果となる場合にはその判決の違憲性を争うことができる、という趣旨の、司法的執行の理論に分類される(同「私人間における基本的人権の保障」東京大学社会科学研究所編『基本的人権の研究　第一巻』(東京大学出版会、一九六八)所収参照)。なお、ほかに芦部信喜「私人間における人権の効力」同著『憲法訴訟の現代的展開』(有斐閣、一九八一)所収参照。

なお、樋口陽一『憲法』(創文社、一九九二)一八五―一八八頁も参照。

第五節　女性差別撤廃条約

第一款　成立の経緯

女性差別撤廃条約は、今では女性の権利伸張・法的権利保障の要となっている。この条約は、一九六七年に国連総会が採択した女子差別撤廃宣言から生まれたものであり、一九七九年一二月一八日に国連総会で採択された。この条約も、先ず宣言が採択され、次に条約化されるという宣言―条約のパターンの条約の一つである。この条約には、自由権規約に倣って、本条約に保障する権利侵害の被害者であると主張する個人からの通報を女性差別撤廃委員会が受理し審査する権限を認める選択議定書(一九九九年一〇月六日国連総会採択、二〇〇〇年一二月二二日発効。日本未加入)が付されている。なお、一九九三年一二月二〇日には国連総会が女性に対する暴力撤廃宣言を採択した。

女性差別撤廃宣言は、人権委員会(現人権理事会)とともに、経済社会理事会の機能委員会として一九四六年に設けられた婦人の地位委員会(Commission on the Status of Women　女性の地位委員会)によって作られた。婦人の地位委員会の最初の委員一五名はすべて女性で、国際連合が連合国によって創設されたこともあり、オーストラリア、白ロシア(現ベラルーシ)、中華民国、コスタリカ、デンマーク、フランス、グアテマラ、インド、メキシコ、シリア、トルコ、ソ連（現ロシア）、英国、米国、ヴェネズエラの代表であった（一）。このことからも分かるとおり、当初、国際連盟の頃からの諸課題を扱い、女性参政権条約（一九五三年）、既婚女性の国籍に関する条約（一九五七年）、婚姻の同意・最低年齢・登録に関する条約（一九六二年）の作成に尽力し、世界人権宣言採択にあたっては、men が人間一般の同義語として使用されるのを止めさせ、この語を男のみの意で使用させるべく奮闘した。

　ところが、一九六〇年代に四〇余国もの植民地が独立を達成し、事情が変わる。いわゆる南北問題、途上国の開発が大問題となり、婦人の地位委員会は、「開発における女性の参加の促進」を図る（これがWID（Women in Development 「開発と女性」、さらに八〇年代には「ジェンダーと開発」（Gendar and Development, GAD）となった）。一九六三年から女性差別撤廃宣言の起草を扱い、一九七五年を国際女性年（International Women's Year）と定め、第一回女性世界会議がメキシコシティで開かれた。七六年からの一〇年は国連女性の一〇年とされ、この間に女性差別撤廃条約が採択され、婦人の地位委員会強化のために女性向上のための国際調査・研修所（ＩＮＳＴＲＡＷ）が設けられ、八四年には国連女性基金（ＵＮＩＦＥＭ）も設立された（二）。

　一九八〇年七月コペンハーゲンにおいて第二回会議が開催され、日本はこの折に、女性差別撤廃条約に調印した。そして、一九八五年六月に日本は国会の承認を受けて同条約を批准し、七月二五日に日本につき発効した。この年、ナイロビで女性の一〇年の成果を見直し評価する第三回世界女性会議が開かれた。

その後冷戦が終わり、一九九三年に女性に対する暴力撤廃宣言が採択され、九五年に北京で女性世界会議が開かれた。この会議は、冷戦が終了したことにともない、東西対立という政治問題を離れ、初めて人権問題が語られた会議であった。北京会議後の一〇年には、前述の選択議定書が採択され、ジェンダーがメインストリーム化した。

日本は、こうした国際社会の情勢を受け、「憲法に個人の尊重と法の下の平等がうたわれ、男女平等の実現に向けた様々な取組みが、国際社会における取組みとも連動しつつ、着実に進められてきたが、なお一層の努力が必要とされている」として、一九九九年六月「男女共同参画社会基本法（平成一一（一九九九）年法律第七八号）を制定した。[三] 国際社会では、また、武力紛争時の女性の諸問題――女性と平和・安全保障――が扱われるようになり、二〇〇〇年一〇月三一日の安保理決議一三二五（二〇〇〇）が採択されるに至った。[四]

（一）二〇一六年の会期の委員の地理的配分は、アフリカ一三、アジア一一、ラテンアメリカ・カリブ九、西欧その他八、東欧四の合計四五である。

（二）これらの組織は、一九九七年三月に創設された、ジェンダー問題と女性向上に関する事務総長特別アドバイザー（Office of the Special Advisor to the Secretary-General on Gender Issues and Advancement of Women 通称 OSAGI オサギ）と国連事務局の女性向上局（Division for the Advancement of Women, DAW）の四者が統合され、二〇一〇年七月に UN Women（正式には、UN Entity for Gender Equality and Empowerment of Women ジェンダー平等と女性のエンパワーメントのための国連機関）となった。

(三) この法律は、男女共同参画社会の実現を目指すもので、女性差別撤廃条約が、後述のように、「あらゆる分野」における差別の撤廃を謳い、特に第五条一項(a)で男女の特性論や役割分担論にもとづく「偏見及び慣習その他あらゆる慣行の撤廃を実現するため、男女の社会的及び文化的な行動様式を修正すること」を約束しており、そのため、同基本法第四条が「社会における制度又は慣行が、性別による固定的な役割分担等を反映して、男女の社会における活動の選択に対して中立でない影響を及ぼすことにより、男女共同社会の形成を阻害する要因となるおそれがあることにかんがみ、社会における制度又は慣行が男女の社会における活動の選択に対して及ぼす影響をできるだけ中立とするように配慮されなければならない」とのみ規定していることに対して、「生ぬるい」立法だとする厳しい見方がある(小寺初世子『女性差別をなくすために——女性の目で判決・グリム童話・女偏漢字を読む』(明石書店、二〇〇〇)二五三頁以下参照)。

なお、日本の第七回・第八回合同定期報告に関する、女性差別撤廃委員会の二〇一六年三月七日の最終所見(Concluding observations)(CEDAW/C/JPN/CO/7-8)において、「伝統的な男女の役割を補強する社会規範を変える取組みとともに女性や女児の人権の促進に積極的な文化的伝統を醸成する取組みを強化すること」「差別的な固定観念を増幅し、女性や女児に対する性暴力を助長するポルノ、ビデオゲーム、アニメの製造と流通を規制するため、既存の法的制度や監視プログラムを効果的に実施すること」「差別的な固定観念を解消するため、教科書と教材を見直すこと」等を勧告している(同二一項)。

(四) 本決議で加盟国に求めているのは、まず、紛争の防止、管理および解決のための国家的、地域的、国際的制度・メカニズムのすべての決定レベルにおける女性参加の増強であり(S/RES/1325 (2000) para.1)、第二は、ジェンダーを意識した訓練のため自発的な財政的、技術的、兵站上のサポートを増加させること（同、para.5）である。その他、平和協定の交渉・実施にあたり、全当事者に要請されているのは、帰国、定住の間、また紛争後の再建のために、特に憲法、選挙制度、警察、司法　紛争に関連するので、女性と少女の特別な必要（ニーズ）、ならびに人権の保護・尊重を確保することである（同、para.8）。また、ジェンダーにもとづく暴力、とくにレイプその他の性的虐待から女性および少女を保護する特別措置をとることがすべての紛争当事者に要請されている（同、para.10）。

なお、二〇一五年一二月二五日に閣議決定された第四次男女共同参画基本計画の中では、「一二男女共同参画に関する国際的な協調及び貢献」の中で、「国際的な政策・方針決定過程への女性の積極的な参加を促進する」とされた。

第二款　保障の内容

一　女性差別の定義

1　女性差別

女性差別撤廃条約は「女性差別」を次のように定義する（一条）。

「性に基づく区別、排除又は制限であって、政治的、経済的、社会的、文化的、市民的その他のいかなる分野においても、女子（婚姻しているかいないかを問わない）が男女の平等を基礎として人権及び基本的自由を認識し、享有し又は行使することを害し又は無効にする効果又は目的を有するもの」をいう。

女性差別には、まず、「性に基づく区別、排除、制限」が在ることである。先述した人種差別撤廃条約と比較すると、「優先（preference）」が挙げられていない。審議過程からは、まず、歴史的に女性が男性に比し不利な状況に置かれてきたので、その状況を除去することと、したがって、女性解放運動が獲得してきた保護・特権・恩恵を現段階では女性から奪うべきではないことに配慮された。このことは、さらに、第四条で差別とならない暫定的特別措置の規定が置かれていることと整合的である。

第二に、区別、排除、制限は「いかなる分野」のものも対象となり、人種差別撤廃条約が「公的生活」の分野に限られていることと対照的であり、家族という「私的生活」分野で行われる差別にまで及ぶ可能性を示している。

第三に、「男女平等を基礎とする」「人権及び自由」とは、女性差別撤廃条約が採択された当時の人権・基本的自由に限られず、国際社会が条約や宣言・決議等によって創り上げてきている国際人権法の全容が考慮されることを示している。

こうして、最後に、性にもとづく区別、排除、制限がこれらの人権自由の認識、享有、行使を妨げる目的・結果をもつときに、差別となる（一）。

なお、日本は、一九八五年に女性差別撤廃条約を批准するにあたり、国内法整備の観点から、国籍法の改正と新たな雇用平等立法が必要とされ、父系血統優先主義をとっていた国籍法は改正され父母両系血統平等主義に変更した（二）。

他方、雇用差別については、労働基準法が賃金差別を禁じていたのみで（四条）、判例の積上げ（たとえば結婚退職制を否定した住友セメント事件〔東京地判昭和四一（一九六六）年一二月二〇日〕や五歳差の男女別定年制を無効とした日産自動車事件〔最三小判昭和五六（一九八一）年三月二四日民集三五巻二号〕）があったものの、既存の勤労婦人福祉法を改正し、雇用の分野における男女の均等な機会及び待遇の確保等女子労働者の福祉の増進に関する法律（男女雇用機会均等法）（その後、一九九七年改正、二〇〇六年改正を経て現在に至る）を定めた。

そして、その後、前述したように、男女共同参画社会基本法（平成一一（一九九九）・六・二三法律第七八号）を制定した。男女雇用機会均等法は、二回の改正を経て、当初の女子労働者の福祉の増進の位置づけから、二〇〇六年の改正によって、性差別禁止立法へと変身した。(三)

なお、障害をもつ女性が受けている複合的差別については特に、後述の障害をもつ人の権利に関する条約（障害者権利条約）第六条が指摘している。

（一）国際女性の地位協会（会長赤松良子）編『女子差別撤廃条約注解』（尚学社、一九九二）（以下「注解」として引用）に廣瀬和子が第一条のコンメンタールを書いている。なお、国際女性の地位協会設立を主導した山下泰子の『女性差別撤廃条約の展開』（勁草書房、二〇〇六）には、同条約の国会審議や女性差別撤廃委員会での日本の報告の審議や勧告、日本の女性NGOのことなどが紹介されている。ここにあげる参考文献のほか、女性問題を広く扱うため、身体・性・生と「個人の尊重」を焦点にした杉浦みどり・建石真公子・吉田あけみ・來田享子編著『身体・性・生――個人の尊重とジェンダー』（尚学社、二〇一二）、特殊な課題として、秦郁彦『慰安婦と戦場の性』（新潮社、一九九九）、国際法律家委員会（ＩＣＪ）著、自由人権協会・日本の戦争責任資料センター訳『国際法からみた「従軍慰安婦」問題』（明石書店、一九九五）、『「慰安婦」問題とアジア女性基金』（アジア女性基金、二〇〇七）、『オーラルヒストリー――アジア女性基金』（アジア女性基金、二〇〇七）参照。雑誌として、国際女性の地位協会発行『国際女性』（年報、尚学社発売）、浅倉むつ子責任編集『ジェンダー法研究』（信山社）等が参考になる。

（二）国籍法は昭和五九（一九八四）年五月二五日法律第四五号で改正され、さらに、胎児認知の子どもと、出生後認知の子どもの国籍に関する差別的取扱いが憲法第一四条に定める平等に反するとした最高裁判決（平成二〇・六・四）にともない、平成二〇（二〇〇八）年一二月一二日法律第八八号によって改正され、翌二一年一月一日に施行された。

（三）、男女雇用均等法は、二〇〇六年、平成一八年法律第八二号によって一部改正され、従前から厚生労働省令によって禁止されていた間接差別（労働者の身長・体重・体力を要件としたり、転居をともなう転勤を要件としたり、昇進にあたり転勤経験を要件にする）を強化し、さらに、女性差別を扱っていたところ、男女双方とすることにより男性差別も扱うこととなった。

2　女性に対する暴力

女性差別撤廃条約は女性に対する暴力の禁止等について直接の規定を置いてはいない。しかし、現にある女性に対する暴力は大きな問題であり、女性に対する暴力（gender-based violence　ジェンダーにもとづく暴力）は、女性が男性と平等の基礎に立ち第一条の自由・人権の認識、享有、行使を妨げる目的・結果をもつので、差別となる。女性差別撤廃委員会は、締約国が女性を暴力から保護するために必要な立法措置を執ることを勧告している（一般勧告第一九）[（一）]。また同委員会は、条約当事国の報告が女性差別、ジェンダーにもとづく暴力および人権と基本的自由の侵害との間の緊密な結びつきについて適切に反映していないことも指摘している。委員会が特に列挙する権利は、生命権、拷問や残虐な、非人道的または品位を汚す取扱い・刑を受けない権利、国際的または非国際的武力紛争時に人道法に従った平等の保護を受ける権利、身体の自由と安全に対する権利、法の下の平等保護の権利、家族内における平等の権利、心身の健康に対する最大限の達成可能な水準を受ける権利、正当な有利な労働条件を受ける権利、である（同七項）（これらは、すでに見たとおり、国際人権規約が保障する権利である）。とくに注目すべきは、差別が政府の行為やそのためになされる行為に限定されず（同条約二条(e)(f)および五条）、個人、団体、企業による差別にも政府はすべての適切な措置をとらねばならず（二条(e)）、一般国際法および特別人権規約の下で国家は、権利侵害を防ぎ、または侵害行為を調査し処罰するため相当の注意をもって（with due diligence）行為をしないときには私人行為に対して責任を負い、そして保障（compensation）をする責任を負う、ことを強調している（同九項）[（二）]。

（一）HRI/GEN/I/Rev.9 (Vol.II), General recommendation No.19: Violence against women, pp.331-336.

（二）関連部分は、林陽子編著『女性差別撤廃条約と私たち』（信山社、二〇一一）一一五頁参照。
日本の国内問題として、弁護士角田由起子『性差別と暴力』（ゆうひかく選書、初版第一刷二〇〇一、第四刷二〇〇五）が、「性的マイノリティの権利」、「結婚制度とドメスティック・バイオレンス」、「セクシュアル・ハラスメント」、「売買春を考える」、「ポルノグラフィと女性の人権」、「性暴力の根絶を目指して」の六項目に分けて詳細に問題点を指摘している。さらに、性犯罪については、同弁護士編で、日本弁護士連合会両性の平等に関する委員会主催の、二〇一四年六月に開催されたシンポジウムを基にして編まれた『性暴力被害の実態と刑事裁判』（信山社、二〇一五）が詳しい。

なお、法務大臣は二〇一五年一〇月九日、強姦罪の法定刑の下限を懲役三年から五年に引き上げ、また、現行法では強姦罪で起訴するには被疑者の告訴を必要とする親告罪の規定を削除するなどの刑法改正要綱を法制審議会に諮問した。その後法案化され、「近年における性犯罪の実情等に鑑み、事案の実態に即した対処をするため、強姦罪の構成要件及び法定刑を改めて強制性交等罪とするとともに、監護者わいせつ罪及び監護者性交等罪を新設するなどの処罰規定の整備を行い、あわせて、強姦罪等を親告罪とする規定を削除する必要がある」として、二〇一七年三月七日に国会に提出され、六月一三日成立、同二三日公布、七月一三日に施行された。「一三歳以上の者に対し、暴行又は脅迫を用いて性交、肛門性交又は口腔性交（以下「性交等」という。）をした者は、五年以上の有期懲役に処するものと」して（要綱第一）、厳罰化がなされるとともに、「強姦罪等の非親告罪化」（要綱第七）がはかられた。加害者男性、被害者女性は撤廃されたが、現行法上強姦罪の成立には被害者の抵抗を著しく困難にする「暴行または脅迫」の立証が必要とされているが、この規定は、被害者団体の撤廃要求にかかわらず、そのまま維持され、また、いわゆる強姦神話という偏見を払拭するには道は遠い。

二　保障する人権

1　構　成

女性差別撤廃条約は六部構成となっており、第一部は国家の義務とともに、女性が置かれている現状からみて緊急性の高い原則を総論的に指摘している。第二部から第四部が必要な権利を大まかに分類し、公的生活に関する権利、社会生活に関する権利、私的生活に関する権利を取り上げ、第五部履行確保措置、第六部雑則である。第一部第一条は前述した通り女性差別の定義であり、以下各条ごとに並べれば次の通りとなる(一)(二)。

原則
　締約国の差別撤廃義務（二条）
　女性の能力開発と向上（三条）
　暫定的な特別措置（四条）
　定型化された役割分担の改革（五条）
　女性の売春・売買からの搾取の禁止（六条）
公的生活に関する権利
　政治的・公的活動における差別禁止（七条）
　国際的活動への平等参加の確保（八条）
　国籍に関する権利（九条）
社会生活に関する権利
　教育における差別禁止（一〇条）

雇用、社会保障における男女差別の禁止（一一条）

保健分野における差別撤廃（一二条）

経済的、社会的活動における差別撤廃（一三条）

農村女性に対する差別撤廃（一四条）

私的生活に関する権利

法の前の平等（一五条）

婚姻・家族関係における差別撤廃（一六条）

（一）各条文の審議・成立の経緯については、国際女性の地位協会『女子差別撤廃条約注解』（尚学社、一九九二）参照。なお日本の国内法等については、国際女性の地位協会編『女性関連法——データブック』（有斐閣、一九九八）や『ジェンダー六法〔第2版〕』（信山社、二〇一五）が参考になる。

（二）本書における問題点の指摘は、女性差別撤廃委員会の日本政府報告書に対する最終所見を基本とする。最近のものは、二〇一六年二月一六日の第七回および第八回合同定期報告（CEDAW/C/JPN/7-8）を審議（CEDAW/C/SR.1375, 1376）の上、同年三月七日に出されたものであり、これによる。

なお、政府からの第六回報告に対する最終所見は二〇〇九年八月七日に出され、第七回・第八回報告は二〇一四年七月に提出することを委員会からは求められていたものである。第七回・第八回報告書に対する同委員会最終所見のすべてのレベルの関連機関に対する締約国の公用語による「周知」のため、日本語訳は、大学関係は、二〇一七（平成二九）年一月二六日の「府共第七三号」によって内閣府男女共同参画局総務課長から文科省生涯学習局男女共同参画学習課長あてに発出され、同課より、事務連絡として同年二月八日に各国公立大学法人ほか関係機関に連絡された。当時学長をしていた京都ノートルダム女子大学の受付けは同年二月一六日であった。

2　原　則

条約第一部は国家の義務とともに、女性が置かれている現状からみて緊急性の高い五つの原則を総論的に指摘している。

第一に、国家は、あらゆる女性差別を非難し、差別を撤廃する政策を、すべての適当な手段で、遅滞なく、とることを約束し、具体的に八項目の約束を掲げている（二条(a)—(g)）。

第二に、あらゆる分野において男性と平等に人権を行使享有するのを保障するため、女性の完全な発展および向上（full development and advancement）（公定訳は「能力開発と向上」[一]）を確保するあらゆる措置を講じる（三条）。

第三に、男女間の、法上の（de jure）平等にとどまらず、事実上の（de facto）平等を促進するための暫定的特別措置は差別とならないこと（四条一項）、および、母性保護のための特別措置の採用は差別と解されてはならないこと（同二項）。

第四に、男女の特性論および固定化された役割分担論の克服（五条真(a)）と家庭についての教育、出産の社会的機能に対する適正な理解と子の養育・教育に対する男女の共同責任の認識を確保すること（同条(b)）。

第五に、女性の売買・売春からの搾取の禁止（六条）。

3　公的生活に関する権利

(1)　先ず、政治的・公的活動における差別禁止が謳われ、女性の政治的、公的活動への参加が認められている（七条）。女性の参政権獲得は、日本でも諸外国でも、女性運動の長年の目標であった。一九世紀後半から二〇世紀にかけて実現してきた普通選挙が日本では一九二五年に二五歳以上の男子に限って認められ、二〇年を経て一九四五年に女性参政権が実現した。国連では、一九五二年一二月に第七回総会で「女性（婦人）参政権条約」が採択され、五五年に発効した。女性差別撤廃条約の本条は、この条約を基礎にしている。日本は、実態はどうであれ、一九五二年に施行された日本国憲法でも保障されており、人権条約の中では、対日平和条約発効後、国連に参加する前の一九五五年という異例に早い段階で、女性参政権条約に参加した（五〇年代に日本が参加したもう一つの条約は、国際連盟のときからの課題であった「人身売買・他人の売春からの搾取の禁止条約」（一九五八年参加）である）。本条により、女性参政権のほか、公職への参加、NGOや政党等の結社への参加が保障されている。しかし、国会・地方議会議員、大臣・次官等さらに知事・市長の公職に就く女性が増えてはいるが、女性差別撤廃委員会も指摘する通り（最終所見三〇―三一項）、女性の指導的地位への参画が低調であり、暫定的特別措置が足りないので、「法定のクオータ制などの暫定特別措置をさらに取り入れること」が望まれている。また、政府が第三次および第四次男女共同参画基本計画で設定した二〇二〇年までに指導的地位への女性の参画比率を三〇％とするという目標の効果的実施の確保が求められている。

なお、本条については、王位継承について、ベルギー、ルクセンブルクが留保、スペインが宣言、英国が了解を宣していたが、ベルギーが一九九八年と二〇〇二年の通知で、ルクセンブルクが二〇〇八年にそれぞれ留保を撤回した。スペインのみが王位継承に影響しない、との宣言を付している、英国も条約上の義務が王位の継承、保持および享有に及ばないとの了解を出しているが、現在の元首は女王である。(二)

(2)　次に、国際的活動への平等参加の確保が謳われている（八条）。周知のとおり、日本の国内社会は、いわば男社会であり、女性の参加を阻む要素が大きいが、国際社会には少なくとも欧米を中心に発達してきた経緯もあり、そうした障害は比較的少なく、日本人女性にも門戸が開かれてきたし、国際社会で活躍する女性は多い。国家を代表して国際会議に参加する人たちには、外交関係条約、領事関係条約のほか国家代表条約がある。国際機関については、それぞれの設立条約によるが、国連は概して女性を優先する。民間の国際団体はそれぞれの規約による。

(3)　最後に、国籍に関する男女の平等の権利の保障（九条）との関連では、夫婦国籍単一の原則や子の国籍について父系血統優先主義があり、従来も問題点が指摘されていたが、夫婦国籍独立主義、父母両系血統平等主義が行われるようになった。(三)

4　社会生活に関する権利

社会生活に関する権利としては、教育、労働、保健、農村の分野から取り上げられている。

(1)　教育における差別禁止（一〇条）

日本が本条約に参加するにあたって克服すべき課題は、前述のように父系血統優先主義を採る国籍法の改正とともに、女児に課されていた学校教育における「家庭科教育」であった。いずれも今日では克服され、二〇一六年の委員会の最終見解では、学校における進路相談において科学、技術、工学、数学等の分野を目指すことを女子に奨励するとともに、女子が高等教育を修了することの重要性について教員の意識啓発を行うこと、女性教授の増員、少数者女性の教育に対する障害の除去、教育機関におけるいじめ等の問題について懸念・勧告が表明されている（三二—三三項）。

(2)　雇用における差別撤廃

国は男女平等を基礎として差別撤廃のために次の権利を確保するためにすべての適切な措置を取る。(a)労働の権利、(b)同一の雇用機会、(c)職業選択の自由、昇進・雇用の保障、職業訓練を受ける権利、(d)同一労働・同一賃金、(e)社会保障・有給休暇を受ける権利、(f)作業条件に係る健康の保護・安全（生殖機能の保護を含む）、である。日本の現状に対して女性差別撤廃委員会からは、とくに、男女の賃金格差が拡大しており、その原因の一端が同一労働同一賃金原則の実施の不十分さにあること、コース別雇用管理制度の下で、水平的・垂直的職務分離と低賃金部門への女性の集中が見られること、女性のパートタイム労働への集中が依然として続き、退職後の貧困を生む原因となっていること、またセクハラ報告が絶えないことや少数者に属する女性労働者に関して、複合的・交差的な差別が根強くあること等に懸念が示され、性別賃金格差縮小のため二〇一五年の「女性の職業生活における活躍の推進に関する法律」、労働基準法その他関連法にもとづく取組みの強化、育児への男性参画を奨励する両親共有休暇の導入、十分な保育施設の提供の確保のための取組みの強化等が喫緊の課題として勧告されている（同三四—三五項）。

(3)　保健分野における差別撤廃

国は、家族計画を含む保健サービスの享受の確保のため差別撤廃措置をとる。と同時に、女子に対して、妊娠、分娩、産後のサービスおよび妊娠・授乳中の栄養の確保を約束している。

女子差別撤廃委員会の最終所見は、懸念事項として「刑法第二一二条と合わせ読まれる母体保護法第一四条の下で、女性が人工妊娠中絶を受けることができるのは妊娠の継続又は分娩が母体の身体的健康を著しく害する恐れがある場合及び暴行若しくは脅迫によって又は抵抗若しくは拒絶することができない間に姦淫されて妊娠した場合に限られること」をあげ、第二に「女性が人工妊娠中絶を受けるために配偶者の同意を得る必要があること」をあげ、第三に女性や女児の自殺率の高さに触れている。同委員会はこの認識の上で勧告を行っているが（同三八—三九項）、日本の母性保護法（昭和二三（一九四八）年七月一三日法律第一五号、最終改正・平成二五（二〇一三）年一二月一三日法律第一〇三号）第一四条には「身体的理由」のほか「経済的理由」も掲げられており、従来問題とされていた。また、「暴行若しくは脅迫によって又は拒絶できない間に」姦淫され妊娠した場合については、刑法そのものに対する批判として、この要件の必要性が問題視され削除が主張されてきたが、前述のように、二〇一七年の刑法改正でも実現しなかった。

妊娠中絶に関連して、同委員会は女性の意思にのみもとづく人工妊娠中絶の、いわば自由化を根底に置いているように思えるが、問題なしとはしない(四)。そもそも、すべての生物のうち、九九％が雌雄の異性間で行われる有性生殖といわれる中、性を楽しむのはヒトだけである。女性だけによる単為生殖ではない。また人工妊娠中絶については優生思想を否定してきた過去の経緯にも十分注視すべきであろう(五)。

なお、健康に関して、女性差別撤廃委員会は、二〇一一年の福島第一原発事故に続く放射線被ばくに関して女性が男性より放射線に対して敏感であることを指摘し、放射線の影響を受けた女性や女児、とくに福島県内の妊婦に対する医療その他のサービス提供の強化を勧告している（同三七項）。

(4)　経済的、社会的活動における差別撤廃

特に問題とされるのは、家族給付についての権利と、銀行貸付けその他の金融上の信用に対する権利、加えて、レクリエーション、スポーツおよびあらゆる側面における文化活動に参加する権利である。日本では、とくに女性の所帯主、未亡人、障害のある女性、高齢者女性等の貧困が懸念材料である。女性差別撤廃委員会からはこれらの女性のニーズに対して特別の注意を払うことが勧告されている（同四一項）。

(5)　農村女性に対する差別撤廃

女性差別撤廃条約は、女性一般ではなく、特に途上国の農村女性に焦点を当てている。しかしながら、女性差別撤廃委員会は、農山漁村女性の政策形成への参画を制約している障壁の撤廃、家族経営における女性の労働評価、所得税法の見直しの検討を要請している（同四三項）。

なお、二〇一一年の東日本大震災に関連して、同委員会は、国・地方レベルの災害リスクの削減と管理の分野の指導的役割への女性の参画が少ないことに懸念を示すとともに、災害に関する意思決定や復興過程への女性の参画を加速することを勧告している（同四四—四五項）。このことは、一九九五年の阪神淡路大震災のときからの課題（六）であり、早急な取組みが望まれるところである。

5　私的生活に関する権利

私的生活に関する権利として、法の前の平等と婚姻・家族関係における差別撤廃を規定している。

(1)　法（公定訳は「法律」）の前の男女の平等は、自由権規約第二六条に定める「法の前のすべての者の平等」について、自由権規約委員会が同条を自立規範（autonomous norm）と判断していること（七）、と同趣旨である、と解される。なお、世界の女性の置かれている現状から、女性差別撤廃条約は第一五条四項で、「個人の移動並びに住所及び居所の選択の自由に関する法律において男女同一の権利を与える」ことを定めている。

(2)　婚姻・家族関係におけるすべての事項について男女の平等を基礎として差別撤廃を定め、まず、婚姻については、婚姻をする同一の権利（一六条一項ⓐ、配偶者の選択の自由、自由かつ完全な合意のみによる同一の権利（同項ⓑ）、これとの関連で、児童の婚約・婚姻の無効（同二項）を定める。次いで、婚姻中および婚姻解消の際の同一の権利・責任を定め（同一項ⓒ）、特に子について、婚姻しているか否かを問わず、親としての同一の権利と責任（同項ⓓ）、子の数と出産の間隔を自由にかつ責任をもって決定する同一の権利（同項ⓔ）、ならびに、子の後見・養子縁組に係る権利の同一（同項(f)を定めている。子に関しては常に「子の利益が至上である」と謳われている（これらについて詳しくは後述第六節「子どもの権利条約」参照）。

夫および妻の権利に関しては、姓および職業選択の権利を含めて同一の個人的権利（同項(g)）と財産の所有、取得、運用、管理、利用、処分することに関する配偶者双方の同一の権利（同項(h)）を定めている。

女性差別撤廃委員会は、日本の現状、特に婚姻解消の際の財産分与に関連する懸念、協議離婚制度の下で養育費の支払いについて合意のない場合子どもが困窮を極めること等に対する懸念を表明し（前掲最終所見四八項）、財産分与関連の法と手続を明確にした法律の制定、親権と養育権を規律する法律の見直し、離婚の場合の養育費支払いを通じて経済的必要を充たすとともに、子どもの福祉保証の確保を勧告している（同四九項）。

（一）問題点の指摘は、『注解』八一頁、芹田『地球社会の人権論』（信山社、二〇〇三）八七頁以下参照。

（二）United Nations Treaty Collection（UNTC）Multilateral Treaties Deposited with the Secretary-General Chapter IV Human Rights 8. Convention on the Elimination of All Forms of Discrimination against Women, New York, 19 December 1979（まず、United Nations に入り　次に Documents そして Quick Links をクリックして　UN Treaty Collection へ）二〇一七年六月二五日現在の状況。なお、日本では、女性天皇、女性宮家創設の議論にあたって、女性差別条約が問題とされたかどうか、について寡聞にして知らない。

（三）芹田「国籍単一の原則に対する疑問」（『永住者の権利』所収参照）。日本では本条約に参加するにあたり、国籍法が改正され、その後も、子どもの認知に関連して法改正が行われている。

（四）日本の人工妊娠中絶件数は漸減傾向にあり、平成二七（二〇一五）年度は一七万六、三八八件であった。一五歳未満が二七〇件、高一、高二に当たる一六歳、一七歳が計二、四七八件、高三に当たる一七歳が二、八八四件ある（厚生労働省衛生行政報告例　六　母体保護関係　参照）。

（五）本書序論第一章第一節第二款「生命権の至高性」参照。

（六）芹田健太郎「大震災の経験から提唱「弱者・少数者の幸福はすべての者の幸福」――最大多数の最大幸福からの脱却」（『地球社会の人権論』所収）参照。

（七）本書一六一頁、その他自由権規約二六条に関して、第二部第一章第一款とくに二二四頁以下参照。

第六節　子どもの権利条約

第一款　成立の経緯

子どもの権利条約（一）は、一九八九年一一月二〇日に国連総会で採択され、翌九〇年九月二日に効力を発生した（日本につき、一九九四年五月二二日に発効）したもので、今では、二〇〇〇年五月に国連総会で採択された「武力紛争における子どもの関与に関する選択議定書」（子ども兵士禁止条約）（二〇〇二年二月発効、日本につき二〇〇四年九月発効）および「子どもの売買、子ども買春および子どもポルノに関する子どもの権利に関する選択議定書（子どもポルノ禁止条約）（二〇〇二年一月発効、日本につき二〇〇五年二月発効）とともに、子どもの権利保障の中心となっている。

元来、子どもの権利に関しては、国際連盟の頃から関心が強く、国際連盟は一九二四年に子どもの権利宣言を採択していた（二）。しかし、連盟の子どもの権利宣言は、時代を反映し、子どもを保護の対象と捉えていたと言える。第二大戦後、世界人権宣言起草段階でも、その後の国際人権規約草案審議段階でも、常に子どもの権利保障は論じられてきた。その牽引役は大戦で子どもに多くの犠牲者を出したポーランドである（三）。一九五九年には子どもを権利享有主体とする考え方に立った子どもの権利宣言（四）が採択され、その後、一九七九年の国際子ども年を契機に、ユニセフ、ＷＨＯ、ＩＬＯ、ユネスコなどの協力、さらに多数のＮＧＯの運動と相俟って、条約化が図られた。この時期、途上国では、毎年約一、四〇〇万人もの子どもが五歳の誕生日を迎えることなく死亡し、約一億五、〇〇〇万人の子どもが絶対的貧困のもとに喘いでいたといわれる。また先進国でも、親による虐待、ホームレス、麻薬、性的搾取、少年犯罪と、子どもを取り巻く状況は決して良好ではなかった。こうした中で子どもの権利条約は採択された。

（一）英語は、Convention on the rights of the child である。公定訳は「児童の権利条約」であるが、本書では「児童」を「子ども」と訳す。
（二）Geneva Declaration of the Rights of the Child of 1924, adopted Sept. 26, 1924, League of Nations O.J. Spec.Supp. 21, at 43 (1924).
（三）子どもの権利条約の採択された一一月二〇日午後には、ニューヨークに住む世界各国の子どもたちが国連総会議場に集まったという。その場の状況を、大田尭『国連子どもの権利条約を読む』(岩波ブックレット No.156)は見事に描いており、当時、起草委員会の委員長を務め、ポーランド最高裁判所長官の任にあったアダム・ロパチカの言を紹介している。実は、ロパチカ氏は日本の国際人権法学会創立記念総会に出席し、子どもの権利条約について語るべく予定されていたが、国連総会と重なり、日本の国際人権法学会に出席できなくなり、一一月二〇日付けでニューヨークからメッセージを送ってこられた。子どもの権利条約採択の意義を簡潔に説いた、そのメッセージを翻訳したことを懐かしく思い出す(『国際人権』創刊号(信山社、二〇〇三年)一七―一八頁参照)。

(四)　波多野里望『逐条解説　児童の権利条約』(有斐閣、一九九四)に簡潔な前史と審議の経緯が記されている。児童観や教育思想に触れて問題点を鋭く衝いて国際連盟の児童の権利宣言からの三〇年を説くものとして、福田弘「児童の権利条約までの三〇年」(下村哲夫編著『児童の権利条約』(時事通信社、一九九一)一六二―一八七頁)がある(同書は、訳語を公定訳に改め、批准によって学校現場はどう変わるかという視点から改訂新版が一九九四年に出版された)。また、永井憲一・寺脇隆夫編著『解説　子どもの権利条約』(日本評論社、一九九〇)に、採択までの経緯に触れた後に、ジュネーヴ宣言、国連宣言が採録されている。

なお、子どもの権利委員会については、現在同委員会委員である大谷美紀子弁護士による紹介がある『講座国際人権法　第四巻』(信山社、二〇一一)二二一―二三九頁参照。

第二款　保障の内容

子どもの権利条約は三部構成となっており、子どもの権利は第一部に規定されている。第二部には権利履行の確保措置として締約国の広報義務（四二条）と子どもの権利委員会（四三条）、締約国の報告義務（四四条）の三ヵ条の実施措置規定を置き、第三部は雑則である。

子どもの権利規定は、多くの場合、国際人権規約とくに自由権規約の権利規定と比較して読むことができるが、必ずしも体系的ではない。締約国は、条約第四四条に定める報告義務に従い、当該締約国について条約が効力を発生した時から二年以内に第一回報告を、その後は五年毎に、報告書を送付する。その報告書を作成するにあたり、締約国は、子どもの権利委員会の定める指針に従うので、検討の便宜上、本書も二〇一五年三月に一般配布された、五年毎の定期的報告書の形式と内容に関する指針に従うこととする。（二）実施措置を除くと、次の通りである。

一　子どもの定義（一条）
二　一般原則（二条、三条、六条、一二条）
三　市民的権利および自由（七条、八条、一三―一七条）
四　子どもに対する暴力（一九条、二四条三項、二八条二項、三四条、三七条a、三九条）
五　家庭環境および代替的な監護（五条、九―一一条、一八条一―二項、二〇条、二一条、二五条、二七条四項）
六　障害、基礎的な保健および福祉（六条、一八条三項、二三条、二四条、二六条、二七条一―三項、三三条）
七　教育、余暇および文化的活動（二八―三一条）

八　特別な保護措置（二二条、三〇条、三二条、三三条、三五条、三六条、三七条b—d、三八条—四〇条）
九　子どもの売買、子ども買春および子どもポルノに関する選択議定書に対するフォローアップ
一〇　武力紛争における子どもの関与に関する選択議定書に対するフォローアップ

一　子どもの定義

この条約の適用上、「子ども（児童）（a child）」とは、一八歳未満のすべての者（every human being below the age of eighteen years）」とされている。上限を一八歳とすることについては種々の議論があったが、できるだけ広い範囲の者に保護を与える趣旨で「一八歳未満」とされた。「いつから」適用があるのかについては争いがある。「出生の時から」なのか、「受胎の時から」なのか、各国の対応は区区である。「胎児」を含むと解する国もあり、「出生後に対してのみ」（only following live birth）と解する国もある（生命権の享有権者について、自由権規約第六条および本条約第六条、さらに後述の障害者権利条約第一〇条参照）。

この条約は「成年（majority）について何らの定義もしていないが、日本の場合、現在、民法上、成年は二〇歳であり、少年法は満二〇歳までを「少年」とし、選挙権は「満一八歳以上」の者に与えられているなど、法目的や社会状況によって差異がある。児童福祉法は、「一八歳に満たない者」を児童と定義し、さらに児童を「満一歳に満たない」乳児、「満一歳から小学校就学の始期に達するまで

の」幼児、「小学校就学の始期から満一八歳に達するまでの」少年に区分している。また、その適否は別として、民法は婚姻適齢を男一八歳、女一六歳とし（七三一条）、未成年者は婚姻によって成年に達したものと擬制されている（七五三条）ので、一八歳以下の者の場合、条約との関連で、保護の在りようが問題となる。

条約自体も、権利享有主体について年齢によって区別している条文を含んでいる。たとえば、第一二条は「自己の意見を形成する能力のある児童に、その児童に影響を及ぼすすべての事項に対して自由に意見を表明する権利」を与えている。この条文は「何歳以上」というような一般的な基準を示しておらず、能力の有無について個々の児童によって測られるべきかのような規定ぶりであるが、多くの国がそれぞれの法目的に従い、概ね満一五歳を「自己の意見を形成する能力」を有することの基準としていると言えよう。(二)

明確に一五歳という年齢を置いている第三八条は武力紛争下の児童の保護を定めており、第二項で「一五歳未満の者が敵対行動に直接参加しないことを確保し」「軍隊への採用を差し控える」ことに言及している。この規定の内容は、一九七七年に採択された、一九四九年ジュネーヴ諸条約の第二追加議定書（日本につき二〇〇五年二月二八日発効）第三条三項cで明確に禁止されているものである。

なお、日本については、一六歳以上の外国人に指紋押捺を義務づけていた旧外国人登録法（一九五二年平和条約発効とともに公布、即日施行、指紋押捺義務は五五年四月施行）の母法は、アメリカ移民法中、登録法関係が一九四〇年外国人法であり、同法により一四歳以上のすべての外国人に指紋押捺が義務づけられていた。同法は「国家非常時体制における一つの安全弁として連邦議会を通過した戦時立法」であったことを心に銘じておきたい(三)。

締約国が保護する子どもは、「その管轄下にある」(二条一項)子どもである。自由権規約が「その領域内にあり、かつ、その管轄の下にある」(二条一項)とするのと対照的であり、ヨーロッパ人権条約第一条と同様である。自由権規約規定作成の経緯については、本書ですでに論じたところであり、また、自由権規約第四〇条の政府報告書審査および同規約選択議定書の個人通報事例という実行の中で、自由権規約委員会は、この規定の「かつ」を加重条件とは解釈せず、「かつ／または」(and/or)と解釈し、保護対象者の範囲を拡大してきたことから考えて、国際社会では、締約国の保護対象者を「その管轄の下にある者」にすることが定着していると言える(四)。

二　保障する人権

1　一般原則

一般原則として、前掲定期的報告書の形式・内容の指針が掲げているのは、第二条の差別の禁止、第三条の子どもの最善の利益の優先、第六条の生命権の保障および生存権と発達権の最大限確保、並びに、第一二条の子どもの意見の尊重、である。

(1)　差別の禁止と子どもの最善の利益の優先

①　差別の禁止　「締約国は、その管轄下にある子どもに対し、子ども又はその父母若しくは法定

保護者の人種、皮膚の色、性、言語、宗教、政治的意見その他の意見、国民的、種族的若しくは社会的出身、財産、心身障害、出生又は他の地位にかかわらず、いかなる差別もなしにこの条約に定める権利を尊重し、及び確保する」（二条一項）と定める。

子どもの権利条約の特色は、差別を受けない権利主体は、子どもだけにとどまらず、その父母（his or her parent）、場合によっては、その法定保護者（legal gardian）にまで及んでいることであり、法定保護者の概念は、日本の民法で定める後見人より広く、当該子ども本人のみならず、本人が選びえないことを理由とする差別を禁止している。「他の地位」には、本人の意思に関わらない父母の婚姻関係から生じる地位が含まれる。（五）とくに、ジェンダーに基づく差別の根絶のための措置や、障害をもつ子ども、少数者に属する子ども、原住の子どもの権利の十全な享有を確保する措置、に心配りが必要である。なお、障害をもつ子どもについては、後述の障害をもつ人の権利に関する条約（障害者権利条約）第七条が特に言及している。

② 子どもの最善の利益　「子どもに関するすべての措置をとるにあたって、「公的若しくは私的な社会福祉施設、裁判所、行政当局又は立法機関のいずれによって行われるものであっても、児童の最善の利益が主として考慮されるものとする」（三条一項）。

子どもの権利条約の主たる目的は、子どもを権利主体として捉え、子どもの権利を定めることである。しかし、同時に、子どもは、成人とは異なり、常に成長を続ける存在であり、子どもには保護の視点が欠かせない。条約はその視点として、「子どもの最善の利益」（the best interests of the child）を置いている。そして、この「最善の利益」が「主として考慮されなければならない（shall be a primary consideration）（主たる考慮または第一次的考慮とされなければならない）」こととされている。子どもの権利宣言では、この部分は、the paramount consideration（至上の考慮）であり、条約原案もそうであった。こちらのほうがより良く、より広く子どもを保護できるが、宣言の条約化＝国家への義務化過程で、paramount はいかにも広すぎると判断された。しかし、子どもの権利宣言の精神は堅持され、それに沿った解釈がされるべきであろう。なお、最善の利益という文言は、条文によっては、審議過程では、幸福であったり、福祉であったりした（六）。

第三条一項は「最善の利益」に関する総論部分であり、原則を述べている。第三条で原則を述べ、各論として、いわば例示的に、次の合計七ヵ条で、子どもの最善の利益に触れている。

父母からの分離の禁止を定める第九条一項、父母の養育責任を定める第一八条一項、家庭環境を奪われた子どもの代替的監護（alternative care）を定める第二〇条一項、養子縁組について定める第二一条、自由を奪われた子どもの成人からの分離について定める第三七条(c)（自由権規約一〇条参照）、少年司法について定める第四〇条二項(b)(iii)、である。

(2)　生命権の保障

自由権規約第六条一項が単純明快に「すべての人間は、生命に対する権利を有する」と定めるのに対し、子どもの権利条約第六条一項は「締約国は、すべての子どもが生命に対する固有の権利を有することを認める」と定める。生命権（right to life）についてはもはや争いはないが、生命の始期についての議論があり、胎児の生命権については本書で論じたところであり、胎児の権利をどのように捉えるかの問題は残る。(七) しかし、本条約の主たる目的は出生後の子どもの権利を保障することにあり、そのため、子どもの養育・発達に対する父母の共同責任を定める第一八条を除き、すべての条項が出生後の子どもに関わると言うことができる。

(3)　生存権と発達権の最大限確保

子どもの権利条約に特徴的で、高く評価できるのは、子どもに対して「生存」(survival)と「発達」(development)を「可能な最大限の範囲において」ではあるが、締約国が「確保する」としていることである(六条二項)。「生存」という日本語は英語のlifeにもsurvivalにも充てられるが、survivalは、生き延びること、生き残ることを意味し、生命に対する権利との比較で、本項は、子どもの人生をより長く、より良きものにするために積極的に措置をとることを強調するものとなっている。本項を起点として各種の権利が定められ、各条文の解釈にあたっても、参照すべき原則となっている。この原則との関連で子どもの権利委員会が締約国に求めている情報に、死刑が一八歳未満の者によって犯された犯罪に科されないことの保障措置、子どもの死亡および殺人数、子どもの自殺防止策・子ども殺し根絶策、その他子どもの生命、生存、発達に影響する関連課題がある。(八)

(4)　子どもの意見の尊重

子どもの意見表明権について、「締約国は、自己の意見を形成する能力の在る子どもがその子どもに影響を及ぼすすべての事項について自由に意見を表明する権利を確保する」(一二条一項)と定め、そのため、「子どもは、特に、自己に影響を及ぼすあらゆる司法上及び行政上の手続において、国内法の手続規則に合致する方法により直接に又は代理人若しくは適当な団体を通じて聴取される機会を与えられる」としている（同二項）。もっとも、この場合において、「子どもの意見は、その子どもの年齢及び成熟度に従って相応に考慮されるもの（being given due weight in accordance with the age and maturity of the child）」とされている（同一項）が、これは、子どもが心身ともに発達途上の段階にある存在であり、子どもの発達段階に応じた子どもの見解の重視、つまり、子どもに「聴く」ことの重要性を指摘し、子どもに相応しい特有の方法の必要性を定めたものである(九)。

（一） Treaty-specific guidelines regarding the form and content of periodic reports to be submitted by the States parties under article 44, paragraph 1 (b), of the Convention on the Rights of the Child（CRC/C/58/Rev.3）,「定期報告ガイドライン」。

（二） 日本の場合につき、波多野『逐条解説 児童の権利条約』、特に八〇頁以下参照。

（三） 芹田健太郎「七千人を超える指紋押捺拒否者たち――一九八五年」『地球社会の人権論』（信山社、二〇〇三）特に二九五頁以下参照。一五歳位の年齢は、とくに男子の場合、古来より、元服にも見られるように、一人前と見なされ、兵士としても闘うことのできる肉体に育っている年齢であり、そのため、敵性を持つ外国人を把握しておく必要があることが立法の背景にある。米国外国人法が制定された前年の一九三九年に第二大戦が始まっており、旧外国人登録法の施行は一九五二年であるが、一九五〇年六月に朝鮮戦争が勃発していたこと、また当時インドシナ戦争が闘われていたこと（インドシナ休戦協定は一九五四年締結）を指摘しておこう。ちなみに、全くの私事ながら、私は中学三年生の春、身長一六八センチ、体重六三キロで、八〇〇メートルリレー第一走者として神戸市記録を持つ陸上競技選手であった（ちなみに、七七歳の現在、身長は一時から三〜四センチ縮み一六九センチ、体重六六キロである）。

なお、日本の国内法における最低法定年齢については政府第一回報告書は、児童の定義として、第三八項以下で簡単に触れていただけであるが、第二回報告書六二-八七項において詳細な説明がある。第三回報告書は第二回報告書を多くの場合引用することによって、基本的に踏襲している。ただし、第二回報告書第八六項は婚姻年齢の差異について「男女の間には、肉体的・精神的側面において婚姻に必要な成熟に達する年齢に差異がある」ことを正当化根拠としているようである。しかし第三回報告書第一三九項で、一九九六年の法制審議会の答申に触れ、社会状況の変化に応じて制度の見直しを図ることを示唆している。しかし、この差異が「合理的理由に基づく」との主張は変えていない。とはいえ、一般的に、満一八歳に統一化されようとしていることからも伺えるように、そもそも根拠薄弱である。また、第二回報告書第八七項において性犯罪等における法律上の男女間の差異について「いずれも男女の肉体的・生理的差異等を考慮して取り扱いを区別したものであり、」「差別に当たらない」としたり、強姦罪等についても「単なる区別にすぎない」としているのは、従前から問題視されていたが、二〇一六年六月の法制審議会性犯罪部会の要綱案で強姦罪、強制わいせつ罪が非親告罪化、厳罰化される方向が示されていることや加害者男性被害者女性という性差をなくす方向にあることを考えれば、社会の変化の激しさに驚かされる。前述の通り、本書執筆中に法改正された。

（四）本書二〇六-二〇九頁参照。

（五）なお、審議の経緯につき、波多野・前掲二三頁以下参照。

（六）日本の児童福祉法は、総則に「児童福祉保障の原理」を置き、「すべて国民は、児童が心身ともに健やかに生まれ、且つ、育成されるように努めなければならない」こと、「すべて児童は、等しくその生活を保障され、愛護されなければならない」（一条一項、二項）こと、「国及び地方公共団体は、児童の保護者とともに、児童を心身ともに健やかに育成する責任を負う」（二条）ことを定め、これが「児童の福祉を保障するための原理であり、この原理は、すべての児童に関する法令の施行にあたって、常に尊重されなければならない」（三条）と定めており、「児童の福祉」を掲げている。この基本理念は、しかし、昭和二二（一九四七）年の制定時から見直されておらず、子どもが権利の主体であること、子どもの最善の利益が優先されること等が明確でないといった課題が指摘されてきた。このため、二〇一六（平成二八）年五月二七日に同法等の一部を改正する法律（平成二八年法律第六三号）が成立し、公布された。すべての子どもが「児童の権利条約の精神にのっとり、適切に養育されること、その生活を保障されること、愛され、保護されること、その心身の健やかな成長及び発達並びにその自立が図られることその他の福祉を等しく保障される権利を有する」（同法一条）。すべて国民は「児童が良好な環境において生まれ、かつ、社会のあらゆる分野において、児童の年齢及び発達の程度に応じて、その意見が尊重されるよう努める」（同二条一項）とされた（以下の引用も、厚労省雇児発〇六〇三第一号による）。また、「家庭で適切な養育を受けられない場合に、現状では児童養護施設等の施設における養育が中心となっているが、家庭に近い環境での養育を推進するため、養子縁組や里親・ファミリーホームへの委託を一層薦めることが重要であ」り、「こうした場合には、家庭における養育環境と同様の養育環境において、継続的に養育されることが原則である旨を明記する」ため、同法に第三条の二が設けられた。この「家庭養護原則」への転換は画期的なものである。

また、児童虐待防止法は、二〇〇七年秋の改正に際して、同法の目的に、「児童の権利利益の擁護」を掲げた。

（七）本書序論第一章第一節第二款「人間の生命の至高性」特に二〇頁以下参照。
（八）前掲注（一）定期報告ガイドライン二六項。
（九）日本の国内法等の関連については、波多野『逐条解説 児童の権利条約』八一頁以下および永井憲一・寺脇隆夫・前掲『解説 子どもの権利条約』七二頁以下参照。

2 各論

(1) 市民的権利および自由

基本的には自由権規約に規定されている。氏名、国籍については、自由権規約第二四条の子どもの権利がほぼ対応している。子どもの権利条約は第七条第一項に「できる限り」ではあるが、「父母を知り、かつ、その父母によって養育される」権利が認められている。日本の場合、戸籍法や国籍法、民法によってこれらの権利は保障されており、婚姻外の出生の場合も、認知された場合は、当該子の戸籍に父の氏名が記載されるが、問題は残るし、また、不妊治療として婚姻中の夫以外の精子を利用する場合には、生物学的な意味での父の特定は難しい。なお、再婚禁止期間との関係で生まれる無戸籍児に対しては早急な対応が必要である。こうした法の隙間がなければ、身元関係事項の保持は確保できる。

表現の自由（一三条）、思想、良心、宗教の自由（一四条）、集会、結社の自由（一五条）については憲法上も保障されている。もっとも学校現場には問題は残る。とくに投票権が一八歳まで引き下げられたことにより、高校三年生について各教育委員会、学校で扱いが区々である。

第一六条で定めるプライバシー・名誉の保護は自由権規約第一七条とほぼ同じである。第一七条において、マスメディアへのアクセス、適切な情報の利用が定められている。

(2)　子どもに対する暴力

子どもの権利委員会は、子どもの暴力に関しては、前述の定期報告の形式と内容に関する指針の内容の第四で、次のことに関し関連する最新の情報の提供を求めている。

虐待・ニグレクト（一九条）、すべての形態の有害な慣行（女性器切除、若年結婚・強制結婚に限らず、これらを含む）の禁止、除去のためにとった措置（二四条三項）、性的搾取や性的虐待（三四条）、拷問その他残虐な、非人道的な、品位を汚す取扱いや刑罰（特に体罰を含む）を受けない権利（三七条aおよび二八条二項）、被害児童の心身の回復および社会復帰を促進するための措置（三九条）、子どもSOSダイアルの利用可能性（availability of helplines for children）である（同指針三〇項）。

その際に、締約国は、体罰等からの保護を受ける子どもの権利に関する子どもの権利委員会一般的意見第八（二〇〇六）、あらゆる形態の暴力からの自由に対する子どもの権利に関する一般的意見第一三（二〇一一）および有害な慣行に関する、共同の、女性差別撤廃委員会の一般的勧告第三一と子どもの権利委員会一般的意見第一八（二〇一四）を考慮に入れるべきこととされている（同指針三一項）。

子どもの権利委員会は、日本の第三回定期報告に対する最終所見において、体罰の明示的禁止を認めつつも、「体罰禁止が効果的に行われていないとの報告」を懸念し、「すべての体罰を禁止することを差し控えた一九八一年の東京高等裁判所によるあいまいな判決」に懸念を表明している（同意見四七項）。これに対し、日本政府は、二〇一七（平成二九）年六月に提出した第四・五回政府報告において、体罰が学校教育法において厳禁されていることと、児童生徒に対する懲戒は許されており、「懲戒が必要と認められる状況においても、決して体罰によることなく、児童生徒の規範意識や社会性の育成を図るよう」通知などで示している旨報告している（同報告七三項）。

(3)　家庭環境および代替的な監護

子どもは、基本的にその家族の下で生活する。そこで、国は、子どもが条約で認められる権利を行使するにあたって両親等が「適切な指示および指導（appropriate direction and guidance）」を与える「責任、権利および義務を尊重しなければならない」（五条）。世界には様々な形態があり、「両親」のほか、適切な場合には、地方慣習により「大家族（expanded family）」の一員とか法定保護者が当たる。子どもの養育・発達には父母が共同責任（common responsibilities）を有するとの原則が承認されるよう確保する最善の努力を国は行わなければならない（一八条一項）。そのため国は養育責任を果たす適当な援助を与え、施設・設備・役務の提供の発展を確保する（同二項）。そこで、父母との分離は禁止され（九条）、家族再統合のための出入国について規定が置かれた（一〇条）。また国は、子どもの心身の健康のケア、保護、処遇のために当局によって収容されている子どもに対し、その処遇や関連する収容状況の定期的審査を受ける権利を認めている（二五条）。

家庭環境を奪われている子ども、あるいは、子ども自身の最善の利益を考えるとその家庭環境にとどまることが許されない子どもには、国が国内法に従い代替的監護（alternative care）を確保する（二〇条一項、二項）。代替的監護には里親委託等が含まれる（同三項）。また養子縁組についても規定されている（二一条）。日本は、二〇一六年に児童福祉法を改正し、家庭における環境と同様の養育環境において養育されることが原則である旨を明記した。この「家庭擁護原則」への転換は画期的なものである（二）。なお、父母等子どもについて金銭上の責任を負う者が異なる国に滞在する場合の規定が置かれている（二七条四項）。

その他に、子どもの不法移送の防止と帰還の確保についても規定されている（一一条）。なお、世界的に人の移動や国際結婚が増えたことによって一九七〇年代頃から一方の親による子どもの連れ去りや監護権をめぐる争いが増え、その解決のため一九八〇年一〇月二五日に「国際的な子の奪取の民事上の側面に関するハーグ条約」が作成されたことを指摘しておこう（日本につき二〇一四年四月一日発効。二〇一八年年四月現在九八ヵ国が締約国）。

(4)　障害、基礎的な保健および福祉

子どもの権利委員会は、前掲の定期報告指針の内容に関する第六項において、先ず「障害」を掲げ、障害をもつ子どもの「自己の尊厳、自律および社会への積極的参加を確保するための」措置に関する最新の情報等を先ず政府に求めている（同三四項）。そして、子どもの権利委員会は一般的意見第九（CRC/C/GC/9（27 Feb.2007））において、キーとなる条文が第二条と第二三条であることを示し（同八—一六項）、生存権と発達権（六条二項）、基礎的な保健（二四条）、子どもの心身の健康の促進に悪影響するもの等への対応努力、親の健康生活スタイルの促進のリプロダクティブ・ヘルス・ライツ、麻薬等からの子どもの保護（三三条）の情報等を前掲指針において求めている（同指針三五項）。

子どもが身体的、精神的、道徳的、社会的発達のために相当な生活水準をもっていることが認められているので、国、父母等は、その能力の範囲内で、発達に必要な責任を負っている（二七条一―三項）。また国は、子どもが社会保険その他の社会保障から給付を受ける権利を認めている（二六条）。なお、一定の共働きの親をもつ子どものため養護の施設から子どもが便益を受ける権利をもつことを確保するために国は適当な措置をとることを定めている（一八条三項）。

子どもの権利委員会は、政府の第三回報告に対する最終所見において、HIV/AIDSその他の性感染症の感染率が上昇していることに懸念を示し（同六四項）、「締約国が学校カリキュラムにリプロダクティブ・ヘルス教育を含めることを確保し」、「一〇代の妊娠及びHIV/AIDS等の性感染症の予防を含む自己のリプロダクティブ・ヘルスに関する権利についての情報を十分に提供」すること等を勧告した（同六五項）。政府は、前掲「学校における性・エイズに関する指導は……学習指導要領に則り、学校教育活動全体を通じて行われている」こと、「学校カリキュラムにおいてはリプロダクティブ・ヘルス教育という用語は使用していないものの、これに関する内容は含んで」いると報告している（前掲二〇一七（平成二九）年六月の第四・五回政府報告一一二項）。[四] 政府と子どもの権利委員会との間のこうしたやり取りをも契機として学校現場との間で「建設的対話」が生まれることが期待される。

(5)　教育、余暇および文化的活動

教育については、既に検討したように、先ず社会権規約第一三条、第一四条が無償の初等義務教育等を定め、次に女性差別撤廃条約第一〇条が教育における差別撤廃や奨学金等の機会均等、中途退学率の減少、スポーツ・体育参加の同一機会の確保等を定めてきた。そして、後に検討する二〇〇六年障害者権利条約では、さらに、権利の拡充、確保が図られている。ここで大切な視点は、社会権規約が一九六六年採択（五四年に草案完成）、女性差別撤廃条約が一九七九年採択、子どもの権利条約の採択が一九八九年であることである。社会は、時の流れとともに、人の大切さに思いを致し、権利保護の必要に目覚め、確実にこれの深化・拡充・実現へ向かての努力を重ねていることである。

特に全世界での無知・非識字の廃絶への寄与、途上国への考慮が謳われている（二八条三項）。教育目的の第一に掲げられているのは、子どもの人格、才能、精神的・身体的能力を最大限に開花させること（二九条一項ⓐ）であり、少数者の権利の尊重（三〇条）である。

休息・余暇については、従来、労働条件との関連で語られてきた（社会権規約7条ⓓ号）が、子どもの権利として、「子どもがその年齢に適した遊び及びレクリエーションの活動を行」う権利と位置付けている（三一条一項）。この点、子どもの権利委員会は、日本の第三回定期報告に対する二〇一〇年六月一一日の最終所見（CRC/C/JPN/CO/3）で、日本に対し「公共の場所、学校、児童関連施設及び家庭における児童の遊びの時間及びその他の自主的活動を促進し、進展させる取組を支援するよう勧告」している（同七六項）。文化的活動・芸術的活動に参加する権利の尊重も謳われている（条約三一条二項）。しかし、これについては、後述のように、障害者権利条約で一層発展させられている。

(6) 特別な保護措置

特別保護として先ず子ども難民への保護がある。難民については、一九二〇年代から国際協力により保護されてきた（一九五一年の難民条約第一条の規定する難民の定義参照）が、絶え間なく論じられてきた大きな課題は女性難民の保護と子ども難民の保護であった。子ども難民の保護のための国際協力を定め、また、父母や家族が発見されない子ども難民に本条約上の保護が与えられることを定める（二二条）。

次に、少数者の保護は、自由権規約第二七条で一般的に定められているが、特に、「少数民族」（minorities）に加えて「原住民（indigenous）」の子どもを特出した[二]。

第三に、経済的その他あらゆる搾取からの、子どもたちの保護が規定されている。経済的搾取（三二条）、性的搾取（三四条）、誘拐・売買等（三五条）からの保護、これらに加えて、麻薬等からも保護されている（三三条）。

第四に、自由権規約でも保護されていることであるが、子どもへの拷問・死刑等が禁止されている（自由権規約六条五項、七条、一〇条三項および子ども権利条約三七条）。子どもの権利条約に特徴的なのは、世界の死刑廃止の潮流から「釈放の可能性のない終身刑」を一八歳未満の者に科してはならないとしていることである。

加えて、少年司法に関しては詳細な保護規定があり（四〇条）、子どもの権利委員会は、とくに、日本が二〇〇〇年に少年法を改正し、刑事処分可能年齢を刑法における刑事責任年齢と一致させ一四歳としたことに対し、これが処罰的アプローチをとるものであり、教育的措置の可能性を減らすものである、とする懸念を表明している(三)。

なお、締約国は、放置（ニグレクト）や搾取、拷問等により被害を受けた子どもの身体的、心理的回復や社会復帰を促進するあらゆる適当な措置をとることを約束している（三九条）。なお、武力紛争における子どもの保護については、更に、後述のように、そのための議定書が採択され、性的搾取からの保護のためにも特別の議定書が採択された。

(一)　本書四〇七頁註(六)参照。

(二)　公定訳の「原住民」は英語では indigenous である。二〇〇七年九月一三日に日本も賛成して国連総会で採択された Declaration on the Rights of Indigenous Peoples（A/RES/61/295）は外務省仮訳では「先住民族の権利に関する国際連合宣言」である。ここでいう「先住民族」が自由権規約第二七条の「少数民族」（minorities）に含まれるかには解釈上争いがある。子どもの権利条約でいう「原住民」は英語では、persons of indigenous origin であり、前述「先住民の権利宣言」を明確に踏まえていると思われる以上、公定訳は「先住民」と訳されるべきであった。日本ではアイヌの人たちがこれに当たるとされる。

(三)　子どもの権利委員会の二〇一〇年六月一一日の最終所見（CRC/C/JPN/CO/3）八三項（外務省仮訳による）。この点につき、政府は、平成二九（二〇一七）年六月の第四・五回政府報告第一五五項において反論している。

(四)　いずれも外務省ホームページに発表されている仮訳を基本とした。

(7)　子どもの売買、子ども買春および子どもポルノの禁止

子どもの売買や買春は、昔から見られたことであったが、画期となったのは一九九六年にストックホルムで開催された「第一回児童の商業的性的搾取に反対する世界会議」であった。商業的搾取に焦点を当てたのである。(一)

ところで、子どもの権利条約は、「あらゆる形態の性的搾取および性的虐待から子どもを保護することを約束」している(三四条)。これは、社会権規約第一〇条三項の「搾取からの保護」を、性的な面において具体化したものであり、買春一般については「人身売買及び他人の買春からの搾取の禁止に関する条約(一九四九年、日本につき一九五八年五月発効)があり、さらに女子差別撤廃条約第六条も女性の売買および買春からの搾取の禁止を定めている。しかし、とくにいわゆるセックスツアー、途上国への買春旅行が子どもを巻き込み、さらにインターネットの広まりに応じて、これを介するポルノが大きな問題となった。日本は、一九九六年にストックホルムで開催された「第一回児童の商業的性的搾取に反対する世界会議」に参加し、その後そのフォローアップとして二〇〇一年二月に「児童の商業的性的搾取に反対する国内行動計画」を策定し、以後この問題に取り組んでいる。(二)国連は、二〇〇〇年五月二五日に「児童の売買、児童買春及び児童ポルノ禁止に関する選択議定書」を採択、同議定書は二〇〇二年一月一八日発効した。日本は、二〇〇五年一月二四日、これを批准し、同二月二四日に日本につき発効した。

同議定書は、児童売買、児童買春、児童ポルノを第二条で定義し、第三条でこれらを犯罪化するこ

とを締約国に義務づけた。日本は、同議定書を批准するにあたり、同議定書を担保する必要性、国内の犯罪状況に鑑みて、二〇〇四年に、児童福祉法、ならびに、児童買春、児童ポルノに係わる行為等の規制及び処罰並びに児童の保護等に関する法律、いわゆる児童買春・児童ポルノ禁止法を改正した（平成一一（一九九九）年法律第五二号、最終改正・平成二六（二〇一四）年六月二五日法律第七九号）。本書では、なかんずく問題となる児童ポルノに絞って取り上げたい。

児童の売買、児童買春及び児童ポルノ禁止に関する選択議定書（以下子どもポルノ禁止議定書という）は、第二条で、児童売買、児童買春、児童ポルノをそれぞれ定義し、子どもポルノについては、次のように定義する。

「現実の若しくは疑似のあからさまな性的な行為を行う児童のあらゆる表現（手段のいかんを問わない）又は主として性的な目的のための児童の身体的性的な部位のあらゆる表現」をいう（二条c）。

締約国は、「前条に定義する児童ポルノを製造し、配布し、頒布し、輸入し、輸出し、提供し、若しくは販売し又はこれらの行為の目的で保有すること」を「自国の刑法または刑罰法規の適用を完全に受けることを確保する」（同三条c）ことを約束している。要するに、締約国はこれを犯罪化しなければならない。

前述の児童買春・児童ポルノ禁止法では、子どもポルノは「写真、電磁的記録（電子的方式、磁気的方式その他人の知覚によっては認識することができない方式で作られる記録であって、電子計算機による情報処理の用に供されるものをいう。以下同じ。）に係る記録媒体その他の物であって、次の各号のいずれかに掲げる児童の姿態を視覚により認識することができる方法により描写したもの」と定義し、「一　児童を相手側とする又は児童による性交又は性交類似行為に係る児童の姿態」「二　他人が児童の性器等を触る行為又は児童が他人の性器等を触る行為に係る児童の姿態であって性欲を興奮させ又は刺激するもの」「三　衣服の全部又は一部を着けない児童の姿態であって、殊更に児童の性的な部位（性器等若しくはその周辺部、臀部又は胸部をいう。）が露出され又は強調されているものであり、かつ、性欲を興奮させ又は刺激するもの」とされ、子どもポルノの所持・提供・製造・頒布・公然陳列・輸入・輸出が禁止されている（同法七条）。なお、同法でいう「性器等」というのは、性器、肛門または乳首をいう（同法二条）。

さて、保護される子どもは、条約上一八歳未満であり、日本の児童買春・児童ポルノ禁止法も同様である（同法二条）。しかし、現実には、世界各国で必ずしも同一ではなく、一六歳未満、一七歳未満としている例もある。日本でも、奈良県や栃木県など地方自治体によっては、条例によって、保護する子どもを「一三歳未満」としている例がある。[三]とくに考慮すべきは、子供の成長への悪影響である。子どもは心身ともに発達途上にある存在であり、子どもの意見の尊重に触れた折にも指摘したことであるが、子供の意見の尊重にはその子どもの「年齢と成熟度」（the age and maturity）が相応に考慮され、「概ね満一五歳」が「自己の意見を形成する能力」の基準とされていることである。また後述の子ども兵士の一五歳年齢等も加味して、子どもの全人的成長のために、絶対的な保護対象者の年齢を一五歳ないし一三歳とするのも頷けることである。日本の刑法上の強姦罪は「一三歳未満の女子」の場合は、「暴行又は脅迫」や「同意」の有無にかかわらず、成立することも追記しておこう。

なお、年齢にかかわって、現在の漫画やアニメやゲームなどのキャラクターで、その年齢をあえて不詳とするものが見られることであり、アダルトゲームなどでは性交渉を行うキャラクターを一八歳以上と強調したり、漫画には肉体の変化した者のほか、天使、妖精、宇宙人などが登場する。後者は、条約が人間（human being）を対象としている限りで問題とは言えないかもしれないが、いわばポルノ風潮を蔓延させるのであれば問題がある。しかし、表現の自由は、人間社会の根底にあるものであるだけに創作物の規制については慎重な議論が必要である。

ところで、議定書第一項ｃで禁止される「保有」について、日本は、前述の児童買春・児童ポルノ禁止法の二〇一四（平成二六）年改正（施行から一年経過後二〇一五年七月一五日から適用されている）によって、「自己の性的好奇心を満たす目的で、児童ポルノを所持した者（自己の意思に基づいて所持するに至った者であり、かつ、当該者であることが明らかに認められる者に限る。）は、一年以下の懲役または百万円以下の罰金に処する。自己の性的好奇心を満たす目的で、第二条第三項各号のいずれかに掲げる児童の姿態を視覚により認識することができる方法により描写した情報を記録した電磁的記録を保管した者（自己の意思に基づいて保管するに至った者であり、かつ、当該者であることが明らかに認められる者に限る。）も、同様とする。」（同七条一項）として、いわゆる単純所持を禁止した。

子どもポルノの販売目的所持や頒布目的所持は、規制については比較的に問題は少ないが、それ自体が危険な麻薬や銃器等の保持とは異なり、子どもポルノの単純所持の規制範囲を定めるのは、「自己の性的好奇心を満たす目的」を置くだけでは、難しい。米国のように、子どもポルノを厳しく取り締まる国のような場合、外務省海外安全ホームページの海外邦人事件簿が例示するように(四)、父親が幼少の娘と一緒に入浴した折などの裸の写真の保持がポルノ所持の疑いで警察の取調べを受けたりする社会にまでなる可能性がある。

さらに問題なのは、図書館における扱いである。国立国会図書館は少女ヌード写真集等について二〇〇六年四月一日から完全に閲覧禁止とした(五)。子どもポルノとされ得る蔵書の閲覧が、法で禁止する「提供」に当たる可能性があるからであるようである。しかし、この措置は、二〇一三年八月に松江市で起きた『はだしのゲン』の閲覧制限に何やら似ている。かたや発達途上にある子どもの図書へのアクセス権や教育図書の選定権にかかわり、他は国民の知る権利にかかわっている。何よりも国家はどこまで道徳や価値に介入できるのか。子どもの保護に名を借りた自由の制限はあってはならず、こうした措置には危うさを感じる(六)(七)。

(一) Trevor Buck, International Child Law, 2nd edition, Routleedge,2011　特に第七章 Sexual exploitation参照。

(二) 児童の売買、児童の買春およびポルノの防止に関する取組みについて、一般的に、児童の売買、児童買春及び児童ポルノに関する条約の選択議定書第一回日本政府報告書七四項ないし九七項参照。また、これらに関する刑事法令については、同第一五項ないし四四項参照。

（三）卑猥な言動の取締りであるが、奈良県、栃木県の子どもを犯罪から守る条例（奈良県条例平成一七（二〇〇五）年七月一日第九号、第二条一号。栃木県条例平成二五（二〇一三）年三月二五日第三〇号、第二条一号）。なお、子ども条例一般について、荒巻重人・喜多明人・半田勝久編『解説　子ども条例』（三省堂、二〇一二）参照。

（四）外務省海外安全ホームページ、海外邦人事件簿一覧のVol.50参照。

（五）『朝日新聞』（東京夕刊）二〇〇六年四月一日。

（六）いわゆるインターネットの検索結果に関する削除要請に対して、最高裁判所は次のように判断し削除を認めなかった（『朝日新聞』（大阪）二〇一七年二月二日、『神戸新聞』同二月二日）。事件は、買春事件で逮捕され罰金刑を受けた男性が検索サイト「グーグル」の検索結果で自己の逮捕歴等が表示されるのは人格権の侵害であり、いわゆる「忘れられる権利」がある、として削除を求めたものである。第三小法廷は表現の自由と比較し、買春が社会的に強い非難の対象であり、今も公共の利益に関する事実であることを指摘し、この事件では、検索サイトの役割が重視され、検索結果の表示が事業者の表現行為と認められた。もっとも、子どもポルノに関しては、削除要求は被写体の側から出されることが多く、今回の判断基準として、情報の内容、被害の程度、記事などの目的、情報記載の必要性等が挙げられていたことにより、削除請求が容易になり、検索サイト側もより慎重になることが期待される。

（七）日本の刑法は、周知の通り、一七五条で「わいせつな文書、図画その他の物を頒布し、販売し、又は公然と陳列した者」および「販売の目的でこれらの物を所持した者」を処罰する旨を定めている。刑法一七五条の「わいせつ文書」の意義について判例は、大審院の判例を基本的に踏襲し、「徒に性欲を興奮又は刺激せしめ、且つ普通人の正常な性的羞恥心を害し、善良な性的道義心に反するもの」として、そうした文書に該当するかは、『チャタレー夫人の恋人』の翻訳書に関する判決（最判昭和三二（一九五七）年三月一三日刑集一一巻三号九九七頁）で、「社会的通念」によるものとした。その後、マルキ・ド・サド『悪徳の栄え』の翻訳書に関する判決（最判昭和四四（一九六九）年一〇月一五日刑集二三巻一〇号一二三九頁）で、文書などの「わいせつ」性は、文書全体との関連で判断することとされ、この判決の反対意見では、「その科学性・思想性・芸術性との関連において、相対的に判断されるべき」ことが強調された（田中二郎裁判官反対意見）。また、「四畳半襖の下張」事件に関する判決（最判昭和五五（一九八〇）年一一月二八日刑集三四巻六号四三三頁）では、文書のわいせつ性の判断にあたっては「当該文書の性に関する露骨で詳細な描写叙述の程度とその手法、右描写叙述の文書全体に占める比重、文書に表現された思想等と右描写叙述との関連性、文書の構成や展開、さらには芸術性・思想等による性的刺激の緩和程度、これらの観点から文書を全体としてみたときに、主として読者の好色的興味にうったえるものと認められるか否かなどの諸点を検討することが必要であり、これらの事情を総合し、その時代の健全な社会通念に照らして」決めるべきである、とした。

同じ性表現ではあるが、子どもポルノの場合、具体的に子どもという被害者が存在し、しかも、インターネット上での子どもポルノの氾濫は、被害が長期間にわたる点で、いわゆるわいせつ文書の表現とは大いに異なるが、簡単に、いわゆる有害図書にしても、「思慮分別の未熟な青少年の性的な逸脱行為……を容認する風潮の助長につながるものであって、青少年の健全な育成に有害であることは、すでに社会共通の認識になっている」からといって、「有害図書」指定が「検閲」に当たらないとするには無理がある。子どもにも、発達段階に応じた知る権利がある、のが原則であり、成人より大きな制約を受けることはあり得ても、一律規制には、やはり、懸念を払拭しきれない。憲法の観点からは、佐藤幸治『日本国憲法論』（成文堂、二〇一一）二六三頁以下参照。

(8)　武力紛争における子どもの関与の禁止

子どもの権利条約の中に武力紛争における子どもの保護に関する条項が置かれたが、とくにアフリカにおける子ども兵士の多用が問題とされ、国連安保理決議一二六一（一九九九）が取り上げ[一]、翌二〇〇〇年五月に「武力紛争における児童の関与に関する児童の権利に関する条約の議定書」が国連総会で採択された。日本は二〇〇四年八月二日にこれを批准し、同議定書は二〇〇五年九月二日に日本につき発効した。

同議定書は次のことを規定する。第一に、敵対行為への子どもの直接参加の禁止（一条）、第二に、子どもの徴兵の禁止（二条）、第三に、軍隊に志願する者の採用についての最低年齢の引上げ（三条一項）、および、この最低年齢を記載する拘束力のある宣言等を行うこと（同二項）等、第四に、国の軍隊と異なる武装集団による子どもの採用・使用の禁止（四条）、その他国際協力（七条）等である[二]。

子どもの権利条約は第三八条において、既述のように、武力紛争における子どもの保護を定めており、一九九六年の第一回日本政府報告書では、第二五四項で、日本が一九四九年のいわゆる文民保護条約の当事国であること、並びに、同二五五項で自衛隊法施行規則で自衛官の採用を一八歳以上の者としていること、および自衛隊生徒として一五歳以上一七歳未満の者を採用しているが、これらの者が第一線部隊に配置されることはない旨を報告している。

ところで、武力紛争における児童の関与に関する児童の権利に関する条約の議定書についての政府第一回報告書は、二〇〇八年四月に提出され、基本的には、子どもの権利条約についての第一回政府報告書と同一線上にあり、詳細になったと言える。

この議定書についての政府報告書に対して、子どもの権利委員会から主として、日本の法制について質問事項が提出され、これに対する二〇一〇年四月の政府回答で、実質的に保護に関係するのは、紛争地域から日本に到着する難民の子どもに関する情報提供と、子どもが紛争に巻き込まれている国への軍事支援の問題である。第一の点は、二〇〇五年から二〇〇九年までの難民申請者計五、一四一名中、認定者二〇八であるが、子どもであるか否か、子どもに付添いが有るか否かについては統計がない。難民申請中で困窮者の場合、国籍、年齢を問わず、医療費の実費等の支給を行っている旨の情報を提供している。(三) 第二の点は、「軍事支援」の具体的内容が明らかではないが、ODAについて、「軍事的用途及び国際紛争助長への使用を回避し、また、開発途上国における基本的人権及び自由の保護状況等に注意を払うことをODA大綱において明記している」としている。

この点は、しかし、一九六七（昭和四二）年の佐藤総理の国会答弁、いわゆる武器輸出三原則とともに、ODA大綱についての見直しがなされ、二〇一四（平成二六）年四月一日に閣議決定された「防衛装備移転三原則」で運用指針を定め、防衛装備とは「武器」と「武器技術」のことと定義し、輸出貿易管理令別表にかかげるもののうち、「軍隊が使用するものであって、直接戦闘に供されるもの」について、移転を禁止する場合を明確化し、移転を認める場合の限定や審査の公開等を定めている。また、二〇一五（平成二七）年二月一〇日に閣議決定された「開発協力大綱」では、「開発協力の適正性確保のための原則」として、「軍事的用途及び国際紛争助長への使用の回避」と「軍事支出、大量破壊兵器・ミサイルの開発製造、武器の輸出入等の状況」に注意を払うという形となった。

ところが、子どもの権利条約起草の時からの問題は、条約第三八条二項に定める「一五歳未満の者が敵対行為に直接参加しないことを確保するためのすべての実効可能な措置をとる」とする、子どもの戦闘への参加の問題であった。(四) 子どもの権利委員会は、日本の報告に対する最終所見で、「軍隊もしくは武装集団への児童の徴兵又は敵対行為における児童の使用を明示的に犯罪化した法律が存在せず、かつ、敵対行為の直接参加の定義も存在しないことに対し、引き続き懸念する」(同一二項)とした。しかし、この点は、いわゆる交戦法規でも難しい論点である。

同選択議定書に関する政府報告書において、政府は次のように言う(三項)。

議定書における「敵対行為」とは、国際的な武力紛争の一環として行われる、その性質及び目的において敵の要員及び装備に実害を与えることを意図した行為を意味するものである。「敵対行為」に「直接参加」するとは、そのような敵対行為における行動であって、自らの行動と敵が被るであろう実害との間に直接の因果関係が存在するものを意味すると解されている。もっとも、具体的にいかなる行為がこの議定書における「敵対行為」に「直接参加」することに該当するかについては、個別具体的に判断する必要がある。

例えば、敵の要員を殺傷したり敵の装備を破壊する行為は、「敵対行為」に「直接参加」することと評価されるものと考えられる。他方、輸送、補給、衛生等の活動に従事することは、敵対行為に直接参加することとは評価されないものと考えられる。

さて、子どもの保護の観点からは、「直接」「間接」を問わず、子どもの敵対行為参加をすべて禁じることである。しかし、子どもの権利条約上の「子ども」は一八歳未満のすべての者であるところ、「一五歳未満の者」の「直接」参加のみを、ジュネーヴ諸条約への第一追加議定書第七七条二項同様に、禁止した。

確かに「間接的な敵対行為」とは、たとえば、一般に、軍事情報の収集・伝達、武器、弾薬、食料の補給などであり、戦闘を支援する行為である。(五) しかし、武力紛争の帰趨は、互いの有する戦闘継続能力に依存するのであり、戦闘に係る行動のすべてが攻撃、無力化の対象となる。その意味で、「直接」「間接」の区別は必ずしも有意なものとは言えないことを考慮すべきである。

(一) 安保理決議以降の安保理の対応と子ども兵士の採用・使用当事者一覧について、山下恭弘「子どもの保護」村瀬信也・真山全編『武力紛争の国際法』(東信堂、二〇〇四年一二月) 五九三–六〇〇頁参照。

(二) 子どもの権利条約の同選択議定書についての問題点を起草段階にまで遡って分析を進めたものとして、山下恭弘「武力紛争における子どもの保護――子どもの権利条約選択議定書の成立」『福岡大学法学論叢』四五巻二号 (二〇〇〇) 参照。

(三) 報告書問五の回答では各年毎であるが、筆者が合計した。

(四) 波多野『逐条解説 児童の権利条約』二六三頁以下参照。なお、山下・前掲注 (二) 八七–一二二頁参照。

（五）ICRC, Commentary on the Additional Protocols of 8 July 1977 to the Geneva Conventions of 12 August 1949, Geneva1987, para.3187.

第七節　障害者権利条約

第一款　成立の経緯

障害者の権利に関する条約は二〇〇六年一二月一三日に国際連合総会で採択され、二〇〇八年五月三日に効力を発生した（日本につき二〇一四年二月一九日）。名称は「障害をもつ人の権利に関する条約」（Convention on the Rights of Persons with Disabilities）とされ、従来、たとえば「障害者」権利宣言（Declaration on the Rights of Disabled Persons）や国際連合「障害者」年（United Nations Year of Disabled Persons）等に用いられた「障害者（disabled persons）」に変え、「障害をもつ人（person with disabilities）」が使われている。こうして「人（person）」に注目することによって、人から生まれるすべての人の「固有の人間の尊厳」が確認でき、「人間の多様性」を宣言できる（三条一般原則）。そして、「障害」（disabilities,（仏）le handicap）を固定的なものとしてではなく、「発展する概念」（an evolving concept,（仏）la notion de handicap évolué）（前文e）と定義するに至った。

条約採択までの障害者をめぐる国際社会の動きとしては次を上げることができる。一九六〇年に国連経済社会理事会が「身体障害者の社会リハビリテーション決議」を採択し、その後、国連総会が一九六九年に「社会発展と開発に関する宣言」、七一年に「精神障害者権利宣言（Declaration on the Rights of Mentally Retarded Persons）」（A/RES/2856（XXVI））、七五年に障害者権利宣言（Declaration on the Rights of Disabled Persons）を採択した。八一年が「完全参加と平等」をテーマに「国連障害者年」とされ、障害者年の最大の成果が八二年一二月に国連総会が採択した「障害者に関する世界行動計画」（A/RES/37/52）である。また、八三年―九二年が「国連障害者の一〇年」に指定された。そして、一九九三年に「障害者の機会の均等化に関する標準規則」（Standard Rules on the Equalization of Opportunities for Persons with disabilities）が採択され（一）、この標準規則が条約化の基礎となった（二）。

（一）A/RES/48/96（4 March 1994）. なお、この決議の付属に掲載された標準規則の本文に序論が付されており、背景・必要性、これまでの国際行動、機会均等化標準規則の目的と内容、障害政策の基本概念について、やや詳しく述べられている。なお、日本語文献としては、松井亮輔・川島聡編『概説　障害者権利条約』（法律文化社、二〇一〇）が優れている。同書は二一の章に分けて問題点を論じ、多くの章で制定の経緯に触れている。

（二）障害者権利条約も障害者権利宣言が先行しており、宣言―条約のパターンで宣言の条約化が行われたように思えるが、この間に障害政策の大きな転換があることを指摘しておかなければならない。

第二款　保障の内容

障害者権利条約は五〇ヵ条からなっているが、特段の部構成をしていない。それだけ課題が多岐にわたり、従来の分類になじまないことを示している。条約第三四条によって新設された障害者権利委員会は、同三五条に従って締約国が報告義務を果たすために報告書を作成するときの指針（CRPD/C/2/3）（障害者権利委員会「政府報告指針」）を採択しているが、同指針も第一条から四条を一般規定とするほかは、個別権利規定として条文順に報告すべき点を指摘しているのみである。本書では、まず、基本原則を定めていると思われる条文を抽出し、次に、一般的に、自由権および社会権を規定する条文を取り上げ、障害をもつ人たちの参加の平等に関わる特有な課題に言及したい。そして最後に、障害をもつ少年、少女、女性に対する特別規定を取り上げる。

（一）二〇一六年六月一五日の締約国会議における選挙において、内閣府障害者政策委員会の委員長を務める石川准静岡県立大学教授が障害者権利委員会委員に選出された。障害者政策委員会は、政府の第一回報告（CRPD/C/JPN/1, Initial Report Japan, June 2016）において同条約三三条の機関として位置づけられており、障害者基本法（昭和四五年五月二一日法律第八四号、最終改正・平成二五年六月二六日法律第六五号）第三二条によって内閣府に設けられるもので、三〇人以内の委員から構成され、障害者、障害者の自立および社会参加に関する事業に従事する者、学識経験者のうちから総理大臣が任命する。委員会は、障害者基本法、障害者差別解消法に定める任務を行う。

（一一）Guidelines on treaty-specific document to be submitted by states parties under article 35, paragraph 1, of the Convention on the Rights of Persons with Disabilities（CRPD/C/2/3（18 November 2009）.

一　障害者差別の定義

1　不当な差別の禁止

条約は第一条に条約目的を掲げ、第二条に「定義」を掲げた。定義されているのは、「意思疎通」（communication）「言語」（language）「障害を理由とする差別」「合理的配慮」（reasonable accomodation）「ユニバーサルデザイン」である。

「障害を理由とする差別」は、「障害を理由とするあらゆる区別、排除又は制限であって、政治的、経済的、社会的、文化的、市民的その他のあらゆる分野において、他の者と平等にすべての人権及び基本的自由を認識し、享有し、又は行使することを害し、又は妨げる目的又は効果を有するものをいう。障害を理由とする差別には、あらゆる形態の差別（合理的配慮の否定を含む）を含む」とされている。

この定義は、女性差別撤廃条約第一条の定義と基本的に同一である。先に女性差別撤廃条約と人種差別撤廃条約を比較し、前者には後者にある「優先」がないことを指摘したが、障害者権利条約には、「合理的配慮の否定」が差別となることに言及されている点が大きな特徴である。また、障害者権利条約は、第三条八項に「一般原則」を掲げ、(a)号の固有の尊厳等の尊重とともに、(b)号で「差別されないこと（non-discrimination 差別禁止）」を挙げ、さらに、第五条に「平等と差別禁止（equality and non-discrimination）」規定を置いている。同条第二項は「障害を理由とするあらゆる差別を禁止し（prohibit）、いかなる理由による差別に対しても平等のかつ効果的な保護を障害者に保障する」ことを締約国に義務づけている。このことは、直接差別のほか、いわゆる間接差別の禁止も意味しており、雇用等の場面で大きな意味を持っている。次に触れる「合理的配慮の否定」とともに障害者の社会への平等参加に弾みとなる。

2　合理的配慮否定の禁止

「配慮」という日本語の一般的意味は、「心をくばること。心づかい。心配」（『広辞苑第二版』）であるが、英語は accomodation であり、仏語は aménagement である。英語には、便益、便宜、（必要物の）提供などの意味があり、仏語は、整頓整備すること、必要品を備え付けることなどの意味をもつので、公定訳は具体性に欠ける。たとえば、便宜供与とか条件整備とすべきではなかっただろうか。少なくともそのような意味を持つものと理解しなければなるまい。(三) もっとも、改正障害者雇用促進法に基づく「障害者差別禁止指針」と「合理的配慮指針」が策定され、合理的配慮の内容としては、(四) 募集・採用時には、募集事業について、音声等で提供すること（視覚障害）や面接を筆談等により行うこと（聴覚・言語障害）として列挙され、また、採用後には、机の高さを調節すること等作業を可能にする工夫を行うこと（肢体不自由）や本人の習熟度に応じて業務量を徐々に増やしていくこと（知的障害）や出退勤時刻・休暇・休憩に関し、通院・体調に配慮すること（精神障害ほか）などとされているので、障害者雇用の面では、本条約は大きな役割を果たしている。

（三）松井・川島編・前掲『概説障害者権利条約』で、玉村公二彦は、韓国では二〇〇七年に「正当な便宜提供」として法制化されたことを指摘している（同書七五頁註九参照）。

（四）厚生労働省、平成二七（二〇一五）年三月二五日告示第一一七号「雇用の分野における障害者と障害者でない者との均等な機会若しくは待遇の確保又は障害者である労働者の有する能力の有効な発揮の支障となっている事情を改善するために事業者が講ずべき措置に関する指針」（合理的配慮指針）参照。

二　保障する人権

1　生命権と法の前の平等承認

(1)　生命権

締約国は、すべての人間が生命に対する固有の権利を有することを「再確認」している。すでに本書序論第一章（一）で人間の生命権の至高性に触れたように、人は生命を奪われるとすべての人権を失う。生命に対する権利は何よりも重く、基礎的なものであり、すべての人権の出発点にある。そこで、締約国は、このことを再確認した上で、障害者が他の者と平等にこの権利を「効果的に享有することを確保するためのすべての必要な措置をとる」こととしている（第一〇条）。

二〇一八年四月九日現在当事国一七七ヵ国のうち第一〇条に関する留保は一ヵ国もない。ただ、オランダが二〇〇七年三月三〇日の署名の時に行った宣言で、二〇一六年六月一四日の批准の時にも触れた宣言については言及に値する。「出生前の人間の生命（unborn human life）は保護に値する」こと、これについては欧州人権裁判所の判例に待ちたいこと、「人間（human being）」については国内法の問題である、としたことであり、また、モナコが二〇〇九年九月二三日の署名の時に行った解釈宣言で、二〇一七年九月一九日の批准時の宣言で確認した「条約第二三条および第二五条が個人の中絶の権利を承認するものと解してはならない」としていることである。[一一] 次に、特に「出生前の人間の生命」の保護について触れておきたい。

　周知のとおり、自由権規約第六条の生命権については、妊娠中絶との関連で、胎児の生命権の保障について、自己決定権を主張する「個人の尊重」派と、あくまで「人間の尊重」を重視する人たちとの間で大きく意見が分かれている。米州人権条約は「一般的に受胎の時から」生命権は保障されると規定されているが、「一般的に」を挿入することにより妊娠中絶の国内法をもつ国との間に妥協がはかられ、他方、欧州人権条約では、一〇週までの胎児については、母体保護のための中絶は条約違反ではないと判断している。

　注目すべきは、最近の生殖医療の発展はめざましく、障害をもっているか、障害をもって生まれる可能性のある胎児の中絶がみられるようになり、人間の選別につながるような現象が生じていることである。しかし、妊娠中絶は、胎児が母体から独立して生育できない時期における母体の生命保護の場合に限るべきであって、経済的理由はとるべきではない。喫緊の課題は、子どもを社会で育てる手立てこそ考えることである。

なお、「生命権の効果的享有」の確保のため、特に武力紛争、人道上の緊急事態、自然災害の発生等の危険な状況において障害者の保護・安全確保のため必要なすべての措置を締約国がとることを定めている（条約一一条）。

(2)　法の前の平等承認

障害者はすべての場所において法律の前に人として認められる権利を有することが締約国によって再確認されている（条約一二条一項）。また障害者が法的能力（legal capacity）を享有することが認められている（同二項）。女性差別撤廃条約第一五条二項では、前述のように、民事に関して女性に男性と同一の法的能力を与え、また「この（法的）能力を行使する同一の機会を与える。特に、締約国は、契約を締結し及び財産を管理することにつき」男性と平等の権利を与えるとしていることからも、障害者が享有する、この法的能力には単に権利能力のみならず、行為能力が含まれる。

女性差別撤廃条約と障害者権利条約の大きな相違は、しかしながら、障害者権利条約が第一二条三項において「その法的能力の行使に当たって必要とする支援を利用する機会を提供するための適当な措置をとる」と定めていることである。つまり、判断能力に障害があると思われる場合でも、支援を受けた自己決定を認めていることである。このことは日本の成年後見制度の在り方に見直しを迫るものといえよう。なぜなら、従来は医学モデルに立って判断能力の欠如を診断し、それを基に、判断能力のない者に代わって決定する成年後見人をつける方法を考えてきたからである。第一二条三項の

「支援」は、本条約の根幹をなす「合理的配慮」を具体化するものと言えよう。(三)なお、内閣府障害者政策委員会は、意思決定の支援および法的能力の行使を支援する社会的枠組みの構築が急務であること、また、成年後見制度のうち、特に代行型の枠組みである後見類型の運用は、最良の支援を提供しても、なお法的能力の行使が困難な場合に本人の権利・利益を守るための最終手段として利用されるべきものであり、代理人が意思決定する場合にもできる限り本人の意思を尊重するように制度運用の改善を図る必要を指摘している。(四)

成年後見制度(後見、保佐、補助)の利用者数について、政府報告書は、二〇一四年末における後見」三類型の内訳として、成年後見一四万九、〇二一件(約八一・六%)、保佐二万五、一八九件(約一三・八%)、補助八、三四一件(約四・六%)と報告している(政府報告第七九項)。

さて、障害者権利条約は、障害者が他の者との平等を基礎として司法手続きを利用する効果的な機会を有することを締約国に確保させている(条約一三条)。既述のように、公正な裁判を受ける権利については、自由権規約第一四条において詳細に規定され、さらに、子どもの司法手続の保護につき子どもの権利条約第四〇条に規定があり、障害をもつ子どもの権利に関しては同条約第二三条に詳細に規定する。いずれも、年齢の考慮とともに、障害の種類や程度に応じた配慮に加えた適切な配慮を求めていることを指摘しておきたい。(五)

(一)本書序論第一章第一節第二款「人間の生命権の至高性」一七頁以下参照。

（二）Unite Nations Treaty Collections（UNTC）、Multilateral Treaties Deposited with the Secretary-General, Chapter Ⅳ Human Rights による。
（三）日本の成年後見制度の問題点については、池原毅和「法的能力」前掲『障害者権利条約』所収、一八三頁以下参照。
（四）前掲政府報告書第八三項。詳細は同報告付属文書参照。
（五）民事手続、刑事手続等における具体的な「合理的配慮」のあり方を模索するには、現状と問題点を把握する必要がある。とりあえず、大谷美紀子「司法アクセス」前掲『障害者権利条約』所収、二〇〇頁以下参照。

2　社会参加と自由権

いわゆる自由権と捉えられるのは、身体の自由（一四条）、拷問または残虐な、非人道的なもしくは品位を傷つける取扱いもしくは刑罰からの自由（一五条）、搾取、暴力および虐待からの自由（一六条）、個人の一体性（インテグリティ）の保護（一七条）、移動の自由および国籍（一八条）、自立した生活および地域社会への包摂（一九条）、個人の可動性（二〇条）、表現および意見の自由ならびに情報へのアクセス（二一条）、プライバシーの尊重（二二条）、家庭および家族の尊重（二三条）である。しかし、後に見るように、障害者が障害をもたない者と平等の基盤に立って自由権を享有するには、必ず社会の側の障壁を取り外さなければならない。このことから、これまでの自由権論から一歩進んで、障害者が自由権を享有すれば、すべての人が自由に生き生きと生きる、真の意味で自由権を享有することになることに気付くことになる。（一）

(1)　身体の自由と安全

身体の自由と安全に対する権利は、自由権規約第九条において詳細に規定されている。障害者権利条約では、自由の剥奪が「障害の存在によって正当化されないこと」（一四条一項(b)）、そして、自由を奪われた場合、「国際人権法による保障を受ける権利を有すること」と、「合理的配慮の提供を含む」条約目的・原則に従って取り扱われることが保障されている（同条二項）。

(2)　拷問または残虐な、非人道的なもしくは品位を傷つける取扱いもしくは刑罰からの自由

これは自由権規約第七条に規定する。

(3)　搾取、暴力および虐待からの自由

障害者権利条約に特徴的なのは、虐待（abuse）を扱う第一六条であり、同条は、家庭の内外におけるあらゆる搾取、暴力および虐待（性別にもとづくものを含む）から障害者を保護するためすべての適当な措置をとることを締約国に義務付けている。[二] 日本では、刑法上、暴行罪、傷害罪、保護責任者遺棄罪、逮捕監禁罪、脅迫罪、強要罪などを処罰する規定があり、これらの罪に該当する行為は、障害者に対するものも、処罰することが可能である。また、「犯罪被害者等基本法」には個人の尊厳にふさわしい処遇を保障している。その他特に、「障害者虐待の防止、障害者の養護者に対する支援等に関する法律」（障害者虐待防止法）、「配偶者からの暴力の防止及び被害者の保護等に関する法律」、「児童虐待の防止等に関する法律」（児童虐待防止法）等を置いている。もっとも、身体的、性的、心理的

虐待や放置、経済的搾取などの虐待等の防止には、特に分離、隔離された環境における虐待が、時に報道によって明らかになるように、ブラックボックス化した状況で発生するので、障害者に役立つことを意図したすべての施設および計画が「独立した当局により効果的に監視される」(effectively monitored by independent authorities) ことを確保すること(同条三項)が重要である。また、虐待は、時に、人格の崩壊や退行化現象を生み出すことがあり、事前の早期発見はもとより、事後の全面的な回復等が重要であり、締約国がリハビリテーションや社会復帰促進の措置等をとることを規定している(同条四項)。

(4)　個人の一体性の保護

「個人の一体性の保護」と訳した小見出しの公定訳は「個人をそのままの状態で保護すること」である。英語は Protecting the integrity of the person 仏語は protection de l'intégrité de la personne であり、障害をもつ人が、かけがえのない個人として、他の者と平等に、心身ともに、そのまま受け入れられ、尊重される権利をもつことを謳っている。日本の障害者基本法の理念である。

(5)　移動の自由と国籍を得る権利

移動の自由と国籍を得る権利(一八条)については、基本的には、自由権規約第一二条(移動・居住の自由)および第二四条一項および二項(子どもの権利)で規定されている。移動・居住の自由は、自由権規約では「合法的にいずれかの領域内にいる」すべての者に当該領域内で権利が保障されているのに対し、障害者権利条約は「他の者との平等を基礎として」とあるだけである。国籍の取得・変更は各国の国内事項であるが、日本では障害の有無を理由とする差別はない。「自国に戻る」（enter their own country）権利については、すでに、いわゆるサハリン裁判および永住権者の再入国事件裁判で詳細に検討したので、[三] ここでは触れない。なお、障害のある子どもの名前の登録と国籍を受ける権利については、一九六六年の自由権規約の定める子どもの権利および一九八九年の子どもの権利条約第七条一項と同様であるが、障害者権利条約は、子どもの権利条約と轡を一にし、障害をもつ子どもが「できる限りその父母を知り、かつ、その父母によって養育される」権利を有すること（一八条二項）としている点で大いに異なる。

(6)　自立した生活および地域社会への包摂

自立した生活および地域社会への包摂（inclusion in society）の「包摂」は、公定訳「包容」であるが、この語は social exclusion（社会的排除）の対概念である social inclusion（社会的包摂）の意であると考えられ、inclusion を「包摂」とした。[四] 障害者の自律・自立と地域社会への参加については、要となる第一九条のほか、前文(m)(n)、一般原則を定めた第三条に規定しており、障害者が自律・自立して他の者との平等を基礎として地域社会で生活を送る権利を認めたことは画期的なことである。そして、そのことを容易にするための実効的かつ適切な措置（effective and adequate measures）をとることとし、具体的に、居住地の選択を認め、強制施設・病院入所の否定（同条(a)号）、自律・自立支援サービスの保障（同(b)号）、一般住民向けの地域サービス・施設の利用保障（同(c)号）が定められている。日本の場合、障害者基本法（平成二五（二〇一三）年六月二六日最終改正法律第六五号）で地域社会での共生が基本原則とされ（同法三条）、障害者の自立・社会参加支援等の基本的施策を国や地方公共団体に義務付けている（同一四条）。また、従来の障害者自立支援法が障害者総合支援法（平成二四（二〇一二）年六月二七日公布、平成二六（二〇一四）年四月一日全面施行）として整備され、障害者に対する支援のうち、重度訪問介護の対象拡大、共同生活介護（ケアホーム）の共同生活援助（グループホーム）への一元化、地域移行支援の対象拡大、さらに障害者への理解を深めるための研修・啓発事業、意思疎通を行う者の養成事業等の追加がはかられた（五）。なお、内閣府障害者政策委員会からは、医療的ケアを必要とする重度障害者等の地域移行支援や精神障害者の地域移行支援については地域格差の問題や精神医療そのものの地域移行の必要が指摘されている（六）。

(7)　個人の可動性

障害者の自立・社会参加のためには自立して移動できることが欠かせない。個人の可動性（personal mobility）の確保、つまり個人の移動を容易にするために実効的な措置、具体的には自ら選択する方法で、自ら選択する時に、負担しやすい費用での移動を容易にすること（同二〇条(a)号）、質の高い移動補助具等、人や動物による支援および仲介者の利用の機会を容易にすること（同(b)号）、障害者および行動を共にする専門職員に対し、移動のための技能研修の提供（同(c)号）および移動補助器具等の生産事業体に対し移動のあらゆる側面を考慮するよう奨励すること（(d)号）である。なお、各市町村が地域特性や利用者のニーズに応じて行うガイドヘルパー派遣等の移動支援事業の二〇一四年三月の利用者（個別支援型）は一〇万人余であったという。また、身体障害者補助犬である盲導犬、介助犬、聴導犬の訓練については身体障害者補助犬法（平成一四（二〇〇二）年五月二九日法律第四九号）の定めに従って補助犬訓練事業者が行っており、その育成に要する費用に対し都道府県が身体障害者補助犬育成事業として助成している（障害者総合支援法第七八条に基づく地域生活支援事業の一環）。

(8)　表現および意見の自由と情報へのアクセス

表現および意見の自由と情報へのアクセスのうち、意見をもつ権利は、自由権規約第一九条一項と基本的に同じであり、表現の自由は同第二項である。ただ、障害者権利条約は、自由権規約が「口頭、手書き若しくは印刷、芸術の形態又は自ら選択する他の方法により」とあるところ、「あらゆる形態の意思疎通であって自ら選択するものにより」と定め、「意思疎通」とは、「言語、文字の表示、点字、触覚を使った意思疎通、拡大文字、利用しやすいマルチメディア並びに筆記、音声、平易な言葉、朗読その他の補助的及び代替的な意思疎通の形態、手段及び様式（利用しやすい情報機器を含む）をいう」とされており、また「言語」とは、「音声言語及び手話その他の形態の非音声言語をいう」とされていることに注目すべきである（障害者権利条約二条）。

情報へのアクセスについては、情報と考え（information and ideas）を「求め、受け、伝える」自由の行使を確保するために適切なすべての措置をとることを定め、一般原則として、先ず、障害者に対し様々な種類の障害に相応した利用しやすい様式と機器により、適時に、かつ、追加の費用を伴わず、一般公衆向けの情報を提供すること、としている（同二一条ⓐ）。公的な活動における手話・点字等の意思疎通の手段、形態、様式の使用の受け入れと容易化（同ⓑ）、一般公衆に対してサービスを提供する民間団体に対する情報・サービスを障害者にとって利用可能な様式で提供するように要請すること（同(c)）、マスメディアがそのサービスを障害者にとって利用しやすいものとするよう奨励すること（同(d)）、手話の使用を認め、促進すること（同(e)）を定めている。なお、障害者権利条約は、第九条において、障害者が自立して生活し、生活のあらゆる側面において完全に参加することを目的として、都市・農村双方において、物理的環境、輸送機関、情報通信、並びに、公衆に開放または提供される他の施設・サービスを利用する機会を有することを確保するための適切な措置をとることを定め、アクセシビリティの確保のための諸手段を規定している。(七)

⑼　プライバシーの尊重

プライバシーの尊重に関しては、自由権規約第一七条と基本的には変わらないが、障害者の個人、健康、リハビリテーションに関する情報に係るプライバシーの保護に特に注意が払われている（障害者権利条約二二条二項）。

⑽　家庭および家族の尊重

家庭および家族の尊重については、自由権規約第二三条を基本とし、女性差別撤廃条約、子どもの権利条約からとられている。障害者権利条約第二三条一項には、(a)婚姻し家庭を形成する権利（自由権規約二三条二項、三項）、(b)子どもの数・出産間隔の決定（女性差別撤廃条約一六条一項(e)）、そして、特筆されるのは、(c)障害者の生殖能力（fertility）保持の規程が置かれたことである。周知のとおり、優生思想（遺伝学的に「劣等」な者を減らし、「優秀」な子孫を増やすことにより、民族全体の健康を向上させるという考え）は、安楽死や不妊手術、中絶によって実施され、ナチスの悪行によって知られる[八]が、日本でも一九四八年に優生保護法が施行され、一九九六年の母体保護法に改正されるまで有効であり、この間に強制不妊手術は一万六千余件にのぼったことを想起すべきであり、今また生殖医療に名を借りた命の選別が行われようとしていることにも思いを致すべきである。[九]なお、本二三条一項(b)に関しては、ポーランドが留保を付し、本条が個人に対して中絶の権利を付与するものであると解釈されないものと了解する、としていることを特に付記しておこう（モナコの解釈宣言について前述）。

障害者権利条約第二三条第二項の養子縁組等は子どもの権利条約第二一条および女性差別撤廃条約第一六条一項(f)である。同四項の父母から分離されない権利は子どもの権利条約九条一項、同五項の代替的監護は子どもの権利条約第二〇条二項である。

（一）芹田健太郎『憲法と国際環境〔補訂版〕』（有信堂、一九九二）一六六頁以下「自由権から社会権へ」参照。同書において、自由権と社会権の理解について、自由権を平等な個人の存在を前提としてその自由な活動を保障する目的をもつもの、社会権に関して、個人と個人の間には社会的な地位の強さに実質的な相違があることを前提として強い個人の自由権に対して一定の制限を加えるとともに、弱い個人に対しては単純な自由の保障にとどまらず、かえってその生存を保障するために、国家が一定の保護を与えるもの、と理解する旨を記した（同書一六七頁）が、本書では、障害者の自由権保障に、「社会参加」という視点を明確にした。

（二）特に虐待防止に関する起草過程や問題点の指摘については、東俊祐「虐待防止」前掲『障害者権利条約』所収二三六頁以下参照。

（三）芹田健太郎「「自国」に戻る権利――サハリン裁判の一つの論点」および同「永住権者の再入国の自由――国際人権規約による法務大臣の裁量権の制約」いずれも、芹田健太郎『永住者の権利』（信山社、一九九一）所収参照。

（四）教育関係では、inclusive education を「分けない教育」としているようである。しかし、片仮名でインクルージョンとするのは避けたい。序でながら、inclusive society は共生社会である。

（五）詳細につき、政府報告書第一二三項―一三〇項参照。

（六）前掲政府報告書付属文書参照。

（七）日本の現状について、寺島彰「情報アクセス」（前掲『障害者権利条約』所収）が障害者情報アクセス状況の概要を表にし、視覚障害、聴覚障害、盲ろう、発達障害・その他に分けて分析、情報アクセス充実のためのあり方を提示している。政府報告は、五五項から六六項まで、「障害者基本法」、「高齢者、障害者等の移動の円滑化の促進に関する法律」（バリアフリー法）、「身体障害者の利便の増進に資する通信・放送身体障害者利用円滑化事業の推進に関する法律」（障害者利用円滑化法）、に基づく諸施策を詳細に報告している。なお、障害者政策委員会は、特に、緊急時の対応、個別性の高いコミュニケーション方法を用いる人たちへの対応、省庁横断的な対応に課題があることを指摘している。

（八）芹田『国際人権法Ⅰ』で、人権法の基礎としての「人間の尊厳」を扱った際に、フランクル『夜と霧』に触れ、ドイツ法制についても記した。本書一一頁参照。なお、相模原市の「津久井やまゆり園」で二〇一六年七月に発生した惨劇に触れて書かれた、神里達博「「同じ船」の意識あるのか」（『朝日新聞』二〇一六年八月一九日朝刊）には、強制的な不妊手術が一九〇七年の米国インディアナ州の断種法を皮切りに広がったことや、スウェーデンで一九三四年から七五年までの間も強制不妊手術が行われていたことが九七年になって明らかになり被害者への補償措置がとられるに至っていること等が報告されている。

(九) ハンセン病患者は、明治四〇(一九〇七)年の癩予防法、さらに、らい患者たちの猛反対の中で成立した一九五三年のらい予防法(昭和二八年八月一五日法律第二一四号)によって引き続き隔離政策がとられ、偏見差別の中で、療養所への強制入所等の生活を余儀なくされてきた。二〇〇一(平成一三)年五月に、熊本地裁に一九九八年七月に提訴された、らい予防法違憲国家賠償請求訴訟に熊本地裁が原告勝利の判決を下し、確定。国は「ハンセン病の患者であった者等にいたずらに耐えがたい苦痛と苦難を継続せしめるままに徒過し」たことを「悔悟と反省の念を込めて深刻に受け止め深くお詫びするとともにハンセン病の患者であった者等に対するいわれのない偏見を根絶する決意を新たにして」(前文)、同年六月、ハンセン病療養所入所者等に対する補償金の給与等に関する法律(平成一三年六月二二日法律第六三号)を制定し、翌年四月から事業を開始した。なお、らい予防法は一九九六年に法律(平成八年四月一日法律第二八号)によって廃止された。二〇〇八年には、ハンセン病問題の解決の促進に関する法律(平成二〇年六月一八日法律第八二号)が制定された。しかし、強制不妊手術を受けさせられた女性からの提訴など、未だに多くの問題が残っている。

3　社会参加と社会権

いわゆる社会権と捉えられるのは、教育(二四条)、健康(二五条)、ハビリテーションおよびリハビリテーション(二六条)、労働および雇用(二七条)、相当な生活水準および社会的な保障(二八条)、政治的および公的活動への参加(二九条)、文化的生活、レクリエーション、余暇およびスポーツへの参加（三〇条）である。

⑴　教　育

教育については、先ず社会権規約第一三条が一般的に教育に関する権利を定め、同第一四条で、無償の初等義務教育の確保措置を講じる義務を定め、次に、女性差別撤廃条約第一〇条が教育における差別の撤廃を定め、特に奨学金等の援助享有の同一機会、中途退学率の減少、スポーツや体育参加の同一機会の確保等を定め、さらに、子どもの権利条約第二九条が子ども教育の目的として、子どもの人格、才能、精神的・身体的能力を可能な限り最大限まで発達させることにあることを明確化し、障害者権利条約は、障害者の教育についての権利を認め、あらゆる段階で、分けない教育（inclusive education）制度および生涯学習制度を確保する、としている（二四条一項）。この条項に関する留保はいずれの国からもなされていない。

日本の障害者教育は、二〇〇七年に特殊教育から特別支援教育となった。教育は、通常の学級、通級による指導、特別支援学級、特別支援学校という多様な場が提供されている。(一)

特別支援学校は、視覚障害、聴覚障害、知的障害、肢体不自由、病弱・身体虚弱の五区分に学校が設けられ、二〇一四年五月一日現在、計一、四一三校が設置されており、計一八万七、六五六人が通っている。(二) 特別支援学級は小・中学校に置かれ、前述の五区分の障害のある者に加え、言語障害、自閉症・情緒障害のある子どもが在籍し、他方、通常の学級に在籍し、一定の時期、自校の通級指導教室に通う、いわゆる自校通級や他校に出かける他校通級の「通級による指導」は、特別支援学級に通う子どもたちのほか、学習障害（LD）、注意欠陥・多動性障害（ADHD）のある子どもたちが在籍している。特別支援学級は計五万二、〇五二設けられ、計一八万七、一〇〇人が在籍しており、通級による指導を受けている子どもたちは、計八万三、七五〇人である（特別支援学級に在籍する子どもたちのうち、視覚障害、聴覚障害は弱視、難聴と区分されている）[三]。

なお、視覚障害、聴覚障害を持つ児童生徒を教育する特別支援学校には、特別支援学校学習指導要領に、「配慮事項」として、たとえば「視覚障害の状態に応じて、点字又は普通の文字の読み書きを系統的に指導し、習熟させること。なお、点字を常用して学習する児童に対しても、漢字・漢語の理解を促すため、児童の発達に応じて適切な指導が行われるようにすること」等、あるいは、「児童の聴覚障害の状態に応じ、音声、文字、手話等のコミュニケーション手段を適切に活用して、意思の相互伝達が活発に行われるように指導方法を工夫すること」等が規定されている。現実には、ここ数年でかなりの進展が見られるようであるが、施設・設備の不備とか地域格差等があり、障害者政策委員会からは、政府報告にあたり、環境整備のほか、「インクルーシブ教育を推進していくために、我が国が目指すべき到達点に関する議論、また、進捗状況を監視するための指標の開発とデータ収拾が必要である」との指摘がなされている[四]。

(2)　健　康

健康については、社会権規約第一二条で、すべての人が到達可能な最高水準の心身の健康を享有する権利を認めている。周知のように、この条項は、WHOの強力な協力の下に作成されたもので、W

HO憲章前文は、「健康とは完全な肉体的、精神的及び社会的福祉の状態であり、単に疾病または病弱の存在しないことではない」と定義しており、障害者権利条約も当然これを踏襲している。さらに、女性差別撤廃条約第一二条は、特に、保健分野における差別撤廃と、妊娠、分娩、産後期間のサービスについてとるべき措置を定め、子どもの権利条約第二四条は、子どもに対し健康および医療に関する権利を認めている。

ところで障害者権利条約に特徴的なことは、女性差別撤廃条約が採択されたのが一九七九年のことであるが、その後一九九四年にエジプトのカイロで開催された国際人口・開発会議で、今後の人口政策の大きな柱として推進されるべきものとして、「性と生殖に関する健康と権利」が承認され、これが、第二五条(a)に書き込まれていることである。単に女性だけの問題にとどまらず、男性の問題としても考えなければならないことであり、また家族の性と生を考える上で極めて重要である。

(3)　ハビリテーションとリハビリテーション

障害者権利条約第二六条は、「ハビリテーションとリハビリテーション」と題されている。公定訳では「ハビリテーション」に「適応のための技能の修得」という注釈が付されている。(五) 英語は habilitation and rehabilitation　仏語は adaptation et réadaptation　である。二〇一八年四月現在第二六条に対する留保はいずれの国からも一切ない。

前述のように一九八三年からの国際障害者の一〇年に先立つ一九八二年に障害者に関する世界行動計画が採択された。同年七月開催の国際障害者年諮問委員会第四会期で、リハビリテーションに関して次のような定義がなされている[六]。

> リハビリテーションとは、障害者に最適な精神的、身体的、かつ／または　社会機能的な水準を達成することを可能にし、こうすることによって自己の人生を変革する道具を提供することを目指す目標（ゴール）志向のかつ時間限定的な過程（プロセス）である。それは機能喪失や機能制限を補償する意図を持つ措置（たとえば技術的援助によって）その他社会的調整及び再調整を促進することを意図した措置を含む。

ところで、条約第二六条は、「締約国は、障害者が、最大限の自立並びに十分な身体的、精神的、社会的及び職業的な能力を達成し、及び維持し、並びに生活のあらゆる側面への包容及び参加（full inclusion and participation in all aspects of life）を達成し、及び維持することを可能とするための効果的かつ適当な措置（障害者相互による支援を通じたものを含む）をとる」とされている（同一項）。そして、そのため、特に、「保健」「雇用」「教育」「社会に係わるサービス」の四分野を掲げている。この意味では、前述の教育、健康、後述の労働・雇用等の規定の総則的規定といえる。

さて、リハビリテーションがハビリテーションを含むものとして世界行動計画では用いられていることはさておき、大きな相違は、第一に、「最適な」（optimum）自立と「最大限の（maximum）」自立の相違である。条約は締約国の義務として「最大限の自立」へむけた努力を課している。しかし、当然のことではあるが、個々の人にとって何が「最大限の自立」であるのかの判断は、当事者と医療関係者（あるいは国）との連携によってなされる必要があり、人間の尊厳の回復に向かっての「最適な」

判断が求められる。

第二は委員会が「時間限定的な」プロセスとしていた点に係る。確かに、いわばリハビリテーション漬けになり、終生の病院通いは避けたいので、その意味では時間を限るのは理解できるが、他方で、終生とはいえ、生涯にわたる断続的なサービスの必要もあるので、条約が時間限定的な条文をとらなかったのは大いに評価できる。しかし、この点では個人の判断が決定的に大きな役割を果たすことになる。(七)

ところで、同条は前述四分野のサービス・プログラムの企画等を、(a)可能な限り初期の段階で開始し、個人のニーズと長所に関する学際的な評価を基礎とすること、(b)地域社会およびあらゆる側面への参加と包容を支援し、自発的なものであり、障害者自身の属する地域社会の可能な限り近くにおいて利用できるものとすること、を定め（同一項）、専門家・職員の研修（同二項）および障害者用の補装具・支援機器でリハビリテーションに関連するものの利用可能性、知識、使用の促進を定めている（同三項）。これらに関する日本の法制としては、障害者基本法、障害者雇用促進法がある。(八)

(4)　労働・雇用

先に改正障害者雇用促進法にもとづく「障害者差別禁止指針」と「合理的考慮指針」について触れた。なお、労働・雇用を定める第二七条二項は、障害者が奴隷状態に置かれないこと、強制労働からの保護の確保を規定しているが、同様のことは自由権規約第八条に規定されているものであり、本条の核心は第一項にある。この権利には、障害者に開放され、inclusive（分けられていない）で、かつ利用可能な労働市場・労働環境において障害者が自由に選択または承諾した労働によって生計を立てる機会に対する権利が含まれている。そのため、この労働の権利の実現を保障し、促進するため、締約国は立法その他の適切な措置をとることとし、特に次の措置をとることとされた。(a)募集、採用、雇用の条件、雇用の継続、昇進ならびに安全かつ健康的な作業条件等のあらゆる雇用形態に係るすべての事項について、障害にもとづく差別を禁止すること、(b)機会均等、同一労働同一報酬を含む公正かつ良好な労働条件、ハラスメントからの保護を含む安全かつ健康的な作業条件および苦情の救済についての障害者の権利を保護すること、(c)労働および労働組合についての権利行使を確保すること、(d)一般的な技術・職業指導計画、職業紹介サービスおよび継続的な職業訓練に効果的にアクセスすることを可能にすること、(e)労働市場において雇用機会および昇進を促進すること、ならびに、職業を求め、これに就き、これを継続し、および、これに復帰する際の支援を促進すること、(f)自営活動機会、起業家精神、協同組合の発展、自己の事業の開始を促進すること、(g)公的部門において雇用すること、(h)積極的差別是正措置、奨励措置等の適切な政策・措置を通じて民間部門の雇用を促進すること、(i)職場における合理的配慮の提供を確保すること、(j)開かれた労働市場における職業経験の獲得を促進すること、(k)職業リハビリテーション、職業の保持および職場復帰計画を促進すること、である。[九]

なお、第二七条一項に対しては、日本は特に留保を付していないが、EUのほか、英国等が軍隊または軍隊および警察に関して適用をしないようにする留保を付していることを指摘しておこう（単純に第二七条としている国、同一項としている国、および同一項(a)号と特定している国を含む）。

(5)　相当な生活水準・社会的な保障

相当な生活水準の確保を定める第二八条一項は、基本的に社会権規約第一一条の相当な生活水準・食料の確保について認める規定を踏襲している。同二項は「社会的保障」（social protection）を定めており、一九六六年の社会権規約の第二項が飢餓からの自由に言及していることと対照的である。まず、清浄な水のサービスを利用する均等な機会その他安価な補装具等の援助を利用する機会（同項(a)）、次に社会的な保障・貧困削減計画を利用する機会（同(b)）、さらに、貧困状況下にある障害者・家族への国の経済的援助の利用機会（同(c)）、公営住宅計画利用機会（(d)）、退職給付および計画の均等な利用機会を定めている。日本については、障害者基本法、障害者総合支援法あるいは特別児童扶養手当等の支給に関する法律などで処置されている。

(6)　政治的・公的活動への参加

自由権規約第二五条は、第二大戦直後の雰囲気を思わせる一九四八年の世界人権宣言第二一条とほぼ同様な文言を用いて参政権を置いた。障害者権利条約第二九条は、これに対し、参政権の保障と権利享有の機会の保障を明確にし、同条(a)号では、政治的・公的生活に「実効的かつ完全に」参加することの確保、就中、障害者の選挙権・被選挙権とその機会の確保が明示されている。そのために、(i)投票の手続・設備・資料が適当な、利用しやすいものであること、その理解・使用が容易であることの確保、(ii)立候補し、公職に就くこと、この場合に適当な支援機器等の使用を容易にすること、(iii)障害者の自由な意思の表明の保障、障害者の要請に応じた当該障害者の選択する者による投票援助を認めることが定められ、(b)号では、政治への実効的かつ完全な参加を保障する環境の促進および政治への参加の奨励を謳い、(i)国の公的・政治的活動に関係のある非政府機関や非政府団体への参加、政党活動・運営への参加、(ii)各段階での障害者団体の結成・参加が政治参加として認められている。

日本の場合、障害者基本法第二八条で、障害者の円滑な投票のため必要な施策を講じるべき、国・地方公共団体の義務が定められ、詳細が公職選挙法に定められている。(一〇) 大きな問題となったのは、成年被後見人が選挙権を奪われていたことであった。

周知のように、成年後見制度は、明治以来の禁治産制度に替えて、二〇〇〇年から開始されたもので、高齢化時代に対処すべく、介護保険制度とともに、いわば車の両輪として位置づけられていた。しかし、禁治産制度の下では、禁治産を宣告された者には種々の法律行為が制限され、選挙権を含め約一五〇の「欠格条項」があったとされ、成年後見制度に移行するにあたり、いわば機械的に禁治産制度時代の規定を移行させたものと思われる。こうして被後見人となったばかりに選挙権を奪われた人が公職選挙法の違憲無効を訴え、二〇一三年三月、東京地裁が違憲無効を判決した。(一一) 国は異例の速さで、「成年被後見人の選挙権の回復等のための公職選挙法等の一部を改正する法律」(二〇一三年法律第二一号)を制定し、改正法は二〇一三年六月に施行された。二〇一二年末時点で約一三万六、四〇〇に上る人たちが一律に選挙権を回復し投票できることとなった。

(7)　文化的な生活・レクリエーション・余暇・スポーツへの参加

第三〇条は、文化的な生活・レクリエーション・余暇・スポーツへの参加と題し、文化的生活、レクリエーション、余暇、スポーツを並列的に並べているが、第一は文化的生活への参加の保障であり、第二がレクリエーション、余暇、スポーツへの参加である。

文化的生活への参加については一般的に社会権規約第一五条一項(a)で保障されており、障害者権利条約は、利用しやすい様式を通じた機会の提供を保障し（同条一項(a)(b)(c)）、また、自己の創造的、芸術的、知的な潜在能力の開発、活用の機会を可能とする措置を締約国に求め（同二項）、知的財産権を保障する法律が障害者にとって不当なまたは差別的障壁とならないための措置をとることを締約国に求めている（同三項）。なお、日本には、障害者が行う文化芸術活動の充実を図り、文化芸術活動が活発に行われるような環境整備その他必要な施策をとることを国に義務づける文化芸術振興基本法が二〇〇一年に成立した（同法二二条参照）。

しかし、特筆すべきは、第四項で障害者が「他の者との平等を基礎として、その独自の文化的及び言語的同一性（手話及び聾文化を含む）の承認及び支持を受ける権利」を保障したことである。手話については、本条約第二条、第三条、第九条、第二一条、第二四条および本条に現れる。従来は、しかし、手話は、手話通訳に見られるように、聴者社会とのコミュニケーションの媒介物として取り上げられてきたのであり、障害当事者の日常言語として、あるいは聾者の生活様式である聾文化として認知されてはいなかったように思われる。たとえば、聾者同士が手話を用いて話をし笑い転げたりしているのを見ると、音声がないだけに、音声はあるが理解できない外国語を話し笑い転げている人たちを見るのとは異なり、何か違和感を覚える。それは、音声言語のみを言語として捉えてきたからであり、私たちの社会が手話を聾者の日常言語として、あるいは聾者の生活様式である聾文化として、認知してこなかったことを示している。本条四項が独自の文化的、言語的同一性あるものとして承認・支持していることは、その意味で、画期的である。聾文化は、手話という独自の言語に支えられた独自の生活様式である。(一二)

レクリエーション、余暇、スポーツについては、同条五項で詳細に規定されている。日本では、二〇一一年六月にスポーツ基本法が成立し、環境整備が図られているが、二〇一三年の文部科学省調査によると、過去一年間に週一度以上スポーツ・レクリエーションを行った割合は、成人一般が四七・五%であるのに対し、成人障害者は一八・二%にとどまっている、という。しかし、近年、パラリンピック競技大会をはじめとし、障害者スポーツにおける競技性の向上には目覚ましいものがあり、福祉の観点のみならず、スポーツ振興の観点からも障害者スポーツを一層推進させる必要がある。そうすることによって障害者のスポーツ・レクリエーションへの取り組みが高まり、人間としての尊厳の全面的な開花に資することになる。(一三)

(一一)　特別支援教育の全体像が、落合俊郎「教育」(前掲『障害者権利条約』所収)一六八頁に図示されている。なお、政府報告書一五六項によると、二〇一四年五月現在、小・中学校において通級による指導を受けている児童生徒数は、八万三、七五〇人、小・中学校の特別支援学級に在籍する児童生徒数は、一八万七、一〇〇人、特別支援学校（幼稚部から高等部まで）に在籍する幼児児童生徒数は、一三万五、六一七人である。

（二）統計は政府報告書付属文書「22 学校数、在学者数及び教職員数―国・公・私立計」のうち、「特別支援学校の学校数、在学者数及び教職員数―国・公・私立計」による。

（三）前掲報告書付属文書「23 特別支援学級数、特別支援学級在籍児童生徒数及び担当教員数―国・公・私立計」および「25 通級による指導を受けている児童生徒数」による。

（四）前掲政府報告書第一六七項参照。

（五）訳語等につき上田敏「リハビリテーション」（前掲『障害者権利条約』所収）一一一―一一九頁参照。

（六）Report of the Advisory Committee of the International Year of Disabled Persons on its 4th session (Vienna, 5-14 July 1982) A/37/351/Add1 annex page 21. 英文は次の通りである。

Rehabilitation means a goal-oriented and time-limited process aimed at an impaired paerson to reach an optimum mental, phisical and/or social functional level, thus providing her or him with the tools to change her or his own life. It can involve measures intended to compensate for a loss of function or functional limitation (for example by tecnical aids) and other measures intended to facilitate social adjustment or readjustment.

（七）上田敏・前掲「リハビリテーション」一一一―一一二頁参照。なお、正直に言って、第二六条の理解は難しい。私自身のリハビリテーションに対する理解は、一般にそうであると思われるが、機能障害を対象として、それを直接改善しようとするアプローチ、たとえば、運動療法や作業療法によって麻痺を回復させたり、言語聴覚療法によって失語症を回復させたりする、いわば機能回復アプローチにあるので、この条文の理解は十分にならない。本条の十全な理解のため、たとえば、上田敏『リハビリテーションの思想〔第二版〕増補版』（医学書院、二〇〇四）を薦めたい。また、大部ではあるが、千野真一監修『現代リハビリテーション医学』（金原出版、二〇〇九）も参照されたい。

（八）前掲政府報告書一七二—一七四項参照。

（九）あらゆる形態の雇用には、日本の場合、福祉的就労も含まれるという。代替的雇用等の問題について、二〇一〇年に、崔栄繁「労働と雇用」（前掲『障害者権利条約』所収）が指摘している。積極的差別是正措置や職業紹介等の実情については、前掲政府報告第一七五項—一八〇項参照。政府報告によると、障害者雇用促進法の算定方法によるが、二〇一五年六月現在の民間企業における雇用障害者数は、四五万三、一三三・五人（前年比二万一、九〇八人増）であり、年々増加し、障害者雇用は着実に進展している様子がうかがえる。なお、政策委員会からは、障害者の雇用・就業の推進のため障害者や企業に対する支援の更なる充実を図ること等が指摘されている。

（一〇）政府報告書第一八七項参照。障害者には、点字投票、代理投票のほか、指定施設等における不在者投票、郵便等による不在者投票が認められ、政見放送における手話通訳の付与が可能とされているが、公職選挙法の問題点は、夙に、世界人権宣言四〇周年にあたり三〇年前に、井上英夫「障碍者の政治参加と玉野事件」『法律時報』一六〇巻一二〇号（一九八八）、六七頁以下が、問題を余すところなく指摘しており、現代でも課題は残されている。

（一一）「事件名」平成二三年（行ウ）第六三号成年被後見人の選挙権確認請求事件（東京地判平成二五（二〇一三）年三月一四日）。

（一二）森壮也「手話とろう文化」（前掲『障害者権利条約』所収）一八二頁以下参照。

（一三）小笠原正・塩野宏・松尾浩也編『スポーツ六法二〇一四』（信山社）には、障害者権利条約を含む、スポーツに関連するあらゆる法令が網羅されており、きわめて示唆に富む。

4　少年、少女、女性の特別の権利保障

障害のある女子が複合的な差別を受けていることを認識し人権を完全かつ平等に享有することを確保するための措置をとることが第六条で約束されている。前述した障害者権利委員会の政府報告指針は、本条に関して、女性の完全な能力開発、向上、エンパワーメントを確保するために締約国がとった措置についての情報を求めており、特に、第一に、障害のある女性・少女のジェンダー不平等が立法上政策上のレベルで認識されているか否か、第二に、障害のある男性・少年と平等な基盤に立ってすべての人権・自由を享有しているか、第三に、障害をもたない他の女性・少女と平等な基盤に立ってすべての人権・自由を享有しているか、を求めている。第一回政府報告書は、障害者基本法が障害者の性別等に応じて障害者の自立・社会参加の施策の策定実施を行う旨の規定（一〇条一項）を示し、また、障害者差別解消法の基本方針が障害のあることに加え女性であることで更に複合的な困難な状況に置かれる場合の配慮の必要を明記している旨報告している（三九項）。なお、二〇一四年度において婦人保護施設に入所している者のうち四割が身体障害、知的障害、精神障害あるいはなんらかの疾患を抱えているといわれる。（一）

内閣府障害者政策委員会は、政府報告の作成にあたり、障害者基本計画の実施状況の監視を通じて同委員会の意見を反映させることとされており、同委員会は条約第六条に関しては、たとえば、福祉施設での同性介助を標準化するなど、女性に重点を置いた政策立案を推進する必要のあることを指摘

している（障害者政策委員会「議論の整理――第三次障害者基本計画の実施状況を踏まえた課題（平成二七（二〇一五）年九月）、別添二）。

第七条は、障害をもつ子どもが他の子どもと平等の基盤ですべての人権自由を完全に享有することを確保するために必要なすべての措置を締約国がとることを定め、その際に、「子どもの最善の利益」を「主として考慮」することを定める（子どもの権利条約三条一項参照）。また、特に「自己に影響するすべての事項について自由に自己の意見を表明する権利並びにこの権利を実現するための障害及び年齢に適した支援を提供される権利」を有することを確保するための措置を締約国はとることとされ、その際、締約国は、「障害を有する子どもの意見が他の子どもとの平等を基礎とし、その子どもの年齢及び成熟度に従って相応に考慮」しなければならない（子どもの権利条約一二条一項および二項参照）。

なお、前掲政府報告書は児童福祉法に言及し日本の制度を説明するが、「子どもの最善の利益」には触れていない。(三)

(一)　障害をもつ女性の数は、前掲政府報告に付された資料によると次のようである。

＊一八歳以上の身体障害者数一八五・九万人、知的障害者数二一・四万人、二〇歳以上の精神障害者一七七・五万人（うち入院患者数一七・一万人）

(二)　障害をもつ子どもの数は、同じく前掲資料によると次のようである。

＊一八歳未満の身体障害児総数七・八万人、知的障害児総数一五・九万人、二〇歳未満の精神障害者

総数一七・九万人。

＊平成二六年五月一日現在で、通級による指導を受けている児童生徒数は次の通り。

区分	小学校	中学校	計
言語障害	三四、〇七一	三〇四	三四、三七五
自閉症	一一、三八三	一、九七七	一三、三四〇
情緒障害	七、七八三	一、六〇九	九、三九二
弱視	一六〇	三〇	一九〇
学習障害	九、五五四	二、四五二	一二、〇〇六
注意欠陥多動性障害	一〇、五九三	一、六二〇	一二、二一三
肢体不自由	三五	五	四〇
病弱・身体虚弱	九	四	一三
総計	七五、三六四	八、三八六	八三、七五〇

（三）「子どもの最善の利益」については、本書四〇三頁参照。また、二〇〇七年の児童虐待防止法改正で「児童の権利利益の擁護」が加えられたこと等につき、芹田・薬師寺・坂元『ブリッジブック国際人権法』（信山社、二〇〇八）二二九頁参照。

第三部　国際的履行確保措置

序　履行確保措置

人権条約は締約国が条約において行った約束の履行を確保するため、いわゆる実施措置（implementation measures）を定めている。これを履行確保措置という。国際人権規約の場合は、国連人権委員会がその草案を準備したのであるが、人権委員会会期報告において審議の模様が報告され、その付録において、A　経済的、社会的および文化的権利に関する規約草案、B　市民的および政治的権利に関する規約草案、C　実施措置草案として収録された。実施措置は、その付録Cにあたる。これが、日本においていまだに社会権規約がA規約、自由権規約がB規約と呼ばれる所以である。英語圏では、社会規約 Social Covenant、市民規約 Civil Covenant と呼ばれたりもした。今日では、英語の頭文字を採って、前者が CESCR、後者が CCPR と略称される。履行確保措置とは、要するに、締約国による条約義務の履行、つまり、条約に定める人権の保障を確保するための国際制度である。人権の国家的保障の国際的チェックのことである。

こうしたものとして、国際法は、まず広い意味での国際世論を集めるフォーラム、たとえば、国際連合総会であるとか、欧州協議会 Council of Europe の協議総会 Consultative Assembly とか、米州機構総会とかを用意している。国際連合は、総会のほか、経済社会理事会、安全保障理事会もかかわり、さらに事務局の人道問題調整事務所（OCHA）、平和維持活動局、経済社会局や国連難民高等弁務官（UNHCR）、国連人権高等弁務官（UNHCHR）がかかわっている。これらの機関は、総称して、憲章機関（Charter-based bodies、国連憲章に基礎を置く機関）といわれる。これに対して、それぞれの人権条約が設けている国際機関には、自由権規約委員会、社会権規約委員会、女性差別撤廃委員会、人種差別撤廃委員会など、総称して、条約機関（Treaty-based bodies、条約に基礎を置く機関）と呼ばれる。

　これらの機関が行う機能を制度化したものとしては、一般的に、締約国からの報告を審査する国家報告（State Reports）制度、国家または個人からの申立（Inter-State or Individual Applications）（自由権規約四一条以下では国家間通報 Inter-State Communications、同選択議定書では、個人通報 Individual Cmmunications という）を審査する申立制度、さらには国家または個人からの申立を裁判する裁判制度がみられる。もっとも、地域的な欧州人権裁判所や米州人権裁判所やアフリカ人権裁判所はあるが、国際人権規約は裁判所を設けていない。国際社会の人権裁判制度については、「理念的には、人権裁判諸制度が最も完全なのかもしれないが国際社会の性格そのものからいって、さほど明確な結論は性急には引き出せない」とかつては考えたが（一）、しかし、今日の国際社会の急速な一体化を勘案すれば、個人からの申立を審理する普遍的な人権裁判所の設置にも、一理あるように思える。

　これらの制度の周りには、政府が提出する国家報告を吟味する民間団体、個人申立や通報の当事者・支援者等、多くの人たちが関わっている。これらの人々については、第二大戦後に形をとって表れてきた人権条約体制が基礎とする国際連帯とは別に、広く人間の繋がりの中に基盤があるので（本書序論参照）、一般的に、国際連合のいう市民社会（civil society）、今では国家を超えて世界に広がり、形をとって目に見えてきた人間の連帯として、第四部で扱いたい。

（一）芹田『法律時報』五一巻八号一九七九年

第一章　国家報告

国家報告制度は、人権条約加入後、一定期間毎に、締約国が条文毎にその条約上の義務の履行状況を報告書に纏めて当該人権条約機関に提出し、その審査を受けるものである。国連の主要人権条約、自由権規約、社会権規約、人種差別撤廃条約、女性差別撤廃条約、拷問禁止条約、子どもの権利条約、障害者権利条約は、締約国による条約遵守を国際的に監視するため種々の実施措置を整備している。そして、いずれの条約も、国家報告制度を採用しており、すべて義務的である。

最初の報告書は条約当事国になってから一年（子どもの権利条約は二年）以内に、「（条約において認められた）権利の実現のために採った措置およびこれらの権利の享受（権利の実現、措置）についてもたらされた進歩に関する報告」（自由権規約四〇条、子どもの権利条約四四条、社会権規約一六条、女性差別撤廃条約一八条、なお、人種差別撤廃条約九条では単に「条約を実施するために採った措置」）を提出することとされており、その際に「実施に影響を及ぼす要因及び障害が存在する場合には、これらの要因及び障害を記載する」こととされている（自由権規約、子どもの権利条約、なお、社会権規約および女性差別撤廃条約では「記載することができる」とする）。第二回以降の報告は各人権条約の定めるところによる。

初回以降の定期的報告は、主要人権条約の中で最も早く採択され発効した人種差別撤廃条約は条約

第九条において「その後は二年毎に」と定めるが、自由権規約、社会権規約が一九七六年に、女性差別撤廃条約が一九八一年に発効し、締約国がそれぞれの報告書を提出することになったこともあってか、一九八八年に四年毎に提出することとされた。女性差別撤廃条約も四年毎、である。自由権規約は「その後は委員会が要請するときに」（四〇条一項b）とされていたが、一九八一年に五年毎、とされた。社会権規約は「この規約の発効後一年以内に作成する計画に従い、報告を段階的に提出する」（一七条一項）とされ、二年毎に、先ず六条―九条（ILO関連）、次の二年に一〇条―一二条（WHO、FAO関連）、最後の二年に一三条―一五条（UNESCO関連）とされたが、締約国の負担も大きい等の問題が生じ、結局一九八八年から包括的に五年毎に報告することとされた。一九九〇年に発効した子どもの権利条約は五年毎である（四四条一項）。

こうして提出された国家報告は、該当する条約機関によって審査され、条約機関による意見が付されて公表される。条約機関には、各人権条約が設立した自由権規約委員会、社会権規約委員会（一）、人種差別撤廃委員会、女性差別撤廃委員会、子どもの権利委員会、障害者権利委員などがある（八五頁の「一覧表」参照）。

各委員会は、自由権規約委員会のように「法律関係の経験を有する者の参加が有益である」（自由権規約二八条一項）とされているものもあれば、女性差別撤廃委員会や子どもの権利委員会のように「この条約が対象とする分野において十分な能力を有する専門家」とされ、必ずしも法律経験が求められていない委員会もある。しかし、こと条約の履行監視という観点からは多様な経験を持つ委員の存在は大きな意義がある。

国家報告の審査は委員会毎に異なるが、先ず、委員会による質問表が作成され、委員会の会期中に、出席した政府代表が当該政府に送付された質問表に答える形式で行われる（二）。これらの形式は徐々に整えられてきて、各委員会に統一化の傾向が見られる。審査の後、自由権規約委員会の場合には、委員会が積極的側面の指摘のほか主要な懸念事項や勧告からなる最終所見（concluding observation　総括所見とも訳す。外務省仮訳は「最終見解」）をまとめ、締約国に送付するとともに、委員会年次報告に公表する（三）。

現在の国家報告制度にはいくつかの問題がある。ひとつは、各人権条約がそれぞれに委員会を設置し、報告を求めているので、前述のすべての条約に入っている国にとっては、毎年二つの報告を作成し、審査を受けることとなり、締約国の負担も大きいことや、当事国による報告書提出の遅れも多くなってきたこと、また、委員会の任務にも重複が見られること等を考慮し、国連総会は、一九八三年一二月の決議（A/RES/38/117）によって、人権機関議長会議の開催の可能性を探るように事務総長に求め、翌八四年八月に人権委員会（当時）、自由権規約委員会、社会権規約に関する政府専門家の会期間作業部会（当時）および人種差別撤廃委員会の議長会議が開催された。議長会議は各機関間の情報交換、国家報告書提出のためのガイドラインの協調、締約国への助言サービスと援助について提言し、これを受けた総会は人権機関に次の会合を求めた（A/RES/39/138）。以後、隔年に一回の会合を行ってきたが、総会は一九九五年三月の決議（A/RES/49/178）で毎年開催とし、今日に至っている。なお、二〇〇二年六月には人権条約機関の委員会間会合（Inter-Committee Meeting）が、作業方法などの共通関心事項を議論するために開催され、国連総会はこれの毎年開催を薦め（A/RES/57/202, para.3）、以後毎年開かれ、二〇〇八年以降は、とくに人権条約機関の作業方法の改善と調整のための勧告をするために年二回招集されてきている。

締約国の定期的報告については、各人権関係機関に提出する報告の形式・内容に関するガイドラインを一巻本にすることが国連総会から求められ（A/RES/52/118, 53/138）、「国際人権諸条約の締約国によって提出される報告書の形式および内容に関するガイドライン集」（HRI/GEN/2/Rev.6）として、自由権規約委員会、社会権規約委員会、女性差別撤廃委員会、人種差別撤廃委員会、子どもの権利委員会、拷問禁止委員会のものが纏められ、二〇〇九年六月三日付で一般配布された。各締約国は基本的にはこれにもとづき報告書を作成する。

（一）社会権規約は権利の性質上実施方法が自由権規約と異なり、しかも、ILO、UNESCO、WHOという専門機関こそ経済、社会、文化的権利の実施には技術的により優れた資格を有している等の主張もあり（芹田編訳『国際人権規約草案註解』第九章とくに二五二頁以下参照）、自由権規約委員会手続の適用可能性も議論されはしたが、結局、国家報告は国連事務総長に提出することとされ、その写しが審議用に経済社会理事会に送付されることとされた（社会権規約一六条、二一条、二二条参照）。そして、経済社会理事会は、社会権規約が一九七六年に発効した後、とりあえず、決定1978/10（経済社会理事会公式記録 ESCOR, 1978, Supplement No.1, p.34）によって政府専門家による会期間作業部会（Sessional Working Group of Governmental Experts on the Implementation of the Covenant on Economic, Social and Cultural Rioghts）を設けて処理したが、実際には、各国の国連代表部職員等が片手間に出席しているという印象は拭い難く、西側諸国の強い要請を前に一九八五年に抜本的改正を行い、個人資格で活動する委員からなる経済的、社会的及び文化的権利に関する委員会（Committee on Economic, Social and Cultural Rights, CESCR 社会権規約委員会）を設置した（理事会決議 1985/17, ESCOR, 1985, Supplement No. 1, pp.15-16）。委員は一八名から構成され、任期四年、二年毎に半数が改選される。一九八六年に経済社会理事会通常会期において第一回選挙が行われ、翌八七年から活動している（初期の活動状況については、最初の専門委員に選出された多谷千香子検事による論考が『国際人権』創刊号にある）。

（二）各委員会の状況については、阿部浩己・今井直『テキストブック国際人権法』（日本評論社、一九九六（藤本俊明が加わった、第三版、二〇〇九））第四章が詳しい。

（三）自由権規約委員会手続規則（CCPR/C3/Rev.9, 13 January 2011）第六八条二項によれば、締約国が規約第四〇条一項の報告を提出したが、通告された審査予定会期に代表を送ってこなかった場合には、委員会は(a)新たな特定会期を通告するか、または、(b)予定通りに審査を行い、暫定最終所見を作成送付し、新たな審査期日か、新たな定期報告を提出すべき期日を決定することとされている。ただし、(b)の場合には年次報告の中には暫定最終所見は含ましめない。

第二章　国際申立

国際申立制度は、締約国による人権条約違反つまり人権違反があった場合に、他の締約国または当該人権違反の被害者がその締約国を相手取って国際機関に申立を提出し、解決を図る制度である。申立（applications）は苦情（complaints、苦情申立あるいは異議申立ともいう）とも表現され、この制度を最初に採用したヨーロッパ人権条約は、国家についてはany alleged briech（違反主張）（旧二四条）、個人についてはpetitions（請願）（旧二五条）と呼ぶが、実行上は一貫して国家からのものも、個人からのものも、申立という。なお、米州人権条約四四条は個人からの請願、同第四五条は国家からの通報communicationsといい、また、自由権規約は、国家のものも個人のものも通報communicationsというなど、呼び方は条約によって区々である。国際申立には、したがって、国家申立と個人申立がある。申立を提出する国際機関には裁判所と委員会がある。裁判所は欧州、米州、アフリカの地域的人権条約のみが設置している。

本章では、したがって、裁判所に宛てられた申立を人権訴訟として扱い、その他委員会に宛てられたものを個人通報として扱う。なお、これらの国際申立が委員会なり裁判所によって受理され本案審理を受けられるための条件、いわゆる許容性要件（（英）conditions of admissibility（米州条約では、requirements）、（仏）la condition de recevabilité 受理許容性とも受理可能性とも訳される）について先ず検討する。

第一節　中立の受理要件

国際申立の制度を採用している主要な条約は、ヨーロッパ人権条約（一九五〇年採択、五三年発効）、自由権規約（一九六六年採択、七六年発効）、米州人権条約（一九六九年採択、九八年発効）である。(一)

これらの条約が掲げる申立の受理要件はおおよそ次のようである。

改正ヨーロッパ条約第三五条、国内的救済手続完了（同一項、旧二六条一文）、六ヵ月以内の提起（同一項、旧二六条二文）が先ず条件とされ、さらに、個人申立につき、匿名、一事不再理および他の国際調査・解決手続に付されたものと実質的に同一のもの（同二項、旧二七条一項aおよびb）、権利濫用、明白に根拠不十分（同三項、旧二七条二項）なものは受理されない。

自由権規約第四一条、国内的救済手続完了（同一項c）、自由権規約選択議定書、国内的救済手続完了（同二条、五条二項b）が条件とされ、続いて、匿名、濫用（同三条）、他の国際調査または解決手続で検討中でないこと（同五条二項a）が条件とされる。

米州条約第四六条、国内的救済手続完了、六ヵ月以内の提起、他の国際機関に係属中でないことが必要とされ、個人申立につき、匿名でないこと（同条一項d）が条件とされる。

これらの受理要件は、したがって、手続要件と実体要件に二分することができる。(二)手続要件としては、国内的救済手続完了の原則と六ヵ月規則があり、(三)実体要件としては、明白に根拠不十分な申立の不受理、がある。なお、これらの受理要件のほか、委員会または裁判所が人的（*ratione personae*）、物的（事項的）（*ratione materiae*）、時間的（*ratione temporis*）、場所的管轄（*competence ratione loci*）を有していることが必要であることは、当然のことであり、言うまでもない。そこで、先ず、国内的救済手続完了の原則について論じ、最後に管轄について一瞥しておこう。

第一款　国内的救済手続完了の原則

一　人権条約への同原則導入の意義

この原則は、最初に導入したヨーロッパ人権条約（改正ヨーロッパ人権条約三五条）が、「一般的に認められた国際法の原則に従って」と言っているように、国際法上の原則が人権条約に採用されたものである。(四) 国内的救済手続完了の原則は、たとえば国際司法裁判所の一九五九年のインターハンデル事件判決(五)でも言うように、国際慣習法上の規則であり、被告国家が先ず自国の国内法制度の中で、自らの手段によって、個人になされたと申し立てられている損害を救済する機会をもたなければならないという原則に基づいている。

そもそも一般国際法上の国内的救済原則は、したがって、一九五六年の万国国際法学会（アンスティチュ）の決議にいうように、(六) 外国私人が国家によって損害を受けた場合、当該国家の法制度の中に裁判等の救済手段が外国私人に開かれているかぎり、それを尽くすまでは私人の本国たる国家は外交的保護権を発動し得ないということであって、領域国の主権を尊重しつつ、外国私人と国家との紛争が私人の本国たる国家と当該国家との間の国際紛争に容易に転化し、拡大することを未然に防止しうる機能を果たしている。

人権条約は、外国人のみならず、自国民にも保護の手を差し伸べているのであり、以上のような考慮は、国際人権保障制度にあっては、より一層強く当てはまる（オーストリア対イタリア事件）（ヨーロッパ人権条約 Application No. 788/60）(七)。国家の中立の場合であっても、したがって、外交的保護権行使のための先行条件として作用しているのではない。人権条約制度にあっては、国内的救済原則は、個人や国家が国際機関に申し立てるための先行条件として作用しているのである。人権条約への国内的救済手段完了の原則の導入は、領域国の主権の尊重、すなわち、それぞれの国家の法体系の独自性を守りながら個人の保護を図る意図に出たものであり、国際人権機関は国家の裁判制度等に替わって「第四審」になろうとするものではなく、国家にとっては補完的な役割を担うものであることを示している。

二　尽くすべき国内的救済手続と実際の適用

万国国際法学会（アンスティチュ）のグラナダ決議は次のように言う(八)。

「訴えを受けている国家の国内法秩序の中に、侵害を受けた個人に利用可能な、また、実効的かつ十分と思われる救済手段が存在し、それらの手段の通常の利用が尽くされていない限り」あらゆる外交的または司法的請求は許容されない（（仏）irrecevable）。

最初に実施措置を採用したヨーロッパ人権条約では、国内的救済完了原則は、個人からの訴えが殺到するのではないかと危惧され、濫訴を避け、国家に安心感を与え、個人申立の権利を国家が承認する勇気をもつこととの均衡を図るために、古典的国際法から採用された法理であった。しかし、同時に、国内的救済完了原則の採用は、国家に自国内で実効的救済を個人に与える義務を引き受けさせている（ヨーロッパ人権条約一三条、同条と文言もほぼ同様な自由権規約二条三項(a)）ことの結果でもある。したがって、確かに国内的救済完了の立証は申立人が行うが、通常の国内で利用できる救済手段を尽くせばよいのであり、国内的救済不完了の抗弁を国家が行う場合、その立証責任は国家が負うこととなる。

尽くすべき国内的救済手段は、理論的にも実際的にも利用可能な、当該請求に関して救正（redress）を提供する可能性のある、しかも妥当な成功が見込めるものである。したがって、裁量的なものや特別のものは尽くす必要はない。また、「一般に認められた国際法の原則」によれば、本原則の適用を除外する事情として、請求目的に対して「不十分」なものや「非実効的」なもの、たとえば、既判事項であるとき、確立した判例のあるとき、裁判の不当な遅延のときがこれにあたる(九)。

この原則の適用にあたってヨーロッパ人権委員会も裁判所も人権を保護するという文脈から、ある程度の柔軟性をもって、しかも、極度の形式主義を排して、適用する必要をしばしば強調してきた。その意味で、この原則は絶対的なものでもなく、また、自動的に適用できるものでもない。

（一）これらの条約のほか、人種差別撤廃条約（一九六五）、女性差別撤廃条約（一九七九）、拷問禁止条約（一九八四）が個人からの申立を審査する委員会を有している。

（二）受理要件について、ヨーロッパ人権条約については、ヨーロッパ人権裁判所が詳細な「許容性基準に関する実務的指針」（Practical Guide on Admissibility Criteria, Council of Europe/European Court of Human Rights, December 2010, www.echr.coe.int）を刊行している。それによると、許容性基準は、手続的理由、裁判所裁判権に関連する理由、本案にもとづく不許容に分類されている。なお、私自身は、一九六五年の修士論文で、国際裁判における先決的抗弁が無管轄（exception d'incompétence）の抗弁と非許容（exception d'irrcevabilite）の抗弁に区別されること、また、ヨーロッパ人権委員会の（英）admissibility,（仏）recevabilitéの語が管轄の有無も含むものと解さなければならないことを考慮し、委員会の管轄および許容性要件の両者を含むものとして、広義に「許容要件」と呼ぶこととして分類を試みた（芹田健太郎「ヨーロッパ人権委員会の活動とその性格（下）」『法学論叢』七九巻二号八六頁以下参照）。

（三）六ヵ月規則は六ヵ月以内に申立がなされることを求めるものであり、条約違反が然るべき時期に審査されることを確保し、当局や他の関係者が長期間にわたって不安定な状況に置かれることがないよう保護する目的を持っており、六ヵ月の期間の始期の計算など実務的には問題があるが、ここでは、ヨーロッパの経験について纏めた、前掲ヨーロッパ人権裁判所「許容性基準に関する実務的指針」二一一―二一七頁に委ねておこう。

（四）ヨーロッパ人権条約の初期の実行を分析したものとして、芹田健太郎「ヨーロッパ人権条約と国内的救済原則――ヨーロッパ人権委員会決定の分析」『神戸商船大学紀要第一類・文科論集』一五号三七―七二頁参照。

（五）ICJ. Reports 1959, p.27.

(六) Annuaire de l'Institut de Droit International, Vol. 46 (1956), p. 358.

(七) 芹田健太郎「ヨーロッパ人権委員会の活動とその性格（上）」『法学論叢』七九巻一号九七頁以下参照。

(八) Annuaire de l'Institut de Droit International, op. cit., p. 358.

(九) これらに関する詳細および判例については、初期のものについて芹田・前掲註(四)「ヨーロッパ人権条約と国内的救済原則」、一般的には、前掲註(二)ヨーロッパ人権裁判所「許容性基準に関する実務的指針」一六–二二頁参照。

第二款　人権機関の人的、物的、時間的、場所的管轄

一　人的管轄

当該締約国が選択条項を受諾していることのほか、当該国に責任が発生する作為・不作為が当該国に帰属すること。とくに微妙な問題として、本書で論じた「人または人の集団」の行為の帰属性について、国際司法裁判所と人権機関との間に解釈の相違が見られる(一)。

二　物的管轄

当該違反申立が条約の定める人権に係わるものであること。但し、自由権規約の第二六条（法の前の平等）は、同第二条一項のように平等を「この規約において認められる権利」に限るものではなく、

つまり、いわゆる従属規範ではなく、それ自体が独立した自立規範であるので、主張される違反の内容が社会権に関するものであっても、締約国の法律等に係わる差別を扱うものであれば、裁判所や委員会に管轄が認められる。(二)

三　時間的管轄

批准その他当該国が条約に最終的に拘束されることにつき合意した日以降であること。但し、これについては、主張される人権違反それ自体の発生は批准等以前であっても、批准等の後も権利違反が継続的状態にある場合には管轄が認められる。(三)

四　場所的管轄

違反の場所が当該国の管轄下にあること。但し、自由権規約第二条「その領域内にあり、かつ、その管轄の下にある」について、「かつ」を加重要件としてではなく、「かつ／または（and/or）」と解する自由権規約委員会の解釈・実行については、私自身はこの委員会の解釈・実行を支持するが、争いがある。(四)

（一）本書序論第二章人権保障の歴史　第五節第一款「不処罰との闘い」六八―七一頁参照。
（二）同右、一六一頁以下、およびブレークス事件同一七二頁参照。

(三)同右、第一部総論 第三章第四節「時間的適用可能性——いわゆる時間的許容性」参照。
(四)同右、総論第五章 国家の義務 第三節 条約上の義務とその類型・性格、第一款「一般的義務」二〇三頁ならびに、註(一)および(二)二〇八-二〇九頁参照。

第二節 人権訴訟

国家からの申立を国際機関が審議する権限に関しては、ヨーロッパ人権条約は、当初、実施機関として、委員会と裁判所を設け、委員会への国家申立(State applications)は当然に特別の合意なく認められ、義務的とされていた(旧二四条)。しかし、裁判所の管轄は任意的なものであった(旧四八条、提訴権は国家および委員会に限定され、個人の提訴権は認められていなかった)。現在は、第一一議定書が一九九八年一一月一日に発効し、これによって改正されたヨーロッパ人権条約は、委員会と裁判所の任務を新裁判所に一体化し、国家からのものも個人からのものも裁判所の管轄は義務的とされた(新三二条)。これに対し、一九六九年一一月に採択された米州人権条約では国家申立に対する裁判所の管轄も任意的であり(六二条)、委員会に対するものも任意的である(四五条)。同条約は一九七八年に発効し、翌七九年に開設された米州人権裁判所への提訴権者は締約国と米州人権委員会に限られている。

第一款　国家訴訟

人権裁判所を最初に設立したのはヨーロッパ人権条約であった。ヨーロッパ人権条約の設計した裁判所は、ほぼ完全に国際司法裁判所を模したものであった。たとえば、裁判所の強制管轄権受諾に関する規定（旧四六条一項、二項）は、締約国が任意に選択できる選択（任意）条項とされており、規定ぶりは国際司法裁判所規程第三六条（二項、三項）と同じである。(一) 裁判官の被選挙資格に関する規定（旧三九条三項、現二一条一項）は、国際司法裁判所規程第二条同様である。また裁判当事者は、国際司法裁判所は国のみ（三四条）であり、ヨーロッパ人権裁判所は国のほか、人権委員会だけであった（旧四八条）。これらのことを特に記しておくのは、一九五〇年秋の署名時においては、人権条約に関する裁判が諸国に十分に受け入れられておらず、国際司法裁判所の選択条項受諾に関する状況にも示されているように(二)、とくに人権問題が国家間訴訟となることについて諸国に警戒感が強かったことを示している。実際にも人権裁判所裁判官の選挙が行われるのは、一〇ヵ国が批准書を寄託して一九五三年九月三日に条約が発効し、条約発効前から人権裁判所強制管轄権に関する選択条項を受諾していたアイスランド、デンマークに加え、五四年のオランダ、五五年のベルギー、ドイツ、五八年のルクセンブルグ、アイスランド、オーストリアの八ヵ国の受諾宣言が揃った後（旧五六条）であった。

なお、改正前のヨーロッパ人権条約では人権委員会は国家からの申立について強制管轄権を持っていた（旧二四条）。しかし、同委員会の決定には法的拘束力はなく、報告書において違反の有無について意見を述べ、閣僚委員会および関係国に報告書を送付し、閣僚委員会が決定する仕組みであった（旧三二条、三二条）。そして、この決定は当事国を拘束する（同三二条四項）。これにもとづいて提起された最初の事件はキプロスをめぐるギリシャとイギリスの対立であった。一九五六年に条約第一五条による効力停止が不正規であり、鞭打ち等の刑罰を科す立法の違反を訴え、一九五七年には多数の拷問・虐待の事件を訴えた。（三）その後、オーストリア系青年のイタリアにおける裁判が公正性を欠くとして六〇年にオーストリアがイタリアを訴えた事件（四）があり、六七年にはクーデターで成立したギリシャ軍事政権による数々の条約違反を訴えたデンマーク、ノルウェー、スウェーデン、オランダ対ギリシャがあったが、裁判所に訴えが提起されたのは一九七一年の北アイルランドをめぐるアイルランド対イギリスが初めてである。（五）

（一）政府高官会議が作成したものが国際司法裁判所規程三六条にもとづいていた。Gordon L. Weil, The European Convention on Human Rights-Background, Development and Prospects, A.W. Sythhoff, Leiden, 1963, p.156.
（二）芹田健太郎「国際紛争処理理論覚書」『神戸法学』三六巻三号参照。
（三）芹田・前掲「ヨーロッパ人権委員会の活動とその性格（上）」『法学論叢』七九巻一号九六頁。
（四）同右、九七―一〇一頁および「（下）」六五頁以下。
（五）本件判決について『ヨーロッパ人権裁判所の判例』「23　国家間申立」（信山社、二〇〇八）所収参照。

第二款　個人訴訟

個人の権利保護の問題は、従来、外交的保護の枠内で取り上げられ、個人が直接国家を相手取って裁判することはなかった(一)。初めての国際的な人権保障条約である一九五〇年のヨーロッパ人権条約は、保護されるべき人権を規定するとともに、その履行を確保するため、ヨーロッパ人権委員会・裁判所という実施機関を設けたが、裁判所に出訴できるのは締約国と委員会であって、個人には委員会に申立のできる道が開かれたに過ぎなかった。米州人権条約も、ヨーロッパ人権条約に倣って米州人権委員会と裁判所を設けたが、裁判所への出訴権は米州人権条約締約国と米州人権委員会に限定されていた。米州の場合、米州人権委員会は米州人権条約に先立ち米州制度の中で設立されていたので、米州機構（ＯＡＳ）の全締約国に対する管轄と米州人権条約によって与えられた管轄とを持ち、異なる対応を迫られる(二)。

個人の裁判所への出訴権は、一九九八年に欧州人権条約第一一選択議定書によって委員会・裁判所という二本建てから委員会を廃し、個人が直接に裁判所に訴えることができるように裁判所に一本化されてからである(三)。現在は、個人の申立は、三つの流れになる。第一は、許容性決定に係る単独裁判官（非許容の決定ができる）と、非許容の決定をするか、許容性および本案判決のできる三人の裁判官からなる委員会ならびに七人の裁判官から成る裁判部である。裁判部は非許容の決定のみもできるし、許容性決定の後本案判決ができるし、直ちに許容性と本案判決も行うことができる。その後、一七人の裁判官からなる大法廷が開かれることもある。

二〇一七年には、実に六万三、三五〇件の申立（二〇一六年の五万三、四〇〇件に比し一九％増）が寄せられており、うち四万九、四〇〇件が単独裁判官事例、一万三、九五〇件が裁判部または委員会事件として扱われた。(四)多数の申立を抱え、ピーク時の二〇一一年には一五万一、六〇〇件を数えた継続中の事件も、二〇一七年には五万六、二五〇件にまで減少した。一〇％以上の継続中の案件の対象となっているのは、多い順にルーマニア、ロシア、トルコ、ウクライナであり、次いでイタリアが八％余である。欧州評議会加盟国の総人口は二〇一七年一月一日現在、約八億三、一〇〇万人であり、人口一、〇〇〇人当たり、〇・七六の申立となる。内容的には、一九五九年から二〇一六年の間に、裁判所において人権条約違反が認定された条文のうち、四〇％以上が第六条（公正な裁判を受ける権利）に係り、手続の公正さ（一七・三五％）と手続の長さ（二一・三四％）であり、次いで第五条（身体の自由と安全の権利）であり、一五％以上の事件で裁判所は、第二条、第三条に係る生命の権利、拷問や非人道的・品位を貶める取扱いの禁止の重大な侵害を認定した。(五)多くの数字を引いたが、これらの数字は、ヨーロッパ人権条約制度が裁判所を中心にヨーロッパ人の中にいかに定着しているか、を示しているものである。

なお、米州人権裁判所は、条約では「当事国および委員会のみが裁判所に事件を付託する権利を有する」（米州人権条約六一条一項）とし、改正前のヨーロッパ人権条約と同類型であったが、二〇〇〇年一一月の裁判所手続規則の改正によって、本案判決において犠牲者と認定された者（またはその最近親者）に対して、事件の損害賠償段階でのみ独立して参加することが認められ、その限りで裁判所への個人参加の道が開かれた（六）。

（一）高野雄一は、個人の人権の国際的保障について概説書を書くにあたって、「外交的保護を乗り越えて」を主要なモチーフに据えていた。高野雄一『国際社会における人権』（岩波書店、一九七七）参照。なお同書の書評として、芹田健太郎『国際法外交雑誌』七七巻二号（一九七八）（後に芹田著『地球社会の人権論』（信山社、二〇〇三）所収）参照。ほかに、芹田「国籍単一の原則に対する疑問」（『国際法外交雑誌』八三巻三号（芹田『永住者の権利』（信山社、一九九一）所収）において、請求権委員会や仲裁裁判所等の名の下に行われた国際機関での個人の権利に関する判例について、国籍との関連で取り上げている。

（二）芹田健太郎「米州における人権の保護――米州人権委員会を中心に」『法学論叢』八六巻二号（一九六九）参照。

（三）『ヨーロッパ人権裁判所の判例』（信山社、二〇〇八）所収の小畑郁による概説ⅠおよびⅡ参照。なお、同書には巻末に詳細な資料が付されており、有益である。

（四）Council of Europe ECHR Analysis of Statistics 2017 (January 2018), p.4.

（五）これらの統計数値は、Council of Europe ECHR Overview 1959-2016 による。

（六）芹田健太郎「米州人権裁判所手続への個人の参加」『ジュリスト』一二〇五号（二〇〇一）参照。

第三節　個人通報

第一款　通報手続と受理要件

国家の中立を国際機関が審議する権限を最初に認めたのは、前述のヨーロッパ人権条約であり、この国際機関の権限を承認することが締約国に義務づけられた。しかし、個人の申立権については締約国がこれを承認するかどうかは任意的とされた。ところが、自由権規約の場合は、国家からの申立の審査権限を自由権規約委員会に認めるかどうかについて義務的とするか任意的とするか、またこの制度設立がそもそも必要であるかを巡って、特に当時の西側諸国と東側諸国との間に鋭い対立が見られ、任意的申立制度を設立した自由権規約第四一条は妥協の産物であった。

個人の申立制度については、国連総会第三委員会における提案としては第四一条の二を規約自体に挿入するというカナダ等一〇ヵ国提案（A/C.3/L.1402/Rev.2）の形で提出されたが、個人に国際法主体性を認めるかどうかという理論的な問題も加わり、これを認めない旧ソ連・東欧諸国と一部のアジア・アフリカ諸国が自由権規約の一ヵ条として制度化することに猛烈に反対し、多くのアジア・アフリカ諸国が自由権規約とは別個に選択議定書によるのであれば制度化を認めてもよいという態度を示したことから、レバノン提案の分離案を推進派である西側諸国も受け入れ、選択議定書による方式が賛成四一（含む日本）、反対三九、棄権一六によって採択された。（一）こうして現在の個人通報制度が成立した。

通報提出権者は「議定書の当事国の管轄に服する者」であって、「規約に掲げられている諸権利のいずれかの侵害の犠牲であると主張する個人」（選択議定書一条）である。

通報が受理されるには、国内的救済手続を完了していること（同二条）ほか、既に第三部第二章第一節で検討した受理要件を充たしていなければならない。自由権規約、拷問禁止条約、人種差別撤廃条約に共通のモデル苦情申立様式（Model Complaint Form）には、Ⅰ 申立人に関する情報（名前、国籍等）、Ⅱ 関係国／違反条文、Ⅲ 国内的救済完了／他の国際手続への申立、Ⅳ 苦情申立の事実、Ⅴ 証拠書類リスト（苦情申立に同封する写し―原本ではない）の五項目について記載することが求められている。（二）

二〇一六年三月現在では、継続中あるいは許容されたもの五四七件、非許容と決定されたもの六六九件、削除されたもの三八五件、見解で違反認定されたもの九七五件、違反なしの見解一八〇件、総計二、七五六件である。（三）

（一）GAOR 21st Session Annexes（XXI）62（Agenda item 62）, para. 485.
（二）この文書を探すには、U. N. High Commissioner for Human Rights から Treaty-based Bodies の Human Rights Committee（CCPR）に入り、Complaints Procedure の Model complaint form に入る。
（三）Statistical survey of individual complaints dealt with by the Human Rughts Committee under the Op-

tional Protocol to the International Covenant on Civil and Political Rights による。

第二款　仮保全措置

仮保全措置（一）は、第一大戦後に誕生した常設国際司法裁判所から採用されてきた付随手続であるが、その後身である国際司法裁判所が二〇〇一年にラグラン事件判決（二）で明示的にその法的拘束力を認めるまで（判決一〇九項）、法的拘束力については議論があったものである。ラグラン事件は、ドイツがアメリカを領事関係条約第三六条（領事官の派遣国の国民との通信および接触の権利を定める）一項(b)違反として訴えた事件である。同項(b)は次のように規定する。

「接受国の権限ある当局は、領事機関の領事管轄区域内で、派遣国の国民が逮捕された場合、留置された場合、裁判に付されるため勾留された場合または他の事由により拘禁された場合において、当該国民の要請があるときは、その旨を遅滞なく当該領事機関に通報する。逮捕され、留置され、勾留されまたは拘禁された者から領事機関にあてたいかなる通信も、接受国の権限ある機関から遅滞なく送付される。当該当局は、その者がこの(b)の規定に基づき有する権利について遅滞なくその者に告げる。」

ところで、ラグラン事件の事実は次の通りである。ラグラン兄弟はアリゾナ州によって死刑判決を受け、弟カールは一九九九年二月二四日死刑執行され、兄ワルターは同三月三日死刑執行が予定されていたところ、ドイツが同年三月二日に訴えを提起し、同時に死刑執行停止の仮保全措置を申し立て、国際司法裁判所はその緊急性からこれを認めたが、アリゾナ州は死刑を執行した。ドイツが留置の事実を知ったのは、アリゾナ州当局からではなく、兄弟自身からの通知によって、であった。カールが処刑される前、二月二二日付けで当時のフィッシャー独外相からオールブライト米国務長官に対し書簡が送られ、外交努力がなされた。アリゾナ州は当初兄弟がドイツ人であることを知らなかったと言い、ドイツは通報されていたら自国民に対する援助によって状況は変わっていたかもしれないと主張した。

国際司法裁判所は、仮保全措置には法的拘束力無しとするアメリカの主張を斥け、明示的に法的拘束力を認め、仮保全命令によってアメリカに求めたのは本手続の最終決定が出るまでの間、ワルターの死刑が執行されないことを確保するため、自己の有しない権限を行使することではなく、自己の自由になるあらゆる措置をとる義務を課したのであって、アメリカはこの義務を遂行しなかったと断じた（判決一一五項）。そして、「カールとワルターに対して条約第三六条一項(b)の権利を逮捕後遅滞なく通報しなかったこと、またそれによって当該個人に対して条約に定める援助を時宜に応じて与える可能性をドイツから奪ったことによりドイツおよびラグラン兄弟に対する条約第三六条一項の義務に違反した」と認定した（判決主文第三）。

さて、この仮保全手続は自由権規約委員会の個人通報手続にも採用されている。(三) 自由権規約委員会手続規則は、第一会期で暫定規則が採択された後、数次にわたり改正され、仮保全措置を定めた規則八六は、二〇〇六年五月九日に改正され、同規則九二は次のように規定する。

委員会は、関係当事国に通報に関する見解を送付するに先だって、主張される侵害の犠牲者に対する回復不可能な損害を回避するため仮保全措置が望ましいか否かについての見解を同国に対して通知することができる。委員会は、そうすることによって、そうした仮保全措置に関する見解の表明が通報の本案の決定を意味するものではないことを当該当事国に通知しなければならない。

この仮保全手続は圧倒的な数の事件で委員会により要請され、この手続は当事国によって遵守されてきたが、少数の事件では拒否され被害者に回復不可能な損害を引き起こしている。拒否された著名なものとしては、一九九四年七月六日、選択議定書にもとづき、トリニダードトバゴを訴えたアシュビー事件（Glen Ashby v. Trinidad and Tobago）（No. 580/1994）がある。

事実は以下の通りである。アシュビーの異議申立がトリニダードトバゴ当局に送付された後、同年七月一四日、死刑が執行された。アシュビーは自由権規約第六条、七条、一〇条一項、一四条一項、三項(b)、(c)、(d)、(g)および五項違反の犠牲であると主張した。アシュビーは一九八八年七月に逮捕され、翌年殺人罪で死刑判決を受け、上訴等の後、一九九四年七月六日に判決が確定した。同七日アシュビーの通報は自由権委員会事務局に受理され、同一三日委員会の特別報告者は委員会手続規則八六および九一にもとづき、トリニダードトバゴ当局に対し、委員会による決定が行われるまでの間の死刑執行の停止を要求し、許容性問題に関する情報と所見を求める決定を発出した。(四) しかし、前述のように、七月一四日に死刑が執行され、委員会は、七月二六日、規則八六による委員会の要請を遵守しなかったトリニダードトバゴに対し義憤を表明する公式決定を採択した。その後も委員会は審議を続行し、一九九五年七月一四日許容性決定を行い、前述第一四条一項以外を許容できると決定した。(五)トリニダードトバゴは九六年六月三日の中立書によって事件の本案に関する説明と陳述を行った。

死刑執行に関して委員会は、自己の先例(六)を想起させ、次のように言う。「当事国が規約のいずれかの違反を主張する通報の委員会による審議を妨げ、もしくは消失させる効果を持つ行為、または委員会の審議をムート化させ（フランス語訳は、l'examen par le Comité soit controversé 審議を模擬化させ、争訟性を失わせる意）、およびその見解表明を無価値かつ無駄にさせる（nugatory and futile）ことに従事する場合には、規約上の権利の違反は別として、選択議定書上の義務の重大な違反を犯すものである」(七)。トリニダードトバゴの行為は規約および選択議定書の当事国に要求される最も基本的な誠実ささえ示していないショッキングなものである、とした。

もっとも、国際司法裁判所の仮保全措置命令はその判決に法的拘束力が認められている（同裁判所規程五九条）ものに関してとられているが、個人通報の場合は、委員会の決定に法的拘束力は認められていない。しかし、委員会は、アシュビー事件において、「適切な補償（adequate compensation）が遺族に付与されれなければならない」とし、「当事国は、自由権規約第二条に従って、同規約において認められた権利を当事国の領域内または管轄内にあるすべての個人に対して確保すること、および、違反が確定された場合には実効的かつ強制可能な救済を提供することを約束した。委員会は、九〇日以内に、委員会の見解に効果を与えるために採られた措置に関する情報を当該当事国から受け取ることを希望する。当該当事国は委員会の本見解を公表することも要請する」と付加したのである(八)（見解のフォローアップ手続については後述参照）。

なお、自由権規約委員会としては、自由権規約第四一条において定められている締約国からの報告に対して、これを検討し、「委員会の報告及び適当と認める一般的な性格を有する意見を締約国に送付しなければならず」（同条四項）、この義務を履行する観点からも、規約に保護する人権を明確に解釈しておく必要がある。したがって、具体的事例における解釈は委員会にとって不可欠な作業であり、これを奪い取るような締約国の行動は締約国による規約および議定書違反となる。委員会はすでに条約の留保に関して、一九九四年一一月の一般的意見（General Comment）第二四においてこうした考えを示している（本書一八六頁参照）。

（一）ここにいう仮保全措置は、英語では interim measures、フランス語では mesures conservatoires であり、公定訳は「暫定措置」である。しかし、暫定措置という文言は、国連憲章四一条など政治的文脈でも用いられ、それと区別する意味で、仮保全措置という日本で一般に用いられている訳語を用いた。

（二）LaGrand（Germany v. U.S.A.）, Judgment, I.C.J. Reports 2001, p.466. なお、仮保全命令については、酒井啓亘にきわめて優れた研究がある。同「国際司法裁判所仮保全命令の機能――最近の判例の展開を踏まえて（一）（二・完）」『法学論叢』一六三巻三号および一六五巻一号参照。また、この事件までの学説の対立状況について簡潔にまとめたものとして、山形英郎「『国際司法裁判所における』仮保全措置の法的効力」『法の科学』二三号（一九九五）一八二―一九一頁参照。

（三）他に、例えば、拷問禁止条約が設けた拷問禁止委員会手続規則一一四が仮保全措置を定めている。
（四）Report of the Human Rights Committee Vol.II A/57/40 (Vol.II) (GAOR 57th Session Supplement No.40), Annex IX Views of the HRC Under Art. 5, para. 4 of the Optional Protocol to the ICCR A. Communication No. 580/1994, Ashby v. Torinidad and Tobago (Views adopted on 21 March 2992, seventy-fourth session) paras. 1 & 2.1 and 3.1 による。
（五）Ibid., paras. 7.1-7.5 & 8 参照。なお、トリニダードトバゴについては、選択議定書は一九八一年二月一四日に効力が発生し、九八年五月二六日には委員会が死刑判決を宣告された囚人に関する通報を受理し審議する管轄を保たないものとする趣旨の留保が付された。この留保の効力については、一九九九年のケネディ事件において、委員会によって、一般人と死刑囚を区別するのは条約の趣旨および目的と相容れないと判断された（本書一八八頁註（七）参照）。結局トリニダードトバゴは二〇〇年三月二七日に選択議定書から脱退した。
（六）委員会は、Communication No.707/1996, Patrick Taylor v. Jamaica, para. 8.5 (GAOR, 52nd Sess., Supplement No.40 (A/52/40), Vol.II, p. 241) を引いている。しかし、この通報は死刑執行に関するものではなく、死刑判決の言渡が規約の諸規定を尊重していなかった裁判終結とともになされ、上訴が可能でなければ第六条違反となることを示したもので、本件パトリック・タイラー事件は第一四条に掲げる公正な裁判の要請を遵守せず死刑の最終判決が行われたので、規約第六条に保護する権利が侵害されたとするものである。
（七）Op. cit. (Ashby), para. 10.9.
（八）Ibid., paras. 12 & 13.

第三章　人権条約機関の決定の効力

第一節　一般的意見、最終所見、個人通報に対する見解の意義と概要

国際人権条約は、既述のように、裁判制度ではなく、義務的な国家報告制度を設けている。しかし、条約ごとに異なるシステムとなっているので、以下では自由権規約に代表させて問題を取り上げておこう(一)。

自由権規約は、第四〇条において締約国の報告義務を定め、締約国は「この規約において認められる権利の実現のためにとった措置及びこれらの権利の享受についてもたらされた進歩に関する報告を提出する」ことを約束した(同一項)。報告書には「この規約の実施に影響を及ぼす要因及び障害を記載する」(同二項)とされ、自由権規約委員会は報告書を検討し、「適当と認める一般的な性質を有する意見を締約国に送付しなければならない」(同四項)。さらに、選択議定書の当事国(日本は未だ当事国ではない)は、個人からの通報を同委員会が受理し審理する権限を承認しており(同議定書一条)、そして、同委員会は「関係当事国及び個人に対して見解を送付しなければならない」(同議定書五条四項)。

一　一般的意見　General Comment

さて、自由権規約委員会は、七七の締約国からの第一回報告および三四の締約国からの第二回報告、そして、場合によってはこれらに関する追加情報や補充報告を得て審査した経験から、一般的意見を発表した。委員会の目的は、「締約国が自国の報告義務を履行するのを支援する希望」[(二)]であった。

自由権規約委員会は、先ず、一九八一年の第一三会期で、報告義務（No. 1）（後にNo. 30によって置換）、報告ガイドライン（No. 2）、第二条（国内での実施義務）（No. 3）（後に「一般的法的義務の性質」（No. 31）によって置き換えられた）、第三条（市民的政治的権利享有の男女平等）（Nos. 4 & 28）および第四条（derogation 効力停止）（No. 5）（後にNo. 29によって置換）の五項目について一般的意見を採択し、発表した。以来、二〇一四年一〇月の第一一二会期において「身体の自由と安全」に関し一般的意見を採択するまで三五の意見を発表してきた。

内容的には、ゼネラル・コメント（General Comment GC）という英語表現に示されるように、自由権規約委員会自体が編んだ注釈書（コメンタリー）となっている。委員会自身の編集という意味では、研究者編集の個人的なコメンタリーとは異なり、ある種の権威をもつものとなっている。

自由権規約はすでに論じてきたように、第一部第一条が自決権、第二部第二条〜第五条が総論、第三部第六条〜第二七条が実体規定であり、第四部第二八条〜第四五条が履行確保措置規定、第五部が雑則である。国家の義務に係る諸問題—国家の報告義務（Nos. 1 & 30）、条約義務の継続（廃棄・脱退の否定）（No. 26）、自由権規約選択議定書当事国（自由権規約締約国の多数は本議定書の当事国である）の義務（No. 33）、条約の留保（No. 24）を除けば、いずれの意見《コメント》も人権規定に係っている。
人権内容について、コメントがないのは、奴隷の禁止（八条）、債務不履行による拘禁の禁止（一一条）、遡及処罰の禁止（一五条）、法の前における人としての承認（一六条）、集会・結社の自由（二一条、二二条）である。これらの人権は、既に検討してきたように、国際法上内容的にも確立してきているものであり、あえて委員会として取り上げるまでもないと判断されているものと思われる。外国人の追放の制限（一三条）についても特別のコメントはないが、自由権規約の権利が国籍無国籍に関係なくすべての人に保障されているという観点から、締約国への注意喚起も含めて、別途に規約における「外国人の位置」についてコメントしている（No. 15）。
なお、差別禁止原則は国際人権規約の基本的なものであり、自由権規約の各所で触れられているが、とくに同第二部総論第二条との関連、および、第二条の単なる繰り返しではなく、自律的権利（autonomous right）とされる第二六条の法の前の平等については、差別禁止として、一般的意見一八号（No. 18）で言及している。(三)
コメントを一覧にすれば次の通りである。(四)
六条（生命権）―Nos. 6 & 14
七条（拷問等禁止）―Nos. 7 & 20
九条（身体の自由・安全）―Nos. 8 & 35
一〇条（人道的取り扱い）―Nos. 9 & 21

一二条（移動・居住の自由）―No. 27
一四条（公正な裁判を受ける権利）―Nos. 13 & 32
一七条（プライバシーの権利）―No. 16
一八条（思想・良心・宗教の自由）―No. 22
一九条（意見・表現の自由）―Nos. 10 & 34
二〇条（戦争・憎悪の唱導の禁止）―No. 11
二三条（家族の保護）―No. 19
二四条（子どもの権利）―No. 17
二五条（参政権）―No. 25
二七条（少数者の権利）―No. 23

二　最終所見　Concluding Observation

締約国がガイドラインを考慮して提出する定期報告の審査については、前述したところであるが、具体的に、日本政府が提出した報告書（CCPR/C/JPN/6）については、二〇一四年七月二三日に自由権規約委員会が「最終所見」（外務省仮訳は「最終見解」）を採択しているので、これに沿って概要を見ておきたい。外務省は、第六回報告に関する一連の文書も仮訳とともに公開している。[五] 事前質問に対する政府回答、報告に対する自由権規約委員会最終見解（最終所見）（二〇一四年七月二四日）、同最終所見に対する日本政府コメント（二〇一五年八月）、同日本政府コメントに対する自由権規約委員会の分析評価報告書（二〇一六年四月）、同報告書に対する日本政府コメント（二〇一六年六月）、同日本政府コメントに対する自由権規約委員会の分析評価報告書（二〇一七年八月八日）である。自由権規約に対する政府コメント以下は、国家報告に関するフォローアップ手続であるので、個人通報に対する「見解」（View）に対するフォローアップ手続とともに第三節で述べる。

最終所見は、第六回定期報告（CCPR/C/JPN/6）に例をとれば、一般的コメントおよび逐条的報告その他からなる政府報告に関して政府代表団と質疑応答をした後に、作成された。全体は、A序論、B肯定的側面、C主な懸念事項および勧告からなる。序論で述べられることは、政府代表団との質疑応答もそうであるが、目的が「建設的対話」（constructive dialogue）であることである。第六回報告は、第五回報告が提出された二〇〇七年一月から二〇一一年九月までの時点での期間に関連しているので、その間の立法行政措置等に関して、肯定的側面（positive aspects）および主な懸念事項と勧告（principal matters of concern and recommendations）が記されている。自由権規約委員会は、日本が二〇〇九年一二月に人身取引対策行動計画の策定を行ったこと、二〇一〇年一二月に第三次男女共同参画基本計画の策定を決定したこと、同性カップルが公営住宅制度から排除されない旨の公営住宅法の改正、非嫡出子の差別規定を除去した二〇〇八年の国籍法、二〇一三年の民法改正ならびに強制失踪からのすべての者の保護に関する条約および障害者権利条約の批准を肯定的側面として歓迎するとした。

主な懸念事項と勧告については、既に本書で触れてきたところであるが、委員会は、先ず、「締約国の第四回および第五回定期報告書審査後の検討の後に発出された勧告の多くが履行されていないことを懸念する」とし、「締約国は、委員会によって採択された今回及び以前の最終意見における勧告を実施すべきである」（翻訳は外務省仮訳）とした。

さて、こうした自由権規約委員会の評価の基準は何か、と問えば、それは自由権規約委員会が各国政府から提出されてきた定期報告審査や個人通報審査の経験を基に積み上げ、まとめてきた一般的意見（General Comment）であるということを指摘しておこう。委員会と締約国政府との間に具体的な条文について解釈の相違があるにしても、委員会としては、既に検討してきたように、自己の解釈に沿って行動してきている。たとえば米国との間での、第二条一項の「その領域内にあり、かつ、その管轄の下にある」に関する「かつ」の解釈に関する相違について、今では、この「かつ」は加重要件とは解されていない等のことを指摘しておかなければならない。

三　見　解　View

見解は、自由権規約の選択議定書当事国にのみ関係する。自由権規約選択議定書第一条は、既述のように、締約国の管轄に服する者が締約国の人権侵害の犠牲者であると主張する個人からの通報を受理し審査する自由権規約委員会の権限を認めている。自由権規約委員会は、個人からの通報が提出されると、先ず、自己に管轄権があるかを確認し、次に、その通報の許容性を確認する手続を踏んだ上で、通報の審査を始める（管轄や許容要件については第三部第二章国際中立参照）。

自由権規約委員会としての決定には、したがって、先ず、以上の手続上の受理要件に関する決定があり、次に、通報の受理を認めた後に行われる本案に対する判断である「見解」がある。審理の結果である「見解」については、委員会は「関係当事国及び個人に送付しなければならない」（同選択議定書五条四項）。なお、自由権規約委員会は、自由権規約規約第四五条によって国連経済社会理事会へ提出する「年次報告の中に、本議定書による活動の概要を含めなければならない」（同六条）。われわれは、こうして、自由権規約委員会の年次報告の中に、選択議定書による自由権規約委員会の判断の概要を知ることができる。

中でも注目すべきは、選択議定書第一条が自由権規約委員会に対し「諸権利のいずれかの侵害の犠牲者」の通報を受理することを認めているが、委員会はいわゆるアクティオ・ポプラーリス（actio popularis、公益のための第三者による訴え）を認めていないので、「犠牲者適格」（victim status 犠牲者たる地位）に関する委員会の判断は重要である。最近の二〇一六年四月から二〇一七年三月までの会期でもこの原則は確認されている。（六）

（一）人権条約機関である社会権規約委員会、自由権規約委員会、人種差別撤廃委員会、女性差別撤廃委員会、拷問禁止委員会および子どもの権利委員会がそれぞれに採択した一般的意見や一般的勧告は、二〇〇八年五月二七日一般配布の HRI/GEN/1/Rev. 9 (Vol. I) および HRI/GEN/1/Rev. 9 (Vol. II) に纏めて収録されているので、参照できる。本書も基本的にはこれにもとづいている。

（二）一九八九年五月に採択した文書による説明（HRI/GEN/1/Rev. 9 (Vol. I) p. 172.

（三）GC No. 12, para. 12 ibid., p. 198.

（四）前掲文書に登載されていない一般的意見第三三–三五については、CCPR/C/GC/33（25 June 2009）、同三四（12 September 2011）、同三五（16 December 2014）に拠った。なお、一般的意見第一から第一五までは、佐藤文夫「規約人権委員会の一般的意見」『成城法学』二八号（一九八八）一七三–二〇六頁に、また同第一六から第一九までは、同「規約人権委員会の一般的意見（二）」『成城法学』三八号（一九九一）三九–五七頁に翻訳されている。

（五）外務省ＨＰ。

（六）ラッバエその他対オランダ事件（Rabbae et al. v. Netherlands）（No.2124/2011）において、通報者たちは、ムスリム、モロッコ人、非欧州移民、イスラムを標的に、ヘイトスピーチをした国会議員の放免が規約第二〇⑵、二六条、二七条違反であるとして申し立てた事件において、締約国が実質的にこれはアクティオ・ポプラーリス（actio popularis）に当たると主張したのに対し、委員会は原則は認めたうえで、しかし、通報者たちがヘイトスピーチにより個人的に直接的に影響を被っていることを十分に立証し、単に仮定的（hypothetical）なものではない、と判断した（CCPR/C/119/3, paras. 13-14）。なお、一九八四年までに委員会で争点となった手続・内容をまとめた委員会の報告の翻訳が佐藤文夫「規約人権委員会による個人通報に基づく争点の整理（一九八四年）」『成城法学』二〇号（一九八五）にある。

第二節　一般的意見、最終所見、個人通報に対する見解の法的効力

一　一般的意見、最終所見の法的意味

自由権規約委員会は裁判所ではない。委員会の決定が直ちに司法判断としての法的効力をもたないことについては異論はない。しかし、いかなる法的意味をももたないのか。どのような意味で、「一般的意見」「最終所見」の法的意味を問題とするのか。さらに、選択議定書によって自由権規約委員会は個人通報の審査を認められているが、個人通報事例に対する自由権規約委員会の「見解」は選択議定書当事国に対して、どのような意味をもっているのか。

二　個人通報に対する見解の法的効力

国際中立の受理要件について、国内的救済手続完了の原則と人権機関の人的、物的、時間的、場所的管轄について先に、検討した。これらの要件は、自由権規約選択議定書にも規定され（同二条、三条、四条）、委員会は「本議定書によって受理した通報を審理」する（同五条一項）が、「同一問題が他の国際的調査又は解決手続のもとで検討中でないこと」「利用可能なすべての国内的救済を尽くしていること」を「確認した上でなければいかなる通報も審理してはならない」（同五条二項）とされている。したがって、委員会が侵害内容の審理に入る前に、これらの事項に関して下した決定は、最終的

なものであって、法的効力を有している。また、アシュビー事件等の例で、先に見たように、原則的には、審理開始を決定した後、本案審理中に被害者に回復不可能な損害を引き起こすことのないように取られる仮保全措置決定も効力を有する。

さて、手続要件を満たして審理した結果、侵害なしとされた通報については、もはやそれ以上の審査を自由権規約委員会に求めることができないという意味において、最終的な判断として法的効力を有している。自由権規約委員会は、一九七七年の第二回会期から選択議定書の任務を開始して以来、二〇一七年一〇月の報告書公表までの間に、九二ヵ国に係る二、九七〇件の通報があり、審議の上で「見解」が採択された一、二〇〇件のうち、九九四件が違反認定を受け、六七九件が非許容とされ、三九五件が審議中断または取り下げ、五四二件が現在審議継続中である。(二) 登録される個人通報は二〇一三年度まではおおよそ年一〇〇件前後であったが、二〇一四年以降二〇〇件近くとなり、二〇一六年度には二一〇件となった。

ところで、「見解」は、いずれにしても、委員会によって「関係当事国および個人に送付」される（選択議定書五条四項）。問題は人権規約違反が認定された場合である。

一般国際法上は、国家の国際違法行為が認定された場合、その責任解除のために国家がとる措置として、一般的に、国際連合総会が二〇〇一年一二月に採択した国家責任条文（A/RES/56/83）第三四条に列挙されているように、侵害を償う、広義の賠償（reparation）は、原状回復（restituion）、金銭賠償（compensation）、および満足（satisfaction、精神的満足あるいはサティスファクションとも訳される）（各形態については同条文三五条、三六条、三七条で規定する）がある。

自由権規約委員会は、選択議定書によって提出された個人通報に対して違反認定をし、当事国に対し個人への完全な賠償を求めた見解において確立されてきた先例をまとめた「選択議定書上の賠償措置（measures of reparation）」に関する指針（CCPR/C/158）を二〇一六年一一月三〇日に一般配布した。委員会は、同指針において一般国際法と同様な措置を採択している。同指針は、将来の発展を考慮し柔軟性を持たせながらも、委員会見解に実効性をもたせるように基準に調和を与え、一貫性をもたせることを目的としたものである。内容的には、前述の、原状回復、金銭賠償、満足のほか、リハビリテーション、再発防止の保障がある。

「リハビリテーション」は、犠牲者またはその家族に対する医療的または心理的治療あるいはそうした治療に必要な支払いのための基金の提供を締約国に求めることである。

「満足」は、とくに強制失踪、殺害、拷問の場合に、調査の実施を求めたり、判決の無効化、減刑あるいは執行停止を求めることであり、原状回復や金銭賠償のみでは償えない大規模あるいは組織的侵害の場合に公式謝罪を求めたり、記念碑の建設・記念の額や銘板の設置・街路や広場の名称変更を求めることである。国家間で伝統的に取られてきたのは、一般国際法上、公式陳謝や相手国国旗を掲揚し国旗に対する敬礼を行うなどがそれにあたる。

「再発防止の保障」には、法令の改正等のほか、国際基準に合わせた拘置所の条件整備、公的手続き・慣行の変更、法執行官や司法・医療・行政職員の研修や意識向上のための措置を求めることなど、である。これらの措置については、国家の定期報告の審査にあたって、既にみたように、最終所見において、懸念事項として示されることがある。

なお、自由権規約委員会は、これらのいずれかの措置を決定するための参考に、通報者に対し、どのような救済措置を求めるかを自己の申立の中に含めるように助言している。このことによって被告政府は特にその論点についてコメントすることが求められることになる。

なおまた、言うまでもないことであるが、自由権規約委員会が締約国に救正を求める法的根拠は、自由権規約第二条において締約国が引き受けている義務にある。

（一）CCPR/C/119/3 (6 October 2017), p.3.

第三節　最終所見および個人通報に対する見解のフォローアップ手続

一　個人通報に対する見解のフォローアップ手続

個人通報に関するフォローアップ手続は、自由権規約委員会の見解が締約国によってどのように実施されているか、遵守状況を調査・確認する手続であり、見解の実効性を確保しようとするものである。[(一)] そのため、委員会は、自由権規約第二条の締約国の義務を基に、締約国に対して、個人通報に対する見解に実効性を与えるために採る措置に関する情報を「一八〇日以内に」提供するように求める。また、委員会は第三九会期で手続を設け、見解に関するフォローアップをモニターするための特別報告者を指名する(二)。

特別報告者は締約国・通報者によって提供されたすべての情報を基に報告書を作成する。二〇一六年一一月四日に改正された評価基準によると、(A)きわめて満足な対応、(B)行動はとられたが追加情報や措置が求められる、(C)回答は受理したが勧告に関連しないか実施しない行動や情報である、(D)催促したが無回答、(E)情報や措置が委員会勧告に反するか拒否表明するもの、とされている。委員会はフォローアップについて、見解の採択日・違反条文・救済態様・本案内容・通報者、締約の中立を簡略にまとめたうえ、委員会の評価を、実効的救済や十分な補償、見解の公表状況、再発防止等について、(A)から(E)の評価を記している。そして、フォローアップ対話の継続やフォローアップ手続の停止を決定し、公表する(三)。

二〇一六年三月現在で、違反認定は九七六件を数え、きわめて遺憾なことに、最も多い一〇〇件の違反認定を受けたジャマイカは条約を廃棄し、廃棄は一九九八年一月二三日に発効した。また、先に検討した死刑を執行されてしまったアシュビー事件を含めて二二件の違反認定を受けたトリニダードトバゴは選択議定書を廃棄し、その廃棄は二〇〇〇年一月二七日に効力を発生した。また一〇件の違反認定を受けたガイアナは一九九九年四月五日選択議定書の廃棄通告を行い、同日留保を付し再加入した。しかし、これに対してはフィンランド、スウェーデン、ポーランドから死刑囚から権利を奪うもの等と厳しく批判された(四)。

二　最終所見についてのフォローアップ手続

最終所見についてのフォローアップ手続は二〇〇一年に始められた。二〇〇三年には人権条約機関会合ですべての条約機関がこの手続の設立可能性を探ることを勧告した。二〇〇九年にはこの勧告を再強調し、この手続が国家報告制度の不可欠な一部であることが指摘された。

ところで、自由権規約委員会に関しては、「最終所見のフォローアップ手続に関する自由権規約委員会覚書」（CCPR/C/108/2 21 December 2013）によると、次のようになる。同覚書では二年の任期で特別報告者、同副報告者が指名される。任務は最終所見の採択からフォローアップ手続の終結まで広範である。委員会がフォローアップ勧告を選択するに際し、二つの基準がある。一つはフォローアップ勧告採択後一年以内に勧告が実施可能なことと、第二は、事態の重大性、つまり、無為であることが規約の実施に大きな障害となったり、生命・安全を脅かしたりする事態の緊急性があること、である。締約国は勧告に対し一年以内にフォローアップ報告またはフォローアップ返答をしなければならない。締約国のみならず、すべての関係者、国内人権機構やＮＧＯ等も、フォローアップ報告を提出できる。締約国からの報告を受領し、すべての関係者からの情報に期限が来ると、事務局によって第一次分析が採択され、これが特別報告者によって承認され、フォローアップ進展状況報告（the follow-up progress report）に含まれ、次回の委員会会期で審査されることになる。フォローアップ勧告の実施のモニターの基準は、締約国の「協力の程度」および勧告実施のために採られた措置の「性質とインパクト」にある。これも五段階で評価され、返答・行動が(A)満足、(B)一部満足、(C)不満足、(D)協力なし、(E)とられた措置が委員会勧告に反する、である。

具体的に、日本政府が提出した報告書（CCPR/C/JPN/6）に例をとると、二〇一四年七月二三日に自由権規約委員会が「最終所見」を採択しているので、これに沿って概要を見ておきたい。外務省は、第六回報告に関する一連の文書も仮訳とともに公開している。事前質問に対する政府回答、報告に対する自由権規約委員会最終所見（最終見解）は、前述の通り、二〇一四年七月二四日に提出された。

この最終所見（最終見解）に対して翌二〇一五年八月に日本政府はコメントを提出、そして、この日本政府コメントに対する自由権規約委員会の分析評価報告書が翌二〇一六年四月に出され、さらに同報告書に対する日本政府コメントが二〇一六年六月、そして、日本政府コメントに対する自由権規約委員会の分析評価報告書が二〇一七年八月八日に提出された。二〇一七年八月八日付けの特別報告者マウロ・ポリティ（Mauro Politi）から在ジュネーヴの日本代表部大使に宛てられた書簡には二〇一七年九月八日付けのCCPR/C/120/2が採録されている。それによれば、第一三項「死刑」、第一四項「〝慰安婦〟に対する性的奴隷慣行」、第一六項「技術インターン訓練計画」、第一八項「代用監獄と自白強制」が指摘されている。いずれにしろ、委員会は勧告が十分に実施されていないと判断し、これらにつき第七回となる次回定期報告の提出前のlist of issuesに含めることとし、フォローアップ手続の停止を決定した。

以上から分かるように、最終所見をめぐる締約国と委員会の間の「建設的会話」によって、自由権規約の実効性が高められてきていることを知ることができる。そして、自由権規約委員会の先例は、欧州人権裁判所の判例、さらには米州人権裁判所の判例と相まって、類似した権利については法的判断に同一化傾向が見られ(五)、世界的な人権「判例」の集積の様相を呈しており、この事実の重みについて指摘しておきたい(六)。

（一）岩沢雄司「自由権規約委員会の履行監視活動」（講座国際人権法第四巻『国際人権法の国際的実施』（信山社、二〇一一）所収）参照。また、坂元茂樹「個人通報制度のフォローアップ」（同『人権条約の解釈と適用』（信山社、二〇一七）所収）参照。

（二）見解のフォローアップのための特別報告者は、自由権規約委員会手続規則（CCPR/C/3/Rev.9 13 January 2011）第一〇一（一項）によって指名される。

（三）最近のものとしては見解のフォローアップのための特別報告者の報告草案（CCPR/C/121/R.1 16 December 2017）（Follow-up progress report on individual communications-Draft proposed by the Special Rapporteur on follow-up to views-）参照。

（四）UNTC Chapter IV Human Rights 5.Optional Protocol 参照。

（五）例えば、生命権について、芹田健太郎「地域的人権機関の役割と課題」（『講座国際人権法1　国際人権法と憲法』（信山社、二〇〇六）所収）参照。

（六）先駆的な欧州人権条約制度については、鋭く問題を抉り出し、意欲的に分析した小畑郁『ヨーロッパ地域人権法の憲法秩序化』（信山社、二〇一四）がある。なお、自由権規約や欧州裁判所、米州における人権保護のコンメンタール・資料集として基本的なものとして、たとえば自由権規約については、Manfred Nowak, U.N.Covenant on Civil and Political Rights CCPR Commentary（2nd revised edition）, N.P.Engel, Publisher, 2005 および Jakob Th. Moeller and Alfred de Zayas, United Nations Human Rights Committee Case Law 1997-2008 A Handbook, N.P.Engel, Publisher, 2009, 欧州人権条約について、Philip Leach, Taking a Case to the European Court of Human Rights（3rd edition）, Oxford U.P., 2011, Jean-Paul Costa, La Cour européenne des droits de l'homme Des juges pour la liberté（2e édition augmenteé）, Dalloz, 2017, であり、米州における保護についてはやや古いが今でも基本書としての価値をもつ Thomas Burgenthal, Dinah Shelton, Protecting Human Rights in the Americas-Cases and Materials（4th revised edition）, N.P. Engel, Publisher, 1995 参照。

第四部　ＮＧＯの存在と役割

序　住民＝市民運動の始まり

人は一人では生きられない。人は人とともに生きる。人が人とともに生きるとき、集まりは社会となり、まとめる人が現れ、統治が生じる。

歴史を振り返ると、統治する者の数によって、独任制、寡頭制あるいは王制、貴族制、民主制などとされ、統治する者と統治される者とに分かれ、人びとは、「統治」の下に、人類誕生以来、土地を基盤に、年年歳歳、日、週、月、季節、年で過ごす生活を繰り返してきた。人類史の中で、現代につながる大変動は、一八世紀に始まる産業革命、市民革命によってもたらされた(一)。

人が生まれながらに土地と結び付けられていた封建社会から解放され、自由に物を所有し、自由に契約を結び、自由に経済活動を行うことのできる経済社会に入り込んだところに、今日の資本主義社会の出発点があった。このことは、改めて言うまでもない。しかし資本主義の高度化が富の偏在、生産手段をもたない労働者の貧困を生み出し、最初の産業革命が産業の変革とそれに伴う社会構造の変革を促すことになった。また、フランス革命の影響は大きく、最初に産業革命を経験したイギリスでは、同業組合にとどまらない労働組合の結成、労働運動を生み出し、チャーチストたちが議会体制への労働者たちの不満を吸収し、選挙法改正と救貧法改正に揺れていた。(二) 今日の生活協同組合の原型となるロッジデール先駆者協同組合（Rochdale Pioneers Co-operative）は一八四四年にマンチェスター郊外に最初の店舗が開かれ、青年の健全な教育を目指したＹＭＣＡも同年にロンドンで設立された。(三) なお、フランス革命は国家と教会を分離し、教育も国家が担うことになり、教育を受けられない子供たち、とくに女子に修道会が多くこれを提供することとなった（例えば、日本でもみられるカトリック教会の教育修道女会のミッションスクール）。こうして、フランス革命は中間団体を否定し、国家と個人を直接結びつけた。(四)

他方、アメリカは、もともと「小さな政府」であるので、市民社会に必要なよりよい環境は市民自らの自発的な活動により作り上げる必要があった。一七世紀初頭からの移民が各地でコミュニティをつくり、一七七六年七月四日イギリスからの独立を宣言をしたが、連邦政府成立以前から、市民たちが自ら道路、学校、消防署などコミュニティに必要な施設や仕組みを作り上げてきた。(五) また、二〇世紀初めには私財を提供し、カーネギー財団、ロックフェラー財団、フォード財団などの助成財団（foundation）が設立されたほか、メトロポリタン美術館やハーバード大学もＮＰＯである。

（一）ヨーロッパはおよそ一八世紀を境に繰り返しの効かない未知の文明と環境のなかに入り込んだとみられるが、「一八四八年にヨーロッパは、過去と意識的に訣別した。これは革命の年の忘れられない業績であった」いうテイラーの語句を終りに引き、一八四八年を頂点として展開された種々の社会思想の競合と交錯のドラマを現代の問題として設定し、思想史的観点から描いた河野健二『現代史の幕開け――ヨーロッパ一八四八年』（岩波新書、一九八二）は今でも参照されるべきであろう。歴史の中に何を読み取るかはまさに人間のみのなしうるところである。

（二）この間の歴史については、G・D・H・コール著、林健太郎・河上民雄・嘉治元郎訳『イギリス労働運動史 Ⅰ』（岩波現代叢書、一九五二）参照。なお、産業革命の開始期から帝国主義の時代の開幕まで、いわゆるヨーロッパ近代社会の確立期を扱う、柴田三千雄『近代世界と民衆運動』（岩波書店、一九八三）参照。

（三）生活協同組合がイギリスを中心に発展したのに対し、現在のJAが総合農協として発展する起源となったのは、ドイツ西南部にライファイゼンの助言のもとに一八六二年に生まれた貸付組合（後に農村信用組合）であったという（日本農業新聞編『協同組合の源流と未来』（岩波書店、二〇一七）一五〇頁以下参照）。「一人は万人のために、万人は一人のために」（One for All, All for One）が古代ゲルマンの昔からの言い伝えだったことを知った。この語は保険分野でも用いられ、その他ラグビー等の団体競技でも用いられている。前掲書には、大原幽学や二宮尊徳等の日本の先駆者にも触れられている。なお、二〇一二年が「国際協同組合年」（the International Year of Cooperatives = ICY）（二〇〇九年一二月一八日に国連総会が採択した「社会発展の中の協同組合」決議（A/RES/64/136）第二項により宣言された）であったことにも触れておこう。

（四）樋口陽一『憲法』（創文社、一九九二）は、人権の法思想史にとって、個人と国家（＝政治的権力）と中間団体（＝社会的権力）の三者の関係が、何より重要な位置をもつとすれば、人権の実定法上の構成のなかで、結社がどのような位置をあたえられているか、に注目すべきである、と説き、一七八九年の人権宣言にも一七九一年のアメリカ合衆国憲法修正一〇ヵ条にも、「結社の自由」が書き込まれていない点に注目する。「徹底的な中間団体の解体の路線をかかげたフランス革命にとっては、結社の自由ではなくて、結社〝からの〟個人の解放こそが課題であった。身分制から解き放たれた個人が最初からあった新大陸でも『ファクションの弊害とその矯正策』（『ザ・フェデラリスト』第一〇篇のタイトル）は、つよく意識されていた。近代市民革命が個人（人権の主体）と集権的国家（主権の担い手）の二極構造をつくり出すために、結社〝の〟自由でなくて結社〝からの〟自由こそが、追及されたのであった」（〝〟は筆者、原著は傍点）との指摘は重い（同書一四八―一四九頁）。なお、次註のトクヴィル参照。

（五）フランス人が見た一九世紀のアメリカについて、トクヴィル『アメリカのデモクラシー』（松本礼二訳、岩波文庫）第一巻上・下（原著一八三五年）、第二巻上・下（原著一八四〇年）参照。第二巻末に訳者による過不足なき解説が付されている。なお、トクヴィルは米・英・仏の比較民主制を描いているが、とくに結社について、第二巻上第二部第五章～第七章一八八頁以下参照。なお、もともとアメリカの行刑制度調査に出かけたトクヴィルは一八三一年にニューヨーク・マンハッタンに船で到着し、その後一八三三年にはイギリスを旅行している。トクヴィルの法律家としての目は鋭く、第二部第八章「合衆国で多数の暴政を和らげているもの」第九章「合衆国で民主的共和政の維持に役立っている主な原因について」（第一巻下一六六頁以下）はきわめて興味深い。

第一章　NGOとは何か

第一節　国際連合とNGO——経済社会理事会の協議制度の成立とその限界

NGOの名が人口に膾炙するようになったのは、国家を構成員とする国際連合設立文書である国際連合憲章の中に書き込まれてからである。国連憲章が定める国際連合の主要機関である総会、安全保障理事会、経済社会理事会、信託統治理事会（現在は、ほぼすべての非自治地域＝植民地が独立を果たしその役割を終えた）、国際司法裁判所および事務局（同七条）のうち、経済社会協力を扱う経済社会理事会の任務の一つを定めた第七一条は次のように定める。

「経済社会理事会は、その権限内にある事項に関係のある民間団体（non-governmental organizations）と協議するために適当な取極を行うことができる。この取極は、国際団体（international organizations）との間に、また、適当な場合には、関係のある国際連合加盟国と協議した後に国内団体（national organizations）との間に行うことができる」。

この規定は、国連憲章の草案であるダンバートン・オークス提案の中には影も形もない。ただ、国際連合の創設を主導したアメリカは、かつてウィルソン大統領が国際連盟の創設を主導しながら、上院の同意を得ることができなかった経験から、早くから国民の支持と関心を得ることに腐心し、キャンペーンを張るとともに、政府代表団の中に民間代表を顧問として加えていた。これら代表は社会問題を重視させるべく自国政府に提案するに至り、他方、旧ソ連は世界労働組合連盟（World Federation of Trade Union　世界労連）の代表を国際連合設立のための連合国会議ＵＮＣＩＯの正式代表またはオブザーバーとして招請させたかったが拒否され、米国の民間団体の運動や世界労連の参加問題から国際連合の協議制度が誕生した。周知のように、第一大戦後に創られた国際労働機関ＩＬＯが、政府代表、使用者代表、労働者代表の三者構成になっていることからも容易に分かるように、労働者の存在は大きかった。しかし、現実のアメリカ国内の労働組合はソ連の影響の強い世界労連に加盟する産業別労働組合（Congress of Industrial Organization）と反共のアメリカ労働総同盟（American Federation of Labor）に二分され、双方の代表が米国代表団の顧問を務めていたこともあり、「国際団体」と「国内団体」の語句が書き込まれた。

ＮＧＯについての定義はない。[一] 一般的には、政府や政府間の協定によって設置されたのではない団体をいう。具体的には、明確な使命遂行の意思をもち、共通の関心もつ人たちによって支えられた非営利の市民団体を指し、その規模は区々である。政府に対し政策提言をしたり（アドボカシー）、政府の政策実施を監視したりする団体のほか、特定の分野、たとえば人権や環境や保健などに関心をもちこれらの特定の分野でのみ活動する。要するに、社会のために何かをしたいと願うボランティア・グループがその基礎となっている。

国連経済社会理事会は、こうした団体との間で「協議」を行うことができるものとし、多くの団体から選ぶための基準として「協議資格」(consultative status)を設け、団体を三の部類(現在は、総合、特殊、ロスター。資格取得申請の審査は経済社会理事会のNGO委員会が行う)に分けた。(二) しかし、一九六〇年代に植民地から独立した諸国が大挙して国際連合に加盟すると、構成が先進国に偏っている経済社会理事会では貧困等の問題が十分には取り上げられず、一九六一年からの「国連開発の一〇年」にもかかわらず南北格差は開く一方であり、また、一九六八年でも協議資格をもつNGOは一八〇に過ぎず、一九九六年になって協議資格をもつNGO数は一、〇〇〇を超えたが、欧州・北米のNGOの占める率は八割近く、アジア・アフリカのNGOの比率は一三％に過ぎない。二一世紀に入り倍増したが、人びとの現場の意見を十分に反映させることは難しい。一九七〇年代、不満を募らせた途上国は、次第に、一国一票の国連総会に討議の場を移すこととなった。

第二節　国連総会・世界会議からミレニアムサミット宣言と二〇三〇アジェンダへ

一九七〇年代になると、国際連合主催の世界会議が開かれるようになる。七二年の国連人間環境会議を皮切りに、七四年世界人口会議、世界食糧会議、七五年国際婦人年国際会議、七六年ハビタット、七七年国連水会議が開かれ、八〇年代には、八〇年国連婦人の一〇年中間年世界会議、八四年国際人口会議、八五年国連婦人の一〇年締め括り世界会議、九〇年代に入り、九二年国連環境開発会議、九三年国連人権会議、九四年国連人口会議、九五年世界社会開発サミット、第四回世界女性会議が開かれた。そして、特筆すべきは、政府代表団の中にＮＧＯ代表が加わるとともに、政府間会議に並行してＮＧＯフォーラムが開かれるようになったことである。七二年のストックホルム人間環境会議に水俣病の患者たちが出かけたことは記憶に新しい。また冷戦が終了し政治ではなく初めて人権が語られた北京での世界女性会議には、開催地が日本に近いということもあってか、日本の女性団体が大挙してＮＧＯフォーラムに参加した(三)。

二〇〇〇年九月、国際連合は首脳会議を開き、二一世紀に世界的に解決されるべき問題を提示し、ミレニアム・サミット宣言を採択し、さらに、二〇一五年九月に第七〇回総会は「われわれの世界を変革する――持続可能な開発のための二〇三〇アジェンダ」(Transforming our world: the 2030 Agenda for Sustainable Development, A/70/L.1) いわゆるSDGsを採択した(四)。この宣言は、導入部第四項、実質的な第一項で、私たちはこの偉大な旅に一緒に出かけるので「誰一人取り残さない (no one will be left behind)」ことを誓約する、と宣言した。これらの目標は、市民社会とともに、でなければ実現しない(五)。

第三節　社会の多様化の中の阪神淡路大震災とＮＰＯ法の成立

ＮＰＯの母国はアメリカである(六)。日本における市民活動は、例えば、一九五四年三月のビキニ環礁での水爆実験の「死の灰」で被害を受けた第五福竜丸事件を契機とする原水爆禁止運動がある。また、五千人を超える死者を出した一九五九年の伊勢湾台風の被災者救援に多くの学生や労組員等が馳せ参じた。この災害を契機に日本に災害対策基本法（一九六一（昭和三六）年一一月法律第二二三号）が制定された。この運動は、しかし、反安保闘争の中にかき消されていった。他方で、急激な経済成長がもたらした公害に対抗して、熊本水俣病訴訟、イタイイタイ病訴訟、新潟水俣病訴訟、四日市ぜん息訴訟のいわゆる四大公害訴訟によって、(七)環境権が生まれた。一九六七（昭和四二）年公害対策基本法が制定され、一九七〇（昭和四五）年のいわゆる公害国会で一四件に及ぶ新立法と法律改正が行われ、翌年環境庁（現環境省）が設置された。東西対立の冷戦時代、日本では日米安保条約が政治的な対立軸となって社会を大きく規制しており、市民運動は個々のテーマで小さく動き、大きくはならなかった。しかし、社会は確実に多様化していた。そこへ一九九五年の阪神淡路大震災が起こった。都市直下型であり、六、四三四人の死者、家屋倒壊、都市インフラの崩壊を引き起こした。火災も発生し、一面焼け野原となった。一〇〇万人ともいわれる人々が、思い立ったその時に、何の制約もなく、誰に言われたのでもなく、軽々と自由に、日本全国から、ボランティアとして神戸にやってきた。ボランティア元年と言われた。これを契機に一挙に多数の民間団体が誕生した。

一九九八（平成一〇）年三月特定非営利活動促進法（一九九八年三月二五日法律第七号）が成立した。この法律は、「特定非営利活動を行う団体に法人格を付与すること等により、ボランティア活動をはじめとする市民が行う自由な社会貢献活動としての特定非営利活動の健全な発展を促進し、もって公益の増進に努めることを目的とする」（同一条）ものである。同法案は、「市民活動促進法案」と呼ばれていたところ、前国会から参議院で継続審議となっていたが、参議院自民党の中で「市民活動」という表現について、行政に批判的だとして抵抗感を持つ議員がいるため、すべて「特定非営利活動」に変更するという提案を当時の社民、さきがけ両党に示し、両党がこれに強く反発するという経緯があり、成立したものであった[八]。日本において、「公」と「私」といえば、政府と民間企業のことであり、政府に親和的な企業のほかは安保闘争等に見られるように、反政府活動団体であって、政府と民間企業との間に立つ「中間団体」は考えてこられなかったことを意味する。国連のいう第三セクターとしての「市民社会」(civil society)は、社会の多様性の上に存在するという意味では、今日成立過程にある。阪神淡路大震災後「新しい公共」として議論されてきていたことを思い起こすべきであろう[九]。多様化した社会では、あらゆる分野で政府が責任をもつこと(大きな政府)を指向することは難しい。市民活動というか住民活動というかは別として、教育、医療、福祉、災害支援等多くの分野で人々が活動することとなった。学校、病院、老人ホーム、子ども食堂などを経営する団体や国際協力・交流団体などまさに多様である。今日では、営利企業についても社会的責任(CSR)が問われ、社会貢献の度合いによって投資先を考慮する投資家なども現れてきており、経営型のNPOの場合企業との競争も熾烈である。

アメリカ発のNPOは、非政府つまり民間の組織で、株式会社等の営利企業とは異なり、利益を関係者に分配しない組織のことである[一〇]。日本では、特定非営利活動促進法の成立以来、多くの団体がNPOと認定され、国内で活動を行うようになり、どちらかと言えば、NPOは国内で活動する団体であり、NGOは国際的に活動する団体であると思われているようにも思える[一一]。

(一) NGOについては各種のアプローチがありうるが、国際NGOについてパリ第二大学で博士論文を書いたNicolas Leroux, La condition juridique des organisations non gouvernementales internationales, Bruylan, Bruxelles, 2009は、フランス伝統に従い論文を二分法で書き、第一部　存在する自由(Liberté d'exister)、第二部　参加する自由(Liberté de participer)に分けて論じている。

(二) アラン・プレ、ジャン＝ピエール・コット共編『コマンテール国際連合憲章』(中原喜一郎・斎藤恵彦監訳、東京書籍、一九九三)下巻二五九頁以下参照。ほかに、芹田・薬師寺・坂元『ブリッジブック国際人権法〔第二版〕』(信山社、二〇一七)一九四頁以下参照。

(三) 馬橋憲男『国連とNGO──市民参加の歴史と課題』(有信堂、一九九九)参照。なお、前掲芹田・薬師寺・坂元Chapter 11参照。

(四) 外務省HPに仮訳がある。

(五) 国際社会における国家主権中心の制度枠組みの揺らぎについて、吉川元編『国際関係論を超えて──トランスナショナル関係論の新次元』(山川出版社、二〇〇三)参照。特に編者吉川元の序章「国境を超える国際関係論」に歴史的経緯が素描され、国際NGOの進出の意味や人類益について触れられている。

(六) レスター・M・サラモン著、山内直人訳・解説『NPO最前線──岐路に立つ市民社会』(岩波書店、一九九九)参照。NPOとは何か、アメリカのNPOから何を学ぶか、という解説とともに、アメリカのNPOを理解するための基礎的な用語に対する解説も付されている。なお、アメリカのNPOの特性を十分に知るにはアメリカの税制の理解が不可欠である。岩田陽子「アメリカのNPO税制」『レファレンス』六四四号(二〇〇四)三〇-四二頁参照。ただし、同論文発表後、日本の法改正もあるが、日本の認定NPO数は、二〇数団体から現在一、〇〇〇余を数えるに至っている(内閣府NPO

ホームページ参照)。

(七) 毎日新聞社編『国際ボランティア講座』(毎日新聞社、一九九七)「阪神淡路大震災から──再びボランティアを問う」特に芹田一二八-一三七頁参照。

(八) 芹田健太郎「NGOとNPO──排除の論理より包摂の論理を「公的なもの」に皆が参加──別の角度から光を当てる」(『神戸新聞』一九九七年一二月六日)参照。

(九) 市民とNGOの「防災」国際フォーラム実行委員会編『市民がつくる復興計画──わたしたちにできること』(神戸新聞総合出版センター、一九九八)ほかにCODE海外災害援助市民センター編著『災害救援』(神戸新聞総合出版センター、二〇〇四)等参照。

ここで「市民とNGOの『防災』国際フォーラム」について触れておきたい。防災の分野では、阪神淡路大震災の前年一九九四年四月に「国際防災の一〇年世界会議」が横浜で開催され、「国際防災の一〇年」の中間レビューと将来に向けた行動計画が採択され、一九九五年一二月に「アジア防災政策会議」が神戸で開催されることになっていたところ、一九九五年一月一七日に阪神淡路大震災が発生した。同年三月にはデンマークのコペンハーゲンで国連の社会開発サミットが開かれ、社会開発に関するコペンハーゲン宣言と行動計画が採択された。政府主導の一二月のアジア防災政策会議に向けて被災者の声をアピールすることを目指し、NGOによる防災フォーラムを構想していたところ、同年五月二八日にロシア・サハリンで震災が発生し、阪神淡路大震災発生直後に立ち上っていた「阪神大震災地元NGO救援連絡会議」が事務局となり、「サハリン地震救援委員会」を立ち上げ、神戸はまだ混乱の極みにあったが、海外から受けた支援に対するお返しと他人事ならず、の気持ちから、はじめての海外災害支援に乗り出した。義捐金も一、〇〇〇万円近くが集まった(芹田健太郎『二一世紀の国際化論』(兵庫ジャーナル社、二〇〇一)七六頁以下参照)。

他方、「フォーラム」の準備も進み、「市民」を巻き込む形で構想され、「阪神大震災地元NGO救援連絡会議」に結集するNGO諸団体・ボランティアのみならず、生活協同組合コープこうべを中心にJAや漁協、ライオンズ、ロータリー、青年会議所、朝鮮学校・中華同文・カナディアンなどで構成する外国人学校団体、兵庫県医師会、YMCA、YWCA、キリスト教関係団体、仏教団体、県・市関係団体、また、兵庫県洋菓子協会など民間企業も巻き込んだ緩やかな組織（組織委員長：高村勣コープこうべ名誉理事長、実行委員長：芹田健太郎、副委員長：増田大成コープこうべ副組合長、事務局長：草地賢一阪神大震災地元NGO救援連絡会議代表、事務局次長にコープこうべから出向の高田忠良が入り、第二回で、阪神淡路大震災「仮設」支援NGO連絡会議代表村井雅清、多文化共生センター事務局長田村太郎が次長に加わり、事務局に置かれた企画委員長に津村喬ミニコミ誌「神戸から」編集主幹）が当たっていた。あらゆる表現形式で、第一回フォーラムは、「くらし再建へ『いま』見据えて」をテーマに一二月八日から三日間にわたって開かれ、二万人が参加、音楽、演劇、多彩な四〇のフォーラム、シンポが行われ、一二月一〇日世界人権宣言採択記念の日に「神戸宣言」を採択した（芹田健太郎「弱者・少数者の幸福はすべての者の幸福――「最大多数の最大幸福」からの脱却」『Justice　ジャスティス』創刊号㈱システムファイブ、一九九六）所収。一〇頁以下参照、全体的な詳細は一九九六年八月一七日発行の第一回報告書参照）。そして、この神戸宣言を起点に、その後の活動が行われてきた。一九九七年一月一七日から三日間開かれた第二回のテーマは「くらし再建　道筋ここから」であり、五年後の二〇〇〇年一月一八日のテーマは「くらし再建・五年の体験　二一世紀世界へ」であった。第二回のときには、オープニング特別企画に、有森裕子・間寛平の「マラソン談義」があり、兵庫県洋菓子協会による実演と試食会があり、子どもたちは大喜び、また震災時救援物資等を全国から運んでくれたトラックドライバーたちが北は宮城県、南は鹿児島県から五〇〇台も駆けつけ、「フォーラム」の一環として、「夢と希望を神戸にトラック野郎フェスタ、九七」を開催した。終わって、ポートアイランドの西臨時駐車場から全員を見送った。第二回では、中川智子議員（当時）も参加し論じ合った、現在でも課題一杯の、公的補助の問題ほか一〇の主催シンポ、臍帯血バンクの医療への貢献など一般シンポほかイベント等があった（詳細は一九九七年九月発行の第二回報告書参照）。

（一〇）日米の社会の性質や政府権限の強度なども踏まえながら、主として素材をODAにとり政府とNGOとの関係とくに制度化された「対話」を取り上げ、日本ではパターナリズムの色彩が濃いことを指摘する等、高橋良輔「規範媒介者としてのNGO——アドボカシー・ポリティックスの理論と実践」西谷真規子編著『国際規範はどう実現されるか』（ミネルヴァ書房、二〇一七）所収は、政治学の観点からの分析できわめて興味深い。とくにその註は詳細な解説もあり有益である。

（一一）非営利組織の経営や組織行動などを中心に検討したボランティア、NPO法人、NGOの相違について田尾雅夫・吉田忠彦『非営利組織論』（有斐閣アルマ、二〇〇九）参照。

第二章　ＮＧＯの法的地位

第一節　国際ＮＧＯの法的地位

国際連合における議論については前述したが、国際ＮＧＯについての一般的な法的地位に関する取り決めはない。ヨーロッパでは、「国際ＮＧＯの法人格の承認に関するヨーロッパ条約」（一）がある。この条約により、条約当事国は当該団体が事務所を置くいずれかの当事国において取得された法人格と能力を承認することに同意している。なお、本条約の諸規定から利益を得るためには国際ＮＧＯは以下の条件を満たさなければならない。

第一に、国際的に有用な非営利目的（a non profit-making aim of international utility）をもつこと、

第二に、いずれかの当事国の国内法によって規制される文書によって設立されていること、

第三に、少なくとも二の国において実質的活動を行うこと。この要件について説明報告書は、欧州協議会構成国の二国ではなく、構成国のいずれかで設立されたＮＧＯが、たとえば、非構成国である第三世界の国で飢餓との闘いに従事するような場合を排除しない、としている。

第四に、いずれかの当事国の領域内に事務所をもち、同国または他の当事国において中心的な経営と管理を行っていること、である。

ところが、ヨーロッパ条約において認められている以外には、各国国内法によって設立された民間団体が外国において活動する場合には種々の問題がある。

第二節　国内ＮＧＯの外国における法的地位

各国国内法は、活動分野の多様性に応じて特別法を定めている。日本の場合、学校法人、医療法人、社会福祉法人、ＮＰＯ法人等、また古くからの歴史をもつ消費生活協同組合等、それぞれに制定された法律にもとづき設立されている。公益を目的にしていても、社団法人と財団法人の相違は、よく知られているように、中心が人の集まりか財かによっている。京都にある世界人権問題研究センターは公益財団法人、自由権規約委員会にカウンターレポートを提出している自由人権協会は公益社団法人、大阪にあるアジア・太平洋人権情報センターは一般財団法人である。いずれも、国内法で法人格と法的権利を承認されるＮＧＯである。しかし、欧州条約のいうような国際ＮＧＯではない。

さらに、国際的に活動するＮＧＯ、とくに緊急状態（自然災害、人為災害、紛争災害であるかを問わず(二)で活動するには、現在の国際社会が主権国家を単位に出来上がっている以上、国境を越える活動は出入国に関して、先ず、国家主権と衝突する。民間の支援が国境の壁に阻まれて被災者の許に届かない。国家間では内政不干渉の原則が働くのでより強く問題が発生する。よく知られているように、内戦のような紛争災害に介在するＰＫＯの場合、活動は、関係当事者の同意の上で、いずれの当事者にも偏ることなく、行われなければならない（国際連合平和維持活動に対する協力に関する法律（平成四（一九九二）年六月一九日法律第七九号）第三条一号参照）。殊に内戦が生み出す難民の保護に多大な貢献をしている難民高等弁務官（UNHCR）の活動実績には、国際機関ではあるが、注目すべきものがある。（三）このことは、ＮＧＯに関しても同様であり、被災国、被災者、支援国・団体の三者の関係の解明が問われなければならない。

国際連合はこの問題に対応すべく、国連国際法委員会が条約案を準備し、「関係者の不可欠な必要を満たし、災害に対する適切かつ実効的対応を促進することを目的」として、「災害時における人の保護に関する条約草案」（Draft articles on the protection of persons in the event of disaster）（四）を作成した。同条約案第四条（用語法）では「国以外の支援主体」（other assisting actor）として「関連ＮＧＯまたはその他被災国外のいずれかの団体もしくは個人（any other entity or individual）」（同(c)号）が含められ、民間団体と個人に言及されている。（五）

災害時の人の保護に関して、何より先ず、「人間の尊厳を尊重し保護しなければならない」（五条）とされた。そして、同条約案は、「対外支援を求める被災国の義務」（一三条）、「対外支援に対する被災国の同意（対外支援には同意が原則、同意の恣意的撤回の禁止、支援の提供がなされた場合可能な限りこれを周知させる被災国の義務）」（一四条）を謳うことによって、現実のネックを取り除こうとしている。

第七条（旧六条）（人道原則）では、「災害への対応は、人道、中立、不偏の原則に従いおよび非差別に基づき特に弱者（the particularly vulnerable）の必要を考慮して行う」と宣言する。この条項は、明らかに国連平和維持活動（ＰＫＯ）以来の流れに由来する。確かに、そもそもの最初から、国家のＰＫＯ活動には、中立も不偏も求められる。しかし、ＮＧＯは、全被災者の保護に係らなければならないものでもなく、中立、不偏原則の適用には疑問が残る。二〇〇四年一二月二六日に発生したスマトラ沖地震で引き起こされた死者・行方不明者二〇万人とも三〇万人ともいわれたインド洋大津波の際には、被害が甚大であったインドネシア・アチェ州に反政府運動があり、内乱が生じていたので、中央政府は同州への外国人の立ち入りを抑制し、アチェ独立運動家たちも嫌がった。内戦中の地域における自然災害の場合には、確かに政治的中立は必要であるが、きわめて限定的であろうし、むしろ、支援の対象であり、復興の主体は被災住民であるので、住民に近い地方自治こそが認められるように仕向けることが必要であろう。また、不偏性についても、一般的に支援に偏りがあることは許されないにしても、ＮＧＯの場合その支援規模は国家に比肩しうるものではなく、そもそもの最初から、被災地や被災者の選択に不偏であることを原則とすることは難しい。支援対象とした被災地の被災住民個人間の偏りは許されないし、被害との均衡性も考慮されるべきことは当然である（六）。

ところで、外国における日本のＮＧＯの法的権利に関して、特定非営利活動法人ＣＯＤＥ海外災害援助市民センターの経験で見れば、二〇一〇年の地震の被災地ハイチでは、女性向けのマイクロファイナンスのほか、山に緑を復活させる植林支援のため、迂遠と思われるが、植林等を学ぶ農業技術学校創設を考えた。しかし、同国は外国人の土地取得に制限を設けており、施設建設用の土地取得はかなわず、結局、現地ＮＧＯや修道会との連携で資金提供を行い、管理運営会議メンバーとなることにより農業技術学校を建設した。二〇〇八年五月の中国四川大地震では、被災農村部に一〇ヵ所ほどの極めて小規模な保健施設で医師が巡回できるものの建設を予定したが、現地の希望とは異なり、外国人の同分野での支援が難しく、設計・施行まで含めた契約は破棄され、結局、老人や子どもの集まる集会所を中国の「農家楽」にも使用できるように、伝統仕様の設計で、地震にも耐えた木造家屋の建設に変更し、設計・施行業者・建築資材等の選択ができるように再契約の上、完成、村に譲渡した。日中のＮＧＯ交流拠点ともなっている。二〇一五年のネパール大地震の際には標高三千メートルの村に入り、先ずテント等の配布から始め、両国の専門家の協力の下に、現地の建築基準に則り、耐震設計で高山でも容易に手に入る石や木や泥等の資材を用いたモデルハウスの建築から始め、若い大工への技術移転も進み三〇棟近くが完成した。両国青年の研修・交流の場ともなっている。二〇一三年一一月の台風で破壊、流出した漁業用小舟を提供したフィリピンでは、現地の団体と協力しながら、生活再建に協力している。

このように支援活動は区々であり、被災者の生活に目を向けるとき、被災国の法制の中で活動することとなり、各国の法制は基本の部分では類似するが、法的地位の一般論は難しく、それぞれのＮＧＯが工夫をして活動している。一律規格の住宅や製品を持ち込むことは、生活の基盤の大規模変更を引き起こし、伝統文化の破壊ともなり、好ましいものではない。

国家間に結ばれた人権諸条約の網は、今では、世界を覆う人類社会の権利章典となっており、国際人権法の掲げる基準は世界のひとりひとりの人のものである。しかし、現実の国家単位の社会では実現は各国家の双肩にかかっている。NGO、市民社会は側面から国際人権の実現を担っており、それにふさわしい法的地位を与えられるべく働き、獲得しなければならない。

（一）European Convention on the Recognition of the Legal Personality of International Non-Governmental Organizations（ETS No. 124）.
（二）災害の捉え方について、とりあえず、芹田健太郎「災害と法と課題」『世界法年報』三二号（世界法学会、二〇一三）所収参照。ほかに、同「災害報道から人道報道へ―人間の尊さを謳歌する記事が求められている」『新聞研究』六五九号（二〇〇六）参照。なおまた、震災下での問題点について、阪神淡路の現場からの報告として、同「弱者・少数者の幸福はすべての者の幸福―「最大多数の最大幸福からの脱却」『ジャスティス』創刊号「誰がための法と行政か―阪神大震災復興行政を検証する」（システムファイブ、一九九六）参照。
（三）前掲緒方貞子『紛争と難民―緒方貞子の回想』（集英社、二〇〇六）および同『私の仕事』（草思社、二〇〇二）参照。なお、国連事務総長を務めた前掲コフィー・アナン『介入のとき―コフィー・アナン回顧録（Interventions―A life in War and Peace）（上）（下）』（白戸純訳）（岩波書店、二〇一六）参照。
（四）ILC Report A/69/10 テキストは八六頁以下参照。
（五）ILC Report A/69/10 コメンタリーは八九頁以下参照。用語法を定めた第四条のコメンタリーについては九五頁以下参照。
（六）Ibid., p. 103ff.

第三章　ＮＧＯは誰を代表するのか

第一節　民主主義と国民代表

国民代表概念は英国で生まれ、一七世紀以来徐々に確立されたが、代議士が全国民の代表者であって、選挙区の訓令に拘束されるべきではない、という意味では、一八世紀末に確立した。フランスではフランス革命以降である。

近代民主主義の代議制では、それぞれの実定憲法に従って、多くの場合は、一定の選挙区から選挙によって選出された議員が全国民または全人民を代表する。代表制については、憲法学者による多くの優れた研究がある。宮沢俊義は、戦前（一九三四年）に、「国民代表の概念」（一）を表し、鵜飼信成は一九四九年の「民主主義と議会制度」と「選挙制度の基本原理」（二）を、また、芦部信喜は、一九六七年に「民主的代表の論理と社会学的代表概念の意義」を論じている。（三）現行憲法の解釈論として、佐藤幸治は、代表制の類型を分析しつつ、「実在する民意を忠実に反映しつつ、同時に自ら独自に統一的な国家意思形成を行うことを目指す代表観」をとっていると解している。（四）樋口陽一は、政党ほかさまざまの中間団体が役割を分担しつつ、多元的に分岐した国民の意思を国家的合意にまで合成することは「代表」の積極的規範意味の実現に貢献する、と言う。（五）（六）

ここで憲法論を展開する用意も意図もない。確認しておきたいことは　国民代表が、自己の政党、社会階級、利益団体、その選挙人から独立して、何が全国民の福祉に不可欠なものとして要求されているのか、を考え抜くことが求められており、まさに公益を担っているということである。

さらに確認しておきたいことは、今日の国家を構成員とする国際社会では、民主国家であるか否かを問わず、国家は自己の目標を定めて行動するものであり、国家目標には、大まかに言って、自国の経済発展や軍事力の維持・拡大など、他国を排し自国の価値を維持・増大させる目的のものと、平和や正義の実現、環境の維持・人権の促進、国際機構の創設など、協力的で相互利益の形成を目指すものとが区別されることである。今日の国際社会が高度に相互依存的であり、国際連合で再々言及されるように、世界のかかえる戦争・貧困・環境破壊などを考えると、後者の国家目標が極めて重要であることは言うまでもない。従って、いずれの国家も自国の国家目標を設定し、設定された国家目標の達成のために他国との間で相互に利害を調整し、処理していく全過程の中で、単に自国民を代表するのみならず、人類をも代表することにもなっていること（国益と人類益の相克）に意を用いるべきである。

第二節　議会制と政党

日本では、中間団体である政治団体は、政治資金規正法（昭和二三（一九四八）年法第一九四号）で次のように規定されている（三条（七））。

(1)　政治上の主義若しくは施策を推進し、支持し、又はこれに反対することを本来の目的とする団体
(2)　特定の公職の候補者を推薦し、支持し、又はこれに反対することを本来の目的とする団体
(3)　前二号に掲げるもののほか、次に掲げる活動をその主たる活動として組織的かつ継続的に行う団体
(イ)　政治上の主義若しくは施策を推進し、支持し、又はこれに反対すること
(ロ)　特定の公職の候補者を推薦し、支持し、又はこれに反対すること

なお、政党はこれらの政治団体で一定数の議員等を有するもの、である。

ところで、議会制はその本質上絶対君主政に反対するものであり、近代的な意味での国民代表概念に古典的な表現を与えたものとして、宮沢は、前掲書の中で、フランス革命時のシェイエスの次の言葉を引いている。

「市民たちはその仲間のある者にその信頼を与えることができる。彼らが自分たちよりも一般的利益をよく知りその点についてかれら自身の意志をよく解釈しうる代表者を指名することは共同福利のためになる」

さて、現代国家においては政党の役割は大きい。代表は「自己の所属する政党」からも独立していることを要する旨先述したが、政党の支持のもとに当選する議員は議会において、現実には、所属政党の統制を受けつつ活動する（いわゆる党議拘束）。しかし、これは代表制に反しないのか。党議の意

味、党議拘束の範囲、強弱等については吟味が必要である。

議会の審議は公開され自由な審議が行われ、議決は多数決で行われる。周知のように、単純多数決と三分の二以上の特別多数決がある。政治活動は、政治上の主義、施策を推進し、支持し、又はこれに反対するものであり、その主義・施策は過半数または三分の二多数決によって決定する。

審議内容が「公益」をめぐる対立であれば、多数を握った側の主張は、表決により、「公益」と認められ、少数側には「公益」は認められない。もしこれが「生活」をめぐる対立であれば、少数者の生活や生命はどのようになるのか。政治の目標は「最大多数の最大幸福」の実現にあるとされるが、それでも、少数者を切り捨ててよいのか。ここに少数意見に耳を傾ける制度の必要が生まれる。

第三節　最大多数と最後の一人

一　人の繋がりの根拠

二〇一五年九月に第七〇回国際連合総会が採択した前述の「アジェンダ二〇三〇」は、「最も貧しく最も脆弱な人たちの声（the voices of the poorest and most vulnerable）に特別の注意を払いながら市民社会その他の利害関係者との間で行われた二年以上にわたる公開の協議および関与の結果」、この一七項目の目標とターゲット（Goals and targets）ができた（序六項）と宣言し、そして、この目標を実現するための偉大な共同の旅に出るにあたり、われわれは「誰一人取り残さない（no one will be left behind)」と誓約した（同四項）。

周知の通り、われわれの社会は、ここに一〇〇人がいるとすれば、最大多数は九九である。われわれの民主主義では最後の一人はどうしても切り捨てられる。しかし、経験的に、たとえば災害救援の現場では、最後の一人が救出されるまで、費用対効果などを考えずに、見守る。そして救出されると安堵する。これは最後の一人の重さである。

教育刑主義を採ったことで知られる東京帝国大学教授牧野英一に『最後の一人の生存権』という著作がある。関東大震災を生きた牧野が一九二四（大正一三）年に札幌の家庭学校で行った記念講演を基にした論考である。牧野は第一大戦後のワイマール憲法と日本の動きに関して主として所有権と契約の自由の変容を取り上げ、社会政策的な方向が著しいことを指摘したものであった。ただ、牧野は、最後の一人まで戦うことを国民的理想としていた第一大戦を想い、最後の一人の生存権を保全することによって、その最後の一人までを必要なら戦わせることができるということを根拠に挙げていた。時代に生きた牧野の限界であろう[三]。

「最後の一人」を語るとき、しかし、そこにあるのは、人間の連帯である。やや異なる文脈ではあるが、アパルトヘイトと戦って、一九八四年にノーベル平和賞を受けたデズモンド・ツツ主教は受賞記念演説を次のように締めくくった。

「いったいいつになったら、人間が無限の価値をもつものだということに私たちは気づくのでしょうか？

人びとの人間性を無視することは、自分たちの人間性を無視することなのです。抑圧することは、たとえそれ以上でないとしても被抑圧者と同じくらい抑圧者の人間性を損なうのです。人間になるためには、真に自由になるためには、お互いが必要なのです。私たちは、人間の仲間、共同体、平和の中でだけ人間になれるのです。」

人間が繋がっているからこそ、まだ一人残っているのではないか、まだ声を聴いていない小さき者、弱き者がいるのではないか、と問うことができる。このことを国連のアジェンダ二〇三〇も問いかけている。

ところで、ＮＧＯは自己の意思で活動する人たちの集まりである。しかし、ＮＧＯはいわゆる「地域代表」「職能代表」「利益代表」などの「部分代表」ではない。中間団体としてのＮＧＯの中には、労働組合とか生活協同組合とか漁業協同組合など特定集団を代表しているものがある。しかし、次節で分析するように、ここでは中間団体のうち公益を担うＮＧＯの代表制（ＮＧＯは誰を代表しているのか、の問題）に的を絞って考えよう。現実には、これら労組や生協や漁協、農協等の各種団体も多様化し、本来の団体創設目的とは別に、福祉や援助や教育等の分野にも活動の幅を広げてきていることを見忘れてはならない。しかも、市民革命期に言われた市民階級の「市民」は財産と教養をもった自由主義的市民たちを指すことが多かったが、今日、市民というのは、自由権規約第二五条で「政治に参与する」こと、「選挙し選挙される」こと、「自国の公務に就く」ことの権利と機会を保障されている「すべての市民」のことである。

二　選挙の社会学的意味

現実の議会制は、英米の二大政党制、イタリアやかつてのフランスのような複数政党制であれ、選挙で国民の意思が表示され、議会には大まかな意見分布が現れる。日本の国政選挙の投票率に例をとると、総務省によれば(九)、衆議院選挙では選挙区の変更等はあるが、戦後は最高で七七％近く、最低で五四％ほど、平均的には七割位であり、参議院選挙は最高七五％近く、最低四五％足らず、平均的には六割程度である。最近の選挙では、国民の意見は分かれ、多党制的状況を示している。しかし、本書の関心はその分析ではない。議会制に表れない、投票所に赴かない人たちに目を向けることである。

投票所に足を運ばない人たちは常に、二ないし三割存在し、しかもその核の部分は固定的と考えられる。この中には、確信的な棄権者や自己都合を優先させる者等、いわゆるフリーライダー(一〇)も存在するが、しかし、日本には国政投票に常に赴く、穏健な多数派を構成する国民層が存在することを示している。これら国民層の意見が議会における多数派・少数派のいずれを構成するかを問わず、そこに表されているのはいつでも同じ社会層であることを意味する。単純化すれば、経験的にも、こうした多数派はいつでも強く、仕合せなのであろう。だからこそ社会の安定要因、安定的中間層の大切さが説かれる。

三　一人のつぶやき

しかし、議会制は、各種中間団体を通じて集約される意見が反映されることがあっても、議会に表れない意見は、見ない。その意見をもつ人びとは切り捨てている。意見の表明どころか、意見の表明さえできない、つまり、足を踏んづけられていても、痛い！という声さえ上げられない人の存在は消されている。代わって、痛い！という声を挙げる存在が必要である。これは、ＮＧＯのもついわゆるアドボカシー adovocacy（擁護、政策主張提言）である。小さき人、弱き人、それを国連宣言「アジェンダ二〇三〇」は、「最も脆弱な人」(the most vulnerable) と呼んだ。小さな子どもに耳を傾けるには身をかがめて小さくなる。弱い人のためには弱くなることが求められる。

他方で、人間は他の人と繋がっており、この人のために働くことを目指す人が必ず一人は存在する。このことも既に確認してきた。また、本書序論で確認したように、[一一] 人間は社会的動物であり、社会を作るので、社会の中で人のために働く人のことを、次節で見るように、「公益」のために働く人と抽象化した。しかし、先ず人間が国家より先に存在した。だから国家の枠組みによる縛りより人間のつながりの方が強い。そのため人は、国境もやすやすと越える。ここに中間団体としてのＮＧＯの存在の根拠がある。ＮＧＯは人間の連帯を代表し、誰にも代表されていない一人の人間を代表する。まさに、「最後の一人」を代表するのである。[一二] 最後の一人が仕合せであれば、九九人ではなく、すべての人が仕合せになる。

（一）宮沢俊義『憲法の原理』（岩波書店、一九六七）所収一八五頁以下参照。
（二）鵜飼信成『憲法における象徴と代表』（岩波書店、一九七七）所収一一一頁以下と一四二頁以下参照。
（三）芦部信喜『憲法と議会政』（東京大学出版会、一九七一）所収二〇六頁以下参照。
（四）佐藤幸治『日本国憲法論』（成文堂、二〇一一）四二五-四二九頁参照。
（五）樋口陽一『憲法』（創文社、一九九二）三〇七頁参照。
（六）なお、国民主権の検討には、代表制の検討が不可避であるとして、国民主権下における代表制の法的構造を検討する杉原泰雄『国民主権の研究』（岩波書店、一九七一）二一四頁以下参照。
（七）中間団体ではあっても、政治団体とともにNPO法からは除外されている宗教団体は、宗教法人法（昭和二六（一九五一）年法第一二六号）では次のように規定されている（二条）
「宗教の教義をひろめ、儀式行事を行い、及び信者を教化育成することを主たる目的とする左に掲げる団体をいう。
一　礼拝の施設を備える神社、寺院、教会、修道会その他これらに類する団体
二　前号に掲げる団体を包括する教派、宗派、教団、教会、修道会、司教区その他これらに類する団体」
（八）芹田健太郎「最大多数の最大幸福から脱せよ――少数者の幸福求め政治原理の転換を」『神戸新聞』一九九七・一二・二七――二一世紀への針路。
（九）総務省HP「国政選挙の投票率の推移」。
（一〇）フリーライダーについては論点は多々あり、とりあえず、たたかう民主主義の観点から、「たたかわない自由」を論じ、ただ乗りの自由は認めるが、これが一定数を超えると自由そのものが成立しなくなると論じる樋口陽一『憲法という作為』（岩波書店、二〇〇九）第Ⅱ章「個人＝「市民」と公共」

参照。

(一一)　序論第一章第一節第三款「人間の開放性と連帯」参照。

(一二)　議会制の選挙で選ばれるのは、フランス革命時のシェイエスの言の通り、選挙民の声によく耳を傾ける者であり、それこそが、代表の信頼の根源である。本人ができるからというだけで選ばれているのではない。耳を傾け、聴いてくれるから選ばれる。そこに信頼がある。勘違いは多い。NGOには、鋭い人間感覚が要求されるし、人びとの「つぶやき」に懸命に耳を傾ける姿勢が欠かせない。阪神淡路大震災後、ボランティアが仮設住宅を回り足で集めた普段着のつぶやき集、阪神・淡路大震災「仮設」支援NGO連絡会編『「仮設」声の写真集』(市民とNGOの「防災」国際フォーラム実行委員会発行、神戸新聞総合出版センター政策、一九九八)参照。

第四節　NGOの役割

一　公益を担う

一九世紀末以来国家と国民の関係は、統治・被統治という構図の中で捉えられ、国家権力と個人との関係に憲法が機能し人権保障が行われてきた。そして国家と個人の中間に位置する中間団体としての営利企業が巨大化するにつれ、営利企業を社会的権力と位置づけ、これに憲法の人権規定の効力を及ぼすことが考えられた(人権規定の第三者効力論)。しかし、他方で、中間団体の中でも、政府と同じく公益増進のために活動し、営利を目的とはしない団体が増加した。中間団体としてのNGOやNPOは、それぞれが教育、医療、福祉、環境、人権、援助等、社会の中で政府が行う役割と類似した役割を果たしている。

　こうした中間団体は、政府との関係では「非」政府（non-government）、営利企業との関係からは、「非」営利（non-profit）と位置付けられた。政府は全能ではなく、政府の機能を無限に大きくすることは望ましくもないし、できるものでもなく、すべての公的な分野の仕事を政府がカバーできるものでもない。従来の政府機能を事業の観点から見て、民間規制の緩和や営利を追求する国営企業の民営化、業務の民間委託などに見られる流れはこのことを示している。他方、社会の中で、「利益配分」に着目すれば、経済社会の中では「利益を生み出しこれを配分することを主目的とする」団体と、「利益を生み出すことを主たる目的としない」団体（non-profit making organization）に分類できる。しかし、単に「非営利目的」というにとどまらず、「公的目的」をもつか否かが当該団体が社会の中で果たす役割を論じる際の基準となる。その意味では、NGO、NPOは、「私」に対する「公」にかかわっている（一）。日本では、長らく、公＝お上であったが、お上＝公の希薄化が進み、お上による専門性の独占も失せてくるに及び、社会が豊かになってきたこととも相まって、公の名のもとに存在した社会の中の各種の規制、桎梏、しがらみから人が開放され、自由になるとともに、個人の多様性を容認する社会へと社会が変容してきた。こうしたことが中間団体存在の背景となっている。また、現代社会のもう一つの特徴は、公益団体の増加のほか、営利企業についても、その社会的責任（CSR）が問われ、社会全体として個人の多様性を包摂する共同体の形成に向かっていることである。

ここで、日本に例をとり、現実のＮＧＯ、ＮＰＯとボランティア（volunteers）との相違についても触れておきたい。ボランティアは、本来は、志願者、有志、志願兵という意味であり、「自発的」（voluntary）に活動を行う人を指し、善意、奉仕、公益の要素が含まれる。この語も、一〇〇万人ともいわれる人が自発的に神戸を目指した阪神淡路大震災がボランティア元年と言われたように、阪神淡路大震災後に定着した。ボランティアはＮＧＯやＮＰＯにとって人材源であり、寄付者として財源でもある。組織化されていない点に特色があるが、近年は、しかし、ボランティア連合という形も見られるようになってきた。

ＮＧＯの活動分野は、目に見えるところでは、例えば一九五四年三月のビキニ環礁で行われた水爆実験で危険水域外にいたにもかかわらず直接の降灰により被害を受けた第五福竜丸事件後、原水爆禁止の国民運動の大きなうねりが生まれ、原水爆禁止団体が誕生した。安全保障や軍縮の分野は国家にとって敏感な分野であるが、ノーベル賞をもらった団体としては、一九九七年の地雷禁止国際キャンペーン（ＩＣＰＬ）(二)、一九九九年の国境なき医師団（ＭＳＦ）(三)、二〇一七年核兵器廃絶国際キャンペーン（ＩＣＡＮ）などの軍縮・平和や人道援助ＮＧＯが活躍し、また、人権擁護団体の日本の国内の公益社団法人「自由人権協会」(四)、災害援助ＮＧＯである「特定非営利活動法人ＣＯＤＥ海外災害援助市民センター」(五)、等世界には多種多様なＮＧＯが存在する。日本では、ＮＰＯ法上の法人数は二〇一八年末現在五万二、〇〇〇余を数える。しかし、ＣＯＤＥの姉妹団体で、国内災害支援をしている「Ｎ

GO協働センター」のようにNPO法人資格のほかいずれの法人資格もあえて取得しないまま活動する団体も存在し、NGOの実数は摑めない。いずれにしろ、公益を担っている。

二　公益の分野

前述してきたことを主要な役割としてまとめてみれば、政策提言、政府の監視、教育・医療・福祉・災害支援・開発援助・ケア施設や子ども食堂等の事業運営がある。前述した特定非営利活動促進法は、「ボランティア活動をはじめとする市民が行う自由な社会貢献活動」（同一条）と規定し、「特定非営利活動」について、「不特定かつ多数のものの利益の増進に寄与することを主たる目的とする」別表に掲げる活動として（同二条）、次の二〇を掲げる。（六）

① 保健、医療又は福祉の増進を図る活動
② 社会教育の増進を図る活動
③ まちづくりの増進を図る活動
④ 観光の振興を図る活動
⑤ 農山漁村又は中山間地域の振興を図る活動
⑥ 学術、文化、芸術又はスポーツの振興を図る活動
⑦ 環境の保全を図る活動
⑧ 災害救援活動
⑨ 地域安全活動

⑩　人権の擁護又は平和推進を図る活動

⑪　国際協力の活動

⑪　男女共同参画社会の形成の促進を図る活動

⑬　子どもの健全育成を図る活動

⑭　情報化社会の発展を図る活動

⑮　科学技術の振興を図る活動

⑯　経済活動の活性化を図る活動

⑰　職業能力の開発又は雇用機会の拡充を支援する活動

⑱　消費者の保護を図る活動

⑲　前各号に掲げる活動を行う団体の運営又は活動に関する連絡、助言又は援助の活動

⑳　前各号に掲げる活動に準じる活動として都道府県又は指定都市で定める活動

なお、国際団体に関してではあるが、国際ＮＧＯの法的人格の承認に関する欧州条約は、活動を列挙することをせず、「国際的に有用な非営利目的」をもつことをＮＧＯが法人格の承認を受けるための要件の一つとし、同条約の説明報告書では、「国際社会にとって価値ある活動」(work of value to the international community) とのみ定めている。そして、これをさらに敷衍して「国連憲章並びに欧州協議会規程の目的と原則」の達成に貢献しなければならない」としている。[七]

三　人権関連団体

ところで、前述したように、ＮＧＯはＮＰＯ法にもとづくものだけとは限らない。国際人権規約の自由権規約委員会にいわゆるカウンターレポートを提出している自由人権協会は公益社団法人であるし、(八)一九九三年の世界人権宣言採択四五周年に開催されたウィーン世界人権会議を目指して創られた「世界人権会議連絡会議」に名を連ねている団体は各種である。(九)まして、国際人権に関する分野はきわめて広く、国際連帯の上に、国内でこそ実現されるべきものであり、また、ＮＰＯ団体でも、前述ＮＰＯ法上の目的を一つに限るところは少ない。一九七九年にインドシナ難民支援を目的に設立された難民を助ける会（認定ＮＰＯ法人）は、これまで六〇を超える国と地域で支援活動を行ってきたが、現在では、緊急支援のほか、障害者支援、地雷・不発弾処理、感染症対策、国際理解教育（啓発）の五本柱で活動しているし、阪神淡路大震災を契機に活動を始め、二〇〇二年一月一七日に設立されたＣＯＤＥ海外災害援助市民センターは、東日本大震災を含め、これまで三五ヵ国・地域で五三のプロジェクトを実施してきており、子ども、保健・医療、地域・まちづくり、災害支援、国際協力・国際交流、学術研究（複合分野その他）に活動している。実際、災害の現場に赴けば、支援は、子ども、女性、障害者、高齢者、外国人に必ず目が行くし、生活支援、住居支援、教育から医療・福祉・看護と多岐にわたることは目に見えている。(一〇)仮設住宅を寄付し、水を供給して終わりではない。それぞれが得意とする分野をもつ複数のＮＧＯとの連携協力もまた必然である。これは国の内外を問わない。人の住むところへ向けて、支援はやすやすと県境も州境も国境も越える。人は人と繋がっているから。そして、とくに若者が若さを爆発させ、生き生きと輝き、自己のイニシャチブで働く場となっているNGO・市民社会こそが何にも囚われることなく、人と繋がり、人を代表できるからである。

(一) 佐々木毅・金泰昌編『日本における公と私』(公共哲学三)、同編『二一世紀公共哲学の地平』(公共哲学一〇)(東京大学出版会、二〇〇二)参照。また、阪神淡路大震災後に語られた「新しい公共」について、市民とNGOの「防災」国際フォーラム実行委員会編『市民がつくる復興計画』(神戸新聞総合出版センター、一九九八)、等参照。

(二) 軍縮安全保障の分野は国家の敏感な問題で民間が立ち入る余地はなかった。一九九五年に開始された特定通常兵器使用禁止制限条約(Convention on Certain Conventional Weapons, CCW)を改正し、地雷を全廃する試みが失敗したのちNGOがいかに働き、政府を巻き込んでいったかを分析する足立研幾『オタワプロセス』(有信堂、二〇〇四)は国際NGOの役割を知る上できわめて興味深いものがある。

(三) 国境なき医師団(MSF)は、一九六〇年に独立したナイジェリアから一九六七年に独立宣言を発したビアフラの内戦に医師として参加したベルナール・クシュネル(Bernard Kouchner)が中心になって一九七一年に創設した。なお、内戦自体は一九七〇年一月にビアフラ軍司令官がナイジェリア連邦政府に投降することによって終わった。クシュネルは、後に、パリ大学教授マリオ・ベッタティとともに、介入する義務(Mario Bettati et Bernard Kouchner, Le devoir d' ingérence (Edition Denoël, 1987)を説いた。同書については、西海真樹「人道的救援権の提唱」(同『現代国際法論集——開発・文化。人道』(中央大学出版部、二〇一六)所収)参照。植民地からいったん独立した国の分裂の国際法的意義については、芹田健太郎「戦後の新国家誕生の形態と国家承認」国際法事例研究会『国家承認』(国際問題研究所、一九八三）所収参照。なお、一九九三年にパリで二日間にわたって世界各国から多彩な参加者を得て行われた大規模な国際フォーラムの記録の翻訳であるエリ・ウィーゼル、川田順造編『介入？ 人間の権利と国家の論理』（廣瀬浩司、林修 訳）（藤原書店、一九九七）参照。

（四）自由人権協会編『市民的自由の広がり――ＪＣＬＵと人権六〇年』（新評論、二〇〇七）参照。なお、自由人権協会は現在公益社団法人である。

（五）ＣＯＤＥ海外災害援助市民センター編著『災害救援』（神戸新聞総合出版センター、二〇〇四）参照。

（六）開発援助の現場から問題を提起する伊勢崎賢治『ＮＧＯとは何か』（藤原書店、一九九七）参照。

（七）Council of Europe, European Treaty Series-No. 124, Explanatory Report (Strasbourg, 24. IV. 1986), paras. 6 and 8-9 参照。

（八）ＪＣＬＵ（自由人権協会）編『国際人権規約と日本の人権――ＪＣＬＵカウンターレポート'93』（明石書店、一九九三）参照。

（九）江橋崇監修・世界人権会議ＮＧＯ連絡会議編『ＮＧＯが創る世界の人権』（明石書店、一九九六）参照。

（一〇）一九九五年一二月一〇日に「市民とＮＧＯの『防災』国際フォーラム」が採択した「神戸宣言」は、この点を明確に謳いあげている。前掲『ジャスティス』創刊号一二―一三頁および芹田健太郎「災害文化と復興」『災害対策全書』第三巻復旧・復興（ぎょうせい、二〇一二）所収参照。

あとがき

国際人権法学会は、世界人権宣言採択四〇周年の一九八八年一二月一〇日に発足した。芦部信喜先生が初代理事長にお就きになるまでの半年間、初代事務局長に任じられた私は、代表理事も務める傍ら、創立記念の第一回研究大会の準備と学会誌の編集にあたり、芦部先生の指示で学会誌の発行のお願いに信山社の袖山貴氏にお会いしたのが最初であった。以来、袖山氏の下で信山社は現在まで続く学会誌のほか記念誌『講座国際人権法』（第一巻・第二巻：二〇〇六、第三巻・第四巻：二〇一一）の出版に惜しみなく協力して下さった。この間、一九九七年から二〇〇三年まで二期六年間学会理事長を務めた。一期目に企画・編集の各委員に若手に就いてもらい、二期目に発足当初からの理事に名誉会員になっていただき、後任理事に若手に就いてもらった。社会では、一九九五年一月に阪神淡路大震災、定年退職した二〇〇四年末にインド洋大津波が発生した。二〇一〇年一月にはハイチ地震が発生し、インド洋大津波と並ぶ三〇万人を超える死者が出た。

信山社からは私の『永住者の権利』（一九九一）、『地球社会の人権論』（二〇〇三）、共著の『ブリッジブック国際人権法』（二〇〇八）が出版された。二〇一一年に『国際人権法Ｉ』第一巻が生まれたのはこうした状況下であった。Ｉ巻が出版されるや袖山氏は続刊を待たれた。しかし、私自身が二〇〇八年七月に愛知学院大学法科大学院長、さらに、二〇一三年四月には京都ノートルダム女子大学長に選出され、執筆は遅々として進まなかった。いわば業を煮やされた袖山氏は、一挙に一冊本にするべく、同書からの組版を作られ、期待を目に見える形にして、私に突き付けられた。部分的には三校まで出ていたが、それから袖山貴氏と稲葉文子氏の忍耐と励ましの日々が続いた。励まされた私は学長在任中に完成させようと努めたが、二〇一六年九月に突然脳梗塞に襲われ、退院後、書き終わっていた障害者権利条約の部分を再考したりしているうちに学長任期も満了し、今日に至ってしまった。こうして「あとがき」を書けるようになったのは、ひとえにお二人の忍耐と励ましの賜物である。また、国際人権法学会創立三〇年の記念の年に、故金東勲教授、福岡の故橋本千尋弁護士（元福岡県弁護士会長）、東京の河野敬、更田義彦の両弁護士をはじめ多くの学会の会員の皆様に支えられて本書を刊行できる仕合せも感じている。敢えてこれらのことに触れたくて袖山氏にお願いして「あとがき」を書かせていただいた。読者の皆様にも編集者と著作者との良き関係があって一書が刊行されることにも思いを致して下されば幸いである。

（二〇一八年四月四日記）

『法律学の森』刊行にあたって

一八八〇年(明治一三年)、西欧列強との不平等条約改正の条件とされた西欧法体制の継受の第一弾として旧刑法・治罪法が制定されて以来、わが国の法律学は一世紀以上の歴史を重ねました。この間、明治期・大正期・第二次大戦後の法体制の変革期を越えたわが国の法律学は、高度経済成長期を迎えて急速にその内容を成熟させるにいたりました。この結果、わが国の法律学は、世界的にみても高度かつ独自の法文化の伝統を形成するにいたり、法律家の国際交流も学術レベル・実務レベルの全般にわたって盛んに行われ、世界各国の法文化と日本法文化の「接触」も深まりつつあります。

さらに近年は、法律学の対象の一層の高度化・複合化・国際化の進展にともない、法律学と法学者に対するニーズが大きく変化して、分極化・専門化と横断化は加速度的に進んでいます。このため、従来の法律学の読み替え、再構成の試みが新しい世代により推し進められているところです。

まもなく二一世紀です。

そこで、私どもは、世界史的な変動のなかで新たな展開を試みつつある法学者の自由な発想と方法論の開発を支援し励まして多くの独創的な法律学の誕生を促し、もって変化の著しい時代への対応を可能ならしめることを希って、本叢書の刊行を企図いたしました。自由で開放的かつ奥深い「法律学の森」が、研究者の協力と読者の支持によって健やかに成長を遂げて形成されることを念じて、刊行を進めてまいります。

一九九四年三月

『法律学の森』企画委員

信山社

芹田 健太郎（せりた・けんたろう）

1941年　中国（旧満州）生まれ
1959年　私立六甲高校卒業
1963年　京都大学法学部卒業
1981年　神戸大学法学部教授
1994年　神戸大学大学院国際協力研究科長
1997年　神戸新聞社客員論説委員
2002年　（特活）CODE海外災害援助市民センター代表理事
2003年　神戸大学名誉教授
2008年　愛知学院大学法科大学院研究科長
2013年　京都ノートルダム女子大学長
2017年　瑞宝中綬章受章

▨主要編著書

『憲法と国際環境』（初版1976・有信堂）
『国際人権条約・資料集』（初版1979・有信堂）
『普遍的国際社会の成立と国際法』（1993・有斐閣）
『島の領有と経済水域の境界画定』（1996・有信堂）
『亡命・難民保護の諸問題Ⅰ──庇護法の展開』（2000・北樹出版）
『日本の領土』（中公叢書）（2003・中央公論新社）
『地球社会の人権論』（2004・信山社）
『ブリッジブック国際人権法』（共著，初版2008，第2版2017・信山社）
『コンパクト学習条約集』（編集代表，初版2010・信山社）
国際人権法Ⅰ（信山社全書，2011）
『日本の領土』（中公文庫）（2010・中央公論新社）
『The Territory of Japan：its History and Legal Basis』（2018・出版文化産業振興財団）

国際人権法　〈法律学の森〉

2018(平成30)年6月2日　第1版第1刷発行　2397-2:0120

著　者　芹田健太郎
発行者　今井　貴・稲葉文子
発行所　株式会社　信　山　社
〒113-0033 東京都文京区本郷 6-2-9-102
電　話　03-3818-1019
F A X　03-3818-0344

Printed in Japan

印刷・製本／亜細亜印刷・渋谷文泉閣
ISBN978-4-7972-2397-2 C3332

事項索引

た　行

な　行

ま 行

や 行

ら 行

わ 行

一般的意見索引

人名索引

あ 行

か 行

さ 行